普兰年鉴

སྤུ་ཧྲེང་ལོ་རིམ་མེ་ལོང་།

2023

（总第8卷）

普兰县地方志编纂委员会　编

方志出版社
Publishing House of Local Records

图书在版编目（CIP）数据

普兰年鉴. 2023 / 普兰县地方志编纂委员会编. --
北京 : 方志出版社, 2023.6
ISBN 978-7-5144-5752-0

Ⅰ. ①普… Ⅱ. ①普… Ⅲ. ①普兰县 – 2023 – 年鉴
Ⅳ. ①Z527.54

中国国家版本馆CIP数据核字（2023）第120596号

责任编辑：王娜
责任校对：张玉霞
责任印制：梅中英
出 版 者：方志出版社
地　　址：北京市朝阳区潘家园东里 9 号（国家方志馆4层）
邮　　编：100021
网　　址：http://www.zgfzcb.cn
发　　行：方志出版社图书营销中心（010–67110500）
印　　刷：河南金宝丽印刷科技有限公司
开　　本：889毫米 × 1194毫米　1/16
印　　张：18.25
字　　数：544千字
版　　次：2023年6月第1版
印　　次：2023年6月第1次印刷
定　　价：188.00元

普兰县地方志编纂委员会

总 顾 问：李　平

主　　任：顿　珠

副 主 任：向　斌　洛桑旦增　罗　梅　高元昆

成　　员：王　侠　桑珠拉姆　旦增西绕　阿旺卓玛　大多吉旺堆
阿琼次仁　贾亦真　毕　帅　康达卓　边　琼
侯银河　普布顿珠　阿玨巴桑　米玛落准　益西旺堆
索南卓嘎　谢海燕　米玛仓决　加　措　边巴顿珠
旦增赤列　张性铎　洛桑旦增　益西拉姆　刘　宝
次仁巴珠　尼玛顿珠

《普兰年鉴（2023）》编辑部

主　　编：李　平　顿　珠

副 主 编：向　斌

编　　辑：拉　珍　洛桑卓玛

编辑说明

一、《普兰年鉴》以马克思列宁主义、毛泽东思想、邓小平理论、“三个代表”重要思想、科学发展观、习近平新时代中国特色社会主义思想为指导，坚持辩证唯物主义和历史唯物主义的立场、观点和方法，始终坚持“实事求是、质量第一、存史资政、服务大众”的编纂宗旨，全面、系统、翔实地记述普兰县上一年自然、政治、经济、文化、社会、生态等各项事业的基本情况。

二、《普兰年鉴（2023）》反映普兰县2022年1月1日至12月31日情况（部分内容依据实际情况时限略有前后延伸）。

三、《普兰年鉴（2023）》正文采用分类编辑法，以类目、分目、条目为主要框架结构，条目为主要记事单元。采用规范的语体文、记述体，记述内容力求客观真实，文字力求言简意赅。

四、《普兰年鉴（2023）》设特载、县情概览、大事记、中国共产党普兰县委员会、普兰县人民代表大会、普兰县人民政府、中国人民政治协商会议普兰县委员会、纪检·监察、法治、军事、人民团体、对口援藏、经济管理、工业·商贸·口岸、农业农村·水利、交通运输·邮政·通信、城建·环保、财税·金融、教育·体育·文化·旅游·科技、卫生健康、应急管理、社会生活、民族宗教事务、乡（镇）概况、先进名录、附录、索引。

五、《普兰年鉴（2023）》所载信息由各级行政系统确定专人（部门）负责撰写和提供，并经主要负责人审核。普兰县社会经济统计资料统一由普兰县统计局提供，业务部门的统计数据由各主管部门提供，使用时以统计部门提供的统计数据为准。图片由各撰稿单位提供。

六、《普兰年鉴（2023）》统计数据使用法定计量单位，价值指标绝对数凡未注明的，均按记载2022年价格计算。计量单位一律以《量和单位》（GB 3100—3102—93）为准，个别常用或习惯且不便换算的用市制，如农田单位“亩”。简化字以全国文字改革委员会、文化部、教育部公布的《简化字总表》为准；标点符号以2011年发布的《标点符号用法》（GB/T 15834—2011）为准；数字用法以2011年发布的《出版物上数字用法》（GB/T 15835—2011）为准。

数字普兰 2022

◎总人口	12200人
◎全县生产总值	7.86亿元
第一产业	6283万元
第二产业	24619万元
第三产业	47743万元
◎社会消费品零售总额	1.08亿元
◎城镇居民人均可支配收入	51166元
◎农村居民人均可支配收入	17573元
◎发电量	457.66万千瓦时
◎包装饮用水	1365吨
◎乡镇数	3个
◎村（居）民委员会	10个
◎乡村户数	3855户
◎乡村人口数	7686人
◎耕地面积	1024.18公顷
◎粮食总产量	2474.4吨
◎年末牲畜存栏头数	77972头（只、匹）
◎农村经济总收入	15017.8万元
◎农牧业总产值（现价）	11925.96万元

数字普兰 2022

◎一般公共预算收入	6464万元
◎一般公共预算支出	89070万元
◎固定资产投资	171329万元
◎金融机构存款	71838万元
◎金融机构贷款	47084万元
◎车辆拥有量	1199辆
◎学校	17所
◎电影站	1个
◎乡镇电影放映队	4个
◎电视转播台	1座
◎调频转播台	1座
◎广播电视收转站	70座
◎广播中波站	1座
◎新华书店	1个
◎文化馆（中心、站）	4座
◎艺术团	1个
◎卫生机构	18个
◎医疗机构床位数	35张
◎医疗卫生人员数	109人

视察调研

5月19日，西藏自治区党委书记王君正（前排中）到普兰县实地考察调研玛旁雍错、冈仁波齐景区并指导工作

4月16日，西藏自治区人大常委会副主任马升昌（前排右二）调研普兰口岸

7月30日，国家医疗保障局价采司司长丁一磊（右二）一行调研组到普兰县巴嘎乡卫生院开展关于医疗服务价格改革及药品集中带量采购落实情况的调研

4月22日，西藏自治区商务厅党组副书记、厅长、口岸办主任旦巴（右三）带队调研普兰口岸建设情况

3月21日，阿里地区地委书记段海（前排右）在普兰县巴嘎乡岗莎村调研基层党组织建设情况

7月23日，阿里地委副书记、行署专员旦巴旺久（后排左一）到普兰镇仁贡村入户调研群众生产生活情况

6月26—27日，西藏自治区妇联党组副书记李忠明（左二）一行到普兰县普兰镇西德村农牧民妇女合作社调研

1月21日，西藏自治区信访局副局长郭顺成（中）到普兰县信访局检查指导工作

6月20—21日，西藏自治区医疗保障局党组成员、副局长宋卫东（左四）一行到普兰县调研医疗保障工作开展情况

6月28日，西藏自治区商务厅副厅长王平（前排中）带队调研普兰口岸检验检疫实验室及隔离中心项目建设情况

6月30日，西藏自治区气象局援藏副局长金琪（右二）参加普兰县气象局主题党日活动（图为参观先遣连遗址）

7月26日，西藏自治区税务局党委委员、纪检组组长罗科（左二）到普兰县税务局开展调研

6月26日，阿里地区政协副主席益西土登（中）一行到普兰县开展“推动农牧民专业合作社规范发展、提质增效”调研工作

6月28日，阿里地区政协副主席扎西措姆（左三）一行到普兰县调研农牧科技特派员在巩固脱贫攻坚成果同乡村振兴有效衔接中发挥作用情况

3月26日，普兰县委书记李平（左二），县委副书记、县长顿珠（右一）带队到县人民医院调研环境保护、治理和修复情况

党务政务

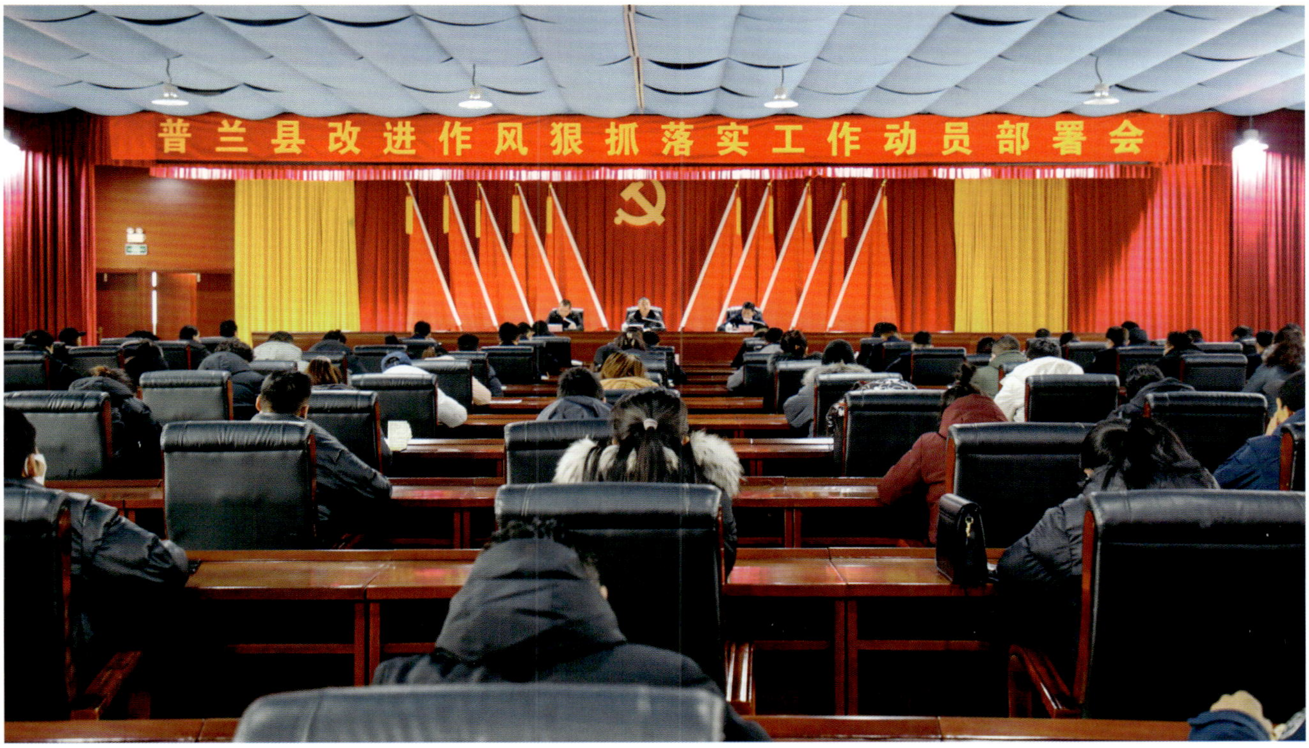

1月23日，普兰县召开改进作风狠抓落实工作动员部署会

4月2日，中国共产党普兰县第十届委员会第二次全体（扩大）会议暨县委经济工作会议在职工之家召开

4月13日，中国人民政治协商会议第九届普兰县委员会第二次会议在职工之家开幕

4月14日，普兰县第十三届人民代表大会第二次会议在职工之家开幕

城乡建设

4月1日，全区2022年第一季度重点项目集中开复工启动仪式阿里分会场在普兰机场举行

8月3日，普兰县水利局工作人员到普兰镇科迦村斜尔瓦提灌站检查建设情况

6月15日，普兰镇吉让社区乡村振兴示范引领村项目（贡嘎组）建设项目施工现场

普兰县普兰镇多油村是自治区级生态村，位于孔雀河谷，被人们称为“阿里小江南”（图为多油村航拍）

多油村村民绿化房屋四周

多油村村民自发捡路边垃圾

12月27日，世界海拔最高的“光伏+储能”综合能源保供项目之一——华能阿里普兰20兆瓦保障性“光伏+储能”电站全容量并网发电（图为华能普兰20兆瓦保障性光伏项目）

5月4日，阿里·塔尔钦国际旅游特色小城镇（一期）建设项目启动，项目（一期）位于阿里地区普兰县巴嘎乡塔尔钦，冈仁波齐南侧，玛旁雍错北侧，塔钦路北端，项目总投资22474.22万元，总建设用地44.26亩，新建建筑面积28748.84平方米，建设内容包含游客集散中心、酒店、藏医药理疗中心、藏文化展示中心、观景台等（图为阿里·塔尔钦国际旅游特色小城镇建设项目一期设计图）

农业产业

普兰县现代农业产业园有124个温室大棚，大棚里种满作物（图为产业园一角）

5月18日，普兰县农业农村局工作人员到科迦村开展“藏青2000”苗期监测

7月27日，普兰县农业农村局工作人员展开油麦菜长势情况排查

11月9日，普兰县农业农村局技术人员到仁贡村开展土壤采样

民族文化

6月20日，阿里地区象雄艺术团、普兰艺术团联合开展“文艺进万家”暨喜迎中共二十大胜利召开文化交流演出活动

3月25日，普兰县科迦藏戏队到多油村开展“戏曲进乡村”活动

①②③亲朋团聚

“古突”之夜，团圆之年

1月1日，正值元旦佳节，也是藏历十月二十九日，普兰新年的“古突”之夜。在藏语里，“古”即为九，“突”即突巴，是一种面疙瘩，“古突”是在藏历二十九日傍晚，一家人在一起食用一种由九种食材制作而成的面粥，意味着团团圆圆。“古突”一般由青稞、杏子、人参果等配料加工而成。夜幕降临，农牧民一起到约定地点，点燃火把、唱响民谣，将一个用糌粑捏成的小人放在纸盒里，扔进火堆中，意味着辞旧迎新，祈祷新的一年顺顺利利。

1月3日，是普兰新年的初一，人们穿上节日的盛装，街上热闹非凡，普兰县农牧民用最传统的方式庆祝新年的到来，祈愿美好生活。拂晓，人们接取新一年的第一桶水，即“金水”，然后用“金水”煮酥油茶和青稞酒。锅里煮着包好的饺子，桌子上摆满干肉、切玛、卡塞等。一家人围坐在一起，吃着精心准备的佳肴，唱敬酒歌、喝“秧子”，有说有笑，年味儿十足。跳锅庄、喝青稞酒、唱民谣，人们个个笑容满面，对新的一年充满期待与憧憬。

④⑤喝“秧子”

敬茶

团聚交谈

切玛

抽面团

手机云拜年

喜迎中共二十大

5月21日，霍尔乡小学开展“喜迎二十大　诵中华经典”朗诵比赛

6月9日，普兰县妇联组织各村（社区）妇女群众开展“巾帼心向党·喜迎二十大”系列活动

10月25日，普兰出入境边防检查站民警深入科迦村斜尔瓦组为边民群众宣讲中共二十大精神

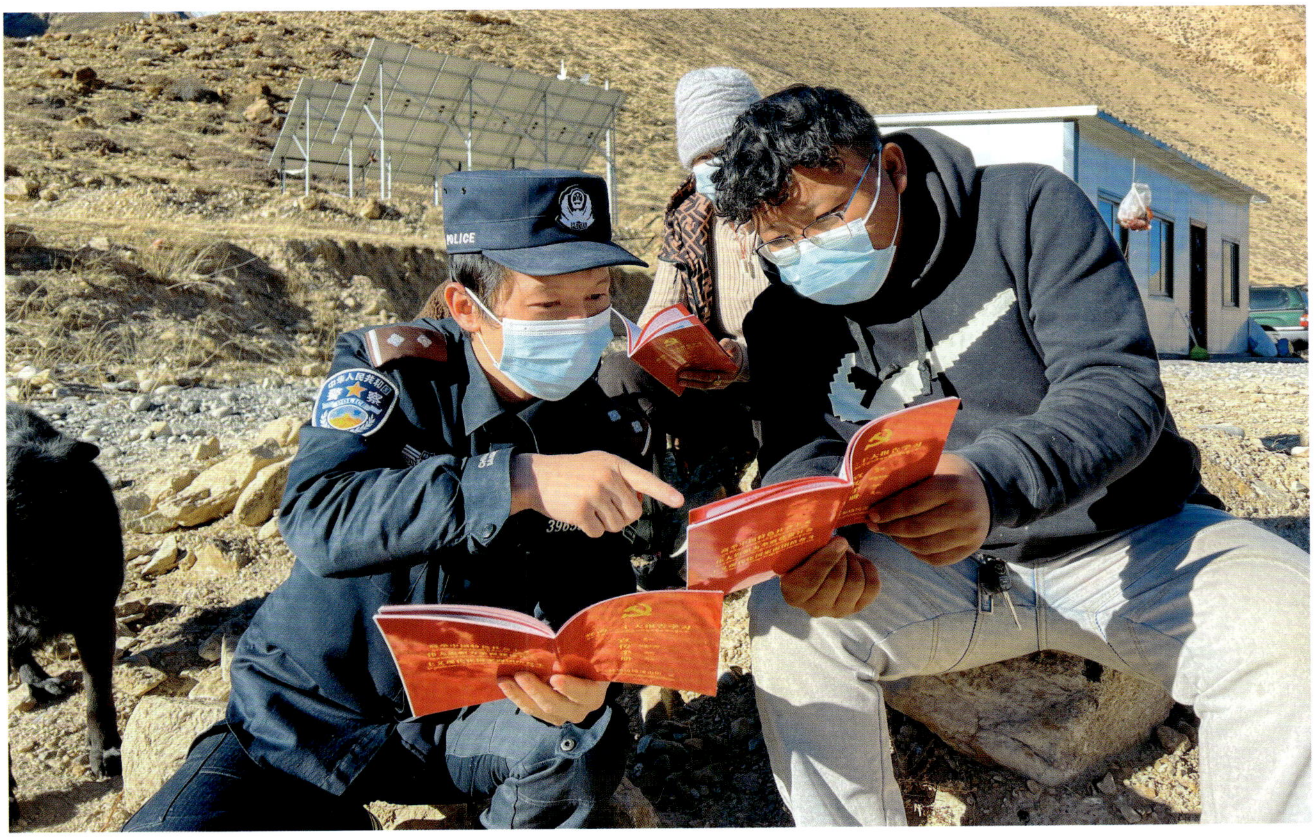

11月27日，普兰边境管理大队民警在牧区给牧民讲解中共二十大精神

平安建设

4月1日，普兰边境管理大队警员与村民开展活动

4月21日，普兰县法院干警开展业务培训，推进智慧法院建设

8月19日，普兰县政法委工作人员在霍尔乡牧业点开展“双联户”宣传

10月16日，普兰县科迦边境派出所民警为界桩描红

口岸贸易

普兰口岸唐嘎边贸市场院内

普兰口岸唐嘎边贸市场全景

普兰口岸唐嘎边贸市场尼泊尔店铺

5月22日，普兰县商务局组织特色商品展销会（图为尼泊尔代表销售木碗）

疫情防控

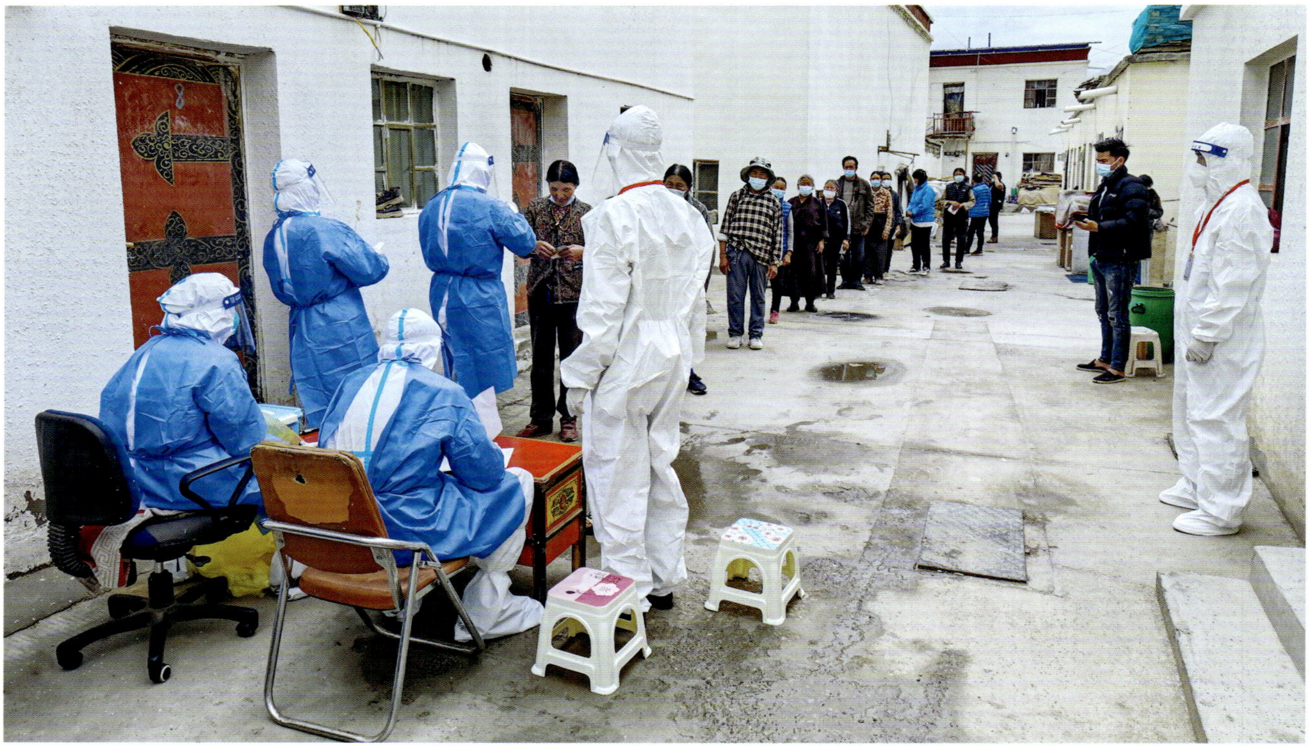

8月9日，普兰县疫情防控外事组到普兰镇吉让社区贡嘎堆组对尼泊尔边疆居民进行抗原检测工作

8月15日，普兰县疫情防控人员为因疫情滞留人员发放生活物资

8月15日，普兰县人民医院医护人员到牧区为农牧民上门进行核酸检测工作

8月25日，普兰县防疫人员在搭建临时安置帐篷

9月22日，普兰县转运组工作人员到巴嘎乡开展转运工作

10月11日，普兰出入境边防检查站执勤点民警开展防境外疫情输入巡逻管控工作

目 录

特 载

县情概览

建置区划

自然地理

旅游文化

经济社会发展

大事记

中国共产党普兰县委员会

综述

办公室工作

组织工作

宣传工作

统一战线

党校工作

党史和藏语文编译工作

普兰县人民代表大会

综述

办公室工作

普兰县人民政府

综述

办公室工作

信访工作

外事工作

行政审批和便民服务

中国人民政治协商会议普兰县委员会

综述

对口援藏

综述

经济管理

发展和改革

自然资源（林业和草原）管理

审计

市场监督管理

统计

项目管理中心

工业·商贸·口岸

工业

国网西藏电力有限公司普兰县供电公司

商务

口岸

海关

农业农村·水利

农业农村

水利

交通运输·邮政·通信

交通运输

邮政

电信

移动

联通

城建·环保

住房和城乡建设

城市管理和综合执法

建设工程质量监督

生态环境保护

财税·金融

财政

税务

中国农业银行普兰县支行

教育·体育·文化·旅游·科技

教育 体育

文化和旅游

文物保护

广播电视

中波转播台

气象

卫生健康

综述

新冠疫情常态化防控

突发疫情处置

人民医院

应急管理

综述

消防救援

社会生活

民政

退役军人事务

人力资源和社会保障

乡村振兴

强基惠民

先进名录

附 录

统计资料

特 载

深入学习贯彻落实中共二十大精神 推动实施“四城四高四中心”战略 奋力谱写新时代普兰长治久安和高质量发展新篇章

——在中共普兰县十届三次全委（扩大）会议上的工作报告

普兰县委书记 李 平

（2022 年 12 月 16 日）

中国共产党普兰县第十届委员会第三次全体会议，是在全县上下深入学习宣传贯彻中共二十大精神，全县各族人民迈上全面建设社会主义现代化普兰的新征程、向第二个百年奋斗目标进军的关键时刻召开的一次十分重要的大会。

会议的主要任务是，坚持以习近平新时代中国特色社会主义思想为指导，全面贯彻落实中共二十大和二十届一中全会及中央第七次西藏工作座谈会精神，贯彻落实习近平总书记关于西藏工作的重要指示和新时代党的治藏方略，贯彻落实自治区党委十届三次全会特别是王君正书记的讲话精神，贯彻落实地委（扩大）会议特别是段海书记的讲话精神，深刻领悟“两个确立”的决定性意义，增强“四个意识”、坚定“四个自信”、做到“两个维护”，弘扬伟大建党精神，自信自强、守正创新，踔厉奋发、勇毅前行，为全面建设社会主义现代化新普兰而团结奋斗。

下面，我代表县委常委会向全会作工作报告，请予以审议。

一、坚定站位、统一思想、提高认识，准确把握中共二十大、区党委十届三次全会和地委（扩大）会议的精神实质和精髓要义，进一步掀起学习宣传贯彻落实会议精神的热潮

中共二十大是在全党全国各族人民迈上全面建设社会主义现代化国家新征程、向第二个百年奋斗目标进军的关键时刻召开的一次十分重要的大会，事关党和国家事业继往开来，事关中国特色社会主义前途命运，事关中华民族伟大复兴。大会高举中国特色社会主义伟大旗帜，坚持马克思列宁主义、毛泽东思想、邓小平理论、“三个代表”重要思想、科学发展观，全面贯彻习近平新时代中国特色社会主义思想，系统阐述了新时代坚持和发展中国特色社会主义的重大理论和实践问题，科学谋划了未来一个时期党和国家事业发展的目标任务和大政方针，画了以中国式现代化全面推进中华民族伟大复兴的宏伟蓝图。习近平总书记所作的报告，是党和人民智慧的结晶，是党团结带领全国各族人民夺取中国特色社会主义新胜利的政治宣言和行动纲领，是闪耀着马克思主义真理光辉的纲领性文献。党的二十届一中全会选举产生了新一届中央领导机构，习近平总书记再次当选中央领导集体核心，是党心所向、民心所盼、众望所归，是党之大幸、国之大幸、民之大幸，充分反映了全党全军全国各族人民对党的核心、人民领袖、军队统帅的衷心拥护和崇敬爱戴。

区党委十届三次全会高举中国特色社会主义伟大旗帜，坚持以习近平新时代中国特色社会主义思想为指导，全面总结自治区第十次党代会以来的各项工作，审议通过王君正书记代表自治区党委常委会所作的工作报告和《中共西藏自治区委员会关于深入贯彻中共二十大精神、全面建设社会主义现代化新西藏的意见》，对深入贯彻落实中共二十大精神作出系统安排，态度坚决、行动迅速、部署扎实，对于把全区广大党员干部群众的思想和行动统一到中共二十大精神上来，把各方面力量凝聚到实现中共二十大提出的各项目标任务上来，不断开创社会主义现代化西藏建设新局面，具有重要现实意义和深远历史意义。

地委（扩大）会议，坚决贯彻落实中共二十大和区党委十届三次全会精神，聚焦“四件大事”“四个确保”，聚力“四个创建”“四个走在前列”，落实“12114”工作思路，提出把阿里建设成为雪域高原的“西部明珠”的重要目标。段海书记围绕“四个争”，就事关阿里稳定、发展、生态、强边、党建全局的重大问题进行全面安排部署，思想深刻、内涵丰富、目标任务具体，理论性、针对性、操作性极强，符合阿里实际，也符合普兰实际，是指导我们全面建设社会主义现代化新普兰的纲领性文件。

（一）坚决捍卫“两个确立”，坚决做到“两个维护”。“两个确立”是新时代引领党和国家事业从胜利走向新的胜利的政治保证，是战胜一切艰难险阻、应对一切不确定性的最大确定性、最大底气、最大保证。领导干部要发挥“关键少数”作用，深刻领悟“两个确立”的决定性意义，不断提高政治判断力、政治领悟力、政治执行力，坚定不移把“两个确立”转化为坚决做到“两个维护”的思想自觉、政治自觉、行动自觉。要严格遵守党的政治纪律和政治规矩，贯彻落实中共二十大关于坚持和加强党中央集中统一领导的各项要求，自觉同党的理论和路线方针政策对标对表，始终做到党中央提倡的坚决响应、党中央决定的坚决照办、党中央禁止的坚决不做。要带头严格遵守反分裂斗争纪律，始终在维护祖国统一、加强民族团结、反对分裂等重大政治原则问题上旗帜鲜明、立场坚定，态度坚决、步调一致。

（二）始终坚定理想信念，坚决做到学深悟透。用党的创新理论武装全党是党的思想建设的根本任务。广大党员干部要坚持不懈用习近平新时代中国特色社会主义思想凝心铸魂，弘扬理论联系实际学风，坚持好、运用好含其中的立场观点方法，解决好世界观、人生观、价值观这个“总开关”问题，切实把习近平新时代中国特色社会主义思想转化为坚定理想、锤炼党性和指导实践、推动工作的强大力量。要牢牢把握过去五年工作和新时代十年伟大变革的重大意义，坚定历史自信、增强历史主动，坚定中国特色社会主义道路自信、理论自信、制度自信、文化自信；牢牢把握习近平新时代中国特色社会主义思想的世界观和方法论，自觉做党的创新理论的坚定信仰者和忠实实践者，着力把学习成果转化为解决普兰问题、推动普兰发展的强大动力；牢牢把握以中国式现代化全面推进中华民族伟大复兴的使命任务，更加主动围绕中心、服务大局，奋力推进普兰长治久安和高质量发展；牢牢把握以伟大自我革命引领伟大社会革命的重要要求，以“两个永远在路上”的坚韧执着推动全面从严治党向纵深发展，永葆党的生机和活力；牢牢把握团结奋斗的时代要求，发扬斗争精神、积极担当作为，凝聚起建设美丽幸福西藏、共圆伟大复兴梦想的强大力量。

（三）全面抓好学习宣传，不断提升工作成效。学习宣传贯彻落实中共二十大、区党委十届三次全会和地委（扩大）会议精神是当前和今后一个时期的首要政治任务。全县各级各部门要通过举办各种形式的专题培训班、研讨班，组织党员干部群众认认真真、原原本本地学习中共二十大报告、党章修正案、十九届中央纪委工作报告、王君正书记讲话、段海书记讲话；充分发挥广播、电视台、网信普兰、普兰发布等媒体作用，大力宣传解读会议精神，推动会议精神进企业、进村（社区）、进机关、进校园、进寺庙、进牧业点、进网络，做到学深悟透、融会贯通。要牢固树立“抓铁有痕、踏石留印、一抓到底”的理念，结合普兰实际，广泛开展调查研究，围绕贯彻落实中共二十大、区党委十届三次全会和地委（扩大）会议精神，找准聚力“四个创建”“四个走在前列”的着力点，找准落实地委“12114”工作思路和县委“四城四高四中心”战略的切入点，把中共二十大、区党委十届三次全会和地委（扩大）会议精神清单化、项目化、具体化，以求真务实的作风推动工作落实、责任落实。

二、总结成绩、找准问题、展望未来，切实增强贯彻落实中共二十大、区党委十届三次全会和地委（扩大）会议精神的历史自信、历史自觉、历史主动

一年来，县委常委会总揽全局、协调各方，牢记“国之大者”，从习近平总书记重要讲话精神和党中央决策部署中明方向、谋思路、定举措，围绕“四件大事”“四个确保”，聚力“四个创建”“四个走在前列”，落实地委“12114”发展思路，团结带领全县广大党员干部和各族群众，大力实施“四城四高四中心”发展战略，推动全县各项工作取得新进展、新成效。

（一）坚持正确政治方向、做到对党绝对忠诚。县委常委会始终坚持把捍卫“两个确立”、做到“两个维护”作为最高政治原则和根本政治规矩，深刻领会“两个确立”决定性意义，始终在思想上、政治上、行动上同以习近平同志为核心的党中央保持高度一致，全方位、全覆盖学习宣传贯彻中共二十大、区党委十届三次全会和地委（扩大）会议精神，第一时间传达学习、研究部署、贯彻落实党中央决策部署特别是习近平总书记发表的重要讲话、指示批示、回信精神，带头学习、带头落实、带头督办区党委召开的重要会议、下发的重要文件、王君正书记作出的指示要求以及地委和段海书记的指示精神，用听党指挥、为党尽责的实际行动和实际成效诠释了对党的绝对忠诚。

（二）时刻保持“警钟长鸣”、努力推进“稳定安城”。县委常委会始终坚持把维护稳定作为第一位的工作任务，树牢总体国家安全观，坚持警钟长鸣、警惕常在，坚持底线思维，发扬斗争精神，谋长久之策、行固本之举，调整优化应对十四世达赖去世转世重大政治斗争工作预案和力量布局，着力完善社会治理模式和维稳制度体系，坚持依法管理宗教事务，推动藏传佛教中国化，大力实施“四大工程”“六项行动”，深化民族团结“九进”，深入开展“三个意识”教育活动，不断铸牢中华民族共同体意识，提升基层社会治理水平，加强意识形态工作，深化安全生产整治，社会大局保持持续稳定、长期稳定、全面稳定。

（三）始终坚持“人民至上”、奋力推进“发展兴城”。县委常委会始终坚持统筹做好疫情防控和经济社会发展各项工作，坚定坚决贯彻落实“疫情要防住、经济要稳住、发展要安全”的要求，坚持“三个赋予一个有利于”，完整、准确、全面贯彻新发展理念，全县生产总值预计完成8.2亿元、同比增长8.1%；城镇居民人均可支配收入预计达到47616元、同比增长9.9%；农牧民人均可支配收入预计达到19740元、同比增长12.7%，尽最大努力保持经济运行在合理区间。始终把改善民生、凝聚人心作为一切工作的出发点和落脚点，切实增进民生福祉，积极推进共同富裕，扎实做好“十大民生实事”，着力解决各族群众的急难愁盼问题，各族群众的获得感、幸福感、安全感更加充实、更有保障、更可持续。

（四）牢固树立“两山”理念、倾力推进“生态美城”。县委常委会始终坚持树牢“绿水青山就是金山银山、冰天雪地也是金山银山”的理念，坚持尊重自然、顺应自然、保护自然，坚持山水林田湖草沙冰

一体化治理和整体保护原则，坚持积极保护、善作善为，大力实施国土绿化工程，巩固扩大生态保护修复成效，深入推进生态富民工程，全面加强环境综合治理，扎实推进中央环保督察反馈问题整改落实工作，生态环境持续保持优良。

（五）加快建设“前哨堡垒”、全力推进“强边固城”。县委常委会始终坚持屯兵和安民并举、固边和兴边并重，以稳边固边急需、反蚕食斗争急用、边民群众急盼为切入点和突破口，统筹推进经济社会和边防建设，大力实施强边固边兴边富民行动，加大边境建设投入力度，大力推进智慧边防建设，巩固提升“五共五固”成效，形成党政军警民合力强边固边工作格局，进一步夯实了普兰作为拱卫西南、遏敌慑敌的前哨堡垒。

（六）全面提高“政治三力”、持续夯实“执政基石”。县委常委会始终坚持把加强党的建设作为办好普兰事情的根本保证，不断提高政治判断力、政治领悟力、政治执行力，加强党对人大、政府、政协、检察院、法院、监委和经济民生、社会事业、民主法治、援藏工作等的全面领导，大力改进作风、狠抓落实，树立凭能力用干部、以实绩论英雄的鲜明用人导向，广大党员、干部的政治自觉、规矩意识、纪律观念进一步增强，真抓实干、务求实效的作风进一步树立，干事创业的良好氛围进一步浓厚，想干事、能干事、干成事的热情得到进一步激发，以实际行动在群众中树立起了党员干部的良好形象。

今年 8 月，面对突如其来的新冠肺炎疫情，在党中央、国务院，区党委、政府和地委、行署的坚强领导下，在陕西省、河北省和兄弟县、社会各界的大力支援下，全县 597 名党员干部、196 名医护人员、350 名志愿者、100 多名基层力量在党的旗帜下团结成“一块坚硬的钢铁”，进行一场惊心动魄的抗疫大战，通过一场艰苦卓绝的历史大考，全面打赢了疫情防控阻击战、攻坚战、歼灭战，以实际行动诠释了团结奋斗的时代意义，践行了“人民至上、生命至上”的理念和誓言，展现了敢于斗争、善于斗争的伟大精神，书写了一篇可歌可泣、气壮山河的抗疫史诗。

在充分肯定成绩的同时，必须清醒看到，我们的工作还存在一些不足，面临不少困难和问题。主要有社会大局稳中有变数、稳中有风险、稳中有隐患，意识形态领域存在不少挑战，维稳基础还需加固；推进高质量发展的思路观念比较落后，产业结构还不合理；公共卫生服务领域还有短板；生态环境保护任务依然艰巨，建设生态文明高地面临诸多挑战；强边兴边还有不足，反蚕食斗争能够预见和难以预见的风险挑战不断增多；一些党员、干部缺乏担当精神，不敢为、不想为、不会为的现象依然存在，等等。对这些问题，我们已经采取一系列措施加以解决，今后必须加大工作力度，切实补齐短板不足。

同志们，过去一年取得的成绩来之不易、令人鼓舞。这些成绩的取得，得益于以习近平同志为核心的党中央的亲切关怀，得益于习近平新时代中国特色社会主义思想的科学指引，得益于区党委、地委的坚强领导，得益于全县党政军警民的协力拼搏，得益于援藏干部和社会各界的倾力支持。在此，我代表县委常委会向一年来为推动普兰经济社会长治久安和高质量发展作出贡献的各级党政组织、广大党员、干部群众、政法干警、驻普部队官兵和社会各界人士，致以崇高的敬意和衷心的感谢！

实践证明，十届县委确定的“四城四高四中心”发展战略，是贯彻落实新时代“两步走”战略安排、建设社会主义现代化新普兰的必然要求，是铸牢中华民族共同体意识、维护国家安全和社会稳定的具体实践，是在对历史经验教训的总结反思中，在对新时代新形势的分析研判中，在对普兰各项工作的审视比较中形成的广泛共识。这一发展战略符合党中央、区党委、地委精神，符合现阶段普兰实际，符合广大干部群众的期盼和要求。我们要继续沿着这个发展战略，抓好各项措施落实。

三、聚焦重点、明确目标、细化措施，坚持以中共二十大、区党委十届三次全会和地委（扩大）会议精神统揽“四城四高四中心”战略，努力开创新时代普兰长治久安和高质量发展新局面

深入贯彻落实中共二十大、区党委十届三次全会和地委（扩大）会议精神，全面建设社会主义现代化新普兰，必须高举中国特色社会主义伟大旗帜，

坚持以习近平新时代中国特色社会主义思想为指导，全面贯彻习近平总书记关于西藏工作的重要指示和新时代党的治藏方略，贯彻落实自治区第十次党代会精神，深刻领悟“两个确立”的决定性意义，增强“四个意识”、坚定“四个自信”、做到“两个维护”，弘扬伟大建党精神，牢记“三个务必”，坚持以中国式现代化推进中华民族伟大复兴，聚焦“四件大事”“四个确保”，聚力“四个创建”“四个走在前列”，落实地委“12114”工作思路和县委“四城四高四中心”战略，着力在补短板、强弱项、固底板、扬优势上下功夫，不断推进普兰经济社会长治久安和高质量发展。

（一）大力实施“稳定安城”战略，坚决维护国家安全和社会稳定。国家安全是民族复兴的根基，社会稳定是国家强盛的前提。要坚定不移贯彻总体国家安全观，坚持把维护稳定作为第一位的工作任务，坚持以铸牢中华民族共同体意识为主线，坚持藏传佛教中国化方向，谋长久之策、行固本之举，确保宗教和顺、社会和谐、民族和睦，不断筑牢国家安全屏障。

坚定不移打击分裂破坏活动。要坚持凡事以政治安全考量为先、以政治安全为首、以安全稳定为重，毫不动摇坚持中央对十四世达赖和达赖集团的定性，毫不动摇坚持中央对达赖集团的斗争方针，进一步健全完善反分裂、反渗透斗争预案方案，优化力量布局，做到宁可备而不用、不可用而无备。要严管严控重点地区、重点人员、重点寺庙、复杂区域、敏感部位，深化反分裂、反暴恐、反渗透、反自焚和扫黑除恶等专项斗争，深入开展“断血”、断线、断勾连等专项行动，确保牢牢掌握反分裂斗争主动权。要全面加强国家安全教育，提高广大党员干部统筹发展和安全的能力，增强全民国家安全意识和素养，让“国之大者”深入人心，切实筑牢国家安全人民防线。

坚定不移加强基层社会治理。要深入开展“平安普兰”创建活动，充分发挥群防群治力量作用，健全立体化、信息化、法治化社会治安防控体系，健全共建共治共享的社会治理制度，着力建设人人有责、人人尽责、人人享有的社会治理共同体。要严格落实安全生产“党政同责、一岗双责、齐抓共管、失责追责”工作要求，按照“三管三必须”和“谁主管谁负责”原则，强化安全监管，把安全生产“十五条硬措施”38条任务内容抓到位，坚决种好自己的“责任田”。要坚持和发展新时代“枫桥经验”，扎实做好新时代信访工作，优化信访工作体系，整合信访工作资源，及时解决容易引发信访事件的苗头隐患、重点信访的热点难点问题、长期积累的信访案件，切实维护群众的合法权益。

坚定不移深化民族团结创建。要巩固提升全国民族团结进步示范县创建成果，大力实施“四大工程”“六项行动”，有形、有感、有效地开展民族团结进步教育和创建工作，健全民族团结进步宣传教育常态化机制，引导各族干部群众树立正确的“五观”，不断增进各族群众“五个认同”，铸牢中华民族共同体意识。要深化“民族团结一家亲”活动，推动与援藏省份“结对共建”，积极组织开展“吃团结饭、唱团结歌、说团结话”等活动，打造更多中华文化符号和形象，引导各族群众互嵌式居住生活，进一步促进各民族交往交流交融。要大力发展全过程人民民主，发挥人民群众积极性、主动性、创造性，巩固和发展生动活泼、安定团结的政治局面。要巩固和发展最广泛的爱国统一战线，努力寻求最大公约数、画出最大同心圆。要深入开展国家通用语言文字推广普及行动，力争到2025年在农牧区全面普及国家通用语言文字，营造“同写规范字、同讲普通话”的良好氛围。

坚定不移依法管理宗教事务。要全面贯彻落实新时代党的宗教工作理论和方针政策，坚持“五个有利于”标准，落实“五个聚焦”“五个基础”，完善宗教事务治理体系，提升宗教治理能力水平，全面推进藏传佛教中国化。要建立健全“三级”宗教工作联络机制和“六级”包寺联僧机制，深入开展县级领导包寺联僧工作，持续推动藏传佛教寺庙财税监管工作，严守“三不增加”底线和“三项要求”，推动寺庙管理从“管得住”向“管得好”转变。要深入开展“遵行四条标准、争做先进僧尼”教育实践活动和“三个意识”教育活动，持续宣传藏传佛教活佛转世法规规章、宗教仪轨和历史定制，深化大活佛转世的原则共识。要加强宗教工作党政干部、宗教界代表人士、马克思主义宗教学研究队伍和寺管会干部队伍建设，打造一支政治坚定、业务精通、作风过硬的宗教工作队伍。

坚定不移维护意识形态安全。要坚持马克思主义在意识形态领域指导地位不动摇，全面加强党对意识形态工作的领导，全面落实意识形态工作责任制，加强全媒体传播体系建设，加强互联网意识形态工作，持续巩固壮大奋进新时代的主流思想舆论。要用好新时代文明实践中心（所、站），深入开展社会主义核心价值观教育，深化爱国主义、集体主义、社会主义教育，持续抓好“四史”和西藏地方与祖国关系史教育，推进中小学思想政治教育建设，引导广大群众不断坚定中国特色社会主义共同理想。要建立既管好“肚子”又管好“脑子”的长效机制，持续开展反分裂斗争宣传教育，深入揭批达赖集团反动本质和政治图谋，坚决防范打击“藏独”反宣渗透，打牢反分裂斗争的思想基础。

（二）大力实施“发展兴城”战略，不断推动经济高质量发展。普兰高质量发展不是单纯的经济问题，而是政治问题、经济问题、社会问题、民生问题的辩证统一。要坚持以推动高质量发展为主题，完整、准确、全面贯彻新发展理念，坚持“三个赋予一个有利于”，坚持稳中求进工作总基调，因地制宜、量力而行、尽力而为，确保全县生产总值年均增速达 8.1% 以上，城乡居民人均可支配收入增速分别达 8%、12.7% 以上。

坚定不移扩大有效投资，打造藏西沿边经济高地。要树牢“今天的投资结构就是明天的产业结构，今天的投资质量决定明天的产业发展水平”思想意识，抢抓国家和自治区支持“十四五”边境县振兴发展、县域经济高质量发展、文旅部对口支援普兰等政策机遇，加强招商引资力度，强化项目谋划储备，加快项目落地见效，多措并举扩大有效投资。要坚持项目是点、产业是线、经济是面，点线面协同发力，抢抓“十四五”规划中期调整的有利契机，谋划一批打基础、管长远、惠民生的重点项目，形成接续有力、梯次推进的项目建设格局；全面梳理受疫情影响未能按时序推进的建设项目和明年的重点建设项目，靠前服务、主动衔接，提前谋划、全域统筹，力争明年 4 月中下旬全部开复工建设。要加强基础设施建设，实施县城更新行动，推动县城供暖工程和县城供水项目建设，推动“贡嘎路”改造提升，不断改善县城人居环境；加强道路养护队伍建设，着力巩固 100% 乡镇和建制村通硬化路成果；加快普兰支线机场、通用机场和多油水库项目建设，加快新藏铁路前期研究和规划设计的衔接工作，加快布局 5G 基础设施，积极稳妥推进县城率先发展，积极引导金融机构和援藏资金支持县域经济发展，夯实普兰发展的经济基础。

坚定不移发展旅游产业，打造全域文旅融合高地。要紧紧抓住国家文旅部定点帮扶战略机遇和援藏优势，以 AAAAA 级景区创建为统领，以国家全域旅游示范县创建为契机，完善交通、饮水、接待、用电、通讯等基础服务设施，精心设计全域旅游线路，确保旅游接待人次和收入年均增长 15% 以上，不断增强旅游发展水平和功能支撑。要坚持文旅兴边富民，不断丰富景区文旅商业业态，加强文物保护利用和文化遗产传承保护，延伸历史文脉，加快推进文旅融合发展，以文促旅、以旅彰文，推动旅游业全面提质增效。要全面建设极地旅游中心，加快建设县域游客集散中心，形成以冈仁波齐、玛旁雍错、拉昂错、那木那尼峰为主的“生态游组团”，以森巴战役遗址、先遣连遗址、普兰口岸国门为主的“红色游组团”，以科迦藏戏、飞天服饰、果孜舞、宣舞为主的“文化游组团”，以唐嘎边贸市场、乡村农家庭院、中尼印三国风情为主的“边境游组团”，以科迦寺、曲古寺、楚国寺、贤柏林寺为主的“禅修游组团”，推动旅游产业从“门票经济”向“产业经济”转变，不断巩固旅游产业战略性支柱产业地位。

坚定不移推动乡村振兴，全面建设综合农业中心。要坚持农业农村优先发展，强化政策保障，统筹推动乡村产业、人才、文化、生态、组织振兴。要持续巩固脱贫攻坚成果，严格落实防返贫动态监测和帮扶机制，扎实推进扶贫产业提档升级行动，确保脱贫群众收入增速高于全县农牧民收入增速。要大力发展青稞油菜、水果蔬菜、优质牧草等种植产业，引进推广发展优质养殖品种，延长农牧业产业链，提高农牧业产品附加值，构建普兰农业综合发展新格局。要坚持稳粮、兴牧、强特色，落实藏粮于地、藏粮于技战略，全面落实粮食安全党政同责，落实最严格的耕地保护制度，加快推进高标准农田建设，提升耕地质量，提高粮食单产。要加快农房和村庄建设现代化，统筹推进乡村道路畅通、供水供电保障、村容村貌整治、数字乡村建设、村级综合服务设施提升，稳步实施乡村建设行动，倡导健康文明生活方式，建设美丽宜居乡村10个，持续改善乡村面貌。

坚定不移推动产业升级，全力发展特色支撑产业。要立足资源禀赋，按照“优化一产、壮大二产、提升三产”的思路，坚持把发展经济的着力点放在实体经济和培育新型产业上，努力把资源优势转化为发展优势，实现后发赶超。要着眼建设清洁能源基地，规划建设一批清洁能源产业，着力构建清洁能源发展新格局；积极对冲疫情影响，研究刺激居民增加消费的政策措施，提高居民消费能力和意愿，力争社会消费品零售总额年均增长10%以上。要全面建设空港经济中心，加快普兰支线机场及其配套设施建设，做到基础设施一体建设、产业招引一体推进、公共服务一体配套，重点发展航空商贸、航空物流、航空旅游等产业，发展具有普兰特色的开放型、口岸型、文旅型空港经济区。要全面建设物流集散中心，充分发挥普兰区位优势和交通优势，谋划启动航空节点城市建设，着力构建衔接国内国外和地区内外的空港型物流枢纽；加快建设出口物资、过境物资集散地、中转站，构建通道带物流、物流带经贸、经贸带产业发展模式，打造深耕普兰、辐射藏西、面向全区的陆路边境口岸型物流枢纽；积极谋划部署跨境电商业务，以普兰县为节点，以唐嘎边贸市场为支撑，着力把普兰建成藏西边境物流集散网络的重要中枢。

坚定不移保障改善民生，不断提升民生福祉水平。要坚持把群众身边的小事当作党委、政府的大事来抓，尽力而为、量力而行，每年办好一批群众最关心、最直接、最现实的民生实事，不断实现人民群众对美好生活的向往。要健全就业公共服务体系，完善重点群体就业支持体系，加强困难群体就业兜底帮扶，持续引导群众转变就业观念，加大职业技能培训力度，推进项目吸纳就业增收，确保大学生就业率保持在95%以上。要全面贯彻党的教育方针，完善教育投入保障机制，落实好15年公费教育政策，办好学前教育、义务教育，加强师资队伍建设，深化教育人才短期援藏，提高义务阶段教育治学治校水平。要建设智慧医疗体系，推动医疗人才组团式援藏工作，加强医疗卫生人才队伍建设，提升乡村医生整体综合素质，加强食品药品安全监管工作，推进健康普兰建设。要全面落实覆盖城乡的基本养老、医疗、失业、工伤、生育等保险制度，落实灵活就业人员社保制度，落实城镇居民最低生活保障制度，落实社会救助体系和残疾人保障机制，持续提升社会保障公共服务能力。要健全退役军人工作体系和保障制度，做好退役军人事务管理工作。要健全现代公共文化服务体系，实施文化惠民工程，广泛开展全民健身活动，繁荣发展文化事业和文化产业。要大力开展文明城市、卫生城市创建活动，不断塑造城市形象、提升城市魅力。

坚定不移抓好疫情防控，保障人民生命财产安全。要进一步提高政治站位，把思想和行动统一到党中央决策部署上来，坚持第九版防控方案、落实二十条优化措施和“新十条措施”，坚决纠正简单化、“一刀切”、层层加码等做法，反对和克服形式主义、官僚主义，抓严抓实抓细各项防控措施，最大限度保护人民生命财产安全和身体健康，最大限度减少疫情对经济社会发展的影响。要高效统筹疫情防控和经济社会发展，全面落实自治区出台的“38条”“29条”及地委、行署出台的一揽子稳经济政策，做好“真金白银”帮扶、加强政策宣传解读，推动政策精准滴灌、直达快享，扎实做好复工复产、复商复市，坚决兜住民生底线、保住市场主体、稳住经济大盘，增强稳经济促发展信心。

（三）大力实施“生态美城”战略，不断筑牢国家生态安全屏障。尊重自然、顺应自然、保护自然，是全面建设社会主义现代化国家的内在要求。要牢固树立“绿水青山就是金山银山、冰天雪地也是金山银山”的理念，坚持把生态保护作为最大价值、最大责任、最大潜力，推进生态优先、节约集约、绿色低碳发展，全面建成自治区级生态文明建设示范县，全面建成示范乡镇3个、示范村（社区）10个，着力打造国家生态文明建设高地。

持续抓好生态保护修复。要严守生态底线、红线，零引进、零审批“三高”企业和项目，依法严厉打击非法开采盗采行为。要统筹山水林田湖草沙冰一体化保护和系统治理，加快推进孔雀河综合治理工程建设。要科学开展大规模国土绿化行动，把“先绿起来”作为重点任务，加大交通沿线、村（社区）、乡镇周边、河谷地带植树造林力度，建立植绿护绿长效机制，提高成活率，巩固绿化成果。要强化国土空间规划和用途管控，科学划定永久基本农田、生态保护红线、城镇开发边界线，统筹预留重大基础设施建设廊道和国边防建设空间。要紧紧抓住建设藏西北生态涵养区的历史机遇，加快推进冈仁波齐国家森林公园建设，逐步把自然生态系统最重要、自然景观最独特、自然遗产最精华、生物多样性最富集的区域纳入国家公园体系。

持续抓好环境综合治理。要坚持精准治污、科学治污、依法治污，持续深入打好蓝天、碧水、净土保卫战，确保县城空气优良天数达99%以上，主要河流湖泊水质达到或优于Ⅲ类水体比例保持在100%、土壤环境安全稳定。要深入落实河长制、湖长制、林长制，切实保护好江河源、林草地。要加快推进城镇生活垃圾分类处理和污水处理设施建设，力争城镇生活垃圾无害化处理、污水处理率分别达到99%、85%以上。要加强土壤污染源头防控，开展新污染物治理。要深入开展农村人居环境整治提升行动，扎实推进农村厕所革命，加快推进农村生活污水治理，全面提升农村生活垃圾治理水平，推动村容村貌整体提升。

持续抓好生态富民工程。要坚持保护与发展协同推进，大力发展高原生态农牧业、绿色加工业、文化旅游业等生态产业，坚定不移走生产发展、生活富裕、生态良好的文明之路，不断将绿水青山、冰天雪地的颜值转化为金山银山的价值。要坚持把生态建成产业、把产业做成生态，加快推进苗圃基地建设，鼓励群众发展苗圃经济，让“绿色”成为农牧民群众的“幸福底色”。要认真落实国家生态综合补偿机制，完善森林、湿地、草原生态效益补偿机制，减畜禁牧、退牧还草，实现草畜平衡，保护草原生态。要建立野生动物侵占草场资源补偿机制，通过租赁草场方式扩大野生动物栖息地。

持续抓好生态制度建设。要实施排污许可提质增效三年行动计划，推行排污许可“一证式”管理。要健全资源有偿使用和生态保护修复制度，严格林草资源征占用、自然保护区设施修筑审批，建立水资源刚性约束制度。要从严从紧抓好中央生态环境保护督察反馈问题整改工作，坚持“治标”与“治本”相结合，把破解问题和建章立制统筹起来，健全完善生态文明建设制度体系，真正做到管长远、管根本。要严格执行领导干部自然资源资产离任（任中）审计规定，实行最严格的生态保护督察考核问责。要实施生态环境保护全民行动，通过宣传和教育两大体系，引导公众形成绿色的生活方式，营造生态文明“人人有责、人人参与、人人受益”的良好氛围。

（四）大力实施“强边固城”战略，不断筑牢国家安全屏障。有国才能有家，没有国境的安宁，就没有万家的平安。要坚持屯兵和安民并举、固边和兴边并重，以稳边固边急需、反蚕食斗争急用、边民群众急盼为切入点和突破口，大力推进兴边富民、稳边固边，确保普兰产业发展、基础设施、公共服务水平大幅提升，党政军警民合力强边固防的体制机制更加完善。

着力打造区域对外开放高地。要树牢“一盘棋”思想，主动服从服务于国家外交大局，严格遵守请示报告制度，完善外事工作体制机制，努力形成“统一领导、归口管理、分级负责、协调配合”的外事工作格局。要坚持开放发展理念，深化与尼泊尔邻地区的商贸合作，安全有序推进普兰口岸逐步恢复双向通关，发展跨境贸易、小额贸易、边民互市贸易，推动对外开放成为实现高质量发展的重要抓手。要加强与尼泊尔的会晤、援助工作，强化与尼方警务合作机制，加强对普兰辖区居住的尼籍边民的管理服务力度，助力双边关系不断向好。

着力提升边境安全能力。要坚持党委把方向、政府总协调、军队当骨干、警方抓治理、民众为基础，进一步完善党政军警民合力强边固防的体制机制，进一步提升人防、物防、技防水平，着力构建军地分工负责、密切协作、齐抓共管的治边控边工作新格局。要深入推进边境地区军民一体化能力试点建设，推进基础设施军民共建共用，做到经济社会和边防建设统筹推进、人民生活和边防实力同步提升。要加强智慧边防建设，推进国省道、边境线、边防巡逻线、沿边道路和边境建制村、派出所、执勤点位、边防连队哨所、重点敏感边防点位移动通讯网络全覆盖。要科学布局抵边警务室建设，加强值守力量派驻，尽快实现所有边境建制村、边境重点部位警务室全覆盖。要大力实施边境党建红色长廊工程，深化“五共五固”活动，不断提升边境基层党组织守边固边富边强边能力。

着力推进人口抵边安居。要推进边境城镇建设，落实好国家文旅部定点帮扶工作，充分把握地委、行署支持普兰县城发展的有利契机，引导基础设施、公共服务资源和产业向县城布局，带动做大做强做优县域经济，抓好10个边境小康村后续扶持和配套建设，全面增强边境城镇、村（社区）人口承载、聚集和守边固防支撑能力。要严格落实自治区鼓励抵边安居若干优惠政策，吸引鼓励更多流动人口在普兰就业创业落户居住，探索“职业边民”办法措施，建立边民补助动态调整机制，严格落实边民补助政策，提高群众守边护边积极性和主动性，吸引更多的人留在边境、建设边境、守卫边境。

着力发展兴边富民产业。要立足普兰产业基础、资源禀赋、市场条件，坚持宜农则农、宜牧则牧、宜林则林、宜商则商、宜游则游，推动乡镇、村（社区）产业错位发展、各具特色、优势互补。要把发展集体经济与固边守边紧密结合起来，精心培育发展一批农牧民合作组织，实行巡边劳务计分模式，让抵边放牧、贴边生活的群众多劳多得，吸引更多青壮年到边境一线放牧巡边。要正确处理好边境一线生产资料不足和边民持续增收的关系，通过市场主导、政府引导在腹心城镇发展特色产业、组建合作组织等方式，让边民入股分红，探索建立边民居住在一线、增收在腹心、安心守边防的新路子。

四、坚定决心、增强信心、保持恒心，坚持以中共二十大、区党委十届三次全会和地委（扩大）会议精神统揽全面从严治党工作，深入推进新时代党的建设新的伟大工程

全面建设社会主义现代化国家、全面推进中华民族伟大复兴，关键在党。我们要全面贯彻落实新时代党的建设总要求和新时代党的组织路线，以“两个永远在路上”的政治清醒和政治自觉，全面推进党的自我净化、自我完善、自我革新、自我提高，深入推进新时代党的建设新的伟大工程，不断巩固党在普兰的执政地位、夯实党在普兰的执政根基。

（一）持之以恒加强理论武装。思想是行动的先导，精神是前进的动力。只有深入掌握理论，工作才有前瞻性，才能从思想层面变“要我干”为“我要干”，变“我要干”为“我知道怎么干”。要着力抓好各级领导干部的理论武装工作，通过加强理论学习中心组学习、组织领导干部专题学习班等形式，不断夯实各级领导干部的理论功底；通过党员教育、主题轮训、骨干培训等形式，带动全县党员干部的理论学习。要推进中共二十大精神、习近平新时代中国特色社会主义思想、党的民族宗教政策等党的理论政策走进群众、走进生活，不断增强理论宣传宣讲的说服力和影响力，进一步鼓舞士气、振奋精神、增强信心，教育引导广大党员干部群众坚定信心、同心同德，埋头苦干、奋勇前进，饮水思源知党恩、发自内心感党恩，坚定不移听党话、矢志不渝跟党走。

（二）持之以恒加强组织建设。严密的组织体系是党的优势所在、力量所在。各级党组织要履行党章赋予的各项职责，把党的路线方针政策和党中央、区党委、地委决策部署贯彻落实好，把广大群众组织凝聚好，巩固提升“时代先锋·魅力普兰”党建品牌创建成果，形成以点带面、整体提升的示范效应。要深化基层党组织服务能力建设，加强关键部位、重点领域党组织建设，增强党组织政治功能和组织功能，做到党的组织、党的领导、党的作用、党的工作在基层单位全覆盖。要坚持大抓基层的鲜明导向，抓党建促乡村振兴，推进以党建引领基层治理，加强村（社区）党组织建设，持续整顿软弱涣

散基层党组织，把基层党组织建设成为坚强战斗堡垒。要严把政治关、程序关、培养关，注重在反分裂斗争、维护稳定、乡村振兴等重大斗争一线中发展党员，注重发展农牧民党员和少数民族党员，切实提高发展党员质量。

（三）持之以恒加强队伍建设。实施"四城四高四中心"发展战略，归根结底要靠各级党组织来实施，要靠党员干部来推动，要靠优秀人才来支撑。要深化领导班子执政能力建设，加快建设坚强有力的领导班子，着力提高战斗力、凝聚力、创造力，夯实干事创业的领导保障。要树立正确的选人用人导向，坚持德才兼备、以德为先，选好用好政治可靠、实绩突出、激情干事、敢于创新、执政为民、干净干事的干部，用正确的用人导向激励激发干事创业的活力。要完善人才引进、培养、使用、评价、流动、激励制度机制，真心爱才、悉心育才、倾心引才、精心用才，求贤若渴、不拘一格。要关心关爱基层干部特别是条件艰苦的乡镇干部，重视干部职工健康保障工作。要对援藏干部委以重任、放手使用，做到政治上激励、工作上支持、待遇上保障、生活上关心、心理上关怀。各级党员干部特别是新入职、新调动、新晋升、新提拔的党员干部，要珍惜职位、珍惜舞台、珍惜机会，牢记重任在肩、责任在肩，勇于担当、敢于负责、善于执行、工于落实。

（四）持之以恒加强廉政建设。腐败是危害党的生命力和战斗力的最大毒瘤，反腐败是最彻底的自我革命。要牢固树立没有特殊性的思想，锲而不舍落实中央八项规定及其实施细则精神，抓住"关键少数"以上率下，持续深化纠治"四风"，重点纠治形式主义、官僚主义，坚决破除特权思想和特权行为。要把握作风建设特点，抓住普遍发生、反复出现的问题深化整治，推进作风建设常态化长效化，持续为基层减负，让基层有更多时间和精力抓落实。要坚持受贿行贿一起查，以零容忍态度反腐惩恶，加强对各级领导干部特别是"一把手"的监督，对权力集中、资金密集、资源富集的重点部门和关键岗位干部的监督，坚决惩治政治问题和经济问题交织的腐败，坚决治理政商勾连破坏政治生态和经济发展环境问题，严肃查处领导干部配偶、子女及其配偶等亲属和身边工作人员利用影响力谋私贪腐问题，不断增强领导干部拒腐防变的能力。要推进政治监督具体化、精准化、常态化，发挥政治巡察利剑作用，加强巡察整改和成果运用。要加强新时代廉洁文化建设，以朱某奎案、彭某案为镜鉴，深化以案促改警示教育，不断巩固党风廉政建设和反腐败斗争成果。

五、改进作风、狠抓落实、推动工作，以求真务实的精神推动中共二十大、区党委十届三次全会和地委（扩大）会议精神在普兰得到坚决贯彻执行

政治路线确定之后，干部就是决定的因素。全县广大党员干部要切实树牢严守纪律、敢于担当、重行务实、团结干事、竞进有为的导向，对标对表"八个必须""六个表率"要求，坚持目标导向、问题导向、结果导向，深入推进改进作风、狠抓落实工作，确保党中央、区党委、地委决策部署在普兰落实落细、见到实效。

（一）旗帜鲜明树立严守纪律规矩的导向。纪律严明是党的光荣传统和独特优势。全县党员干部要树牢纪律规矩意识，带头捍卫"两个确立"，做到"两个维护"，自觉在政治立场、政治方向、政治原则、政治道路上同以习近平同志为核心的党中央保持高度一致。坚决与十四世达赖和达赖集团划清界限，旗帜鲜明反对分裂，坚定维护祖国统一和民族团结。

（二）旗帜鲜明树立敢于担当负责的导向。有多大担当才能干多大事业，尽多大责任才会有多大成就。全县党员干部要敢于扛事、扛得起事，该做的事，要知重负重、苦干实干，顶着压力也要干；该负的责，要扛在肩上、抓在手上，冒着风险也要担。要敢抓敢管、善作善为、雷厉风行、一抓到底，践行"一线工作法"，自觉做到在解决实际问题中见功夫、在推动发展中显身手、在干实事抓落实中作表率，以亲密的党群干群关系激发自身干事创业的责任感。

（三）旗帜鲜明树立重行务实的导向。工作干得怎么样，最终看结果、看实效。全县党员干部要强化机遇意识，在深、精、快上下更大功夫，努力做到决策科学民主、执行坚决有力、办事合法高效，养

成“马上就办，办就办好”的工作习惯，形成事不过夜、案无积卷的工作作风。要时刻保持如履薄冰的谨慎、见叶知秋的敏锐，既要高度警惕和防范所负责领域内重大风险，也要密切关注全局性重大风险，既防“黑天鹅”又防“灰犀牛”，在防范化解重大风险中接受严格的思想淬炼、政治历练、实践锻炼。

（四）旗帜鲜明树立团结干事的导向。团结出战斗力、出凝聚力、出成绩、出干部。全县党员干部要牢记“三个务必”，发扬斗争精神，敢于斗争、善于斗争，严格遵守党章，增强党内政治生活政治性、时代性、原则性、战斗性，用好批评和自我批评武器，心往一处想、劲往一处使，在党的旗帜下团结成“一块坚硬的钢铁”，形成团结干事的良好氛围。要以坚强的党性和较高的政治觉悟保障团结，坚决反对阳奉阴违，搞当面一套、背后一套的“两面派”行为，坚决同违反原则、违反纪律的行为作斗争。

（五）旗帜鲜明树立竞进有为的导向。人无精神不立，业无精神不兴。要大力弘扬伟大建党精神、延安精神、红旗渠精神和老西藏精神、“两路”精神、孔繁森精神，坚持立足全局、立足实际谋划工作，理清发展的机遇在哪、优势在哪、问题在哪、潜力在哪，以求真务实的作风想问题、作决策、干工作。要针对少数干部没有勇气抓工作的现象，强化担当意识；针对少数干部缺乏本领抓落实的现象，不断提高干部综合素质和工作能力；针对少数干部没有时间抓落实的现象，进一步树立心无旁骛干事的导向；针对少数干部没有压力抓落实的现象，进一步健全奖惩制度，激励广大干部在新时代有新的担当、新的作为。

同志们，击鼓催征稳舟，奋击扬帆启新程。让我们更加紧密地团结在以习近平同志为核心的党中央周围，高举中国特色社会主义伟大旗帜，坚持以习近平新时代中国特色社会主义思想为指导，深入学习宣传贯彻中共二十大、区党委十届三次全会和地委（扩大）会议精神，以更加奋发向上的精神状态、更加求真务实的工作作风，奋力推进新时代普兰长治久安和高质量发展，谱写好以中国式现代化全面推进中华民族伟大复兴的普兰篇章！

政府工作报告

——在普兰县第十三届人民代表大会第四次会议上

普兰县人民政府县长　顿　珠

（2023年3月28日）

一、2022年工作回顾

刚刚过去的一年，是中共二十大召开之年，是实施“十四五”规划承上启下的重要一年。一年来，在县委的领导下，普兰县人民政府全面贯彻中共二十大精神，贯彻落实习近平总书记关于西藏工作的重要论述和新时代党的治藏方略，聚焦“四件大事”“四个确保”“四个创建”“四个走在前列”，贯彻落实地委“12114”工作思路和县委“四城四高四中心”战略部署，坚决落实“疫情要防住、经济要稳住、发展要安全”的要求，全县上下风雨同舟、众志成城，打赢了疫情防控攻坚战，努力做到生产防疫两不误，经济运行有序恢复向好向快发展。

（一）统揽全局，经济活力迈上新高度。一年来，我们统筹疫情防控和经济社会发展，扎实开展“冲刺两个月、决战60天”攻坚行动，千方百计稳增长、求突破，综合实力明显增强。初步预计：全县生产总值完成7.86亿元、同比增长8%；固定资产投资同比增长26%；财政公共预算收入达到1.631亿元（含政府性基金收入9846万元）、同比增长20.65%；社会消费品零售总额达1.08亿元、同比增长3%；城镇居民人均可支配收入达51166元、同比增长10%；农牧民人均可支配收入达17573元、同比增长13%。

（二）团结奋进，开创和谐稳定新局面。一年来，我们狠抓和谐稳定，反分裂斗争更加主动。多措并举应对将来关键斗争等风险挑战，牢牢掌握反分裂斗争的主动权。狠抓民族团结，宗教事务治理更加成熟。累计投入235万元用于民族团结进步创建工作，荣获自治区民族团结模范县称号；圆满完成6座寺庙藏传佛教财税监管体制改革。狠抓体系建设，社会安全更加巩固。安全生产专项整治三年行动卓有成效，安全生产“迎国检”有序开展，全年无重大安全生产事故。社会治安防控体系不断健全，“雪亮工程”利用率不断提高。严格落实矛盾纠纷排查化解常态化，接待来信来访95件105人次，办结率89%，排查化解矛盾纠纷128件、追回双拖欠和信访涉案资金1305.88万元。狠抓法治建设，政府执法水平更加规范。“八五”普法有序推进，依法治理、人民调解、安置帮教、社区矫正和法律援助服务等工作有序开展。

（三）齐心协力，掀起项目建设新热潮。一年来，我们实施重点项目27个，累计完成投资15.58亿元、同比增长26%。普兰机场完成进度投资26.43亿元，机场场外配套总投资1亿余元，进入招投标程序。DY水库主体工程进度达到合同投资的68.03%，完成投资1.5亿元。民生项目有序实施，华能普兰20兆瓦保障性光伏项目建成并网发电；县城及巴嘎乡污水处理收集系统建设完成；普兰县城给排水改造工程开工建设，完成投资4783.74万元；投资5006.89万元的新建垃圾填埋场项目有序实施；投资约3亿元的县城集中供暖项目，前期工作有序开展。

（四）砥砺奋进，谱写乡村振兴新篇章。一年来，我们始终坚持“四个不摘”原则，严格落实防返贫动态监测和帮扶机制，累计识别监测对象 23 户 92 人，消除致贫返贫风险 7 户 27 人。强化体制机制保障，制定结对帮扶方案 71 个，研究制定帮扶措施 304 条，开展结对帮扶 1033 次，帮助群众实现就业 93 人次，增加现金收入 11 万余元，脱贫群众人均纯收入达 16257.05 元。开展扶贫产业提档升级行动，建立健全利益联结机制，充分发挥带贫益贫作用，整合资金 18180.03 万元，实施衔接乡村振兴项目 16 个。落实扶贫贷款贴息政策，兑现贴息资金 16.37 万元，农牧民共计贷款 1.47 亿元，农村企业共计贷款 1574.3 万元。

（五）携手创新，产业发展获得新优势。一年来，农牧业稳步健康发展，完成农作物播种面积 8919.4 亩、总产量 3571.56 吨，牲畜存栏 77972 头（只、匹），建设 605.3 亩青稞二级种子繁育基地，实施牧草高产示范种植实验。文旅事业不断进步，巴嘎乡、科迦村入选全国旅游重点乡、重点村，完成自治区级全域旅游示范县创建，为创建国家全域旅游示范县打下坚实基础。接待游客 11.37 万人次，实现旅游收入 9613.32 万元。现代服务业蓬勃发展，新增 262 户市场主体，注册资金 18521.05 万元。持续发挥电子商务作用，推出电商产品 25 种，实现销售总额 10.3 万元。边贸行业发展日趋完善，争取资金 1.02 亿元实施普兰口岸功能设施建设项目，促进边贸物流业加快发展。唐嘎国际边贸市场搬迁运营，外贸区入驻商户 85 家，内贸区入驻商户 74 家。

（六）牢记宗旨，民生福祉达到新水平。一年来，我们深入实施自治区“十大民生工程”“38 件民生实事”、地区“十件民生实事”和普兰县 2022 年“十件民生实事”。就业增收进步明显，开展农牧民技能培训 4 期 316 人，转移就业 1192 人，创收 1443 万元。开展高校毕业生就业创业帮扶 95 人次，就业率达到 96.7%，兑现 21 人创业启动资金、场地租金、水电费补贴 100.61 万元，兑现 41 人一次性求职创业补贴 22.75 万元。教育事业蒸蒸日上，配套县级支教资金 812.2 万元，用于教育事业进步和改善办学条件。小学净入学率达到 100%，初中毛入学率达到 114.67%，高中阶段毛入学率达到 103.13%，义务教育阶段学生辍学率为零。社会事业深入人心，开展全县妇女“两癌”免费筛查 644 人，教职工学生、僧尼、寺管干部肺结核免费筛查 1987 人，城乡居民暨在编僧尼免费体检 4138 人，孕产妇住院分娩率达到 100%、死亡率为零。计划免疫接种率 95%、强化免疫覆盖率 100%。全县医保参保人数 8770 人，参保率达 98.56%；城乡居民养老保险参保人数 4951 人，参保率 99%，特殊群体参保率 100%，代缴率 100%。

（七）坚守底线，生态环保迈向新阶段。一年来，我们完成乡村“四旁”植树 3.4 万余株，完成义务植树 50 亩。2 个乡（镇）8 个村（社区）成功创建自治区生态文明建设示范村，国土空间总体规划（2021—2035 年）方案编制通过自治区审核。“美丽普兰”更加盎然，县域空气质量达到Ⅰ级标准限值，地表水、集中饮用水水质分别达到Ⅱ类标准限值，环境质量持续向好。生态投入更加有力，统筹解决 179.77 万元用于创建自治区级生态文明建设示范县。合理分配 2022 年重点生态功能区转移支付资金 5171 万元，生态文明建设各项资金需求保障有力。环保措施更加完善，河长制工作不断深化，推进 17 条河湖岸线划定及一河（湖）一策修编工作，玛旁雍错成功创建自治区示范湖。三级林长分区负责制全面实行，林长制组织体系初具雏形。

（八）攻坚克难，深化改革实现新突破。一年来，我们不断优化服务职能，“互联网＋政务服务”平台实现县、乡全覆盖，网上可办结率达 98%、最多跑一次比率达 98%，进一扇门一站式服务率达 100%，线上办件量 6035 件、线下办件量 4194 件。专合组织不断扩大，扶持培育村集体经济组织 23 家，注册资金 5331.36 万元，覆盖农牧户 3782 户 15402 人次，带动脱贫户 907 户 2462 人次。招商引资实现新突破，全年招商引资项目 3 个，总投资 1.8 亿元。全面深化国企改革三年行动计划，实施普兰县粮食公司改制。“三权分置”改革圆满完成，农村宅基地房地一体完成不动产权籍调查 400 宗，办理不动产证书 216 宗，农村集体土地所有权确权登记颁证 68 宗、完成率 100%。

（九）图强图优，铺展兴边富民新图景。一年来，我们锚定强边富民目标，笃行实干。边境基础设施不断完善，投入1643.41万元不断加强边境公共基础设施建设，争取和实施兴边富民项目3个，各族群众生产生活极大改善。人防格局初见成效，健全落实军地联合管理模式和“点对点”联系指导机制，深入开展“五共五固”活动，15个军（警）党组织和11个地方党组织结对共建。完成10个边境村划定工作，落实边民、护边员、双联户补助2999.47万元。技防物防稳步推进，边境乡镇、建制村公路通畅率分别达到100%，边境乡村通邮率100%、建制村通信率100%，所有的边境建制村通达光纤宽带和4G网络，主要电网覆盖至边境一线，饮水、灌溉、防洪等水利基础设施取得阶段性进展。

与此同时，国防动员、双拥优抚、统计调查、机关事务、外事侨务、气象、档案、消防等工作取得新进展，工会、供销、老龄、青少年、残疾人、红十字、妇女儿童、关心下一代等事业取得新进步。

各位代表！过去一年，面对疫情的严峻考验，我们严格落实“外防输入、内防反弹”要求和“动态清零”总目标，统筹党员干部、医护人员、志愿者、农牧民群众等1200余人参与县域疫情防控，历经三个多月实现全域“双零”目标，抗疫工作取得重大胜利，复工复产复商循序渐进。

各位代表！过去一年，我们深入推进改进作风狠抓落实工作，扎实开展学习二十大，政府“是什么、干什么、怎么干”学习实践活动，坚持政府政治机关定位，坚定不移把加强党的政治建设摆在首位，把旗帜鲜明讲政治贯穿研究问题、谋划发展、把握大局、推动落实的全过程各方面。驰而不息加强法治政府建设，推进政务公开，自觉接受人大法律监督和工作监督、政协民主监督、监委监察监督、社会舆论监督，强化审计监督。办理人大代表建议50件、政协委员提案52件，地区政协转办3件，办复率100%。切实加强政府系统党风廉政建设，真正做到政治清明、政府清廉、干部清正、社会清朗。

各位代表！这些成绩的取得，根本在于以习近平同志为核心的党中央的坚强领导，根本在于习近平新时代中国特色社会主义思想和习近平总书记关于西藏工作的重要论述及新时代党的治藏方略的正确指引，根本在于区党委、地委及县委的正确领导和大力支持，根本在于人大、政协监督支持和广大干部群众同心奋斗，也离不开文旅部、陕西省和社会各界的关心支持，凝结着全县各族干部群众的智慧和心血。在此，我代表普兰县人民政府，向各位代表、各位委员、全县各族人民，向各援藏省市、援藏单位和援藏干部人才，向为普兰作出贡献的各位老领导、老同志、老朋友，向所有关心支持普兰的社会各界人士，向驻普部队官兵，表示衷心感谢、致以崇高敬意！

在总结成绩的同时，我们也清醒地认识到，我县在高质量发展中还存在很多短板弱项：当前，全县经济发展的困难和挑战明显增多，今年经济形势比往年更加困难，经济下行压力依然巨大。一是经济结构需进一步优化。一、二、三产业结构不优，一产现代化程度低，二产支撑不强，三产后劲不足，经济结构和产业转型升级等还需进一步优化，经济增长的内生动力还需增强。二是有效投资不足。除普兰机场、DY水库外，县内缺少大项目有效支撑，固定资产投资持续增长乏力。三是财政保障困难。向上争取项目资金低于预期，民生保障等刚性支出日益增加，科技创新投入不足，教育、卫生、交通、水利欠账多，公共服务能力不足。

二、2023年工作建议

2023年，是贯彻落实中共二十大精神的开局之年，是开启中国式现代化新征程的第一年，是实施“十四五”规划承上启下的关键一年，也是我们加快推进“四城四高四中心”发展战略的重要一年，做好全年工作意义重大，责任重大。我们要始终以民之所望为施政所向，尽心竭力做好政府工作，决不辜负人民重托。

做好今年政府工作的总体要求是：坚持以习近平新时代中国特色社会主义思想为指导，全面贯彻落实中共二十大精神、中央经济工作会议精神，贯彻落实习近平总书记关于西藏工作的重要论述和新时代党的治藏方略，贯彻落实自治区第十次党代会、区党委十届三次全会和区党委经济工作会议精神，贯彻落实地委（扩大）会议和地委经济工作会议和县委经济工作会议精神，坚持稳中求进工作总基调，完整、准确、全面贯彻新发展理念，服务融入新发展格局，着力推动高质量发展，聚焦“四件大事”“四个确保”，聚力“四个创建”“四个走在前列”，落实地委“12114”工作思路和县委“四城四高四中心”发展战略，以处理好“十对关系”为根本方法，更好统筹疫情防控和经济社会发展，更好统筹发展和安全，突出做好稳增长、稳就业、稳物价工作，全力盘活存量、引入增量、提高质量、做大总量，有效防范化解重大风险，促进经济稳中向好、进中提质，为全面建设社会主义现代化新普兰打下坚实基础。

2023年主要预期目标是：全县生产总值完成8.87亿元、增长8.1%；城乡居民人均可支配收入分别达到51530元、19857.49元，同比增长8%、13%；固定资产投资增长26%；社会消费品零售总额1.38亿元，增长10%；一般公共预算收入完成5080万元、同比增长3.2%；居民消费价格指数控制在4%以内；城镇调查失业率和城镇登记失业率控制在5%和3%以内。

各位代表！我们综合分析研判形势，提出了全年经济社会发展主要预期目标。这些目标安排，贯彻了稳字当头、以稳求进、以进固稳的要求，坚持了“三个赋予一个有利于”的要求，衔接了过去几年经济增速和“十四五”规划目标，考量了动力支撑和压力承受的限度，有利于引导社会预期，调动各方面积极性。

围绕上述目标，我们将聚焦“十件大事”，狠抓落实，全面提升政府职能水平，打造人民满意型政府。

第一，聚焦持续稳定，抓民族团结。

以铸牢中华民族共同体意识为主线，推动全县民族稳定工作高质量发展。深化民族团结工作，推动着力创建民族团结进步模范区争先进工作新局面，巩固全国民族团结进步示范县成果。深化宗教事务管理，持续加强党对宗教工作的领导，以“五个有利于”为标准，深入开展“三个意识”教育，积极推进藏传佛教中国化。切实健全寺庙管理长效机制，不断健全“一寺一策”方案，扎实推进寺庙财税监管全覆盖工作。深化平安普兰建设，常态化推进扫黑除恶斗争，严厉打击各类违法犯罪活动。落实安全生产责任制，完善应急管理体制机制，坚决遏制重特大事故发生。落实“四个最严”要求，强化食品药品和防疫物资安全监管，保障群众饮食用药安全。加强和改进信访工作，完善社会矛盾纠纷多元预防调处化解，将矛盾化解在基层。进一步优化网格化作用，持续推进先进双联户创建活动，充分发挥户长作用，进一步提升基层治理体系和治理能力现代化水平。深化疫情防控措施，严格按照自治区、地区工作要求，统筹做好各项应对准备工作，科学稳步将防控工作重心转向“保健康、防重症”。加快提升医疗救治能力，全力保障群众用药就医需求。重点抓好老年人、儿童和患基础病群体的防控，全力以赴降低重症率和病亡率，最大程度保护人民生命安全和身体健康。

第二，聚焦县域发展，抓项目支撑。

牢固树立“项目为王、招商为要、落地为大”理念。狠抓项目谋划，抢抓“十四五”规划项目中期评估调整“窗口期”的重大机遇，抓住国家和自治区实施的各类提升项目，谋划储备一批全局性、示范性、带动性、支撑性的大项目、好项目，力争再申报一批重大项目纳入国家和自治区规划的“总盘子”。狠抓项目建设，全力协助普兰机场建设，推动普兰机场场外配套设施建设项目等2023年新（续）建项目决策阶段、设计阶段、施工准备阶段、竣工验收阶段各项工作。加快建设多油水库供水灌溉配套工程，持续实施农村饮用水安全工程和农牧区集中供水等工程，加强县、乡（镇）城市供水、污水、雨水、通信等各类地下管网的建设、改造和检查维修。深入开展重点位置的公共厕所的建设和改造，改善生态居住环境。全力配合新藏铁路前期工作。推进“贡嘎路”提升改造。启动“陕西路”改造工程，加快推进县城供水、供暖项目建设，力争年内见效。坚持工作项目化、项目清单化、清单具体化，积极创造条件做好资金、土地、林地、环评等要素保障，新建续建重大项目38个，完成投资10.02亿元以上，实现投资稳增长。狠抓招商引资，持续推进招商引资百日攻坚行动，创新招商方式，开展整体化服务委托招商，进一步提高招商引资专业化程度，力争完成2亿元招商引资任务。

第三，聚焦活力激发，抓政策落实。

全面落实国家一揽子政策措施和自治区“38条”“29条”及地区临时性措施，落实“点对点”“一对一”政策，依法平等保护各类市场主体合法权益。持续做好“三稳”工作，多措并举抓好粮食、蔬菜、肉、蛋、奶等重要生活物资和农业生产资料供应，保证市场供应充足、价格基本稳定，全力以赴保障市场安全。持续开展消费促进，充分发挥消费对稳增长的基础作用，培育消费新热点、释放消费潜力、畅通消费渠道，不断增强经济发展内生动力，聚焦家电、餐饮等重点领域，坚持线上线下结合、城乡区域联动，持续开展普兰县“助企惠民·乐购阿里”消费促进活动，进一步提升市场人气、激发消费活力，力争社会消费品零售总额达到1.38亿元，增长10%。持续抓好“纾困增效”，进一步加大企业服务保障力度，让实体企业享受更高政策扶持，扎实做好第五次全国经济普查，继续做好中小微企业、个体工商户等“助企纾困”工作，精准精细落实减税降费政策，及时协调解决原材料、用地、用工、用能等实际困难，让政府服务真正发挥实质性作用。

第四，聚焦群众增收，抓产业发展。

以群众增收为切入点，不断拓宽农牧民群众增收渠道。突出基础产业扶持，加快发展特色农牧业，坚持稳粮、兴牧、强特色，推动现代农牧业示范园产业转型升级，推进农畜产品产业链升级，强化农畜产品质量管理，从生产地域、技术标准到市场准入实行最严格的管理控制，重点引进加工、包装企业，带动基础产业进一步发展，推进象雄半细毛羊引进。加强种植结构调整、良种培育，积极开展优质青稞、优质牧草的试种推广，大力发展设施农业，着力提升亩产效率。进一步细化措施，续建高标准农田2000亩，全年实现农作物播种面积8919.4亩、产量3240吨以上。加大牲畜出栏量，严控牲畜存栏量，确保草畜平衡。突出主导产业扶持，以旅游业为主导，整合普兰文化旅游资源，开发旅游文化产品，将普兰历史、宗教和民俗文化转化成旅游产品和旅游要素，大力发展大众旅游、智慧旅游、绿色旅游、文明旅游，以文塑旅、以旅彰文，推动文化和旅游在更广范围、更深层次、更高水平上深度融合。加速推进文化旅游发展规划及10个村（社区）乡村文化旅游规划编制，加速乡村旅游“一村一品一特色”整体提升打造，创建普兰特色文化旅游品牌。巩固自治区级全域旅游示范县创建成果，稳步推进国家级全域旅游示范县创建工作。重点打造219国道旅游精品线路，加快冈仁波齐—玛旁雍错AAAAA级景区创建。不断提高旅游服务品质，全年实现旅游接待人次和收入增长15%以上。突出重点产业扶持，大力发展苗圃产业，采取“公司+合作社+基地+农牧户”经营模式，利用闲置低效温室大棚和草原站资源，建立高原优质牧草、高原特色树种、高原蔬菜种植生产基地，人工种草面积达600亩以上。因地制宜发展村集体经济，突出抓好合作社和家庭农场两类牧业经营主体发展，培育农牧业产业化联合体，探索建立农牧民合作社联合社，扩大影响力，确保农牧民合作社稳定在23家以上，稳定带动群众增收。大力发展庭院经济专业村，鼓励支持农牧民在庭院种植果树、蔬菜，养牛、养鸡、养藏猪，鼓励高校毕业生、城镇居民和外来人员参与庭院经济发展，增加农牧民收入。同时，积极参与第八届象雄文化艺术节，积极筹备普兰“冈仁波齐”旅游文化节系列活动。

第五，聚焦城乡融合，抓乡村振兴。

持续推动脱贫攻坚同乡村振兴战略有效衔接，坚定落实“坚守一条底线、健全三大机制、实施四项行动”目标，全面推进“五大振兴”。强化特色产业支撑，加快推进农牧业产业结构调整，大力发展特色种养、精深加工、乡村旅游，积极发展青稞、牦牛、牧草等特色产业，培育和引进农畜产品加工等企业，做好农畜产品精深加工，延伸农牧业产业链，提高农牧业附加值。聚焦西德白糌粑、科迦藏香、冈底斯藏药、霍尔彩砂等特色产业，修订产业扶持计划，将政策、资金向产品研发、精深加工倾斜，推动农牧业主导产业做大做强。强化乡村治理能力，健全自治法治德治相结合的乡村治理体系，培育文明新风、良好家风、淳朴民风。深入开展农牧区人居环境整治行动，提升偏远自然村水、电、路、讯等基础设施，积极推进污水处理、垃圾处理、厕所改造。强化粮食安全责任，持续巩固粮食综合生产能力，实行最严格耕地保护制度，坚决遏制耕地“非农化”、防止耕地“非粮化”，整治农田“撂荒”问题。坚决实行最严的耕地保护制度，坚持稳面积、调结构、优品种，全面推进农业供给侧结构改革，不断优化农业资源配置，有效推进产品创新、科技创新和制度创新。大力整治农田“撂荒”问题，加强田间管理，着力提升亩产效率。持续推经济作物推广，提纯复壮本地特色品种，促进农业增产增效。

第六，聚焦持续发展，抓改革开放。

持续深化“放管服”、工程项目审批等重点改革事项，落实落细“互联网＋政务服务”“一件事一次办”等改革，建立健全行政审批服务运行机制，千方百计降低成本，持续打造务实高效的政务环境。坚定不移优化营商环境，把公平、诚信作为优化营商环境的重点，打造企业“想进来、留得下、能发展”公平有序的经营环境。因时因势健全完善联系企业和签约项目调度、招商引资奖励机制，确保今年从援藏省市引进2—3个优质企业。坚定不移全面扩大开放，以深度融入“一带一路”和面向南亚开放重要通道建设为统领，紧紧围绕把普兰建成面向南亚开放的桥头堡和贸易物流中心，加强与周边地区的协作对接，不断拓宽投资渠道，加快发展外向经济，把普兰打造成为区域对外开放高地。加快普兰机场建设，推进场站配套设施建设，确保年内实现通航。深化与尼泊尔胡木拉县在旅游、文化、商贸、中药材、天然饮用水等领域的合作，发展跨境贸易、小额贸易，全力做好普兰唐嘎国际贸易市场规范化运营，边民互市贸易，协助做好斜尔瓦友谊大桥建设项目，积极争取普兰口岸斜尔瓦至尼泊尔胡木拉地区四级黑色路面工程项目早日落地实施。充分发挥冈底斯国际旅游合作区核心地带作用，进一步做精做强旅游业，助推旅游服务贸易产业提质增效。

第七，聚焦共同富裕，抓民生福祉。

从人民关心的“关键小事”入手，加大普惠性、基础性民生供给，保障民生投入，补齐民生短板，在共建共享中推进共同富裕。全力促进就业增收，制定切合普兰实际的培训计划和增收措施，多渠道扩大就业容量，统筹做好高校毕业生、退役军人、城镇困难人员、城乡富余劳动力等重点群体就业，不断缓解结构性就业矛盾，确保应届高校毕业生就业率达95%以上，确保应届高校毕业生就业率达95%以上，完成农牧民技能培训6期538人次，农村居民转移就业1200人次，实现劳务创收1000万元，完成城镇新增就业150人次。继续将400万元以下的政府投资项目交由满足资质条件的农牧民施工队实施，落实以工代赈工程项目资金劳务报酬占比30%以上的政策。力争年底实现农村居民人均可支配收入达到19857.49元、城镇居民人均可支配收入达到51530元。全力发展社会事业，合理配置教育资源，加快补齐农牧区办学条件短板，推进义务教育城乡一体化改革发展。严格落实义务教育“双减”“五项管理”“三包”政策，巩固提升教育“5个100%”成果。继续实施村居干部掌握国家通用语言文字两年攻坚行动。深入实施健康普兰行动，深化公立医院改革和医疗人才组团式援藏工作，继续做好城乡居民和在编僧尼免费体检、先心病儿童救治、计划免疫接种等工作，让更多更好医疗资源向农牧民群众普惠，继续开展“两癌”“包虫病”和大骨节病等筛查救治，开展13—14岁在校女生HPV（宫颈癌）疫苗、60岁以上老年人及在校中小学生流感疫苗自愿免费接种。大力发展体育事业，加强公共体育设施建设，加强对公共文化服务设施和产品的统筹规划、布局，不断完善公共文化服务体系，将文化专项资金向乡镇倾斜，推动文化基础设施持续完善，因地制宜整合好、利用好各类公共文化设施，扩大文化场馆、文物保护单位开放，让群众更多地享受文化事业发展成果，大力实施文化惠民工程，民间艺术团全年演出达到60场次。全力办好民生实事，坚持以人民为中心的发展思想，统筹经济社会发展和民生保障，抓好自治区“十大民生工程”、21件民生实事和地区“十件民生实事”，继续实施普兰县“十件民生实事”，全面提高“十三项民生补助”标准，不遗余力推动民生实事在普兰落地见效。推动农牧区新一代广播电视直播卫星“户户通”，稳步推进就业创业工作，持续抓好妇女儿童健康工作，实施农村饮用水安全维修养护工程，扎实推进道路交通基础设施建设，完善普兰县21个执勤点基本生活设施，解决城镇居民低收入群体生产生活困难。稳步提高退休人员基本养老金、居民医保财政补贴、居民低保救助、残疾人两项补贴等政策标准，基本实现养老、工伤、事业保险法定人群参保全覆盖，建立防范化解因病返贫致贫长效机制，兜牢人民群众基本生活底线。机关企事业单位社会保险参保率、征缴率均达到100%，城乡居民基本养老保险宣传率达到100%，参保率达到99%。不折不扣落实农牧民惠民强农各类补贴政策，各类补贴政策资金综合执行率进度达到100%。足额发放2023年农村低保金和困难残疾人生活补贴，加强对流浪乞讨人员救助工作，切实保障困难群众基本生活。落实边境村（边民）群众及特殊人群医疗保障优惠政策，按照每人每年350元医保金全部由政府承担的标准，解决4013人医保参保金140.45万元，确保参保征缴率实现100%。完善住房保障体系，加强"三房"管理，积极争取开工建设200套保障性住房。

第八，聚焦美丽普兰，抓生态环保。

牢固树立和践行生态环保新理念，不断改善环境质量，夯实生态本底。加强修复治理，统筹推进山水林田湖草沙治理，加快推进孔雀河流域生态保护和系统治理，加强玛旁雍错湿地生态环境保护，继续推进完成"十四五"林业发展专项规划编制，全面落实百万亩国土绿化行动，以普兰镇等4000米以下海拔宜林区域为重点，加快推进国土绿化行动。加强矿产资源保护，严厉打击非法开采盗采行为。加强执法监管，切实加大监察执法力度，对重点区域水环境、工程项目、环境整治、生态修复等情况进行定期不定期的检查，发现问题，及时依法正确处置，严把环评审批关，坚决杜绝"三高""十五小"项目引入，严格落实"三线一单"制度。持续加强环境监测，确保水质监测、土壤监测、大气监测全覆盖。深入贯彻落实耕地保护责任制，持续开展农村乱占耕地建房问题排查整治，严格落实"八不准"，以"零容忍"态度遏制增量问题，坚决落实耕地"占一补一"制度。加强保护发展，深刻认识"十四五"生态环保工作面临的重大机遇和挑战，不断推动城乡环境卫生整治提升，大力推动污染源头治理，严格散乱污企业及集群排查整治等工作。积极配合完成生态环境系统关于打赢污染防治攻坚战和支持经济社会发展有关污染防治项目的前期调研工作。持续抓好生态富民工程，加快推进苗圃基地建设，认真落实国家生态综合补偿机制，建立野生动物侵占草场补偿机制。努力推动2021年普兰县孔雀河岸滨生态修复与保护项目（一期、二期）和普兰县空气自动站建设项目稳步实施。

第九，聚焦强边固边，抓边境安全。

坚持屯兵和安民并举、固边和兴边并重，进一步健全完善边境工作体制，守好神圣国土、建好幸福家园。推进固边兴边富民行动，着力推动边境公共服务和配套设施建设，加快电网延伸建设，持续推进水电路讯网、科教文卫保向抵边村延伸，信息基础设施向边境一线全覆盖，切实解决边境地区发展不平衡不充分问题。执行好边境地区利民惠民利寺惠僧优惠特殊政策，及时足额兑现各类政策补助。全力保障服务驻普兰部队开展军事斗争，帮助解决一线部队实际困难和现实需求。推进边境安全能力提升，严格按照"军管线、警管点、民管片"的要求，认真做好中印尼边境防控工作，深刻认识反分裂斗争规律特点和潜在重大风险挑战，准确把握稳中有风险、稳中有隐患、稳中有变数的形势判断，带着强烈的忧患意识研判形势，带着强烈的问题意识反思不足，带着强烈的风险意识谋划工作。紧紧依靠和发动群众，发挥护边员、民兵、红袖标、"三员"队伍的作用，鼓励一线群众抵边放牧，鼓励群众对发现的外来可疑人员和车辆及时报告，广泛宣传农牧民群众举报涉稳信息奖励机制，构建群防群治体系。推进口岸建设力度，加快普兰口岸通关能力建设，推进普兰口岸基础设施和功能建设，加大边贸市场、传统互市贸易点建设运营，推进城乡物流配送网络一体化，推动商贸流通体系向偏远乡村延伸。统筹推进数字产业和产业数字化。加快推进"智慧+"（旅游、交通、医疗、教育、边防、综治）、数字乡村新型基础设施建设，推动5G向重点区域延伸。

第十，聚焦政府职能，抓能力提升。

各位代表，新的历史起点，对政府的执行力和公信力提出了新的要求。我们将以"六个打造"为抓手，不断聚焦政府职能转变，提升服务能力，树立人民满意的新形象。打造忠诚型政府，我们将始终把牢政治的方向盘，深学笃用习近平新时代中国特色社会主义思想和中共二十大精神，确保政府各项工作沿着正确的政治方向前进。我们将始终铸足政治的忠诚度，不断提高政治判断力、政治领悟力、政治执行力，不折不扣贯彻落实上级各项决策部署，以实干实绩诠释对党绝对忠诚。我们将始终做大政治的同心圆，坚持在县委的领导下，在人大、政协的监督和支持下，凝聚一切可以凝聚的共识，团结一切可以团结的力量，不断推动社会主义现代化普兰的壮丽事业。打造法治型政府，我们将坚定不移履行政府系统全面从严治党主体责任，始终坚持民主决策，坚持重要事项依法公开，严格履行"三重一大"，依法接受人大及其常委会法律监督，自觉接受政协民主监督，主动接受社会和舆论监督，推进学法尊法用法制度化、规范化、常态化。打造学习型政府，我们将坚持把学习作为政治责任，干什么学什么、缺什么补什么。自觉从政治高度看问题、办事情、抓落实，自觉同党的政治理论、路线方针、政策导向对标对表、校准偏差，把创新作为抓落实的第一动力，与时俱进拓宽发展思路，实事求是推动工作落实，真正做到敢为人先、敢立潮头、敢打必胜。着力营造看重学习，注重研究、尊重知识、器重人才的良好氛围，不断增强干部争先进位的意识和水平。打造担当型政府，我们将始终坚持察事求准，深入工作中了解阻碍发展的深层次原因，深入百姓中把握改善民生最需要打通的关键点，善于分清工作的轻重缓急，快速聚焦工作的难点重点，进一步提高担当使命精神，确保急难险重任务面前顶得上、攻得下。深化机关效能建设，健全追责问责机制，严厉整肃庸政懒政怠政行为，让广大干部想干事、能干事、干成事。打造服务型政府，我们将始终把民众放在最高位置，决不允许任何个人利益凌驾于人民利益之上，坚决做到除了人民的利益没有自己特殊的利益，坚持把人民的利益放在至高无上的位置。持续深入开展"学习二十大，政府是什么、干什么、怎么干"学习实践活动，推进政务公开、政府信息公开，畅通民意表达渠道，让权力在阳光下运行。我们将始终维护好民众的根本利益，坚决做到政府办的事精准对接群众盼的事，让民生福祉更有厚度、民生答卷更有亮度、民众感受更有温度。打造廉洁型政府，我们一定会牢记腐败的危害，时刻保持清醒的头脑，深刻认识反腐败斗争的长期性、复杂性、艰巨性，坚持不懈一体推进不敢腐、不能腐、不想腐，始终绷紧廉政这根弦。我们将持续纠治"四风"问题，全力营造弊革风清的政治生态。我们将全面执行厉行节俭反对浪费的各项规定，带头"过紧日子"，从严控制"三公经费"。我们更会自觉地把纪律和规矩挺在前面，接受纪检监察监督，以身作则，率先垂范，以清正廉洁的良好形象取信于民。

各位代表！团结才能胜利，奋斗才能成功。没有等出来的辉煌，只有干出来的精彩。让我们更加紧密地团结在以习近平同志为核心的党中央周围，紧紧围绕地委、行署和县委决策部署，紧紧依靠全县广大干部群众，拼搏奋进、务实担当，扎实做好今年经济社会发展各项工作，奋力谱写普兰现代化建设新篇章！

名词解释：

1."四个意识"：政治意识、大局意识、核心意识、看齐意识。

2."四个自信"：道路自信、理论自信、制度自信、文化自信。

3. "两个维护"：坚决维护习近平总书记党中央的核心、全党的核心地位，坚决维护以习近平同志为核心的党中央权威和集中统一领导。

4. "第一个百年"：是咋中国共产党成立一百年时全面建成小康社会。

5. "第二个百年"：是在新中国成立一百年时建成富强民主文明和谐的社会主义现代化国家。

6."五位一体"：经济建设、政治建设、文化建设、社会建设、生态文明建设"五位一体"总体布局。

7. "十对关系"：经济发展与稳边强边的关系；质的提升与量的增长的关系；产业发展与项目建设的关系；产业结构与产业融合的关系；自主发展与对外开放的关系；城市经济与农村经济的关系；经

济发展与改善民生的关系；优化环境与创造财富的关系；引进人才与留住人才的关系；系统观念与守正创新的关系。

8.“四个全面”：全面建设社会主义现代化国家、全面深化改革、全面依法治国、全面从严治党。

9.“四个不摘”：摘帽不摘责任、摘帽不摘政策、摘帽不摘帮扶、摘帽不摘监管。

10.“四个创建”：着力创建全国民族团结进步模范区，着力创建高原经济高质量发展先行区，着力创建国家生态文明高地，着力创建国家固边兴边富民行动示范区。

11.“四个走在前列”：努力做到民族团结进步走在全国前列，努力做到高原经济高质量发展走在全国前列，努力做到生态文明建设走在全国前列，努力做到固边兴边富民行动走在全国前列。

12.“四件大事”：稳定、发展、生态、强边。

13.“四个确保”：确保国家安全和长治久安，确保经济社会持续健康发展，确保各族人民物质文化生活水平不断提高，确保生态环境良好。

14.“三高”：高排放、高污染、高能耗。

15.“四旁”植树：在路旁、沟旁、渠旁和宅旁进行植树。

16.“地委‘12114’工作思路”：“1”是“扛起一个政治责任”，就是要坚决扛起维护社会稳定的政治责任；“2”是“筑牢两个屏障”，就是要筑牢边防巩固边境安全的国家屏障和为中华民族生存和发展作贡献的国家生态安全屏障；第二个“1”是指“贯穿一条主线”，就是要把“三个赋予一个有利于”要求作为一条主线贯穿于经济社会全过程、各方面；第三个“1”是指“强化一个保障”，就是要以党建为保障，加强党对经济工作的领导。“4”是指“着力在实现四个‘争先’上下功夫”，就是要在创建全国民族团结进步模范区中争先进、在创建高原经济高质量发展先行区中争先位、在创建国家生态文明高地中争先锋、在创建国家固边兴边富民行动示范区中争标兵。

17.县委“四城四高四中心”战略：“四城”：推进“稳定安城、发展兴城、生态美城、强边固城”。“四高”：打造“区域对外开放高地、藏西沿边经济高地、国家生态文明建设高地、全域旅游融合高地”。“四中心”：建设“综合农业中心、空港经济中心、极地旅游中心、物流集散中心”。

18.“雪亮工程”：以县乡村三级综治中心为指挥平台、以综治信息化为支撑、以网格化管理为基础、以公共安全视频监控联网应用为重点的群众性治安防控工程。

19.“三个赋予、一个有利于”：坚持所有发展都要赋予民族团结进步的意义，都要赋予维护统一、反对分裂的意义，都要赋予改善民生、凝聚人心的意义，都要有利于提升各族群众获得感、幸福感、安全感。

20.“六稳”：稳就业、稳金融、稳外贸、稳外资、稳投资、稳预期。

21.“六保”：保居民就业、保基本民生、保市场主体、保粮食能源安全、保产业链供应链稳定、保基层运转。

22.“五共五固”：共学党的理论固信仰信念，共建基层组织固一线堡垒，共促民生改善固脱贫成果，共树文明新风固民族团结，共守神圣国土固边境安宁。

23.“双零”：零感染、零疑似。

24.“五个有利于”：有利于维护国家统一和社会稳定；有利于增加“五个认同”；有利于团结宗教界人士和信教群众；有利于藏传佛教健康传承；有利于减轻信教群众负担为标准。

25.“五个认同”：对伟大祖国、中华民族、中华文化、中国共产党、中国特色社会主义的认同。

26.“三个意识”：公民意识、国家意识、法治意识。

27.“五大振兴”：产业振兴、人才振兴、文化振兴、生态振兴、组织振兴。

28.“双减”：减轻作业负担，减轻校外培训负担。

29.“三包”：包吃、包住、包基本学习费。

30.“教育5个百分之百”：学前教育入园率100%，小学入学率100%，初中入学率100%，义务教育巩固率100%，高中阶段入学率100%。

31.“十五小”：《国务院关于加强环境保护若干问题的决定》中明令取缔关停的十五种重污染小企业。包括小造纸、小制革、小染料、土炼焦、土炼硫、土炼砷、土炼汞、土炼铅锌、土炼油、土选金、小农药、小电镀、土法生产石棉制品、土法生产放射性制品、小漂染企业等。

32.“四风”：形式主义、官僚主义、享乐主义和奢靡之风。

33.“八不准”：不准占用永久基本农田建房；不准强占多占耕地建房；不准买卖、流转耕地违法建房；不准在承包耕地上违法建房；不准巧立名目违法占用耕地建房；不准违反“一户一宅”规定占用耕地建房；不准非法出售占用耕地建的房屋；不准违法审批占用耕地建房。

34.“占一补一”：非农业建设经批准占用耕地的，按照“占多少，垦多少”的原则，补充与所占耕地数量与质量相当的耕地；没有条件开垦或者开垦的耕地不符合要求的，应当按照省（自治区、直辖市）的规定缴纳耕地开垦费，专款用于开垦新的耕地。

35.“一带一路”：“丝绸之路经济带”和“21世纪海上丝绸之路”。

36.“三线一单”：指生态保护红线、环境质量底线、资源利用上线和生态环境准入清单。

37.“五项管理”：中小学生作业、睡眠、手机、读物、体质五项管理。

38.十三项民生补助：进一步提高教育“三包”经费、城乡居民基本医保补助、基本公共卫生服务补助、城乡居民基本养老保险基础养老金、城乡居民养老其他待遇、城乡居民低保、特困人员救助供养、孤儿基本生活补助、高龄老人健康补贴、“三老”人员生活补助、社会福利集中机构运行及人员经费、公益性岗位补贴和社会保险补贴、村干部基本报酬和业绩考核补助。

县情概览

建置区划

【位置境域】 普兰县位于西藏自治区西南部，阿里地区南部，东与日喀则市仲巴县接壤，北与阿里地区革吉县、噶尔县相连，西与阿里地区札达县毗邻，南以喜马拉雅山脉为界与印度、尼泊尔两国交界。县境东西长 190 千米，南北宽 130 千米，总面积 1.319 万平方千米。县人民政府驻普兰镇，距西藏自治区首府拉萨市 1206 千米，距地区行署所在地狮泉河镇 395 千米。

【建置沿革】 象雄部落联盟之前，境内散布大大小小的原始氏族、部落、族群。

公元前 1000 年左右，象雄部落形成。在此基础上逐渐形成象雄部落联盟（汉文史籍称“羊同”），联盟之主称象雄王，都城为穹隆银城。

普兰各部落臣服于象雄，南部农耕区域归属于达拉卡城堡（象雄四大中心城堡之一），北部牧区归属于玛旁布莫卡城堡，由象雄王派出的总管或地方部落首领、头人、小王管辖，征缴黄金、税收、实物、大料，奉献贡赋，征调兵员、马匹。

魏徵撰写的《隋书·西域女国》中称普兰等地为“女国”，反映了此地保留着母系社会部落、族群、邦国的特点。“在葱岭之南……气候多寒，以射猎为业……尤多盐，恒将盐向天竺兴贩，其利数倍”，从位置、气候、生活方式到经商行为进行明确记载。大唐高僧玄奘《大唐西域记》中，将玛旁雍错描写成王母沐浴的“西天瑶池”。

唐贞观十八年（644 年，藏历木龙年），松赞干布征服象雄后，全面推行吐蕃政体，设立象雄“赤岱”（万户），下设 10 个东岱，上部 5 个（卧觉、芒玛、聂玛、杂莫、巴嘎），下部 5 个（古格、觉拉、吉藏、雅藏、基德）。

会昌二年（842 年，藏历水狗年），吐蕃末代赞普达玛乌东赞（朗达玛）被刺杀，吐蕃分裂成两派，即永丹派（占据拉萨）和维松派（占据山南），累年相争。吐蕃各地将领拥兵称雄，象雄赤岱各部自立山头称王称雄，征战不断。

后唐同光元年（923 年，藏历水羊年），维松之孙吉德尼玛衮逃到象雄，寄居于热拉一带，并修建热拉城堡（红堡）。后来，普兰土王扎西赞迎请吉德尼玛衮到普兰，并将女儿卓萨阔琼嫁给他，推举吉德尼玛衮为王，称“阿里王”，治所在噶尔东（今普兰镇仁贡村嘎东组）。吉德尼玛衮制定新法，建立新军，东征西讨，逐渐统辖古格、如托等象雄旧地，建立“阿里王国”。在普兰兴建“辜卡尼松”（意为双太阳）和“朗嘎琼宗”（意为太空鹏城）。

北宋建隆元年（960 年，藏历铁猴年），阿里王吉德尼玛衮将其三子分封至玛域（拉达克）、布让（今普兰县）、桑噶（今克什米尔南部）三地为王，形成三支王系，史称“上部三衮占三围”。

乾德四年（966 年，藏历火虎年），普兰王扎西衮次子松艾（947—1024 年）在扎布让（今札达县托林镇境内)建立古格地方政权,境域包括朗钦藏布和噶尔藏布的上中游。端拱二年(989 年,藏历土牛年),松艾出家为僧,将古格王权交给其兄阔日。

阔日、其子拉德、其孙沃德(维德)时期,古格属普兰王管辖。普兰下辖噶尔东、多油、赤德、西德、科迦、吉让,游牧北部的雄巴、岗莎、贡珠、奴奴、古格和雪山外部等地的大小部落、族群,各部落、族群由"宗"(类似于县级行政机构)或"本"(类似于乡村一级)等官员和地方头人首领出任,负责征缴税收、实物、大料、贡赋,征召调集兵员、马匹,征派属民支应差役,全权向普兰王负责。

嘉祐二年(1057 年,藏历第一饶迥火鸡年),沃德次子泽德继任古格王,古格脱离普兰王管辖,成为独立的地方政权。沃德幼子扎赞德建立亚泽政权,具有相对独立的自治权,下辖 5 个地方头人。此后普兰境内屡遭战乱和劫掠,《真理黎明传说》载:普兰与噶洛(garlog,葛逻禄国)发生战争,普兰全军覆没,当地很多妇女被带到异国他乡。

南宋淳祐八年(1248 年,藏历第四饶迥土猴年),"阿里三围"诸自管王国归附蒙古汗国。

元朝至元二十九年(1292 年,藏历第五饶迥水龙年),设纳里速古鲁孙元帅府,设在下阿里宗嘎(今日喀则吉隆县宗嘎镇),设元帅二人,统管上部阿里和下部阿里,其中上部阿里包括仲巴、普兰、札达、噶尔、日土和北部的羌塘草原的大部分。普兰等地方政权仍保持原有势力。

元大德十一年(1307 年,藏历第五饶迥火羊年),贡塘王系的俄达赤德到元大都觐见皇帝,皇帝封其为王,领"阿里三围"君主之衔。普兰等王国沿袭旧制,仍在其势力范围内行使相对独立的地方管理权。

14 世纪初,普兰王势力达到顶峰。

明洪武八年(1375 年,藏历第六饶迥木兔年),明朝中央政府设立俄力思(阿里的谐音)军民元帅府,治所在宗嘎,代表中央政府统一管理今萨嘎、吉隆及其以西,拉达克及其以东西藏西部广大藏区的军政边务。

15 世纪初,普兰与洛波门唐王格列加措之间发生战争,洛波加藏统治普兰数年。

古格第 15 代王拉钦·扎巴德在位时,古格重新崛起。建文元年(1399 年,藏历第七饶迥土兔年),拉钦·扎巴德平定拉达克内乱,先后兼并普兰、亚泽两王领地,统一阿里,普兰王国传 19 代,历 400 余年。

明崇祯三年(1630 年,藏历第十一饶迥铁马年),古格发生喇嘛、平民暴动,未能打败以国王为首的统治集团。拉达克出兵占领古格,古格王国覆灭。拉达克统治阿里 50 余年。

清康熙二十年(1681 年,藏历第十一饶迥铁鸡年),蒙古和硕特部达赖汗派遣甘丹才旺进军阿里驱逐拉达克人。康熙二十二年(1683 年,藏历第十一饶迥水猪年),收复被拉达克统治的阿里全境。在不丹法王调解下,拉达王德列朗杰接受西藏地方政府的和解意见,双方达成协议,协议确立原古格王自管区域收归西藏地方政府管理,拉达克为中国西藏地方政府的藩属,仍由拉达王管理。

康熙二十五年(1686 年,藏历第十一饶迥火虎年),西藏地方政府根据清朝中央政府治藏方略和卫藏地区政区管理体制,在阿里建立噶本政权,设立阿里噶本,甘丹才旺为首任噶本,首府设在噶尔昆萨(冬季驻地,今噶尔县昆莎乡索麦村)和雅萨(夏季驻地,今噶尔县昆莎乡那木如村),噶尔随之成为阿里地区的政治、军事中心。噶本地方政府下辖 4 宗(扎布让宗、达巴宗、普兰宗、日土宗)、6 本(曲木底本、萨让如本、那木如本、左左本、帮巴本、朵盖齐本)。

普兰宗下辖多油、吉让、赤德"马本"(即军官,为世袭军官),马本下设 6 名根保(由村民选举,一年一换)以及北部雄巴部落和霍尔(贡珠部落、奴奴部落)游牧部落,头人具体负责管理地方性事务。

嘉庆六年(1801 年,藏历第十三饶迥铁鸡年),廓尔喀人占领亚泽,亚泽灭亡(历时 700 余年)。

道光二十一年(1841 年,藏历第十四饶迥铁牛年),克什米尔西南部查谟地区道格拉族(藏语称为森巴)统治者古拉伯·辛格兵分三路侵入西藏西部,三路军队在噶大克(雅萨,今噶尔县昆莎乡那木如村)汇合后,沿古老商道向东南进攻,途中击溃当地军民的抵抗,从拉昂错和玛旁雍错两湖之间南下,向阿里南部重镇普兰进攻，洗劫普兰。

清朝驻藏大臣孟保派噶伦策垫多杰、究美策旺班觉二人率江孜、日喀则官兵2900人进兵阿里。10月，在多玉（今普兰镇多油村）与其决战，查漠军队溃败，其主帅佐拉瓦·辛格右肩中弹落马，被藏兵用长矛刺死，查漠军队全面崩溃，藏军收复普兰等地。12月底，藏军收复全部失地。

1950年8月，新疆军区奉中央军委命令，派新疆独立骑兵师一团一连进军阿里。1951年，新疆独立骑兵师第二团副团长安志明率领后续部队（4个连）进军阿里，6月29日进驻普兰宗，普兰和平解放。根据5月23日中央人民政府和西藏地方政府签订《关于和平解放西藏办法的协议》（十七条协议）规定，普兰行政制度仍维持原状。

1956年，普兰宗委成立，在柏林塘嘎办公。

1956年9月28日，西藏自治区筹备委员会在噶尔昆萨成立阿里基巧办事处，作为临时性过渡政权管理阿里境内事务。10月12日，成立普兰宗办事处，隶属阿里基巧办事处。

1957年，普兰宗办事处撤销。

1959年3月，西藏上层集团发动全面武装叛乱。4月，普兰军事管制小组接管政权。

1960年5月，撤销普兰县军事管制小组，成立普兰县人民政府，在柏林塘嘎办公，归阿里专区管辖。之后，县人民政府迁至东部不远处的马甲藏布东岸。

1965年6月，普兰县人民政府更名为普兰县人民委员会。

1967年7月20日，普兰县革命委员会成立，取代县人民委员会。

1970年1月，普兰县随阿里专区划归新疆维吾尔自治区管理。

1979年3月7日，普兰县随阿里地区复归西藏自治区管辖。同年12月，普兰县第三届人民代表大会召开，撤销普兰县革命委员会，恢复成立普兰县人民政府。

20世纪80年代初，普兰县人民政府迁至吉让贡嘎堆。

至2022年底，普兰县建置未发生变化。

【行政区划】 2022年，普兰县辖一镇两乡（普兰镇、巴嘎乡、霍尔乡），9个行政村（多油、科迦、赤德、西德、仁贡、岗莎、雄巴、贡珠、帮仁），1个社区（吉让社区），52个村民小组。

自然地理

【地形地貌】 普兰地处喜马拉雅山西段，属喜马拉雅山西段湖盆区的一部分。总的地形两头高中间低，总体上向南倾斜，绝大部分海拔在3300～4500米，最高点在县境东北部纳木那尼峰，海拔7694米，最低点为县境南部马甲藏布出境处，海拔3320米，相对高差4374米。北部和南部雪山耸立，群峰叠嶂；中部高原湖盆交织逶迤，层峦叠嶂，浑圆质朴，草原广阔，河流蜿蜒，滩地肥沃，风积地形和堆积地形发育，马甲藏布蜿蜒高原湖盆，往南切穿喜马拉雅山，形成若干宽窄相间的河流地貌，形成众多峡谷，水力资源较丰富。

县境内山岭超过6000米的山峰主要有纳木那尼（7694米）、冈仁波齐（6656米）等，其余均在5500～6000米之间，如巴嘎乡布木却桑以北的琼米波峰海拔5587米，霍尔乡西北的彭泽阿加布惹峰（又称彭哲峰）5958米，霍尔东北的俄布扎峰5670米、麦多丁峰5774米，贡珠村北的乌珠峰5777米，马攸木山口西北的拉惹岗巴峰5664米。冈底斯山脉西段主峰冈仁波齐雄伟陡峻，岩层近水平，为举世罕见水平胎生造就的山峰，峰顶上半部终年积雪，面积1.36平方千米，雪线海拔6000米。

【河流湖泊】 普兰县水资源较丰富，境内主要河流有外流河马甲藏布（孔雀河）、朗钦藏布（象泉河）的河源部分和达却藏布（马泉河）的河源部分以及内流河。有3个湖泊，即玛旁雍错、拉昂错和贡珠错，均为内陆湖。以马甲藏布河源为分水岭，东北部为以玛旁雍错、拉昂错、贡珠错等湖泊为中心的内陆区，主要河流有扎藏布、达钦曲、色尔雄曲、久玛隆曲等；南部、东部、西部为外流区，主要河流有马甲藏布及其众多支流。此外，还有热布杰错，为雅鲁藏布江源头处的湖泊，是普兰、仲巴两县界湖。

【气候气象】 普兰县冬季寒冷，夏季温凉，空气稀薄，气候干燥，具有明显的高原大陆性气候特征。海拔较高，明洁度大，日照时间长，太阳总辐射强，南北地域的气温分布差异较大。春季升温迟缓，夏季短促，秋季降温快，冬季漫长，寒冷期长、温凉期短，没有明显的四季之分。海拔4500米以上地区，春夏秋季在100天以下，植被生长期短促。全县平均年降水总量156毫米，主要集中于6月至9月，占全年降水总量的41.8%，降水时间分布较均匀。

多雷电、大雪、冰雹、大风。县境内降水量南部多于北部、山地多于平地，夏季高温多雨，并以夜雨为主，冬春降水稀少。日照数受地理位置的制约，随季节变化，由冬至夏渐增。全县5月份日照最长，2月份最短。水热同期有利于各种植物生长及土壤发育。县境内自然景观具有明显的地域水平分异和垂直分异，气候、土壤、植被明显呈垂直变化，是阿里地区垂直分异层次较丰富的地区之一。

【自然资源】 普兰县自然资源丰富，农田、草场广阔。全县森林资源主要为原生灌木林，灌木林是普兰县陆地生态系统的主体，主要种类有变色锦鸡儿、沙棘、水柏枝、蔷薇等；另外还有乡土树种普兰柳树、白柳、藏川杨等；风景林主要有高山松、侧柏等，高4米以上。动植物资源丰富。据统计，植被主要以耐寒耐旱的禾本科、莎草科和蒿类为主。种植的主要农作物有青稞、小麦、豌豆、油菜等。野生动物种类繁多，分布较广、数量较多的有黄羊、旱獭、野兔、高原鼠兔等，分布较广的禽类有野鸽子、麻雀、山雀、乌鸦、红嘴乌鸦等。县境北部的玛旁雍错，每年开春候鸟飞越喜马拉雅山脉，成群在此营巢产卵，孵化育幼；湖中盛产裸鲤，鱼类资源较为丰富。

普兰县境内矿产资源较为丰富，已探明的主要有砂金矿、铁矿、硼矿等。石灰岩、硅岩、铅、锌、锰等具有较大的中远期开发价值。巴嘎乡玛旁雍错砂金矿，矿床由4个矿体组成。马攸木砂金矿床规模居西藏砂金矿之首，有大型砂金矿床1个、中型1个、砂金矿点10余个。马攸木砂金矿品位高，属中等富砂金矿床。矿石主要有沙砾型、含黏土沙砾夹透镜体砂型和黏土质沙砾型3种类型。砂金主要为自然金，次为银金矿。马攸木砂金矿床的发现与研究填补了阿里地区金矿床研究的空白。此外，周边散落远古遗留的金矿坑遗址，证明人类很早就在此采金。天然矿泉水流量大，品质优，为国内少有的优质矿泉饮品。温泉资源丰富。

旅游文化

【概况】 普兰县已开发的旅游资源包含冈仁波齐、玛旁雍错、拉昂错、贡珠错、纳木那尼峰、马甲藏布（孔雀河）、斜尔瓦边境口岸、强拉古商道、遗犬洞、雅江源头、吉吾温泉和曲普露天温泉。寺庙拉康类旅游资源有科迦寺、古宫寺（悬空寺）、果粗寺、楚果寺、吉吾寺、扎吾拉康、曲古寺、色拉龙寺、江扎寺、尊追普寺、朗纳寺、色龙寺、拉德寺、贤柏林寺和红色旅游资源——森巴战争遗址。民俗文化类旅游资源和项目有普兰妇女服饰、普兰歌舞、普兰彩石、科迦男人节。

【文物保护单位】 全县有47处文物保护单位：国家级文物保护单位1处（科迦寺），自治区级文物保护单位7处，分别为楚果寺、果粗寺、古宫寺、贤柏林寺、西德观音碑、纳曲宗普洞窟、森巴战争遗址，39处县级文物保护单位。

【非物质文化遗产】 全县有2项国家级非物质文化遗产（藏族服饰、普兰果尔孜）及1名国家级非物质遗产传承人：果尔孜舞传承人旦成益西；13项自治区级非物质文化遗产，分别为普兰县“雅尔松吧”、赤德“仲”舞、塔尔钦转山节、科迦“那木冬”节、科迦寺“羌姆”、普兰婚俗、普兰新年（多拉罗萨）、普兰噶尔舞、普兰藏戏、普兰县科迦男人节、普兰县柴鲁歌、秀布朵、普兰宣舞，2名自治区级非物质文化遗产传承人：藏族服饰传承人才旺多吉、科迦藏戏传承人达瓦洛追；3项地市级非物质文化遗产，分别为古格风格绘画技艺、普兰锅庄、科迦坛城制作技艺；2名地市级非物质文化遗产传承人：普兰噶尔舞传承人巴桑欧珠、古格风格绘画技艺传承人米久；16项县级非物质文化遗产，分别为仁贡孔雀饮酒舞、仁贡诵经歌、科迦德宣、多油嘎玛宣、哒阿鼓、西德拉康哑剧（杰达）、西德白糌粑、赤德菜籽油、仁贡酿青稞白酒、普兰青稞酒浆（泥呜）、普兰木碗、普兰氆氇、霍尔钗吉服饰、科迦萨嘎陪、普兰酒歌、吉让堆羌，25名县级非物质文化遗产传承人。

经济社会发展

【概况】 2022年，全县生产总值完成7.86亿元；固定资产投资17.13亿元；财政公共预算收入达到16.31亿元，同比增长38.27%；社会消费品零售总额达1.08亿元；城镇居民人均可支配收入达51166元；农牧民人均可支配收入达17573元，实现城镇新增就业158人，城镇调查失业率和城镇登记失业率均控制在5%和3%以内。城乡居民养老保险参保人数4951人（其中，享受城乡居民基本养老保险待遇920人），参保率达99%。参加城乡居民医疗保险8770人，参保率达98.56%。

普兰县行政区划基本情况一览表

表1

乡镇	所辖村（居）	所辖村民小组
普兰镇	吉让社区居民居委会（9组）	曲龙组、玛吾组、贡嘎堆组、章杰组、塔也组、加兴组、苏子组、红旗组、多萨组
普兰镇	西德村委会（3组）	角人组、堆康组、洛巴组
普兰镇	赤德村委会（6组）	第一组（木容）、第二组（木容）、第三组（拿业）、第四组（拿业）、第五组（曲玛塘）、第六组（日拉夏组）
普兰镇	多油村委会（8组）	切来组、堆巴组、德林组、赤贡组、嘎入组、曲登组、修林组、拉文组
普兰镇	仁贡村委会（6组）	萨朗组、若南组、多瓦组、多玛组、阿岗组、嘎东组
普兰镇	科迦村委会（5组）	科迦一组、科迦二组、科迦三组、岗子组、斜瓦组
巴嘎乡	雄巴村委会（3组）	吉吾组、朗那组、曲西组
巴嘎乡	岗莎村委会（4组）	岗莎村一组（塔玛组）、岗莎村二组（玛宗组）、岗莎村三组（果本组）、岗莎四组（亚热乡）
霍尔乡	贡珠村委会（4组）	第一组（鲁玛广昂泽冬、尼玛边真）、第二组（色热龙）、第三组（果额色贵）、第四组（扎热莫钦、卓仓、贡琼）
霍尔乡	帮仁村委会（4组）	第一组（谷加、邦钦）、第二组（马港、麦托）、第三组（色拉龙、夏泽）、第四组（夏拉尼、如尼）

大事记

1月

5日　普兰县新时代文明实践中心理论政策宣讲志愿服务队和模范志愿服务队开展“反对浪费、崇尚节约——文明节俭过节”主题宣传活动。

6日　普兰县巴嘎乡雄巴村二组母牦牛养殖场、温泉洗浴中心2个合作社举行分红仪式，雄巴村两委班子成员及驻村工作队、乡村振兴专干、雄巴村二组村民参加分红仪式。母牦牛养殖场、温泉洗浴中心两个合作社负责人对2021年合作社收入及支出作了详细汇报及分红，温泉洗浴中心为该组62户284人每人分发1袋糌粑、1桶清油，折合人民币95元/人，共计分红资金26980元；母牦牛养殖场为该组62户284人每人分红200元，共计56800元。

7日　普兰县委书记李平主持召开第23次县委常委会，传达学习习近平总书记在全国政协新年茶话会上的讲话精神，传达学习《中共中央办公厅印发〈关于加强和改进新时代市县政协工作的意见〉的通知》精神及段海书记的批示精神，研究部署贯彻落实意见；传达学习《中共西藏自治区委员会办公厅关于近期全区各级党委（党组）学习贯彻党中央和自治区党委有关会议精神情况的通报》和《中共西藏自治区委员会办公厅关于自治区改进作风狠抓落实工作动员部署会会风会纪情况的通报》精神及段海书记的批示精神，研究部署贯彻落实意见。

8—10日　普兰镇党委书记拉玛牵头组织新时代文明实践所志愿服务队，本着应接尽接、应种尽种的原则，到村（社区）免费接送老年人并全程陪同接种疫苗。

11日　普兰县市场监督管理局联合县农业农村局到县农贸市场、利民超市等场所开展疫情防控冷链食品核酸采样工作。对冷链牛羊肉、外包装食品、活鸡、活鸭等共采样20批次，切实保护消费者合法权益，维护大型市场秩序，确保冬季市场秩序稳定。

12日　普兰县召开2022年新型冠状病毒肺炎疫情防控工作领导小组第1次会议，会议由县委书记李平主持，县委副书记、人大常委会主任桑珠，县委副书记龙小文等在家县级领导出席会议，县（中、区）直各单位、驻军部队等各成员单位主要负责人参加会议。

同日　普兰县委副书记龙小文组织各成员单位召开核酸检测演练推演及部署会。

13日　普兰县召开2022年离退休干部职工“三大节日”慰问座谈会，县委书记李平出席并讲话，县委常委、组织部部长王凯主持会议，辖区内的离退休干部参加座谈会。

14日　普兰县委书记李平主持召开第25次县委常委会，传达学习王君正书记在全区宗教界代表人士座谈会上的讲话精神，研究部署贯彻落实意见。

同日　普兰县在普兰镇辖区开展全员核酸应急演练。演练现场分别设置测温区、信息登记区、样本采样区、临时隔离区等区域。

18—25日　由普兰县司法局(普法办)牵头,联合县公安局、派出所、人民法院、人社局、自然资源局、市场监督管理局,到一镇两乡、各村(社区)开展以"信仰法治、坚守法治、我守法、我光荣"为主题的"法律进社区"法治宣传活动,为农牧民群众讲解法律知识。

19日　普兰县人大常委会党组召开县级领导干部述学考学评学会议,会议由县委副书记、人大常委会主任桑珠主持,党代表、人大代表、政协委员、群众代表12人应邀参加会议。

21日　中共普兰县委班子召开党史学习教育专题民主生活会,对标相关文件精神,紧扣此次民主生活会主题,紧密联系县委常委班子和个人思想工作实际,深入查摆问题,坦诚交流,以"刀刃向内"的决心,认真开展批评和自我批评。县委书记李平主持并做总结讲话,党史学习教育地委第四巡回指导组组长益西土登到会指导并点评讲话,副组长王峰到会指导。

21—25日　普兰县委班子和11个各级党委(党组)召开2021年度党史学习教育专题民主生活会。

22日　普兰县委书记李平到吉让社区、多油村看望慰问劳动模范、返贫监测户,到县福利院看望慰问五保户、特困人员、护理人员,为他们送去党和政府的关怀与温暖,并致以新春的祝福。

23日　普兰县召开2021年度党组织书记抓基层党建工作述职评议会。县委书记李平主持会议并作点评讲话。地委组织部四级调研员周启传到会指导并讲话。

同日　普兰县召开改进作风狠抓落实工作动员部署会,县委书记李平出席会议并讲话,会议由县委副书记、政府县长顿珠主持,县委副书记龙小文等县委、人大、政府、政协在家县级领导出席会议,全县干部职工参加会议。

24日　普兰县委书记李平主持召开第26次县委常委会,传达学习习近平总书记对政法工作作出的重要指示和中央政法工作会议精神,传达学习王君正书记对全区政法工作作出的批示精神和区党委政法工作会议精神,研究部署贯彻落实意见。

同日　普兰县召开县委理论学习中心组2022年第1次学习会议,县委书记李平主持会议并讲话,中心组成员向斌、杨旺祥围绕学习主题作交流研讨。在家中心组成员以及政协办、县委办、纪委等单位负责人参加学习会议。

25日　普兰县召开2022年第1次信访联席会议,县委副书记、政府县长顿珠出席会议并讲话,会议由政府副县长旺琼主持,县信访工作联席会议成员单位负责人参加会议。

27日　普兰县委副书记、政府县长顿珠,县委常委、组织部部长王凯一行到各村(社区),走访慰问退休老干部、老党员、困难党员及驻村工作队,为他们送去党和政府的温暖,并向他们致以新春的祝福。

同日　普兰县委副书记、县长顿珠主持召开政府第1次常务会,研究财政局提交的《普兰县财政局关于政府各部门公务车辆处置的请示》;研究财政局提交的《普兰县财政局关于提请普兰县惠民扶贫开发投资有限公司增加公司经营范围的请示》;研究财政局提交的《普兰县关于清理全县行政事业单位借款相关事宜的请示》;研究文旅局提交的《关于创建自治区级旅游示范县聘请第三方专业团队的请示》;研究文旅局提交的《关于申请拍摄普兰县文化旅游及创建全国全域旅游示范县宣传片资金的请示》;研究文旅局提交的《关于阿里景区运营管理有限公司冈仁波齐、玛旁雍错景区政策减免的请示》等15项议题。

同日　普兰县市场监督管理局联合县商务局、县农业农村局工作人员对辖区开展全面专项检查。

30日　普兰县召开学习宣传贯彻《西藏自治区实施〈宗教事务条例〉办法》动员部署会议,县委副书记、政府县长顿珠出席会议并讲话,会议由县委常委、统战部部长达瓦顿珠主持。

2月

7日　普兰县委副书记龙小文带领妇联工作人员到普兰县各村(社区)看望慰问基层一线妇联组织各执行委员。

11日　普兰县委副书记、县长顿珠主持召开第27次县委常委会,传达学习1月24日中共中央政治局会议精神及习近平总书记在十九届中共中央政治局第三十六次集体学习会上的重要讲话精神,传达学习王君正书记在自治区党委生态文明建设领导小组会议上的讲话和自治区党委生态文明建设领导小组会议精神,研究部署贯彻落实意见。

21日　普兰县组织召开政法队伍教育整顿总结大会,会议由县委副书记龙小文主持,县委副书记、政府县长顿珠出席会议并讲话,县人民检察院党组书记、检察长次仁登巴及县教育整顿领导小组各成员单位参加会议。

24日　普兰县人大常委会党组在人大常委会会议室召开2022年意识形态工作安排部署会议,会议由人大常委会党组成员、副主任普布扎西主持,在家人大常委会党组及一室三委人员参加会议。

26日　普兰县妇联召开一届二次执委会议,会议认真学习贯彻中共十九届六次全会精神,自治区第十次党代会精神以及传达学习西藏自治区妇联十届六次执委会暨全区妇联主席工作会议精神。会议由普兰县妇联主席次仁贡桑主持,人大常委会副主任普布扎西出席会议并作讲话。普兰县妇联一届执委和执委替补人选参加会议。

同日　普兰县召开县委理论学习中心组2022年第2次学习(扩大)会议,在家中心组成员以及各单位负责人共48人参加此次学习会议。

28日　普兰县司法局组织召开2022年普兰县社区矫正委员会第一次全体会议,政府副县长、普兰县社区矫正委员会常务副主任拉巴出席,司法局局长强巴卓嘎主持,各成员单位负责人参会。

3月

1日　普兰县委副书记、县长顿珠主持召开第28次县委常委会,传达学习王君正书记在自治区党委人才工作会议上的讲话和自治区党委人才工作会议精神,研究部署贯彻落实意见;传达学习王君正书记在自治区党委民族工作会议上的讲话和自治区党委民族工作会议精神以及段海书记在地委民族工作会议上的讲话和地委民族工作会议精神,研究部署贯彻落实意见;传达学习王君正书记在自治区财政厅、发展和改革委员会、经济和信息化厅调研时的讲话精神,研究部署贯彻落实意见。

同日　普兰县2022年庆祝藏历新年群众文艺演出在普兰文化广场举行。普兰县各族干部群众与各界代表欢聚在普兰文化广场,以简朴而喜庆的形式迎接新的一年。演员们以藏戏、舞蹈、歌曲、小品等形式多样的节目,为现场观众送上一场新春文艺盛宴。

2日　普兰县政协党组副书记、副主席白珍带队提案委员会赴10个村(社区)开展九届政协普兰县委员会第一次会议以来的提案办理情况通报和九届政协普兰县委员会第二次会议提案征集工作。

10日　普兰县教育(体育)局联合县公安局、县市场监督管理局、县商务局、县卫健委以及县消防大队相关人员开展校园安全排查活动。

同日　普兰县263名拉萨就读学生乘坐10辆县委、县政府安排的客运大巴车顺利返校。为确保学生顺利返校,普兰县制订2022年春季开学学生返校道路交通安全实施方案、应急预案,成立领导小组,选派2名交警驾驶警车沿途全线护送;选派护送教师2名和1名医护人员全程做好返校路上保障工作。

11—12日　人大地工委主任平措旦增带领地区文化局局长刘炯、文物科科长洛桑、非遗科科长白珍等一行,到普兰县普兰镇村(社区)非遗现场,专题调研普兰县对民间文物收藏与旧宅保护保存情况。

14日　普兰县教育局局长边巴顿珠一行到各

校督导检查学校春季、周边安全隐患排查、食品安全检查、疫情防控等工作落实情况。

15日 普兰县市场监督管理局组织开展“维护消费者权益、共促消费公平”为主题的“3·15”国际消费者权益日主题宣传活动。

16日 普兰县委书记李平主持召开第29次县委常委会传达学习王君正书记在自治区党委政法委调研时的讲话精神，研究部署贯彻落实意见；传达学习王君正书记对全区“三农”工作作出的重要批示精神，区党委、地委农村工作会议精神，研究部署贯彻落实意见；传达学习《庄严同志在分管部门进一步改进作风狠抓落实工作推进会上的讲话》精神，研究部署贯彻落实意见；传达学习《西藏自治区总河长办公室关于2021年度河湖长制工作考核结果的通报》及段海书记、旦巴旺久专员的批示精神，安排部署相关工作。

同日 普兰县召开民营经济工作领导小组2022年第1次联席会暨工商业联合会(商会)第一次代表大会筹备会议，会议由县委副书记龙小文主持，县委副书记、政府县长顿珠出席会议并讲话，县委常委、统战部部长达瓦顿珠以及民营经济工作领导小组各成员单位主要负责人参加会议。

21日 阿里地区2022年文化科技卫生“三下乡”集中示范活动在普兰县巴嘎乡小学启动，阿里地委宣传部常务副部长罗布旺拉出席活动并致辞，活动由县委常委、宣传部部长杨旺祥主持。

21—22日 普兰县政协副主席洛桑巴带队的宣讲组到普兰县一镇两乡10个村(社区)宣讲全国两会精神，人大代表、政协委员、群众共计1000余人聆听宣讲。

22日 普兰县司法局联合县人民检察院、普兰镇派出所，对辖区刚入矫正对象开展“面对面”谈心谈话、思想教育工作，切实提高矫正质量，防止其脱管、漏管、重新犯罪。

同日 普兰县交通运输局召开全县修理厂环保专项整治工作部署会议。交通运输局局长任晓梅主持会议并讲话。普兰县城市管理和综合执法局、普兰镇、普兰县环卫队、各汽修行业主要负责人参加会议。

23日 普兰县委常委、政府常务副县长向斌带队，县水利局工作人员到普兰镇辖区堤防、砂石料、水利工程项目领域开展监督检查，及时发现存在的安全隐患，提出整改措施意见。

同日 在世界水日、中国水周来临之际，阿里边境管理支队普兰边境管理大队多措并举开展“珍惜地下水、珍视隐藏资源”主题活动，深入辖区、驻地维护生态环境，提醒群众要珍视水的宝贵，自觉节水、爱水、护水。

同日 普兰镇新时代文明实践所志愿者到多油村开展网络诈骗宣传及推广“国家反诈中心App”下载使用宣传工作。

同日 普兰县商务局联合县市场监督管理局、县卫健委等相关部门组成联合检查组检查在县城范围内的超市、餐饮馆、农贸市场等人员密集场所疫情防控工作，并对环保工作进行检查。

同日 普兰县多油村委会和多油村幸福兴巴公司举行产业分红仪式，驻村工作队及村“两委”班子成员参加分红仪式。

24日 普兰县纪委监委工作人员到各边境卡点、疫情防控一线，以明察暗访形式对疫情防控工作各项决策部署贯彻落实情况开展监督检查。

同日 西藏自治区群艺馆(区非遗保护中心)党委副书记、馆长央金卓嘎带领艺术辅导人员和非遗专家到普兰县开展送教上门艺术创造精品打造暨“群星奖”文艺节目筛选指导。

同日 巴嘎乡雄巴村驻村工作队组织村“两委”班子成员、农牧民党员开展国家通用语言文字集中培训会，培训会由驻村队长主持，由大学生村官进行授课，村“两委”班子成员及农牧民党员参加培训。

25日 普兰县司法局联合普兰镇派出所、普兰镇工作人员、仁贡村驻村工作队、塔尔钦边防派出所开展辖区刑满释放人员排查走访活动。

28日 普兰县委副书记、县长顿珠主持召开政府第2次常务会，研究发改委提交的《普兰县发展和改革委员会关于重新确定边境地区小康村产业项目相关权属和管理职责的请示》；研究农业农村局提交的《关于解决普兰县村级兽医室配备设备资金的请示》；研究农业农村局提交的《关于解决农牧业工程项目结算、竣工决算和2018年至2020年内控审计相关费用的请示》；研究农业农村局提交的《关于解决牦牛经济杂交推广示范项目经费的请示》等26项议题。

4月

2日　普兰县委副书记、县长顿珠主持召开政府第3次常务会，研究霍尔乡人民政府提交的《关于解决霍尔乡贡珠村致富济贫专业合作社砂石料场临时用地请示》。

6日　普兰县召开2022年农牧民转移就业（增收）工作季度推进会，会议由县委常委、政府副县长、县农牧民增收领导小组副组长向斌主持，各增收成员单位负责人参加，县委副书记、政府县长、县农牧民增收领导小组常务副组长顿珠出席并作讲话。

同日　普兰县召开2022年度宣传思想暨意识形态工作会议。会议全面总结成绩，认真分析形势，安排部署2022年全县宣传思想文化工作，动员全县宣传思想战线要紧紧围绕迎接、宣传、贯彻中共二十大这条主线，扎实做好宣传思想工作。县委常务副书记、政府常务副县长魏雨农出席会议并讲话，会议由县委副书记龙小文主持。

同日　普兰县召开2022年统战民族宗教工作会议，县委副书记、人大常委会主任桑珠，政协主席杨国栋出席会议，会议由县委副书记龙小文主持。县委、人大、政府、政协在家县级领导、县人民法院院长、检察院检察长，各乡镇、县（市、区）直各单位主要负责人以及全体统战民宗干部参加会议。

同日　普兰县召开2022年群团工作会议，会议由县委常委、政府常务副县长向斌主持，县委常务副书记、政府常务副县长魏雨农出席会议并讲话。县委、人大、政府、政协在家县级领导，法院院长、检察院检察长出席会议，各乡（镇）、县（中、区、地）直单位主要负责人、在普兰驻军部队，团县委、妇联、县总工会全体干部职工参加会议。

7日　普兰县教育局在县九年一贯制学校学术报告厅组织召开2022年意识形态工作推进会。会议由县教育局局长边巴顿珠主持，局机关全体成员、各中小学校长及德育主任、幼儿园园长等参加会议。

8日　普兰县委副书记、县长顿珠主持召开第33次县委常委会，传达学习习近平总书记在首都参加义务植树活动时的重要讲话精神，传达学习王君正书记在拉萨参加义务植树活动时的讲话、在自治区开展国土绿化行动暨拉萨南北山绿化动员部署会议上的讲话和自治区开展国土绿化行动暨拉萨南北山绿化动员部署会议精神，研究部署贯彻落实意见。

9日　普兰县委副书记、县长顿珠主持召开政府第4次常务会，审议司法局提交的《县委宣传部、县司法局关于在全县开展法治宣传教育的第八个五年规划［2021—2025年（草案）］的请示》；审议政府办提交的《政府工作报告（审议稿）》；审议发改委提交的《普兰县2021年国民经济和社会发展计划执行情况与2022年国民经济和社会发展计划草案报告（送审稿）的请示》；审议财政局提交的《普兰县2021年财政预算执行情况与2022年预算（草案）报告的请示》等4项议题。

11日　普兰县召开着力创建全国民族团结进步模范区争先进专项组2022年第一次推进会，县委副书记、人大常委会主任桑珠出席会议并讲话。

12日　普兰县召开2022年党风廉政建设和反腐败工作会议。县委书记李平出席会议并讲话，县委、人大、政府、政协四大班子县级领导干部，法院院长、检察院检察长，各乡镇主要负责人，县（中、区、地）直各单位主要负责人参加会议。

同日　普兰县召开2022年县委反腐败协调工作领导小组第一次会议，会议全面落实反腐败协调各项工作进行动员部署，着力提高全县反腐败协调工作水平，推动全面从严治党向纵深发展，县委常委、纪委书记、反腐败协调工作领导小组组长包兴龙主持会议，县委副书记、政法委书记、县委反腐败协调工作领导小组副组长欧罗，人民法院院长、县委反腐败协调工作领导小组副组长彭晓勇以及反腐败协调工作领导小组各成员单位主要负责人参会。

同日 十届普兰县委召开第二轮县级交叉巡察工作动员部署会，县委常委、纪委书记、监委主任、巡察工作领导小组常务副组长包兴龙出席会议并讲话。县委组织部副部长、巡察工作领导小组成员阿琼次仁传达全国巡视工作会议暨十九届中央第九轮巡视动员部署会、王君正书记在自治区党委常委会传达学习时的讲话、全区巡视巡察工作会议暨十届区党委第一轮巡视动员部署会以及段海书记在地委会议上传达学习时的讲话精神，宣布十届县委第二轮县级交叉巡察组组长、副组长的授权任命和任务分工决定。

13日 政协第九届普兰县委员会第二次会议开幕，此次大会由县政协副主席白珍主持，大会应出席委员72名，实到59名，因事因病请假13人，符合《中国人民政治协商会议章程》规定。县委书记李平，县委副书记、政府县长顿珠，县委副书记、县人大常委会主任桑珠，县委常委、县政协党组副书记、统战部部长达瓦顿珠应邀出席会议并在主席台就座，特邀自治区、地区级政协委员出席会议，县委组织部、县委统战部、县民宗局、县委宣传部等9家单位负责人列席会议。

同日 普兰县2021年度农家书屋、寺庙书屋出版物补充更新书籍发放仪式在普兰县委宣传部启动。宣传部常务副部长贾亦真，统战部副部长、民宗局局长毕帅，各乡镇宣传委员，寺管会负责人，宣传部干部职工共计20余人参加发放仪式。

14日 普兰县第十三届人民代表大会第二次会议在普兰县职工之家四楼会议室开幕。

15日 普兰县各级各部门通过集中宣传，深入学校、村（社区）、寺庙等形式开展“4·15”全民国家安全教育日宣传活动。县委副书记、政法委书记欧罗莅临现场指导宣传工作。

同日 普兰县第十三届人民代表大会第二次会议闭幕会在职工之家四楼会议室举行，会议由人大常委会副主任、此次大会执行主席洛桑旦增主持。

同日 政协普兰县委员会召开政协第九届普兰县委员会第二次会议闭幕会，会议由政协主席杨国栋主持，大会应出席委员72名，实到57名，因事因病请假15人，符合《中国人民政治协商会议章程》规定。会议审议通过政协第九届普兰县委员会第二次会议关于常务委员会工作报告的决议（草案）、审议通过政协第九届普兰县委员会第二次会议关于政协九届一次会议以来提案工作情况报告的决议（草案）、审议通过政协第九届普兰县委员会提案委员会关于政协九届二次会议提案审查情况的报告（草案）、审议通过政协第九届普兰县委员会第二次会议政治决议（草案）。

20日 阿里地区网信办在普兰县巴嘎乡开展网络文明“进校园、进机关、进社区、进企业、进军营”宣讲活动。

23日 普兰县艺术团、象雄艺术团、噶尔县艺术团及札达县艺术团共同举办的“喜迎中共二十大”文艺交流演出活动在普兰县文化广场举行，各艺术团演员为普兰县干部群众送上一场丰富多彩的文艺演出。

24日 普兰县纪委监委召开村（社区）“三资”提级监督动员部署会，县纪委副书记、监委副主任张霞主持会议，县委常委、纪委书记、监委主任包兴龙出席会议并讲话，各相关单位负责人参加会议。

25日 普兰县召开2022年档案工作会议。县委副书记龙小文出席会议并讲话，各乡镇档案工作负责人员，县直各单位主要负责人，县档案局（馆）全体干部职工参加会议。

同日 中共普兰县委全面深化改革委员会召开2022年第1次会议。会议由县委副书记、政府县长、县委深改委副主任顿珠主持，县委书记、县委深改委主任李平出席会议并讲话。各乡镇、县（中、区、地）直各单位负责人参加会议。

同日 普兰县召开2022年县委教育工作领导小组暨教育督导委员会会议。县委副书记龙小文出席会议并讲话，县委教育工作领导小组成员单位主要负责人参加会议。会议审议通过《中共普兰县委教育工作领导小组2022年工作要点》。

同日 普兰县召开2022年基层减负工作领导小组第1次推进会议，县委副书记龙小文主持会议并讲话，县直各单位，各乡镇主要负责人参加会议。

26日 普兰县委书记李平主持召开第37次县委常委会，传达学习王君正书记在自治区党委党的建设工作领导小组会议、在自治区党委机构编制委员会会议、在第九批援藏干部人才座谈会上的讲话精神，研究部署贯彻落实意见。

27日 普兰县人民政府召开2022年意识形态工作、党风廉政建设工作及改进作风狠抓落实工作安排部署会。会议由县委常委、政府党组副书记、常务副县长向斌主持。县委副书记、政府党组书记、县长顿珠出席会议并讲话，政府班子在家县级领导，政府各局、委、办，一镇两乡负责人参加会议。

同日 政协普兰县委员会召开2022年度意识形态工作会议，政协党组书记、主席杨国栋主持会议并讲话，政协在家全体干部参加会议。会议传达学习全国宣传部长会议、王君正书记对全区宣传思想工作作出批示精神、阿里地区全地区宣传部长会议、普兰县2022年度宣传思想暨意识形态工作会议精神，回顾总结2021年县政协意识形态工作，安排部署2022年意识形态工作。

5月

5日 普兰县委书记李平主持召开第38次县委常委会，传达学习王君正书记在调研基层社会治理工作和在自治区党委平安西藏建设领导小组2022年第1次会议上的讲话精神，研究部署贯彻落实意见。

6日 普兰县纪委副书记、监委副主任张霞带队到普兰县现代农牧业示范园对监督检查发现的大棚修复不全面、土地平整不到位、作物种植不规范、配套设施不健全等4个方面问题整改情况进行"回头看"。

11日 普兰县乡村振兴局联合两乡一镇开展普兰县2022年防止返贫监测帮扶集中排查工作。

12日 普兰县防灾减灾中心牵头，各乡镇、应急管理局、阿里地区生态环境局普兰分局、气象局、水利局、消防救援大队、交警大队共28个部门共同参与，同步进行，开展"5·12"全国防灾减灾日宣传活动。

16日 普兰县召开县委理论学习中心组2022年第4次学习会议，在家中心组成员以及县委办、人大办、政府办、政协办等各相关单位负责人参加会议。县委书记李平主持会议并讲话，中心组成员向斌、王凯、张蒙围绕学习主题作交流研讨。

17日 普兰县委书记李平主持召开第40次县委常委会，传达学习王君正书记在自治区庆祝五一国际劳动节暨全国五一劳动奖状、工人先锋号表彰大会上的讲话精神，研究部署贯彻落实意见；传达学习王君正书记在空港新区检查督办中央生态环保督察通报典型案例整改工作时的讲话精神，传达学习王君正书记在自治区党委理论学习中心组2022年第二次学习会议上的讲话精神（把生态文明建设摆在更加突出的位置），传达学习王君正书记在中国科学院青藏高原研究所拉萨部调研时的讲话精神，研究部署贯彻落实意见。

同日 陕西省委组织选派42名专业技术人才成立第十期短期援藏工作队对口帮扶西藏阿里地区，并在西藏民族大学进行为期2天的岗前培训。

19日 普兰县文旅局联合巴嘎乡、霍尔乡及阿里景区运营管理有限公司在县文化广场、冈仁波齐和玛旁雍错景区开展以2022年中国旅游日"感悟中华文化，享受美好旅程"为主题的宣传活动。

20日 普兰县委副书记、县长顿珠主持召开政府第5次常务会，研究工会提交的《关于新旧办公房屋评估差价无偿划转和现有办公土地划拨的请示》；研究水利局提交的《关于农业灌溉工程和农村供水工程水资源论证区域评估报告编制资金的请示》；研究文旅局提交的《关于普兰县综合文化活动中心建设项目用地的请示》；研究自然资源局提交的《关于解决普兰县集体林权制度改革工作经费的请示》；研究发改委提交的《关于申请普兰县储备粮相关资金的请示》；研究发改委提交的《关于申请解决普兰县粮食物资储备库相关资金的请示》等16项议题。

27日 普兰县委书记李平主持召开第41次县委常委会，传达学习王君正书记在阿里考察调研时的讲话和指示精神,传达学习5月24日段海书记在地委(扩大)会议上的讲话精神,研究部署贯彻落实意见。

6月

1日 中共普兰县委基层党建工作领导小组召开2022年第1次会议。县委书记李平主持会议并讲话。县委基层党建工作领导小组成员单位负责人参加会议。

同日 普兰县召开创建自治区级文明城市工作第三方测评反馈问题整改部署会暨第二次推进会议,县委常委、宣传部部长杨旺祥主持会议并讲话,各成员单位负责人参加会议。

2日 普兰县委书记李平主持召开第43次县委常委会,传达学习王君正在自治区政府国资委调研时的讲话精神,研究部署贯彻落实意见;传达学习《关于报送王君正书记在阿里地区考察调研时指示精神贯彻落实情况的督办函》,安排部署相关工作;研究审议县委组织部提请审议的《中共普兰县委人才工作领导小组2022年工作要点》《中共普兰县委人才工作领导小组工作规则》《中共普兰县委人才工作领导小组办公室工作细则》,安排部署相关工作。

同日 普兰县委党校联合县直机关工委举办乡村干部能力提升专题培训班,普兰镇、巴嘎乡、霍尔乡各村(社区)"三委"班子成员、各驻村工作队队长、乡村振兴专干、村(社区)第一书记、大学生村官58人参加培训。

9日 普兰县委书记李平主持召开第44次县委常委会传达学习习近平总书记会见全国公安系统英雄模范立功集体表彰大会代表、第九次全国信访工作会议代表和全国公安系统英雄模范立功集体表彰大会、第九次全国信访工作会议精神,传达学习王君正书记在《网民留言办理工作专报》上的批示精神,研究部署贯彻落实意见。

14—15日 地委委员、宣传部部长郑勇到普兰县调研宣传思想文化工作。县委书记李平,县委常委、宣传部部长杨旺祥陪同调研。

16日 普兰县委副书记、县长顿珠主持召开政府第6次常务会,研究应急管理局提交的《普兰县应急总指挥部关于防汛抗旱指挥部、森林草原防灭火指挥部、抗震救灾指挥部办公室转隶工作方案》;研究教育局提交的《关于解决普兰县教育系统固定资产清查和学生"三包"收支审计资金的请示》;研究交通部队提交的《关于申请解决霍尔乡养护十中队营房建设用地不足困难的请示》等6项议题。

23日 普兰县委书记李平主持召开第46次县委常委会,传达学习王君正书记对全区开展"国家意识、公民意识、法治意识"群众性宣传教育活动作出的批示精神,研究部署贯彻落实意见;传达学习中共西藏自治区纪委办公厅《关于在全区开展党员干部和公职人员酒驾醉驾问题"一案双查"工作的通知》精神,研究部署贯彻落实意见。

24日 普兰县委常委、组织部部长王凯赴科迦村以"强化政治引领,勇于担当作为,在反分裂斗争中当先锋做表率"为主题讲党课。科迦村第一书记、驻村工作队队长普琼主持并翻译,科迦村"三委"班子成员、后备干部、驻村工作队员和农牧民党员、群众共65人聆听党课。

同日 普兰县委常委、组织部部长王凯到科迦村宣讲王君正书记在阿里调研时的讲话精神。会议由科迦村第一书记、驻村工作队长普琼主持并翻译,科迦村"三委"班子成员、驻村工作队员、农牧民党员和群众共65人参加。

24—25日 普兰县防汛抗旱指挥部办公室、普兰县水利局联合举办普兰县2022年山洪灾害专题培训,培训分别在普兰镇、巴嘎乡、霍尔乡举行,各乡镇主要负责人、各村居"两委"班子、各作业组组长、驻村工作队、寺管会以及涉河项目负责人共计55人参加培训。

6月28日至7月5日 普兰县政协副主席高元昆带领县政协委员赴拉萨市、那曲市围绕"推动脱贫攻坚与乡村振兴战略有效衔接和深化民族团结模范区创建工作、文物保护、生态环境保护"等开展学习考察。

29日 普兰县组织召开普兰口岸唐嘎边贸市

场搬迁工作推进会暨普法宣讲大会。会议由县口岸管理委员会主任土旦格勒主持，县委副书记、政法委书记、公安局局长欧罗出席会议并讲话，普兰镇、外事办、商务局代表以及尼泊尔籍在普兰边疆居民参加会议。

7月

1日 普兰县宣传支部、九一校党委联合雄巴村党总支部开展“2+1”支部联建，共度主题党日活动。普兰县统战支部、组织人社支部、交通部队、多油村党总支部联合开展庆祝中国共产党成立101周年“2+1”联建活动，70余人参加活动。

5日 普兰县举行普兰口岸唐嘎边贸市场开业仪式，阿里城市光明投资有限公司公司党委副书记、副董事长、总经理巴桑次仁出席仪式并致辞。普兰口岸唐嘎边贸市场项目位于西藏阿里地区普兰县，项目于2016年开工建设，总用地面积62679.2平方米，建筑面积39762.07平方米，项目总投资2.8亿元，是集小商品、旅游纪念品、贵重商品、民族手工艺品等于一体的现代化国际贸易集散中心。

6日 普兰县委副书记、县长顿珠主持召开政府第7次常务会，研究巴嘎乡提交的《关于普兰县巴嘎乡申请普兰县吾孜至207省道道路项目用地的请示》；研究水利局提交的《关于申请解决普兰县2022年牧区机井提升改造工程建设用地的请示》；研究水利局提交的《关于申请解决普兰县普兰镇多油村曲登切姆水渠维修工程建设用地的请示》等7项议题。

7日 普兰县委书记李平主持召开第49次县委常委会，传达学习胡春华在西藏督导巩固拓展脱贫攻坚成果同乡村振兴有效衔接工作指示精神和《王君正书记在〈西藏自治区财政厅关于加快衔接推进乡村振兴补助资金预算执行有关事宜的紧急请示〉上批示》（工作提醒单〔2022〕第430号）精神及段海书记的批示精神，传达学习段海书记在《关于贯彻落实习近平总书记重要批示精神的督办函》上作出批示精神，传达学习段海书记在《阿里地区2022年乡村振兴有效衔接项目推进及资金支出情况报告》上作出的批示精神，研究部署贯彻落实意见。

14日 普兰县委书记李平主持召开第50次县委常委会，传达学习习近平总书记给中国国家博物馆老专家的重要回信精神，习近平总书记致“全球发展：共同使命与行动价值”智库媒体高端论坛的重要贺信精神，习近平向世界互联网大会国际组织成立的重要贺信精神，习近平给参加海峡青年论坛的台湾青年的重要回信精神，传达学习王君正书记在西藏博物馆开馆时的讲话和指示精神，研究部署贯彻落实意见。

15日 普兰县召开2022年文物安全联席会议，县政府副县长任磊出席会议并讲话，会议由文旅局局长韩静主持，各文物安全联席成员单位负责人参加会议。

20日 普兰县商务局局长潘东亮主持召开普兰县“助企惠民　乐购阿里”消费促进活动安排部署会，商务局在家干部职工和各企业负责人参加会议。

28日 普兰县委书记李平主持召开第53次县委常委会，传达学习栗战书委员长在西藏调研青藏高原生态保护立法工作的讲话精神，传达学习韩正副总理在林芝调研时的讲话精神，听取中央环保督查反馈问题整改、河湖长制、林长制2022年上半年工作汇报，安排部署相关工作；传达学习王君正书记在自治区党委常委会（扩大）会议上研究法治政府建设工作时的讲话和在自治区信访局接待信访群众时的讲话精神，听取重点项目建设2022年上半年工作汇报，安排部署相关工作。

8月

2日 普兰县行政审批和便民服务局组织进驻便民服务大厅的16家单位开展2022年上半年政务服务工作开展情况总结和下半年工作安排部署会议。会议由政府副县长拉巴主持。

5日 普兰县首家律师事务所——广东启源（普兰）律师事务所在县司法局正式挂牌成立。县人大常委会副主任汪涛，广东启源律师事务所管委会主任胡斯恒，启源（普兰）分所主任伍惠生，启源（普兰）分所律师韦超杰及政法各单位相关负责人10余人参加揭牌仪式。

7日　普兰县发现首例新冠阳性病例。普兰县委、县政府高度重视，迅速启动应急响应机制，成立普兰县“三公（工）”流调溯源大队，负责开展流行病学调查、密接次密接判定、风险区域划定等工作。普兰县“三公（工）”流调溯源大队由自治区及地区专家组、县公卫、公安、工（经）信等部门骨干组成，下设专家研判组、现场流调组、信息组。流调队始终按照“2+4+24”的工作要求，建立信息推送机制、防控工作联动机制和专案机制；形成分析研判会制度、健康监测日报告制度。在实战中以流调对象“吃、住、行、消、娱”五个关键点为起点和抓手开展流调溯源；运用“技术＋数据＋询问＋走访＋排查”等调查手段，点面结合、上追下查，以点串线、以线扩面，确保将所有风险人员、场所、物品网进来，实现“圈住、封死”的目标。

12日　普兰县委组织部从县城辖区当志愿者的党员先锋队和青年志愿者队伍中选派一批前往普兰县巴嘎乡抗疫一线，来自不同岗位的13人加入奔赴一线的志愿者行列。

31日　普兰县委副书记、政府县长顿珠前往雄巴村，到疫情防控检查站点、重点场所，看望慰问基层干部群众、一线防疫工作人员，滞留游客和务工人员，推动落实吉吾居家隔离医学观察点设置及物资保障等事宜。

同日　普兰县市场监管局安排市场执法人员，对南亚利民超市、吉惠购物中心等市场主体开展从严从紧落实疫情防控措施，联合属地对商场超市疫情防控情况进行监督检查，并不间断地开展明察暗访，督促立行立改，把好商贸流通领域疫情防控关。

9月

3日　普兰县多油村秋收工作正式启动，普兰县多油村驻村工作队高度重视、积极协助村“两委”班子、统筹协调疫情防控与秋收工作。

4日　普兰县应对新冠肺炎疫情防控指挥部指挥长顿珠、副指挥长达瓦顿珠一行督导组到县方舱医院等8个一线疫情防控点，采取“随查、随问、随解决”的方式开展疫情防控督导检查工作。

11日　普兰县委常委、统战部部长达瓦顿珠到13座寺庙督导检查疫情防控工作，并看望慰问寺管干部、寺庙僧人，为他们送去节日的祝福和问候。

同日　陕西省勉县县委、县政府捐赠的两辆负压救护车到达普兰，为普兰县打赢疫情防控阻击战和提升医疗救助水平提供强有力的设备支撑，以实际行动践行“陕藏一家亲”的深厚友谊。

17日　社会爱心企业西藏长荣秀娜有限公司途径1200多千米的路程，及时将5万个医用口罩、1000套防护服、1000套隔离衣总价值13万元的防疫物资运送至巴嘎乡，助力一线疫情防控工作。地区职校党组副书记、校长、指挥部后勤服务组组长琼次仁，普兰县政府副县长、巴嘎乡党委书记、指挥部后勤服务组副组长陈贤刚参加捐赠仪式。

21—23日　普兰县委常务副书记、政府常务副县长、霍尔乡应对新冠疫情防控指挥部指挥长杜新成调研霍尔乡疫情防控和复工复产情况。

22—23日　普兰县委副书记、政府县长顿珠及其他县委、县政府领导分组对新冠疫情发生以来战斗在疫情防控斗争第一线114个点位的党员干部进行慰问。

27日　由西安空运至阿里的320箱防疫物资顺利抵达普兰县，此次捐赠物资包括一次性使用外科口罩25万个，N95口罩2.5万个，防护服3000套，隔离衣、面屏和眼罩2万个，总重5.1吨，价值50余万元。

同日　普兰县委、县政府为保障疫情防控期间困难群众基本生活所需，将1506份爱心蔬菜和水果陆续送到县方舱医院、边检站留观点、口岸留观点、贡嘎组、巴嘎乡、霍尔乡等点位，包含众多品类的新鲜菜品，解决点位人员的基本生活所需，也让他们感受到党和政府的关心关怀。

29日　县应急管理局副局长普布德吉带队联合商务局、住建局对县辖区危化企业，开展安全生产大检查、大排查工作。

10月

4日 普兰县新型冠状病毒肺炎疫情工作领导小组组长顿珠、副组长达瓦顿珠一行工作组到普兰镇辖区开展检查督导工作，重点对辖区内疫情防控、社会稳定及复工复产工作进行指导。

9—11日 普兰县委常委、统战部部长达瓦顿珠前往科迦寺、楚果寺、曲古寺举行无疫寺庙授牌仪式。

16日 中国共产党第二十次全国代表大会开幕，在普兰县“110”指挥部中心、县委宣传部值班室、县纪委监委会议室，党员干部、一般群众、到寺庙僧尼大家都早早地守候在电视机前共同见证这一历史时刻，感受着团结、奋进的时代脉动。

19日 为切实做好中共二十大精神学习宣传贯彻工作，普兰县统战系统以视频会议形式召开中共二十大报告专题学习会，会议由县委常委、统战部部长、政协党组副书记达瓦顿珠主持，全体统战民宗部门干部职工、寺管会干警参加会议。

25日 普兰县委副书记、县长顿珠主持召开政府第8次常务会，研究农业农村局提交的《关于阿里地区普兰县乡级农牧业防抗灾物资储备库建设项目用地的请示》；研究乡村振兴局提交的《关于普兰县巴嘎乡人居环境整治建设项目（一期）用地的请示》；研究《民航西藏自治区管理局关于重新划拨新建西藏普兰机场项目用地的函》；研究宣传部提交的《关于申请解决普兰县新华书店标准化建设项目用地的请示》；研究财政局（国资委）提交的《关于提请审议普兰县粮食公司全民所有制企业改制为国有独资有限公司的请示》；研究财政局（国资委）提交的《关于产业项目管理运营经费的请示》等11项议题。

同日 县委常委、统战部部长、政协党组副书记达瓦顿珠深入归国定居藏胞家中宣讲中共二十大精神，看望慰问16名归国定居藏胞，共发放12800元慰问金。

26日 普兰县举行驰援普兰县抗疫的阿里地区公安处特警支队最后一批党员先锋队欢送仪式。普兰县委副书记、政法委书记、国安办主任、公安局党委书记、局长、督察长欧罗代表县委致辞，县委常委、统战部部长达瓦顿珠，县政协副主席白珍出席仪式，向驰援普兰疫情防控工作的战友们致以最诚挚的感谢和最崇高的敬意。

28日 普兰县召开2022年第4次信访联席会议，会议由县委常务副书记、政府常务副县长杜新成主持，县委副书记，政府县长顿珠出席会议并讲话。

30日 普兰县召开2022年度巩固拓展脱贫攻坚成果同乡村振兴有效衔接考核动员部署会，会议由县委副书记向斌主持，政府副县长黄超出席会议，10个专项组及重点行业部门负责人参加会议。

11月

3日 普兰县委书记李平主持召开普兰县学习贯彻中共二十大精神领导干部大会。县委副书记、政府县长顿珠传达中共二十大、中共二十届一中全会和习近平总书记在参加广西代表团讨论时的重要讲话精神。

4日 普兰县委副书记、政府党组书记、政府县长顿珠主持召开普兰县人民政府党组学习宣传贯彻中共二十大精神领导干部会议暨理论学习中心组2022年度第12次集中学习会议。在岗政府班子成员和政府系统各部门主要负责人参加会议。

同日 普兰县委书记李平主持召开第57次县委常委会，传达学习中共阿里地委办公室关于转发《中共西藏自治区委员会办公厅〈关于拉萨市委办公室、城关区委迟报漏报紧急信息情况〉的通报》的通知，研究部署贯彻落实意见；传达学习中共西藏自治区委员会保密委员会办公室印发《保密工作提醒》精神、《关于全区失泄密风险隐患和典型泄密案例的通报》精神，研究部署贯彻落实意见。

11日 普兰县委副书记、县长顿珠主持召开政府第 9 次常务会研究人大办提交的《关于申请解决人大智慧平台硬件设备资金的请示》；研究消防救援大队提交的《关于划拨塔尔钦消防站建设用地的请示》；研究住建局提交的《关于申请普兰县环卫工人休息室建设项目用地的请示》；研究住建局提交的《关于解决普兰县 2021 年和 2022 年垃圾填埋场排污许可执行报告经费的请示》；研究统计局提交的《关于申请解决住户调查样本轮换工作经费的请示》等 5 项议题。

15 日　普兰县召开着力在全国民族团结进步创建中争先进专项组第 3 次会议。县委副书记、县人大常委会主任琼桑主持并讲话，县直争先进 27 家牵头单位主要负责人参加会议。

17 日　普兰县委副书记、政府县长顿珠对普兰县垃圾填埋场建设项目冬季备工备料情况进行实地督导，政府副县长裴彬陪同。

19 日　普兰县委书记李平到普兰镇宣讲中共二十大精神。普兰县政协副主席、镇党委书记拉玛主持会议，普兰镇在岗干部职工、村干部、驻村工作队参加宣讲报告会。

同日　普兰县政法系统开展中共二十大宣讲活动，县委副书记、政法委书记、公安局局长欧罗围绕“为努力建设更高水平的平安普兰、法治普兰提供坚强法治保障，锤炼真忠诚、敢斗争、勇担当、重实干的普兰政法铁军”主题作了宣讲，县人民法院党组书记、院长彭晓勇，县人民检察院检察长次仁登巴及政法系统全体工作人员参加宣讲活动。

20 日　政府副县长拉巴到普兰县机场施工现场宣讲中共二十大精神，普兰机场专班成员及各标段负责人等 30 余人聆听宣讲报告。

21 日　普兰县赤德村召开宣讲中共二十大宣讲会，县委宣讲团成员、县人大常委会副主任洛桑旦增宣讲，驻村工作队、村“两委”班子、各组组长及双联户户长等 40 余人参加宣讲会议。

22 日　普兰县召开 2022 年财政预算执行情况分析暨 2023 年预算编制会，会议由县委副书记、政府县长顿珠主持，县级领导及全县各单位的主要负责人参加会议。

同日　普兰县政协副主席洛桑巴赴普兰镇仁贡村开展中共二十大精神宣讲活动。村“三委”班子、驻村工作队、科技专干、乡村振兴专干、农牧民群众 90 余人参加宣讲活动。

23 日　普兰县委常委、政府副县长张巍来到多油村宣讲中共二十大精神并开展调研。多油村“两委”班子、驻村工作队、各作业组组长等人参加宣讲会。

12 月

1 日　县委副书记、人大常委会主任琼桑在普兰县人大常委会机关开展宣讲中共二十大精神活动。人大常委会机关党员干部和人大代表 12 人参加宣讲活动。

2 日　普兰县召开党风廉政建设和反腐败工作会议。县委书记李平出席会议并讲话，县委、人大、政府、政协在家县级领导干部，法院院长、检察院检察长，各乡镇长，县（中、区、地）直各单位主要负责人参加会议。

5 日　普兰县委副书记、县长顿珠主持召开政府第 10 次常务会研究各单位提交的无预算依据需要每年列入预算的经费事项（共 67 项）；研究各单位提交的需要列入 2023 年预算的经费事项（共 37 项）。

7 日　人大地工委主任平措旦增到色拉龙寺宣讲中共二十大精神，并调研寺庙管理、疫情防控等工作。

8 日　普兰县委副书记、县长顿珠主持召开政府第 11 次常务会研究各单位提交的无预算依据需要每年列入预算的经费事项（共 5 项）。

同日　阿里地区中共二十大精神宣讲报告会以视频形式在普兰县举行，地区宣讲团成员、地委党校刘飞教授，作宣讲报告。县委常委、宣传部部长杨旺祥主持报告会，普兰县（直）各单位负责人参加。

12 日　阿里地区行署副专员周训举在普兰县霍尔乡宣讲中共二十大精神，霍尔乡干部职工、教职工、两村驻村工作队、乡村振兴专干等共 30 余人参加宣讲会议。

同日　普兰县第十三届人民代表大会第三次会议选举产生普兰县选区出席西藏自治区第十二届人民代表大会代表3名(王勇、格桑德吉、顿珠)。

14日　普兰县召开各党委(党组)落实党风廉政建设责任制主体责任集体约谈会,县委书记李平主持会议并讲话。县委、人大、政府、政协在家县级领导,县人民检察院检察长,两乡一镇主要负责人,县直部门主要负责人参加会议。

同日　县委常务副书记、政府常务副县长杜新成主持召开普兰县人民政府党组"学习二十大,政府'是什么、干什么、怎么干'学习实践活动"动员部署会议,县委副书记、政府县长顿珠出席会议并讲话。县政府班子成员,政府系统全体干部职工参加会议。

16日　普兰县召开第十届委员会第三次全体(扩大)会议,县委书记李平出席会议并作了报告,全会由县委副书记、政府县长顿珠主持。县委委员、县委候补委员出席会议。县纪委委员,不是县委委员、候补委员的人大、政府、政协在家县级干部,各乡镇长,县(中、区、地)直各单位负责人列席会议。

同日　阿里地区中级人民法院党组副书记、副院长才旺罗杰到普兰县人民法院开展中共二十大精神宣讲,普兰县人民法院党组书记、院长彭晓勇主持,在岗所有干警参加宣讲会。

22日　县强基办线上召开普兰县第十一批驻村(社区)工作推进及乡村振兴工作经验交流会。县委副书记、驻村工作总领队李泽龙出席会议并讲话,县委组织部、乡村振兴局及普兰县第十一批驻村(社区)工作队全体队员,县、乡镇强基办负责人参加会议。

中国共产党普兰县委员会

综述

【概况】 2022年，普兰县委坚持以习近平新时代中国特色社会主义思想为指导，全面贯彻中共十九大、十九届历次全会和中共二十大精神，深入贯彻中央经济工作会议和中央第七次西藏工作座谈会精神，深入贯彻习近平总书记关于西藏工作的重要论述和新时代党的治藏方略，深入贯彻自治区第十次党代会和区党委经济工作会议精神，深入贯彻地委（扩大）会议和地委经济工作会议精神，坚决捍卫“两个确立”、坚决做到“两个维护”，坚持稳字当头、稳中求进工作总基调，紧紧围绕西藏工作的着眼点着力点和出发点落脚点，坚持“三个赋予一个有利于”要求，统筹疫情防控和经济社会发展，统筹发展和安全，筑牢国家安全屏障和国家生态安全屏障，大力推进强边固边兴边富民行动，锚定“四件大事”“四个确保”“四个创建”“四个走在前列”“四个争先”战略目标，围绕地委“12114”发展思路，着力推动稳定安城、发展兴城、生态美城、强边固城，打造区域对外开放高地、藏西沿边经济高地、国家生态文明建设高地、全域文旅融合高地，建设综合农业中心、空港经济中心、极地旅游中心、物流集散中心，推动全县各项工作取得新进展、新成效。

【对党忠诚】 2022年，普兰县委始终坚持把捍卫“两个确立”、做到“两个维护”作为最高政治原则和根本政治规矩，深刻领会“两个确立”决定性意义，始终在思想上、政治上、行动上同以习近平同志为核心的党中央保持高度一致，全方位、全覆盖学习宣传贯彻中共二十大、区党委十届三次全会和地委（扩大）会议精神，第一时间传达学习、研究部署、贯彻落实党中央决策部署特别是习近平总书记发表的重要讲话、指示批示、回信精神，带头学习、带头落实、带头督办区党委召开的重要会议、下发的重要文件、王君正书

1月27日，阿里地委书记段海（中）到普兰县产业园调研蔬菜大棚种植情况

记作出的指示要求以及地委和段海书记的指示精神，围绕有关群团、组织、政法、安全生产、宣传思想、基层党建、环境保护、统战民族宗教和“三农”工作暨脱贫攻坚、疫情防控等方面，召开县委全体会议2次、专题会议40余次、工作会议30余次，用听党指挥、为党尽责的实际行动和实际成效诠释对党的绝对忠诚。

1月27日，阿里地委书记段海（左四）前往普兰口岸调研边检工作情况

【稳定安城】 2022年，普兰县委始终坚持把维护稳定作为第一位的工作任务，树牢总体国家安全观，坚持警钟长鸣、警惕常在，坚持底线思维，发扬斗争精神，谋长久之策、行固本之举，调整优化应对十四世达赖去世转世重大政治斗争工作预案和力量布局，着力完善社会治理模式和维稳制度体系，坚持依法管理宗教事务，推动藏传佛教中国化，大力实施“四大工程”“六项行动”，深化民族团结进步模范创建“九进”活动，深入开展“三个意识”教育活动，不断铸牢中华民族共同体意识，提升基层社会治理水平，加强意识形态工作，深化安全生产整治，社会大局保持持续稳定、长期稳定、全面稳定。

【发展兴城】 2022年，普兰县委始终坚持统筹做好疫情防控和经济社会发展各项工作，坚定坚决贯彻落实“疫情要防住、经济要稳住、发展要安全”的要求，坚持“三个赋予一个有利于”，完整、准确、全面贯彻新发展理念，全县地区生产总值7.86亿元，同比增长8%；一、二、三产占比为8.0%、31.3%、60.7%；城镇居民人均可支配收入实现51166元，同比增长10%；农村居民人均可支配收入实现17573元，同比增长13%；农作物播种面积8919.4亩，粮食总产量2474.4吨，其中青稞面积7750.5亩，青稞产量2350吨；草地面积为1283.23万亩，林地面积为260万亩；年末牲畜存栏总数为77972头（只、匹），其中牛羊马存栏数分别为14731、61435、1806头（只、匹），全年牛羊肉产量为746.8吨，经济社会基本保持平稳发展。始终把改善民生、凝聚人心作为一切工作的出发点和落脚点，切实增进民生福祉，积极推进共同富裕，扎实做好“十大民生实事”，着力解决各族群众的急难愁盼问题，各族群众的获得感、幸福感、安全感更加充实、更有保障、更可持续。

【生态美城】 2022年，普兰县委始终坚持树牢绿水青山就是金山银山、冰天雪地也是金山银山的理念，坚持尊重自然、顺应自然、保护自然，坚持山水林田湖草沙冰一体化治理和整体保护原则，坚持积极保护、善作善为，大力实施国土绿化工程，巩固扩大生态保护修复成效，深入推进生态富民工程，全面加强环境综合治理，完成第二轮中央生态环境保护督察迎检工作，扎实推进中央环保督察反馈问题整改落实工作，生态环境持续保持优良。

【强边固城】 2022年，普兰县委始终坚持屯兵和安民并举、固边和兴边并重，以稳边固边急需、反蚕食斗争急用、边民群众急盼为切入点和突破口，统筹推进经济社会和边防建设，大力实施强边固边兴边富民行动，加大边境基础建设投入力度，大力推进智慧边防建设，巩固提升“五共五固”成效，形成党政军警民合力强边固边工作格局，进一步发挥普兰作为拱卫西南、遏敌慑敌的前哨堡垒作用。

【疫情防控】 2022年8月，面对突如其来的新冠肺炎疫情，在党中央、国务院，区党委、政府和地委、行署的坚强领导下，在陕西省、河北省和兄弟县、社会各界的大力支援下，全县597名党员干部、196名医护人员、350名志愿者、100多名基层力量在党的旗帜下团结成“一块坚硬的钢铁”，进行一场惊心动魄的抗疫大战，通过一场艰苦卓绝的历史大考，全面打赢疫情防控阻击战、攻坚战、歼灭战，以实际行动诠释团结奋斗的时代意义，践行“人民至上、生命至上”的理念和誓言，展现敢于斗争、善于斗争的伟大精神，书写一篇可歌可泣、气壮山河的抗疫史诗。

【作风建设】 2022年，普兰县委始终把作风建设作为一项重大政治任务和重点工作，坚决贯彻落实习近平总书记关于作风建设的重要指示，深入贯彻落实党中央关于作风建设决策部署，贯彻落实区党委关于进一步改进作风狠抓落实的决策部署和地委工作要求，逐级压实责任，不断增强推动工作的强大合力。1月23日，召开进一步改进作风狠抓落实工作动员部署会议，成立工作领导小组，制发《普兰县2022年进一步改进作风狠抓落实工作实施方案》《普兰县委进一步改进作风狠抓落实工作领导小组办公室工作细则》《普兰县委进一步改进作风狠抓落实工作领导小组办公室专项组工作规则》等文件，在全县上下迅速掀起进一步改进作风狠抓落实、推进效能建设的热潮。积极开展好作风转变年活动，全县干部职工对标对表“八个必须”“六个表率”要求，围绕“四查四问”“八个落实”“六讲六做”“五个问题”，围绕“作风怎么看、工作怎么干”，开展自查自纠和专题研讨，谈体会、谈感想、谈落实，切实统一思想认识、激发工作动能、明确改进方向。

1月10日，普兰县委书记李平（中）参加“110”警察节升旗仪式并向长期奋战在基层一线的公安干警致以节日的慰问

【从严治党】 2022年，普兰县委坚决贯彻落实全面从严治党主体责任，召开普兰县2022年党风廉政建设和反腐败工作会议2次，深入学习贯彻习近平总书记关于全面从严治党重要论述，深入学习贯彻党中央、区党委和地委关于党风廉政建设与反腐败工作重要文件精神，安排部署2022年党风廉政建设工作，进一步把思想认识统一到党中央、区党委的决策部署和地委的工作要求上来。结合普兰实际制定印发《普兰县2022年党风廉政建设和反腐败工作要点》《普兰县2022年党风廉政建设县委班子主体责任、书记第一责任人责任、班子成员一岗双责清单》，进一步严格工作要求，压实工作责任。召开普兰县以案促改警示教育大会和县级领导干部以案促改警示教育谈心谈话会，各级党组织召开以案促改警示教育学习会50余次，通过以案说法、以案明纪，引导各级党员干部引以为戒、防微杜渐，从思想源头上防治腐败。制发《关于开展领导干部家属当好“廉内助”教育活动实施方案》，组织全县科级及以上干部家属签订“廉内助”承诺书337份。制定印发《普兰县2022年党风廉政宣传教育月活动实施方案》，深入开展廉政风险自查、集体廉政谈话、廉政知识测试等八项廉政活动，做到全县党员干部全覆盖。始终保持深挖彻查、尽锐出战的反腐高压态势，以“零容忍”态度严肃惩治腐败问题，着

力整治形式主义官僚主义和“四风”问题，围绕公车私用、公务接待、餐饮浪费、基层减负、酒驾醉驾、长期借用公款不还、请销假制度执行等干部作风问题开展监督检查50余次，发现并督促整改问题104个，约谈2人、谈话提醒2人、通报批评7人，广大党员、干部的政治自觉、规矩意识、纪律观念进一步增强，真抓实干、务求实效的作风进一步树立，干事创业的良好氛围进一步浓厚，想干事、能干事、干成事的热情得到进一步激发，以实际行动在群众中树立起党员干部的良好形象。

【班子队伍建设】 县委组成人员　县委委员（25名，按姓氏笔画为序）：久美多吉、马克礼、王凯、巧珠、龙小文（5月调任，免去委员职务）、包兴龙、达瓦顿珠、任磊、向斌、次仁登巴、李平、杨旺祥、杨国栋、陈贤刚、拉巴、拉玛、欧罗、旺琼、赵海荣、格罗、贾亦真、顿珠、桑珠、彭晓勇、翟旭（7月退役，免去委员职务），县委候补委员（5名，按姓氏笔画为序）：旦增西绕、旦增顿珠、张性铎、阿琼次仁、康达卓。

县委常委会组成人员　李平、顿珠、琼桑、杜新成、欧罗、向斌、李泽龙、张伟、达瓦顿珠、王凯、包兴龙、格罗、杨旺祥、张巍、桑珠（7月免去党政职务）、魏雨农（7月援藏结束）、邢磊（7月援藏结束）、龙小文（5月调任）、吕智勇（7月援藏结束）、翟旭（7月退役）、张蒙（7月援藏结束）。

【重要会议与决策】 县委十届二次全体（扩大）会议暨县委经济工作会议　2022年4月2日，召开中国共产党普兰县委员会十届二次全委（扩大）会议暨县委经济工作会议，县委书记李平代表县委常委会向大会作《稳中求进谋发展、砥砺奋进开新局，全面贯彻新时代党的治藏方略，为建设团结富裕文明和谐美丽的社会主义现代化新普兰而努力奋斗，以优异成绩迎接中共二十大胜利召开》的工作报告，县委副书记、政府县长顿珠对全年经济工作进行安排部署。全会由县委常委会主持，县委委员、县委候补委员出席会议，县纪委委员，不是县委委员、候补委员的人大、政府、政协在岗县级干部，各乡镇长，县（中、区、地）直各单位负责人列席会议。

县委十届三次全体（扩大）会议　2022年12月16日召开中国共产党普兰县委员会十届三次全委（扩大）会议，县委书记李平代表县委常委会向大会作《深入学习贯彻落实中共二十大精神，推动实施“四城四高四中心”战略，奋力谱写新时代普兰长治久安和高质量发展新篇章》的工作报告。全会由县委常委会主持，县委委员、县委候补委员出席会议，县纪委委员，不是县委委员、候补委员的人大、政府、政协在岗县级干部，各乡镇长，县（中、区、地）直各单位负责人列席会议。

县委常委会会议　2022年，普兰县委常委会召开常委会会议44次，涉及经济民生、社会治理、基层党建、思想宣传、党风廉政和反腐败工作相关议题。学习贯彻习近平新时代中国特色社会主义思想，第一时间传达学习、研究部署、贯彻落实习近平总书记的重要讲话、指示批示、回信精神，及时跟进学习贯彻党中央、区党委、地委最新决策部署精神，不搞变通、不打折扣、不掉链子地抓好贯彻落实，用听党指挥、为党尽责的实际行动和实际成效诠释对党的绝对忠诚。

3月26日，普兰县委书记李平（前排右三），县委副书记、政府县长顿珠（前排左二）带队深入自来水厂调研环境保护治理和修复情况

办公室工作

【概况】 普兰县委办公室是县委的重要办事机构和综合职能部门，是县委工作运转、承上启下、联络左右和沟通内外的枢纽。2022年，县委办公室紧紧围绕县委、县政府中心工作，增强政治意识、强化服务担当，始终践行“参与政务、处理事务、履行服务”等职能，切实担负起联系上下的“桥梁”、综合服务的“中心”、展示形象的“窗口”等角色，增强服务保障和综合协调的效率、水平，累计收转各级各类重要文电文件200余份，服务保障重要会议100余场，开展重点工作督查督办48次，推动县委决策部署有效落实，确保县委各项工作高效运转。

【督查督办】 县委办公室先后制定《普兰县重点项目建设“百日攻坚”行动方案》《关于在改进作风狠抓落实工作中深入开展“两走一访”活动的实施方案》，开展疫情防控督导检查114次，反馈并督促整改问题186条；将全县重点项目特别是乡村振兴领域项目纳入攻坚计划，开展进度督查5次；召开“两走一访”综合协调组问题反馈会4次，开展“两走一访”活动8次，汇总形成督查专报8期、工作提醒单9期，对各项工作中的形式主义、官僚主义苗头性问题表现早发现、早整治，以真抓真严、敢抓敢严的作风推动党中央、区党委、地委和县委重大决策部署在普兰落地落实。

【政策研究】 县委办公室承担县委工作计划、总结、报告和县委领导重要讲话等文稿的起草工作；负责全县重要情况的综合调研，向中央、自治区办公厅、地委和县委反映动态、提供信息、提出建议；负责全县经济工作及社会其他各项工作的综合、协调和调研，提出意见和建议，供县委决策参考，为县委领导科学决策服务。全年向区党委信息处、地办信息综合科上报信息累计510条，向县委宣传部报送信息22条，累计采用24条，为地委、县委决策提供信息支持。

7月4日，中共普兰县委办公室干部职工参加县委办公室党日主题活动

【机要保密】 2022年，县委机要局（普兰县国家保密局）在县委领导和上级业务部门的指导下，细致规划全年机要保密工作，调整充实普兰县委保密委员会，具体负责指导全县保密工作，各成员单位分设保密工作领导小组，独立负责本单位保密事宜，签订《保密承诺书》，组织召开保密工作会议4次，形成自上而下、一级抓一级、层层抓落实的保密工作管理格局。以高度的政治担当和政治责任，全面落实党中央、区党委、地委和县委关于密码工作的方针、政策、决定和制度要求，严格落实《领导干部保密工作制度》《保密人员管理制度》《涉密设备和涉密系统管理制度》《计算机和信息系统保密管理制度》《文件保密管理制度》《文件销毁保密工作制度》《失泄密事故处理制度》等规章制度，加强现有通信设施的维护管理，完善机要通信网络，认真做好密码电报及电子政务内网电子公文传输、阅办工作，强化全县保密工作的监督、检查、指导，确保党和国家秘密信息的安全畅通。围绕保障“中共二十大”“萨嘎达瓦”等重大活动及疫情防控等特殊时期的密码通信服务工作，建立健全全县48家县直单位涉密人员管理台账，组织保密工作自查自纠4次、监督检查10次、

6月29日，中共普兰县委办公室党支部两名支委成员前往西德村看望慰问老党员党觉玛（左二）

检查单位50余家，开展集中宣传2次，切实提高干部群众保密安全法治意识，消除保密安全隐患，为普兰经济社会发展筑牢保密安全防线。

【深化改革】 积极履行深改办职责。2022年，深入贯彻习近平总书记关于全面深化改革的重要论述，坚持高站位部署、高标准推动、高质量落实，县委深改委召开会议3次，调整充实专项改革小组8个，认真学习中央、区党委、地委全面深化改革文件精神，扎实推进经济、生态文明、民主法治和社会治理、文化、统战和民族宗教领域、社会事业领域、党的建设、纪检监察八大领域体制改革，深化“放管服”改革，成功创建自治区全域旅游示范县，积极推进AAAAA级景区创建，落实重点项目“包保”机制和红黄蓝“三色旗”推进机制，推进普兰口岸双向过货前期工作，普兰口岸唐嘎边贸市场开始运营；完成自治区级生态文明建设示范创建乡（镇）2个、村（社区）8个；广播电视户户通全县覆盖100%；成立第一届工商联（主席）商会，创新实施“民族团结+N”工作模式，打造县级民族团结进步模范单位15家；深化“时代先锋·魅力普兰”党建品牌创建，打造标准化党支部活动场所5个、党建示范点10个，持续深化“五共五固”活动，建设边境党建红色长廊；持续深化纪检监察体制改革，稳慎推进纪检监察机关内设机构改革，开展村（社区）集体“三资”提级监督试点，推动监督下沉见底、有力有效，让群众获得感成色更足、幸福感更可持续、安全感更有保障。

【基层减负】 积极履行减负办职责。2022年，坚持以习近平新时代中国特色社会主义思想为指导，深入贯彻落实习近平总书记关于力戒形式主义官僚主义的重要指示和党中央、区党委整治形式主义为基层减负工作的决策部署及地委工作要求，持续深入推进为基层减负工作，全年召开县委常委会会议学习贯彻党中央、区党委、地委关于整治形式主义为基层减负重要文件、会议精神等会议3次，普兰县2022年为基层减负工作领导小组推进会1次，收集整理县级领导干部调研报告9份。深入贯彻落实党中央、区党委和地委关于严格规范“一票否决”和签订责任状事项的相关要求，进一步严格责任状管理，对“一票否决”和签订责任状事项进行摸排梳理。2022年，县委、县政府和各党委（党组）、县直各单位签订2022年普兰县综合目标考核责任书49份。根据《普兰县2022年度县级文件会议督查检查考核计划》及《中共普兰县委员会整治形式主义为基层减负2022年工作要点》，普兰县2022年度计划发文188份、开会76次，实际发文66份、开会33次。其中第一季度计划发文43份、开会16次，实际发文19份、开会8次；第二季度计划发文50份、开会17次，实际发文29份、开会16次；第三季度计划发文46份、开会16次，实际发文13份、开会8次；第四季度计划发文49份、开会27次，实际发文5份、开会1次。

【档案管理】 积极履行档案局（馆）职责。2022年，先后深入普兰镇、巴嘎乡、霍尔乡、乡村振兴局、发改委、政协、国土资源局等部门督促指导档案业务工作10次，召开档案工作推进会及培训会3次；完成2021年度档案事业统计调查工作；基本完成馆内2000—2017年文书档案规范化整理编目工作；新接收基建类项目档案28卷，区党委第十五巡视组反馈问题整改档案181件，中央第十巡视组反馈问题整改档案126件，县（区）党政主要领导干部经济责任审计整改档案59件、自然资源资产审计反馈问题整改材料22件，九届县委常委会会议材料208件，十届县委常委会材料23件，党史学习教育材料10件，楚果寺庙管理委员会材料214件，文化与旅游局材料46件，政协普兰县委委员会材料596件，普兰县总工会材料287件；累计为机关单位、群众提供查档调阅服务38人次，利用各类档案案卷50件，及时准确地为查档人员提供所需资料，较好地发挥档案工作服务于人民的功能。

3月10日，普兰县委常委、组织部部长王凯（右一）在巴嘎乡岗莎村检查指导工作

组织工作

【概况】 2022年，普兰县委组织部在地委组织部的精心指导和县委的正确领导下，始终以党的政治建设为统领，把做好组织工作作为捍卫“两个确立”、增强“四个意识”、坚定“四个自信”、做到“两个维护”的重要抓手，立足“铸信念、强组织、建队伍、聚人才”总体目标，大力开展“时代先锋·魅力普兰”党建品牌创建和深化“五共五固”活动，在服务大局中坚定政治方向，在聚焦主责主业中积极担当作为，在规范升级中实现提质增效，奋力推进新时代普兰党的建设和组织工作迈向新的台阶。

【党建工作】 2022年，普兰县委组织部结合各领域工作实际和行业特点，积极探索新模式、新载体，有力提升各领域党建水平。各村（社区）党组织着眼强化基层党组织领导地位，持续巩固村（社区）“两委”换届成果，狠抓农牧民群众思想政治建设，广泛开展集中学习、送教上门等活动，集中力量推动发展村级集体经济，助力乡村振兴，健全党组织领导下的基层治理体系，全面推动德治、法治和基层自治，共促和谐稳定、共树文明新风。“两新”组织持续推进党员发展，壮大党员队伍，推进党的组织和工作“两个覆盖”。机关事业单位党组织深入开展转变作风狠抓落实工作，推进“机关‘三项’活动”，狠抓支部建设，持续破解“灯下黑”问题。同时，县直机关工委抽调精干力量组成3个专项组，利用两周时间对各机关单位党建工作进行专项检查，确保机关党建各项工作规范化开展。中小学校党组织聚焦“为谁培养人、培养什么样的人、怎样培养人”这个根本问题，全面落实党组织领导下的校长负责制，狠抓思想政治教育，推进学校党组织标准化建设，促进党建与教学有机融合、教书与育人高度统一。老干部党支部始终坚持离岗不离党、退休不褪色，强化离退休老干部思想政治教育，积极开展老干部座谈慰问和上门服务活动，组织老干部赴林芝进行疗养，丰富老干部退休生活。寺管会党组织全面聚焦加强党对宗教工作的领导，认真落实“三个不增加”要求，积极推进软弱涣散寺管会党支部整顿提升工作，深入开展“国家意识、公民意识、法治意识”教育，强化对驻寺干部和僧尼的教育引导和服务管理工作，持续淡化宗教消极影响。深化边境党建红色长廊建设，深入开展“五共五固”活动，实施“五边”“六零”“六联”

工作法，军（警）党组织和地方党组织进行结对共建，村（社区）党组织书记担任部队边境工作顾问和连队政治主官担任村（社区）党建指导员，在边境一线联合成立“军警地”抵边巡逻临时党小组，组建护边巡边队伍、民兵队伍、应急突击队、便民服务队，建立边防检查站、矛盾纠纷调解处、边民服务站，党员干部、驻地军警、边境群众共同开展疫情防控和维稳巡逻800余场次，构建起党员干部带头示范、军警官兵全力配合、群众积极参与的边防共建新格局。

【人才队伍建设】 2022年，普兰县委组织部坚持加强党对人才工作的全面领导，建立健全人才工作体制机制，为新时代人才工作建设提供坚强保障。成立县委人才工作领导小组，坚持把人才工作列入重要议事日程，明确组织部门牵头抓总、相关部门协调配合的工作格局；召开医疗人才“组团式”援藏工作推进会、短期援藏专业技术人才座谈会、专招生座谈会等会议，积极推动解决人才工作的难点痛点。把贯彻执行人才工作各项制度机制作为重要抓手，落实《专招教育、医疗人才“双导师”制度》，将12名专招教育、医疗人才与10名援藏专家结成帮带对子；落实《关于鼓励引导人才向艰苦边远地区和基层一线流动的意见》，选任78名党政干部人才充实到村（社区）“六个一”队伍；落实《关于加快推进乡村人才振兴的意见》，培养33名村（社区）致富带头人，全力助推乡村振兴。深入分析研判人才队伍现状，着眼补齐短板，多渠道引进人才，从陕西省每年引进短期援藏医疗人才8人；共引进专招大学生7人、专招士官14人、专招教育医疗人才5人，全县人才队伍整体素质进一步提高；全面加强干部队伍专业能力培训，促进党员干部不断适应新时代新任务新要求，沟通上报2022年上半年陕西省跟班学习、理论培训12人（县处级1名，乡镇班子成员1名，专业技术3名，党性教育2名，乡村振兴5名）。

6月28日，普兰县组织召开“光荣在党50年”纪念章颁发仪式

【老干部工作】 2022年，普兰县委组织部以加强和优化离退休干部服务管理为根本，以打造“夕阳先锋·红色堡垒”党建品牌为引领，不断开创老干部工作新局面。以推进基层党组织标准化建设为抓手，投入27.87万元打造普兰县老干部活动中心会议室，添置室外健身设备1套，选派县级党建指导员1名指导普兰县老干支部党建工作，有力提升离退休领域党组织的组织力。坚持以人为本管理，用心用情服务，认真落实《阿里地区离退休干部职工党员管理办法（试行）》，加强和规范离退休干部工作保障机制，认真落实“两项待遇”。在“三大节日”期间，对安置在普兰县离退休干部及家属进行走访慰问，让他们充分感受到党委、政府的关怀和温暖，老干部的幸福感、获得感、满足感得到大幅提升。同时根据年初工作安排，2022年6月10—24日，县委老干部局组织24名离退休干部赴拉萨市、林芝市、波密县、墨脱县参加健康疗养，活动资金共计21.12万元，体现县委、县政府对离退休干部的特殊关怀，进一步落实离退休干部的政治生活待遇，丰富离退休干部的精神文化生活。充分调动老干部“三大优势”，以开展“树老干典型，汇榜样力量”“保持清醒头脑和政治定力”等活动为契机，按照“参悟透、领会好”的要求，深入学习中

7月1日，普兰县组织开展“七一”重温入党誓词活动

共二十大精神，习近平总书记关于老干部工作的重要指示精神，全国两会精神，全国、全区、全地区老干部局长会议精神。

【机构编制】 2022年，普兰县委编办始终坚决贯彻落实中央、区党委、地委关于构建简约高效基层管理体制的部署要求，紧紧围绕稳定、发展、生态、强边四件大事，深化调查、研究制定《普兰县关于推进基层整合审批服务执法力量的实施方案》。以加强党的政治建设为统领，以基层党组织和基层政权建设为支撑，着力固根基、扬优势、补短板、强弱项，统筹推进乡镇机构改革工作，对党政内设机构和事业单位进行重组，优化职能配置，强化党委领导，巩固脱贫攻坚成果同乡村振兴的有效衔接，统一设置党政内设机构和事业单位，增强合力，推进乡镇机构编制事项规范化制度化运行。认真贯彻落实地委编办《关于开展全地区机构编制核查“回头看”工作的通知》要求，及时更新实名制数据，更新各类机构信息50家、干部信息700余人，进一步完善实名制数据库信息，确保数据真实、准确、完整、规范，助推机构编制工作更加规范，家底更加明晰，切实发挥好机构编制在管理全流程中的基础性作用。为建立健全疾病预防控制体系，维护人民生命安全，设立县疾控预防控制局，调整优化县疾病预防控制中心及县人民医院职能，进一步理顺体制机制、明确功能定位、提升专业力量。调整设立县国防动员办公室，将原县住房和城乡建设局负责的人民防空职能划转到县国防动员办公室，推动国防动员现代化建设，打造军地既各司其职又密切协同的国防动员新格局。修改完善县粮食和物资储备局主要职能，县委国家安全委员会办公室边防管理相关职责划转到县外事办公室。设立乡镇综治中心，进一步加强基层社会治理能力，促进社会稳定发展，全面提升基层平安和法治建设工作水平。同时，选派一名业务能力强、综合素质好的干部到地委编办跟班学习6个月，为开展好2023年党政群综合机构整合工作奠定基础。

【档案管理】 2022年，普兰县委组织部按照地委组织部《干部人事档案核查专项整治方案》的具体要求，针对2021年阿里地委组织部干部人事档案督导检查工作情况中反馈的普兰县干部人事档案工作中存在的问题，指导档案室工作人员扎实开展干部人事档案核查第四次专项整治工作，共对全县754卷档案进行重新审核，完成“三龄两历”有疑问的80人档案审核全部整改，提升了干部人事档案的规范化；配合各党支部和个人复印党员材料和档案材料44次；做好干部职工的服务保障作用，为满足干部调动档案随干部本人转走的要求，整理和通过机要邮寄档案22卷；提高干部档案利用率，为服务好干部选拔任用，对145名干部进行档案任前审核，并制作干部任前审核表，保证干部选拔任用的顺利进行；按照上级业务部门的要求对全县退役军人参公的干部和通过专项录用的90名专招生干部补办西藏自治区公务员录用审批表和装档。

宣传工作

【概况】 中共普兰县委员会宣传部是县委主管全县意识形态方面

工作的职能部门，为正科级。加挂县新闻出版局、县广播电视局牌子。

2022年，普兰县委宣传部在党中央、区党委、地委的正确领导下，在全县有关部门的大力支持下，坚持以习近平新时代中国特色社会主义思想为指导，深入贯彻落实中共十九大、十九届历次全会和中央第七次西藏工作座谈会精神，深入贯彻落实区第十次党代会精神和王君正书记在全区开展改进作风狠抓落实工作部署会议上讲话精神，深入贯彻落实中央、自治区、地区宣传思想工作会议精神，深入学习宣传中共二十大精神，聚焦“四件大事”“四个确保”，聚力“四个创建”“四个走在前列”，落实地委“12114”工作思路，按照县委“四城四高四中心”发展战略，紧紧围绕全县中心工作，始终把意识形态作为党的一项极其重要的工作，积极为普兰县长足发展和长治久安、开创新时代事业新局面提供坚强保障和精神力量。

【意识形态领域工作】 2022年，普兰县委宣传部组织召开普兰县2022年度宣传思想暨意识形态工作会议，全面总结成绩，认真分析形势，安排部署2022年全县宣传思想文化工作，动员全县宣传思想战线要紧紧围绕迎接、宣传、贯彻中共二十大这条主线，扎实做好宣传思想工作；制定印发《普兰县2022年各党委（党组）意识形态工作目标管理责任书》，与全县11个党委（党组）签订责任书，明确党委（党组）主体责任、分管部门具体责任和第一责任人责任及“一岗双责”责任，确保意识形态工作责任制落实到位，构建党委统一领导、部门齐抓共管的良好工作格局。以县委宣讲团、农牧民宣讲员为骨干力量，创新传播手段和话语方式，围绕学习宣传贯彻中共二十大精神主题，深入各单位、乡镇、村（社区），用群众听得懂的语言、喜闻乐见的方式、便于参与的形式，精心组织宣讲，在全县范围内开展中共二十大精神宣传宣讲活动113场次，发放宣传资料1300余份，受众21000余人次。

【舆论引导】 2022年，普兰县成立以县委书记李平为组长的网络意识形态工作领导小组，压实党委（党组）书记第一责任、班子成员“一岗双责”责任，分管领导直接责任，形成党委统一领导的工作机制。对全县15家微信公众平台、4家网站单位、4家抖音单位进行随机抽查，共检查16次。严格执行重要节点24小时值班制度，细化突发网络舆情应对预案，建立健全舆情应对处置联系机制，做到及时发现、及时上报、及时处置，网络空间清朗有序。围绕稳定、发展、生态、强边四件大事，扎实做好成就宣传、主题宣传、典型宣传，普兰政府网站发布信息781条，网信普兰发布、转发各类信息1820余条，被各级媒体采用70余条。

【理论宣传】 2022年，“普兰融媒”抖音号转发、制作中共二十大精神相关短视频43条，普兰自办台播放中共二十大精神相关新闻15条，“网信普兰”微信公众号原创发布转载中共二十大精神相关视频文章26条，“普兰发布”微信公众号转发转载、发布中共二十大精神相关文章129条，“珠峰云”App上传发布中共二十大精神相关作品17个。开展“国家意识、公民意识、法治

1月24日，普兰县委书记李平（左三）主持召开理论学习中心组2022年第1次学习会

意识”群众性宣传教育活动和常态化长效化推进党史学习教育、“四讲四爱”教育宣传宣讲活动100余次，发放宣传材料2000余份，受众6000余人次。通过“普兰融媒”抖音号转播西藏自治区新型冠状病毒肺炎疫情防控工作新闻发布会48场，转发上级公告通知以及直播预告等视频信息64条，发布一线疫情防控情况和防疫人员工作视频信息、普兰县疫情防控公告、倡议书、告诫书、感谢信等信息109条。制作发放《新冠肺炎疫情防控知识1234》宣传单7000份、《新冠肺炎疫情防控知识56》宣传单4000份，张贴宣传单《新冠肺炎疫情防控知识123456》宣传单50份、300张，制作张贴宣传横幅30条。通过“网信普兰”和“普兰发布”微信公众号转发发布各类疫情相关通知信息2393条，“珠峰云”App发布视频信息156条，“学习强国”西藏学习平台供稿视频信息40条。

4月6日，普兰县召开2022年宣传思想暨意识形态工作会议

【思想道德建设】 2022年，普兰县成立由县委常委、宣传部部长为组长，宣传部常务副部长为副组长，各科室负责人为成员的未成年人思想道德建设工作领导小组，形成由县委宣传部部长统一领导，分管领导具体负责，各科室积极参与的工作格局。通过“扫黄打非·护苗2022——绿书签行动”“护助少年儿童健康成长·拒绝有害出版物和信息”活动等，多形式、多手段、多途径加大对《中华人民共和国未成年人保护法》的学习宣传力度，同时利用网络途径开展普法教育，通过揭示“黄、赌、毒”和违法犯罪行为的严重危害性，倡导健康向上的生活方式，教育引导在校生遵纪守法，增强未成年人法律意识和自我保护意识。县扫黄打非办结合“4·15”全民国家安全教育日、“4·22”世界地球日和“4·23”世界读书日等宣传活动，联合县公安局、县文化和旅游综合执法队、县市场监督管理局、县消防大队、县委网信办等成员单位排查县九年一贯制学校周边经营商店3次，共检查商店、超市20余家次，发放宣传资料50余份，确保青少年思想阵地绝对安全。

【文化发展】 2022年，普兰县委宣传部以“中心吹哨、部门动员、多方参与”的运行机制和“群众点单、中心派单、志愿者接单”的志愿服务工作机制，建立线上线下、供需对接、闭环运行的志愿服务模式，积极开展“文明交通”“拒绝餐饮浪费”“文明旅游”“安全上网”等志愿服务活动，共开展志愿服务活动91场次，发放各类宣传物品7200余份，受众11800余人次。开展以“文艺进乡村”“文艺进万家”“三下乡”等活动为主题的文艺演出活动61场次，联合地区象雄艺术团深入札达县，开展“文化进万家”暨喜迎中共二十大胜利召开文化交流演出活动20余场次，新创作节目4个；村（社区）文艺队在辖区内开展文艺演出活动58场次，受益群众达16000人次。

【精神文明创建】 2022年，召开普兰县精神文明建设工作暨新时代文明实践中心建设工作推进部署会。按照自治区关于推进乡村“复兴少年宫”的指示要求，积极完成少年宫挂牌工作。强化志愿服务，对普兰县志愿者队伍进行充实，将全县所有干部职工以及各乡（镇）、村（社区）的先进代表、致富能手等人纳入志愿服务队中，成立由消防救援大队牵头的应急志愿服务队。普兰县志愿服务队总数为54支，普兰县志愿者总人数为2167人，占全县常住人口的19.36%。深入推进“五大文明”创建工作，积极培育和践行社会主义核心价值观和精神文明建设，召开普兰县创建自治区级文明城市工作第三方测评反馈问题整改部署会暨第二次推进会。协调各部门对反馈问题进行整改，组织各单位、乡（镇）、村（居）完成材料申报。加大广播电视“村村通”工程维护管理，2022年普兰县广播电视户户通达1730户，全县覆盖100%。电影放映人员深入村（社区）、牧业点、学校、部队、寺庙等地放映各类电影82场次，观看人数达1280余人次。普兰县数字影院每周六、日16：00点放映电影1部，共放映电影55场次，观众达556人次，进一步提升全县干部职工和农牧民群众业余生活水平。

【社会面宣传】 2022年，普兰县广播电视台、“珠峰云”App、普兰融媒、“学习强国”学习平台、“普兰发布”等媒体，刊发稿件1339条，其中阿里新闻刊发127条，普兰融媒刊发447条，“珠峰云”App刊发462条，“学习强国”学习平台刊发68条，“普兰发布”微信公众号于2022年8月申请注册，8月9日开始积极转发推送普兰新闻和上级动态及民生政策等累计发布1052条，其中普兰自办台播放汉语新闻235条、藏语新闻25条。疫情期间挖掘推送典型人物材料16条。策划拍摄以党建“五共五固”、乡村振兴、医疗组团式援藏为主题的宣传片。充分发挥新媒体的作用，对藏历新年文艺演出和科技、文化、卫生“三下乡”集中展演大型活动，“六一”国际儿童节活动进行现场直播，直播观看达3000余人。

统一战线

【概况】 2022年，普兰县委统战部、县民宗局在地委、行署的坚强领导和县委、县政府的精心部署下，在上级业务部门的正确指导下，以大统战工作格局，紧抓民族团结进步事业这项重点工作，牢牢把握宗教领域和谐稳定这个关键，坚定不移发展壮大爱国统一战线，各项工作取得阶段性成绩。调整充实县委统一战线工作领导小组，对17名归国定居藏胞发放慰问金4万元，成立普兰县工商联（商会），化解民营企业矛盾纠纷1起，民营企业积极履行社会责任，17家工商联（商会）会员企业捐赠价值53.4万元的防疫物资。

【党对统一战线工作的领导】 2022年，县委落实主体责任，把做好统战工作纳入全年重点工作议事日程，调整充实以县委书记为组长的县委统一战线工作领导小组，认真履行第一责任人职责，经常研究、经常过问、经常督促统战领域各项工作。

【爱国统一战线队伍建设工作】 普兰县进一步健全完善宗教界代表人士、归国定居藏胞、党外代表人士花名册，组织开展“三大节日”慰问活动，对17名归国定居藏胞进行慰问，发放慰问金4万元，开展普兰县西藏佛学院毕业、结业学员政治待遇及发挥作用情况调研工作，选派1名党外知识分子到自治区社会主义学院参加

10月25日，普兰县委常委、统战部部长达瓦顿珠（左一）看望慰问归国定居藏胞

培训。

【工商联工作】 2022 年 4 月 23 日至 24 日，顺利召开普兰县工商联合会（商会）第一次代表大会，选举产生 1 名工商联主席（商会会长）、3 名企业家副主席、2 名商会副会长、1 名秘书长，普兰民营企业有了更加鲜明的政治引领，更加坚强的组织依靠，也拉开了县工商联履职尽责、为民营企业“代言撑腰”、努力展现新时代工商联担当作为的全新序幕。年内，为民营企业化解矛盾纠纷 1 起，有针对性地提供政策咨询 5 个。扎实做好民营经济整改工作，制定印发《普兰县关于地区调研组调研普兰民营经济领导小组作用发挥暨民营经济发展工作时反馈问题的整改方案》，做到责任明确、目标明确、措施明确，确保圆满完成整改任务。普兰县民营企业积极履行社会责任，疫情期间，普兰县民营企业人士积极履行社会责任，17 家民营企业为抗疫一线工作人员送去价值 533695 元的生活物资、医疗物资，7 名民营企业志愿者参与防疫工作。

【“三个意识”教育】 2022 年，普兰县成立以县委副书记、人大常委会主任为组长，各乡（镇）、县委宣传部、县委统战部和各寺管会等相关单位主要负责人为成员的工作领导小组，制定印发《普兰县在宗教界深入开展“国家意识、公民意识、法治意识”教育活动实施方案》，安排骨干力量专职负责此项工作，累计召开“三个意识”各级动员部署会、推进会 17 场次，为开展好教育活动奠定坚实基础。县委主要领导带头前往包联寺庙科迦寺开展“三个意识”教育现场宣讲，全县开展专题教育宣讲 118 场次，受教育僧尼 2000 余人次，教育引导寺庙僧尼在学习中提升政治判断力，在宣讲中提升政治领悟力，在落实中提升政治执行力。

4月24日，阿里地区普兰县工商业联合会（商会）第一次代表大会开幕会召开

党校工作

【概况】 2022 年，普兰县委党校积极配合上级单位开展各类培训，选派 22 名县级领导和 13 名农村工作领导小组成员单位负责人参加阿里地委党校（行政学院）培训班，选派 1 名党校工作人员参加自治区党校（行政学院）培训班。县委党校共举办各类培训班 10 期。

【组织培训】 2022 年，普兰县委党校举办自治区第十次党代会和中共十九届六中全会专题培训班、普兰县 2022 年村（社区）“两委”班子履职能力培训班、普兰县基层干部乡村振兴主题培训班、普兰县机关党支部书记党员管理教育培训班、普兰县信访工作条例培训班、普兰县国家通用语言文字教育及财务知识培训班，普兰县乡村干部振兴提升能力培训班、普兰县村（社区）干部国家通用语言文字培训班和普兰县 2022 年发展党员专题培训班，培训对象涉及县直机关干部、村（社区）“三委”班子成员、驻村工作队、第一书记、乡村振兴专干、大学生村官、农牧民党员等，共计 606 人。2022 年，县委党校举办中共二十大精神培训班 2 期，培训对象为县直各单位、各乡镇机关党员干部，共计 301 人。普兰县委党校扎实开展党员教育培训，县委党校举办普兰县 2022 年发展党员专题培训班，共计 111 人，其中积极分子 72 人、预备党员 39 人。

11月24日，普兰县委副书记向斌在普兰县党员干部中共二十大精神专题学习培训班上授课

普兰县机关党支部书记党员管理教育培训班30人，基层党支部书记十次党代会和十九届六中全会专题培训班53人。

【学校管理】 2022年，普兰县委党校有工作人员5名，其中1人借调县委组织部，无专职教师。无独立办公场所，借用组织部办公室1间，面积16平方米左右，无独立教学场所，日常教学主要借用政府会议室、各单位会议室来组织完成。

【基础设施建设】 “十四五”规划期间，普兰县委党校申报新建普兰县党校项目为国家投资，预算投资2000万元，学校占地面积预计1万平方米，建设内容包括新建综合楼、学员食堂、学员宿舍、教职工周转房及附属设施。

【队伍建设】 2022年，普兰县委党校以学习贯彻习近平新时代中国特色社会主义思想、中共二十大精神为动力，持续深化教学改革，创新工作思路，强化党校教育培训职能，挖掘师资潜力和统筹人才使用，充分发挥党员干部带头模范作用，各类培训积极邀请县直各单位负责人授课，进一步解决县委党校师资力量短缺问题。

党史和藏语文编译工作

【概况】 普兰县委员会党史研究和藏语文编译中心（以下简称“县委党史和编译中心”）事业编制为5名，科级领导职数2名，经费来源为全额拨款。2022年，县委党史和编译中心负责编纂《普兰年鉴（2021）》续修《普兰县志（2001—2010）》指导《科迦村志》《霍尔乡志》《普兰县扶贫志》的编纂，推广国家通用语言文字，检查藏语文社会用字，指导全县翻译业务和承担业务人员培训等工作。

【编纂年鉴】 2022年，县委党史和编译中心印刷出版《普兰年鉴（2021）》，向各乡镇、各县（中、区）直单位、驻军部队、各村农家书屋等71家单位发放《普兰年鉴（2021）》400余本，为全县各部门开展工作提供丰富资料，为社会各界了解普兰、研究普兰、宣传普兰提供信息资源。3月，启动《普兰年鉴（2022）》编纂征集完成69家供稿单位的资料，形成初审稿并收集完成各供稿单位300余条修改意见，12月形成复审稿。县委党史和编译中心编纂出精品年鉴，在中国地方志指导小组、中国地方志学会组织开展的第八届全国地方志优秀成果（年鉴类）评审工作中，《普兰年鉴（2020）》荣获县级综合年鉴三等奖。

【续修县志】 2022年，县委党史和编译中心完成《普兰县志（2001—2010）》中受党纪政务处分人员的图片、文字部分审查。收到地委宣传部审读《普兰县志（2001—2010）》中未发现涉及危害国家、社会稳定方面，未发现歪曲西藏民族、宗教、历史、文化、习俗等敏感性方面，未发现淫秽、色情、暴力、拜金、低俗等不符合社会主义精神文明内容的复函。完成自治区地方志督导组对《普兰县志（2001—2010）》总编稿提出的修改意见建议以及方志出版社初审、复审、终审修改意见建议，依次完成“三审三校”。

【编纂扶贫志】 2022年，县委党史和编译中心按照《西藏扶贫志编纂工程和西藏全面小康志编纂工程实施方案》要求，县委党史和编译中心指导县乡村振兴局《普兰县扶贫志》编纂的前期相关工作。

【编纂乡镇村志】 2022年，县委党史和编译中心继续指导协助《霍尔乡志》《科迦村志》编纂工作。霍尔乡召开《霍尔乡志》编纂工作安排部署会，会议研究决定聘请专业团队协助编修乡志，形成《霍尔乡志》编纂大纲并召开干部会议讨论完善编纂大纲，第三方公司编辑人员资料收集工作，到年底《霍尔乡志》编纂近9万字。普兰镇党委、镇政府向县委、县政府提交聘请专业团队协助编修《科迦村志》请示，村志编纂人员和大学生村官在科迦村为搜集资料做前期准备。

【藏语言文字工作】 2022年，县委党史和编译中心持续加大民族语言文字政策的宣传力度，在乡镇和县城区域宣传3次，主要宣传《藏语文基础知识汇编》《民族区域自治法》《国家通用语言文字法》《西藏自治区学习、使用、发展藏语言文字的规定》等内容，发放700余册宣传册子。为鼓励汉族干部学习使用藏语言文字，县委党史和编译中心编制藏语和汉语学习手册，有藏语、藏语音译、汉语音译、普通话学习形式，内容涵盖礼貌语和问候语介绍、交通问路和方向、旅游、饮食购物、生活杂事、称呼语和时间、数字等常用语，共印1000册。

【藏语文社会用字管理】 2022年，县委党史和编译中心与各装饰部门签订《2022年普兰县社会用字目标责任书》12份，全方位明确责任要求、责任落实和责任追究，进一步提升社会用字的规范管理水平。县委党史和编译中心牵头组织县委宣传部、公安局、市场监督管理局、城市管理和综合执法局等单位，利用两天时间对两乡的商铺门牌、旅游景点指示牌、路牌等藏语和汉语使用和规范情况进行检查，共计检查563个牌子，其中存在藏语文社会用字使用不规范（含翻译不准确、错字、漏字、无藏文、比例失调、牌子破旧、没有使用藏语和汉语等）牌子共计109个，检查小组当即下发整改通知书并要求在规定时间内完成整改。

【翻译工作】 2022年，县委党史和编译中心坚持围绕服从县委、县政府中心工作，完成县委、县政府、人大、政协的领导讲话翻译任务，完成2022年两会翻译任务以及普兰县各单位交办的其他应急性翻译任务。全年翻译重大会议材料和个体工商户翻译门牌、横幅等共100万余字。县委党史和编译中心发挥藏语文翻译优势，组织编辑人员及时整理、订制中共二十大报告藏文版的宣传册子100余份，为各村（社区）两委班子、驻村工作队、各寺管会提供中共二十大报告藏文宣传册子，为农牧民群众提供通俗易懂的学习教材。

【培训指导】 2022年，县委党史和编译中心为全面消除全县基层从事藏汉翻译工作人员较少、力量不足、藏汉翻译不准确、翻译能力水平不高、个别基层部门对藏语文社会用字工作不够重视等突出问题，县委党史和编译中心为两乡一镇、各驻村工作队、各寺管会、乡村专干以及各相关单位的33名学员开展为期4天的藏语和汉语翻译集中培训课，进一

7月28日，阿里地委党史研究和藏语文编译中心主办、县委党史研究和藏语文编译中心协办普兰县汉藏翻译集中培训在普兰县举行，两乡一镇、各村（社区）、各驻村工作队、乡村专干、各寺管会以及各单位33名学员参加培训

6月17日，普兰县委党史研究和藏语文编译中心6月宣传周在县城主街道宣传藏语言文字

步提高基层工作人员的汉语和藏语翻译水平，为做好基层藏语和汉语翻译奠定一定基础。

【推广国家通用语言文字】 2022年，语委办协调教育局教研人员对县域内15所中小学和幼儿园进行调研指导，要求各所学校（园）在学期工作计划中落实继续推进和巩固语言文字规范化建设。语委办协调县委党校负责人，对村（居）“两委”班子参加培训人员进行国家通用语言文字法律法规政策宣传和解读，初步掌握到2025年的基本普及目标。语委办协调地区语言文字办公室，在县城和乡村分别开展教师提升普通话等级培训和测试，38名教师普通话水平得到进一步的提升。语委办协调县委组织部、党校和强基办，组织开展村（社区）干部国家通用语言文字培训，参加培训村（社区）干部43人全部拿到结业证书。语委办协调县委党史和编译中心，本着“结合实际、应用使用、简便易携”的原则，突出推广对象工作和日常用语实际，适应社会发展需求，基本编制完成一套国家通用语言文字学习手册。

普兰县人民代表大会

综述

【概况】 2022年，普兰县人大常委会在县委的坚强领导下，在人大地工委的指导下，县人大及党组坚持党的领导，人民当家作主，依法治国有机统一，深入贯彻落实自治区第十次党代会和区党委经济工作会议精神、地委经济工作会议精神，县委十届二次全体（扩大）会议和县委经济工作会议精神，锚定“四件大事”“四个确保”“四个创建”“四个走在前列”“四个争先”目标，按照县委确定的“四城四高四中心”工作思路，不断推进监督、代表、任免、立法等工作高质量发展。全年，召开人大常委会会议5场次、党组会议6场次、主任办公会议6场次，向县委请示报告各项工作8次（其中重要会议1次，重要工作6次，重大事项1次）。

【重要会议】 普兰县第十三届人民代表大会第二次会议 2022年4月13日至15日，普兰县第十三届人民代表大会第二次会议在职工之家四楼会议室召开。会议应到代表120名，实到代表97名，符合法定人数。

会议由县委副书记、人大常委会主任、此次大会执行主席桑珠主持。县委书记李平出席会议并作开幕讲话。17名大会主席团成员在主席台就座。政协委员和县直各单位负责人列席会议。

会议听取审议《普兰县人民政府工作报告》《普兰县人大常委会工作报告》《普兰县人民法院工作报告》《普兰县人民检察院工作报告》《普兰县人民政府关于普兰县2021年财政预算执行情况与2022年财政预算（草案）的报告》《普兰县人民政府关于普兰县2021年国民经济和社会发展计划执行情况与2022年国民经济和社会发展计划（草案）的报告》等六大报告，表决通过六大报告的决议。

普兰县委人大工作会议 2022年12月2日，中共普兰县委人大工作会议在职工之家四楼会议室召开，会议由县委副书记、

4月14日，召开普兰县第十三届人民代表大会第二次会议

县人大常委会主任候选人琼桑主持，县委书记李平出席会议并讲话，县委、人大、政府、政协、法院、人民检察院县级领导；乡镇党委书记、人大主席；县直部门各单位负责人；部分县级人大代表；人大常委会机关全体干部参加会议。会议传达学习中央、区党委、地委人大工作会议精神，并安排部署贯彻落实工作。

12月2日，召开中共普兰县委人大工作会议

普兰县第十三届人民代表大会第三次会议 2022年12月12日，普兰县第十三届人民代表大会第三次会议在职工之家四楼会议室召开。会议应到代表120名，实到代表97名，因病、因事请假23名，符合法定人数。

会议由大会执行主席洛桑旦增主持。大会主席团成员李平、琼桑、欧罗、桑珠、洛桑旦增、汪涛、桑珠拉姆等7名成员在主席台就座。县监委委员普珠到会进行全程监督。此次会议，根据《中华人民共和国全国人民代表大会和地方各级人民代表大会选举法》等法律法规，依法选举产生王勇、格桑德吉、顿珠等3名代表为西藏自治区第十二届人民代表大会代表。

普兰县十三届人大常委会第五次会议 2022年3月29日，县委副书记、人大常委会主任桑珠在人大二楼会议室主持召开普兰县第十三届人大常委会第五次会议，县委书记李平、县委副书记龙小文，县委常委、统战部部长达瓦顿珠、县委常委、组织部部长王凯等20名常委会组成人员参加会议，县财政局局长索南卓嘎列席会议。

会议，听取审议《关于边巴等4名同志的任免职事项》和《普兰县2022年度财政收支预算（草案）》，经过表决，常委会通过《关于边巴等4名同志的任免职事项》和《普兰县2022年度财政收支预算（草案）》。

普兰县十三届人大常委会第六次会议 2022年4月11日，县委副书记、人大常委会主任桑珠在人大二楼会议室主持召开普兰县第十三届人大常委会第六次会议。达瓦顿珠、扎西多吉等常委会组成人员等17人参加会议。

此次会议，研究确定普兰县第十三届人民代表大会第二次会议的召开时间，审议通过普兰县第十三届人民代表大会第二次会议的议程和日程，《普兰县第十三届人民代表大会第二次会议六大报告》，表决通过普兰县中直选区代表才旺的代表辞职报告，听取审议《普兰县第十三届人民代表大会代表资格审查报告》，表决通过《普兰县人民政府关于〈在全县开展法治宣传教育的第八个五年规划（2021—2025年）〉草案》和《关于开展第八个五年法治宣传教育的决议》。

普兰县十三届人大常委会第七次会议 2022年5月16日，县委副书记、人大常委会主任桑珠在人大二楼会议室主持召开普兰县第十三届人大常委会第七次会议。李平、达瓦顿珠、王凯、洛桑旦增、扎西多吉等常委会组成人员17人参加会议。

此次会议，人大常委会听取审议《普兰县人民政府关于提请审议〈普兰县2021年重点生态转移支付资金计划分配〉的请示》（普政发〔2022〕56号）和《普兰县人民政府关于提请审议〈关于解决普兰县2021年森林督查整改专项资金〉的请示》（普政发〔2022〕57号）。

会议经过表决，常委会通过《普兰县人民政府关于提请审议〈普兰县2021年重点生态转移支付资金计划分配〉的请示》和《普兰县人民政府关于提请审议〈关于解决普兰县2021年森林督查整改专项资金〉的请示》。

普兰县十三届人大常委会第八次会议　2022年6月21日，县委副书记、人大常委会主任桑珠在人大二楼会议室主持召开普兰县第十三届人大常委会第八次会议。李平、达瓦顿珠、王凯、洛桑旦增、扎西多吉等常委会组成人员20人参加会议。县人民检察院检察长次仁登巴、组织部白玛色珍、财政局副局长加央卓玛列席会议。

此次会议，研究审议通过龙小文辞去普兰县第十三届人民代表大会代表事项，任命裴彬为普兰县人民政府副县长事项，任命杨伟光为普兰县人民检察院副检察长事项，免去向斌的普兰县人民政府常务副县长事项，免去张霞的普兰县监察委员会副主任职务事项，免去次仁平措、仁增加参2人普兰县人民法院副院长职务事项，听取审议通过《普兰县人民政府关于提请审议2022年一般公共预算第二批财力分配的报告》（普政发〔2022〕76号）和《普兰县人民政府关于提请审议2022年第三批存量资金分配的报告》（普政发〔2022〕77号）。

普兰县十三届人大常委会第九次会议　2022年9月25日，普兰县第十三届人大常委会第九次会议以腾讯视频会议形式召开，会议由人大常委会党组副书记、副主任洛桑旦增主持，李平、桑珠、达瓦顿珠、王凯、杨旺祥、普布扎西、汪涛、扎西多吉等常委会组成人员24人参加会议。

此次会议，听取审议通过《普兰县人民政府关于提请〈2022年支持基层落实减税降费重点民生转移支付资金〉和〈2022年第一批县级基本财力保障机制奖补资金〉分配表的请示》（普政发〔2022〕94号）、《普兰县人民政府关于提请〈2022年第四批存量资金分配表的请示〉》（普政发〔2022〕95号）。

普兰县十三届人大常委会第十次会议　2022年12月15日，县人大常委会副主任洛桑旦增在职工之家四楼县委常委会会议室主持召开普兰县第十三届人大常委会第十次会议。李平、桑珠、达瓦顿珠、扎西多吉等常委会组成人员18人参加会议。县委副书记、人大常委会主任候选人琼桑、县人民政府副县长罗梅、县人民法院院长彭晓勇、县人民检察院检察长次仁登巴、县财政局局长索南卓嘎、县乡村振兴局局长扎西顿珠列席会议。

此次会议，研究审议通过《杜新成同志任普兰县人民政府常务副县长和张巍同志任普兰县人民政府副县长》事项、《旦增西绕等5名同志任免职》事项、普兰县人民政府提交的《关于申请审议解决疫情防控期间相关费用的请示》（普政发〔2022〕123号）、《关于提请审议解决巴嘎乡疫情防控费用的请示》（普政发〔2022〕124号）、《关于提请审议解决疫情防控应急处置期间生活保障方面产生费用的请示》（普政发〔2022〕125号）、《普兰县人民政府关于提请审议〈普兰县2021年财政总决算〉的请示》（普政发〔2022〕96号）、《普兰县人民政府关于2022年县级预算调整方案的报告》（普政发〔2022〕119号）、《普兰县人民政府关于提请审议2022年第五批存量资金分配的请示》（普政发〔2022〕120号）。审议通过《普兰县人民政府关于2022年生态环境保护工作开展情况报告》《普兰县人民政府关于2022年生态环境保护工作开展情况报告》《普兰县乡村振兴局2022年工作开展情况报告》《普兰县人民法院2022年工作开展情况报告》《普兰县人民检察院2022年工作开展情况报告》。

【依法监督】 2022年，普兰县人大常委会按照年度工作计划和上级有关要求，全年开展执法检查3场次和专题调研3场次，形成执法检查报告和专题调研报告6篇。对贯彻落实《突发公共卫生事件应急条例》的情况、相关行业部门落实主体责任和履职情况开展工作监督，对《西藏自治区实施〈突发公共卫生事件应急条例〉办法》的意见和建议及《西藏自治区人民代表大会常务委员会关于加强新时代检察机关公益诉讼工作的决定（草案）》开展立法调研，对农牧业区药品供应保障情况开展专题调研；对贯彻落实《西藏自治区民族团结进步模范区创建条例》《中华人民共和国国家通用语言文字法》《中华人民共和国国家安全法》实施情况开展执法检查。

5月9日，普兰县人大常委会委员到科迦寺开展《西藏自治区民族团结进步模范区创建条例》《中华人民共和国国家通用语言文字法》贯彻实施情况执法检查

【重大决策】 2022年，普兰县人大常委会共召开常委会会议6场次，听取审议《普兰县人民政府关于生态环境保护的工作报告》《普兰县人民法院半年工作报告》《普兰县人民检察院半年工作报告》，研究审议《普兰县人民政府关于提请审议普兰县2022年生态环保相关工作经费的请示》《普兰县人民政府关于提请审议2022年一般公共预算第二批财力分配的报告》《普兰县人民政府关于提请审议2022年第三批、第四批存量资金分配的报告》，以及国家机关工作人员人事任免等事项。

【选举任免】 2022年，普兰县人大常委会坚持党管干部与人大依法任命干部相统一，依法行使人事任免权，以法定程序落实组织意图，体现全过程人民民主，确保人事任免工作成为人民意志。全年，依法任免国家机关工作人员13人次，接受1人辞去县十三届人大常委会委员职务，接受2人辞去县十三届人大代表职务，补选县十三届人大代表1名。

【代表工作】 2022年，为提高人大代表履职能力，提升为民服务的工作质量和效率。普兰县人大常委会举办县级人大代表培训班1期，培训代表85人次，深入细致讲解中央人大工作会议精神、普兰县民族团结进步模范县创建、“九进”责任清单相关内容、《西藏自治区人民代表大会代表建议批评和意见办理工作条例》。开展代表外出学习考察1场次，选派12名人大干部和人大代表前往那曲市和昌都市进行学习考察。开展代表建议意见办理答复工作2场次，对在开展联系基层人大代表及征求意见活动中征求到86条意见建议，以人大常委会党组名义形成《普兰县人大常委会开展深入基层联系两级人大代表及征求意见建议活动的报告》，及时向县委进行汇报，向政府进行反馈，并在7月进行答复。对在普兰县第十三届人民代表大会第二次会议上代表提出的涉及“四件大事”的50条意见建议，人大常委会已答复完毕。代表服务保障10场次。县人大始终把服务保障好区内和区外人大学习考察组和检查组在普兰县开展工作作为强化自身履职能力和工作水平的重要平台，作为提升普兰县人大履职能力和工作水平的一次检验，作为促进与其他市县人大代表加强交流学习借鉴的一次机遇。2022年，共接待江苏省、四川省区外人大工作组2批次，接待30余人次；接待那曲市、昌都市、林芝市、山南市、日喀则市等区内市县人大代表学习考察组8批次，接待120余人次。

【立法联系】 2022年，普兰县人大常委会认真履行立法联系点职责，对《西藏自治区药品管理条例》《西藏自治区边境管理条例〈修订草案二审征求意见稿〉》《西藏自治区消防条例〈修订草案二审征求意见稿〉》《乡村振兴促进条例〈草案征求意见稿〉》《西藏自治区机关警务辅助人员管理条例〈草案二审征求意见稿〉》《西藏自治区平安建设条例〈草案二审稿〉》等法规条例的修改开展意见征求，相关单位提出法律法规修改意见6条，部分修改意见自治区人大已经采纳，全县相关单位和人大代表的立法参与热情显著提升，立法工作更接地气，更符合实际。

【自身建设】 2022年，普兰县人

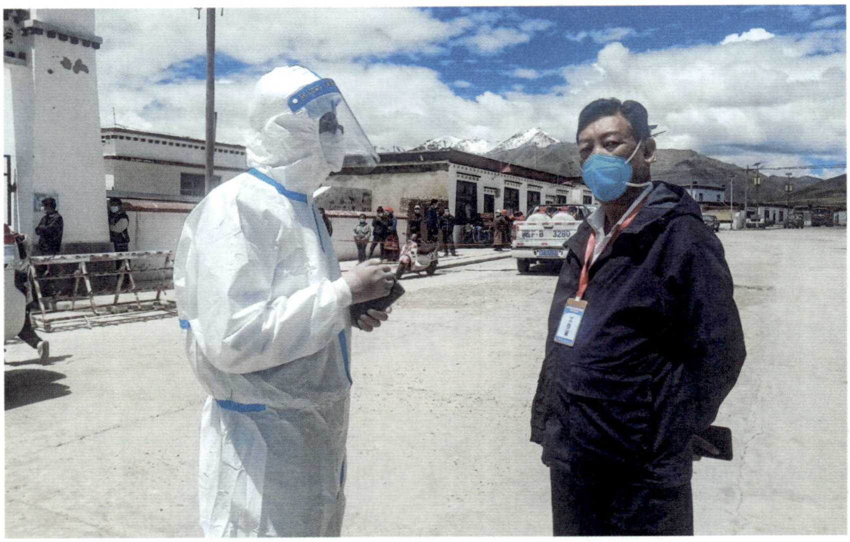

8月12日，普兰县委副书记、人大常委会主任候选人琼桑（右一）在霍尔乡听取乡党委书记赵海荣（左一）疫情防控工作汇报

大常委会党组始终坚定政治站位，全面履行党组的领导责任，扎实推进全面从严治党，坚决做到人大常委会党组工作与人大日常工作同谋划、同部署、同推进，努力做到适应新形势、新任务和新要求。召开党组学习理论中心组会议15场次，党组成员开展领学9场次，交流发言16人次；召开党风廉政建设和反腐败工作会议2场次、意识形态工作会议2场次、警示教育5场次，开展主题党日活动2场次；党组书记和支部书记上党课1场次，4名党建指导员在所联系党支部上党课4场次。扎实开展“六个一”活动。为贯彻落实习近平总书记关于民族工作的重要论述，坚持以铸牢中华民族共同体意识为主线，着力创建民族团结进步全国模范区，人大常委会制定开展铸牢中华民族共同体意识实践地“六个一”活动的工作方案，召开“六个一”活动工作动员部署会1场次，乡镇人大依靠“人大代表之家”和“代表小组活动室”等阵地，认真开展“六个一”相关活动。2022年，开展民族团结进步法规政策宣传3场次、开展藏语和汉语学习活动3场次、开展“请你到我家来做客”联谊活动4场次。为提升县乡两级人大工作的质量和水平，从乡镇各抽调一名人大干事，在县人大办开展为期一个月的跟班学习，完成人大智慧平台信息收集，代表信息录入等工作，6月底，人大智慧平台已建设完毕，完成十三届人大代表信息上传、法律法规公布、人大代表动态展示等。年内，召开县乡人大工作推进会1场次。

办公室工作

【概况】 2022年，在普兰县人大常委会和人大常委会党组的坚强领导下，县人大常委会办公室认真履行服务保障各项职责，认真做好文秘保障、会务保障、代表服务、后勤保障等工作，完成常委会、人大党组和常委主任、副主任交办的各项工作。

【文秘工作】 2022年，普兰县人大常委会办公室完成常委会文件、党组文件、办公室文件和相关会议材料30余份、上报材料40余份、信息简报120余篇的起草、印发、上报等工作。

【会议服务】 2022年，普兰县人

7月21日，普兰县人大常委会开展“中华民族一家亲 同心共筑中国梦暨今天请你到我这做客”主题活动，此次活动邀请藏族、汉族、土家族、回族、维吾尔族等12个民族代表参加活动

大常委会办公室完成人民代表大会2场次、常委会6场次、人大党组会议6场次、主任办公会议6场次、人大常委会党组理论学习中心组学习会议15场次、机关学习会议20场次的服务保障工作。

【理论学习】 2022年，普兰县人大常委会办公室始终把理论学习作为武装头脑、指导实践、推动工作的重要法宝，不断加强对政治理论知识、会议文件精神、业务知识的学习。全年，共召开人大常委会机关学习15场次，撰写心得体会10余篇、研讨发言材料6篇。

【人大代表之家】 2022年，普兰县人大为提升县乡两级人大工作的质量和水平，从各乡镇抽调1名人大干事，在县人大办开展为期1个月的跟班学习，完成人大智慧平台信息收集，代表信息录入等工作，6月底，人大智慧平台已建设完毕，完成十三届人大代表信息上传、法律法规公布、人大代表动态展示等。同时，完成人大代表之家规范化建设相关培训工作。

普兰县人民政府

综述

【概况】 2022，普兰县政府在地委、行署和县委的坚强领导下，全面贯彻落实中共二十大精神，贯彻落实中央、区党委、地委和县委经济工作会议精神，紧扣自治区人民政府、地区行署明确的政府工作要点和工作要求，聚焦“四件大事”“四个确保”“四个创建”“四个走在前列”战略工作，围绕地委“12114”和县委“四城四高四中心”工作部署，凝心聚力，狠抓落实，全面推进各项工作，促进经济社会高质量发展。2022 年，全年全县生产总值完成 7.86 亿元、同比增长 8%；固定资产投资完成 17.13 亿元、同比增长 26%；社会消费品零售总额达到 1.08 亿元、同比增长 3%；城乡居民人均可支配收入达到 51166 元、17573 元，同比增长 10%、13%；居民消费价格指数控制在 4% 以内；城镇调查失业率和城镇登记失业率控制在 5% 和 3% 以内。2022 年，普兰县人民政府主要围绕安全生产、乡村振兴、环境保护、项目建设、强边固边等专题会议 30 余次。

9月20日，普兰县委副书记、县长顿珠（右二）带领政办督查室人员到一线检查疫情防控工作

【重要会议】 2022 年 1 月 27 日，普兰县委副书记、县长顿珠主持召开第一次政府常务会议，研究《普兰县财政局关于政府各部门公务车辆处置的请示》《普兰县关于清理全县行政事业单位借款相关事宜的请示》《关于申请拍摄普兰县文化旅游及创建全国全域旅游示范县宣传片资金的请示》等 15 项议题。

2022 年 3 月 28 日，普兰县委副书记、县长顿珠主持召开第二次政府常务会议，研究《关于申请解决巴嘎乡党建文化广场建设资金的请示》《关于申请解决群众因病借款资金请示》《关于〈普兰县云达机动车检测站〉建设项目纳入招商引资的请示》等 26 项议题。

2022 年 5 月 20 日，普兰县委副书记、县长顿珠主持召开第五次政府常务会议，研究《关于申请普兰县城供排水改造工程和垃圾填埋场变更的请示》《关于申请普兰县垃圾填埋场建设项目用地的请示》《关于解决普兰县九年一贯制学校职工食堂资金缺口的请示》等16项议题。

2022年6月16日，普兰县委副书记、县长顿珠主持召开第六次政府常务会议，研究《普兰县应急总指挥部关于防汛抗旱指挥部、森林草原防灭火指挥部、抗震救灾指挥部办公室转隶工作方案》《关于解决普兰县教育系统固定资产清查和学生“三包”收支审计资金的请示》《关于申请解决霍尔乡养护十中队营房建设用地不足困难的请示》等6项议题。

2022年7月6日，普兰县委副书记、县长顿珠主持召开第七次政府常务会议，研究《关于普兰县巴嘎乡申请普兰县吾孜至207省道道路项目用地的请示》《关于申请解决普兰县普兰镇多油村曲登切姆水渠维修工程建设用地的请示》《收回两年及以上结余资金使用方案》等7项议题。

2022年11月11日，普兰县委副书记、县长顿珠主持召开第九次政府常务会议，研究《关于申请解决人大智慧平台硬件设备资金的请示》《关于划拨塔尔钦消防站建设用地的请示》《关于申请解决住户调查样本轮换工作经费的请示》等5项议题。

2022年12月5日，普兰县委副书记、县长顿珠主持召开第十次政府常务会议，研究各单位提交的无预算依据需要每年列入预算的经费事项（共67项）、研究各单位提交的需要列入2023年预算的经费事项（共37项）。

1月24日，普兰县人民政府党组召开2021年度党史学习教育专题民主生活会

2022年12月8日，普兰县委副书记、县长顿珠主持召开第十一次政府常务会议，研究各单位提交的无预算依据需要每年列入预算的经费事项（共5项）。

【产业发展】 2022年，普兰县完成农作物播种面积8919.4亩、总产量3571.56吨，牲畜存栏77972头（只、匹），建设605.3亩青稞二级种子繁育基地，实施牧草高产示范种植实验。文旅事业不断进步，巴嘎乡、科迦村入选全国旅游重点乡、重点村，完成自治区级全域旅游示范县创建工作，为创建国家全域旅游示范县打下坚实基础。全年接待游客11.37万人次，实现旅游收入9613.32万元。现代服务业蓬勃发展，新增262户市场主体，注册资金18521.05万元。持续发挥电子商务作用，推出电商产品25种，实现销售总额10.3万元。边贸行业发展日趋完善，争取资金1.02亿元实施普兰口岸功能设施建设项目建设，促进边贸物流业发展。唐嘎国际边贸市场搬迁运营，外贸区入驻商户85家，内贸区入驻商户74家。

全县重点项目27个，累计完成投资15.58亿元，同比增长26%。普兰机场完成进度投资26.43亿元，机场场外配套总投资1亿余元，进入招投标程序。DY水库主体工程进度达到合同投资额的68.03%，完成投资1.5亿元。民生项目有序实施，华能普兰20兆瓦保障性光伏项目建成并网发电；县城及巴嘎乡污水处理收集系统建设完成；普兰县城给排水改造工程开工建设，完成投资4783.74万元；投资5006.89万元的新建垃圾填埋场项目有序实施；投资约3亿元的县城集中供暖项目，前期工作有序开展。

【政府服务】 2022年，普兰县人民政府不断优化服务职能，“互联网+政务服务”平台实现县、乡全覆盖，网上可办结率达98%、最多跑一次比例达98%，进一扇门一站式服务率达100%，线上办件量6035件，线下办件量4194件。专合组织不断扩大，扶持培育村集体经济组织23家，注册资金5331.36万元，覆盖农牧户3782户15402人次，带动脱贫户907户2462人次。招商引资实现新突破，全年招商引资项目3个，总投资1.8亿元。全面深化国企改革三年行动计划，实施普兰县粮食公司改制。“三权分置”改革完成，农村宅基地房地一体完成不动产权籍调查400宗，办理不动产证书216宗，农村集体土地所有权确权登记颁证68宗、完成率100%。

【完善城市功能】 2022年，普兰县人民政府锚定强边富民目标，笃行实干。边境基础设施不断完善，投入1643.41万元不断加强边境公共基础设施建设，争取和实施兴边富民项目3个，各族群众生产生活极大改善。人防格局初见成效，健全落实军地联合管理模式和“点对点”联系指导机制，深入开展“五共五固”活动，15个军（警）党组织和11个地方党组织结对共建。完成10个边境村划定工作，落实边民、护边员、双联户补助资金2999.47万元。技防物防稳步推进，边境乡镇、建制村公路通畅率分别达到100%，边境乡村通邮率100%、建制村通信率100%，所有的边境建制村通达光纤宽带和4G网络，主要电网覆盖至边境一线，饮水、灌溉、防洪等水利基础设施取得阶段性进展。

2月10日，普兰县人民政府党组召开党史学习教育总结大会

与此同时，国防动员、双拥优抚、统计调查、机关事务、外事侨务、气象、档案、消防等工作取得新进展，工会、供销、老龄、青少年、残疾人、红十字、妇女儿童、关心下一代等事业取得新进步。

【民生改善】 2022年，普兰县人民政府深入实施自治区“十大民生工程”“38件民生实事”、地区“十件民生实事”和普兰县2022年“十件民生实事”。就业增收进步明显，开展农牧民技能培训4期316人，转移就业1192人，创收1443万元。开展高校毕业生就业创业帮扶95人次，就业率达到96.7%，兑现21人创业启动资金、场地租金、水电费补贴100.61万元，兑现41人一次性求职创业补贴22.75万元。教育事业蒸蒸日上，配套县级支教资金812.2万元，用于教育事业进步和改善办学条件。小学净入学率达到100%，初中毛入学率达到114.67%，高中阶段毛入学率达到103.13%，义务教育阶段学生辍学率为零。社会事业深入人心，开展全县妇女“两癌”免费筛查644人，教职工学生、僧尼、寺管干部肺结核免费筛查1987人，城乡居民暨在编僧尼免费体检4138人，孕产妇住院分娩率达到100%、死亡率为零。计划免疫接种率95%、强化免疫覆盖率100%。全县医保参保人数8770人，参保率达98.56%；城乡居民养老保险参保人数4951人，参保率99%，特殊群体参保率100%，代缴率100%。

【脱贫攻坚】 2022年，普兰县人民政府始终坚持“四个不摘”原则，严格落实防返贫动态监测和帮扶机制，累计识别监测对象23户92人，消除致贫返贫风险7户27人。强化体制机制保障，制定结对帮扶方案71个，研究制定帮扶措施304条，开展结对帮扶1033次，帮助群众实现就业93人次，增加现金收入11万余元，脱贫群众人均纯收入达16257.05

元。开展扶贫产业提档升级行动，建立健全利益联结机制，充分发挥带贫益贫作用，整合资金18180.03万元，实施衔接乡村振兴项目16个。落实扶贫贷款贴息政策，兑现贴息资金16.37万元，农牧民共计贷款1.47亿元，农村企业共计贷款1574.3万元。

【维护社会稳定】 2022年，普兰县人民政府狠抓和谐稳定，反分裂斗争更加主动。多措并举应对将来关键斗争等风险挑战，牢牢掌握反分裂斗争的主动权。狠抓民族团结，宗教事务治理更加成熟。累计投入235万元用于民族团结进步创建工作，荣获自治区民族团结模范县称号；完成6座寺庙藏传佛教财税监管体制改革。狠抓体系建设，社会安全更加巩固。安全生产专项整治三年行动卓有成效，安全生产“迎国检”有序开展，全年无重大安全生产事故。社会治安防控体系不断健全，“雪亮工程”利用率不断提高。严格落实矛盾纠纷排查化解常态化，排查化解矛盾纠纷128件、追回双拖欠和信访涉案资金1305.88万元。狠抓法治建设，政府执法水平更加规范。“八五”普法有序推进，依法治理、人民调解、安置帮教、社区矫正和法律援助服务等工作有序开展。

【生态环境建设】 2022年，普兰县完成乡村“四旁”植树3.4万余株，完成义务植树50亩。2个乡（镇）8个村（社区）成功创建自治区生态文明建设示范村，《国土空间总体规划（2021—2035年）》方案编制通过自治区审核。“美丽普兰”更加盎然，县域空气质量达到Ⅰ级标准限值，地表水、集中饮用水水质分别达到Ⅱ类标准限值，环境质量持续向好。生态投入更加有力，统筹解决179.77万元用于创建自治区级生态文明建设示范县。合理分配2022年重点生态功能区转移支付资金5171万元，生态文明建设各项资金需求保障有力。环保措施更加完善，河长制工作不断深化，推进17条河湖岸线划定及一河（湖）一策修编工作，玛旁雍错成功创建自治区示范湖。三级林长分区负责制全面实行，林长制组织体系初具雏形。

办公室工作

【概况】 普兰县政府办公室是协助县人民政府领导处理日常工作和全县公务接待的机构。2022年，在县委、县政府的正确领导下，紧紧围绕政府及政府办重点工作，不断深化服务意识，改进服务方式方法，进一步发挥参谋助手、督促检查、综合协调、后勤保障作用，牢固树立服务、效率意识，全面履行各项职责。县人民政府办公室机关编制为14名。有县级领导9名；部门领导4名（正科级1名、副科级3名）。

【政务服务】 2022年，普兰县政府办公室充分发挥承上启下、协调左右、主动服务、联系内外的桥梁纽带作用，做好上情下达、下情上传工作，及时研究协调重大工作安排。对需提交县政府研究的重点工作事项，充分协商、严格把关，确保上会材料符合《政府议事规则》。全年组织召开政府常务会议8次、政府党组会7次、政府全体会议1次、理论学习中心组学习会议12次，起草各类会议纪要27期，综合协调职能有效发挥。

11月30日，政府办公室召开2022年党风廉政责任制谈心谈话会议

【政务调研】 2022年，普兰县政府办公室紧盯中央和自治区、地区和县委政府重大决策部署，围绕全县中心工作以及社会发展的重点、难点问题，准确把握政府领导意图和决策思路，先后就县域经济发展、乡村振兴等重点领域进行深入调研。高质高效以文辅政，结合工作实际主动分析研判，优质高效完成《县委经济会讲话》《政府工作报告》等各项重要会议、重点工作材料起草工作。

【信息工作】 2022年，普兰县政府办公室加强政府网站管理，充分利用网络媒体传播快、范围广、内容多等特点，更新充实政务信息，中共二十大前后，严格按照宣传要求利用政府网站广泛开展宣传，上传政府门户网站各类政务公开信息35条。

【应急处置】 疫情发生以来，普兰县政府办公室坚决服从调配，在岗干部全体投入疫情防控各专项组，以物资保障组为主，切实承担起后勤保障重任，根据疫情防控处置实际及时购买防疫物资、生活物资、建设方舱医院、征用酒店宾馆、调度车辆、配餐、调运应急物资等，全力做好物资保障工作，主动及时地帮助其他各专项组解决一系列问题，为打好防疫攻坚战发挥积极作用。疫情发生后，持续加强干部管理，政办干部严格遵守防疫规定，在职干部无一核酸阳性。

【后勤保障】 2022年，普兰县政府办公室后勤接待严格贯彻中央八项规定精神，按照接待标准开展上级机关、兄弟市县（区）领导到普兰县检查、调研、考察参观等事项接待工作，做到接待标准不超规、不超标，积极对接各接待住宿酒店、宾馆，协调好接待住宿费用。统筹好后勤车辆使用管理，后勤车辆油料严格按照行程公里数核查，本着勤俭节约和科学分派原则，确保后勤车辆服务全县重点工作，严厉打击公车私用行为。

【政务督查】 2022年，普兰县政府办公室围绕政府中心工作，积极履行政府督查职能。年初制定《普兰县人民政府2021年度督察检查工作计划》，联合县委督查室、县委作风办、县纪委监委、县环保专班等部门就政府系统各部门落实县委、县政府重大决策部署、县域环保、作风建设、会风会纪、维稳工作等进行督促检查，形成督查专报2期、督查通报5期。

【机关事务管理】 2022年，普兰县政府办公室加强对机关后勤服务中心驾驶员的安全生产管理，牢固树立安全第一意识，加强办公室用电管理，定期对办公室用电设备进行检查，加强职工食堂食品安全管理，防止发生食物中毒、火灾等安全事故。严格遵守保密纪律，成立政府办保密工作领导小组，定期开展保密自查，开展保密教育、进一步强化档案保密工作，对非涉密文件定期不定期进行清查，使保密工作做到细致。

【生态环保】 2022年，普兰县政府组织召开生态环境保护工作部署会议3次，召开环保督察整改推进会6次，县委、县政府主要领导先后对环保工作批示指示10余次，印发生态文明建设相关文件4份。办结中央环保督察期间转办涉及普兰县案件4件，中央第四生态环境保护督察组下沉阿里督察反馈问题8项，整改完成7

4月24日，政府办公室党支部开展义务植树活动

项，剩余1项有序推进。普兰县涉及《西藏自治区生态环境保护暗访、第一、二次调研环境问题清单》反馈问题11项，5项完成整改，6项有序推进。统筹资金179.77万元推进自治区级生态文明建设示范县创建，规划草案已通过自治区生态环境厅审核。

信访工作

【概况】 普兰县信访局行政编制为1名，机关其他编制为1名。科级领导2名（其中正科级领导1名，副科级领导1名），有人数5人，1名局长、1名副局长、2名四级主任科员、1名工作人员。

【办信接访】 2022年，普兰县信访局召开普兰机场项目信访案件分析研判会3次，与机场建设项目中各标段负责人深入分析对接信访件的化解，形成信访局、机场专班、普兰机场建设项目接访人员服务站接访体系，方便群众最直接反映情况，最便捷维护自身合法权益。到两乡一镇开展信访矛盾纠纷排查和督办5次，汇总两乡一镇在信访工作领域排查中存在的问题，形成台账，收到两乡一镇、县直各部门上报矛盾纠纷排查表1500余份。5月27日，组织信访工作联席会议各成员单位36家在普兰县主街道进行《信访工作条例》宣传，现场悬挂横幅36条，发放宣传资料和宣传品3000余份，不断提升群众依法逐级走访，合理提出诉求，依法利用信访途径维护自身合法权益的意识。在各重要节点和节假日期间严格按照县委、县政府的要求及时下发相关方案，制订预案，落实《县级领导值班接访制度》。中共二十大召开前，经县委、县政府主要领导同意，开展信访矛盾纠纷隐患排查。截至年底，全县信访信息系统共登记受理群众来信来访、网上投诉、网上建议和主席信箱95件105人次，全部已办结，协调资金1066.63万元。

2月5日，普兰县信访局赴多油村开展“打击非法集资　维护群众利益”主题宣传活动

【体制机制创新】 2022年，普兰县信访局坚持和加强党对信访工作的全面领导，构建党委统一领导，政府组织落实，积极发挥信访联席会议优势，充分发挥信访联席会议和信访部门的综合协调作用，结合“我为群众办实事”专题活动，建立健全普兰县信访接访渠道体制创新，迅速化解信访矛盾纠纷。

【信访联席会议】 2022年，召开5次信访联席会议，会议要求，认真开展信访矛盾纠纷源头排查化解工作，要做到“横向到边、纵向到点”不留死角，确保“小事不出村，大事不出县”，从源头上杜绝出现越级访，切实把问题解决在基层、人员稳定在当地；强化工作措施，层层压实责任，各级各部门主要负责人以上率下，坚决扛起第一责任人责任，勇于直面矛盾，对影响社会稳定的重大问题、重大事件要主动研究部署、主动组织指挥、主动督促落实，确保守土有责、守土负责、守土尽责；提高认识，强化源头预防控制和积案化解，着力解决信访突出问题，切实维护群众合法权益。

【县级领导走访下访】 2022年，普兰县县级领导走访下访与群众面对面“零距离”交谈，耐心听取群众诉求。全年县级领导走访下访共46次，对群众提出的一些事实清楚、符合政策规定的合理诉求，现场作出答复，并要求相关单

5月27日，普兰县信访局工作人员在街头宣传《信访工作条例》及法律法规相关政策

位限期解决落实。

【普兰机场建设项目信访件化解专项推进会】 2022年4月18日，普兰县信访局组织召开2022年普兰机场建设项目信访件化解专项推进会、交办会和协调会。截至年底，全县信访信息系统共登记受理群众来信来访95件105人次，全部已办结，本级录入信访件秉承“应录尽录”原则，本级录入率100%、按期答复率100%、参评率100%。

外事工作

【概况】 2022年，普兰县外事办多次联合公安局出入境管理大队到尼泊尔市场，严格落实普兰县境内滞留尼泊尔边民“一日一见面”“三日一测体温”制度；县外事办牵头，组成相关单位前往边贸市场，以入户形式宣讲《中华人民共和国国境卫生检疫法》等法律法规，普及卫生健康及疫情防控知识。联合出入境管理大队深入唐嘎边贸市场，以多种形式开展疫情防控知识、中华人民共和国宪法及扫黑除恶等相关宣传活动，通过多次走访宣传疫情防控、扫黑除恶专项斗争、防电诈知识告知辖区境外边民，要严格按照相关要求做好防护和防范措施，并引导边民持续增强疫情防控意识，掌握防控知识，遵守中华人民共和国法律法规及安全警示，认真做好自身防护。

【疫情防控】 2022年，普兰县外事办充分发挥边民服务管理单位的责任担当，加大尼泊尔籍边民新冠疫情防控力度，筑牢尼泊尔籍边民免疫屏障，确保滞留尼泊尔籍边民能及时有序接种新冠疫苗，自4月起，县外事办和县人民医院，高度重视，精密部署，切实完成对滞留尼泊尔边民第一、二、三针疫苗接种工作。为确保应接尽接，县外事办根据前期统计数据，逐一通知到位，并协同普兰县人民医院对可接种疫苗的尼泊尔边民进行身体检查的同时，要求自愿接种人员签订“免责承诺书”“知情同意书”后按照个人意愿接种疫苗。自8月在普兰县突发疫情起，县外事办严格遵守外事无小事的原则，高度重视对130名尼泊尔籍边民的防疫工作。8月6日凌晨2点对普兰县唐嘎边贸市场进行封控管理；对市场内

11月17日，滞留尼泊尔籍边民代表向外事办工作人员赠送锦旗

12月16日，普兰县外事办工作人员对滞留尼籍边民开展集中形式宣讲各项法律法规、疫情防控知识

居住的92名尼泊尔籍边民按照疫情防控有关规定进行严格的管控，同时对散居在普兰县城内的38名尼泊尔籍边民的相关情况，重新进行一次详细的摸底核查；进行防疫政策宣传和教育安抚工作；对边贸市场内的尼泊尔籍边民住所、商店、茶馆以及周围内外区域进行消杀工作，为尼泊尔籍边民免费发放蔬菜，折合人民币9000元，发放医用外科口罩600个；在疫情初发期，以外事组名义向县城内散居的8户尼泊尔籍边民生活困难户进行生活救助。

行政审批和便民服务

【概况】 2022年，普兰县行政审批和便民服务局在2021年的事项梳理成果基础上，继续做好“互联网+政务服务”各项工作，进一步推进政务服务规范化管理工作。县政务服务大厅有服务窗口28个，大厅网络设备全覆盖。两乡一镇均设立便民服务站，以不断推进政务服务标准化、高效化。网上办理深度方面，二级以上占比100%，三级以上占比70%以上，四级以上占比30%以上，达到自治区百分比要求；按照即办件占比要求，28家单位即办件775个事项的占比，按标准比例分配计算达到10%，达到自治区10%以上的要求。2022年，全县共23家单位，通过梳理并与上级部门对接反复确认之后，将2022年行政事项3752项，通过政府门户网站公布行政许可事项清单223项。

【优化服务】 2022年，普兰县行政审批和便民服务局深化“放管服”改革，加快提升数字化政务服务效能，持续打造市场化、法治化的营商环境。持续开通“12345”政务服务便民热线，为企业和群众提供24小时的便民服务热线，做好企业、群众办事咨询、投诉、回复的流程转接和办理结果。进一步优化“跨省通办”办理事项，户籍新增、身份证补办申领等需求量大、覆盖面广、办理频率高的事项实现“跨省通办”，让企业和群众异地办事更加便捷，进一步提升人民群众获得感。按照自治区“应进必进”的原则，对政务服务大厅中部门分设服务窗口（综合窗口和常驻窗口）。继续加大对各单位的沟通协调，提高政务服务大厅窗口办件率和缩短办件时限。

6月1日，普兰县政府副县长拉巴（右一）到县行政审批和便民服务局办公室检查指导工作

1月16日，普兰县行政审批和便民服务局局长潘俊（左二）带队到巴嘎乡便民服务中心调研“互联网+政务服务”运行情况

【减证便民】 2022年,普兰县行政审批和便民服务局深入开展“减证便民”专项行动,根据《西藏自治区人民政府办公厅关于印发西藏自治区“减证便民”专项行动方案的通知》精神,对全县各类证明材料进行自查清理。25家单位证明事项,取消清单4家单位共7条事项,证明事项保留清单4家单位13条事项,申请证明事项清单3家11条事项。方便企业办事“减环节、减跑动”,让企业、群众办事更便捷,创新创业更顺畅。2022年办件量件总共为10226件,其中线上办件量为6035件,线下办件量为4191件,电子证照采集150个,其中签发120个。注册用户方面,进行现场注册形式注册政务服务门户网站,用户注册量13个。按照西藏自治区人民政府办公厅《关于开展2020年度自治区一体化政务服务能力(政务服务“好差评”)第三方调查评估工作的通知》(藏政办函〔2021〕6号)文件精神要求,截至年底,好差评数据350条,全面提升办事满意度。

【制度建设和监督体系建设】 2022年,普兰县行政审批和便民服务局严格按照AB岗制度,让各窗口单位落实相关管理制度,建立行政审批监督体系和高效顺畅的行政管理运行机制。按照推行政务服务岗位职责制度,将审批工作,监督及管理工作,进行明确的责任分工,将系统管理和后台承接督办等重点工作进行及时反馈处理并依次有序开展。坚持用制度管人,用制度管事的原则充分发挥政务服务职能转变和体制机制。建立政务服务工作人员监督巡察台账,按照综合窗口和常驻窗口的管理细则进行常态化的管理,做好各项服务工作。

【政务公开】 2022年,普兰县行政审批和便民服务局在政府门户网站进行行政许可事项的公布,达到公开化、透明化、转变服务职能,提升工作效能,与此同时,将审批事项进一步规范化、标准化,明确事项名称、主管部门、实施机关、设定和实施依据等基本要素,确保事项同源、统一规范。不断提高审批制度监督的针对性,为企业、群众提供更加优质便捷的服务。

【文明城市建设】 2022年,普兰县行政审批和便民服务局聚焦为群众企业提供“一站式”办理和绿色通道服务,进一步优化服务营商环境,增强服务意识。2022年6月,建设母婴室和残疾人通道,完善其母婴室内母婴基本设施,为在母乳期母亲提供安全、舒适、私密的环境。并且对残障人士等特殊人群建设“绿色通道”,努力打造无障碍的办事需求,最大限度满足残障人士政务服务需求。并且增设自助打印机和设立窗口服务站,群众在咨询台工作人员的帮助下打印相关资料,既为群众带来便捷,又提高窗口的办事效率。不断增强群众企业的获得感、幸福感,将普兰县政务服务中心打造成文明实践、文明传播的窗口。

中国人民政治协商会议普兰县委员会

综述

【概况】 2022年，政协第九届普兰县委员会内设1个综合办公室，下设3个专委会（农业农村经济社会法制委员会、民族宗教文化文史提案委员会、教科卫体委员会），有职工15名，其中县级领导5名，科级领导6名，科员4名。领导班子成员共有6名（党组书记、主席1名，党组副书记1名，兼职党组副书记1名，副主席4名），政协第九届普兰县委员会委员共有72名（留任30名，增补42名，其中男55名，女17名，中共党员28名，群众44名），常委委员15名，中共界8名，工商业联合会界4名，科学技术界4名，共青团和青联、工会、妇联界9名，文化艺术、新闻出版界5名，宗教（佛协）民族界18名，经济、农业界12名，医药卫生界4名，教育体育界4名，社会福利和社会保障界3名，新闻出版界1名，共设10个界别。

【政协全委会议】 中国人民政治协商会议普兰县第九届委员会第二次会议　中国人民政治协商会议普兰县第九届委员会第二次会议于2022年4月12—15日在普兰举行。2022年4月12日下午，县政协召开政协普兰县委员会九届二次委员培训会，会议由政协党组副书记、副主席白珍主持，政协第九届普兰县委员会60名委员参加会议，因事因病请假12名。会议传达学习《西藏自治区实施〈宗教事务条例〉办法》、《西藏自治区民族团结进步模范区创建条例》、习近平在看望参加政协会议的农业界社会福利和社会保障界委员的讲话精神、《委员进一步提升撰写提案质量》、《中国共产党第十九届中央委员会第六次全体会议公报》、《西藏自治区第十次党代会精神》等内容；并召开政协第九届普兰县委员会第二次会议临时党支部党员大会。会议由政协党组书记、主席杨国栋主持，政协第九届普兰县委员会23名党员委员参加会议，因事因病请假

4月12日，政协普兰县委员会在职工之家四楼会议室召开政协第九届普兰县委员会第二次全体会议委员培训会

5名。会议传达学习《关于贯彻落实〈中共西藏自治区委员会关于进一步改进作风狠抓落实的意见〉的实施方案》《中国共产党章程》《关于新形势下党内政治生活的若干准则》等内容。2022年4月13日上午，政协第九届普兰县委员会第二次会议开幕，大会由县政协副主席白珍主持，县委书记李平，县委副书记、政府县长顿珠，县委副书记、县人大常委会主任桑珠，县委常委、县政协党组副书记、县委统战部部长达瓦顿珠应邀出席会议并在主席台就座，特邀普兰县自治区、地区政协委员和县委组织部、县委统战部、县民宗局、县委宣传部等9家单位列席会议，大会应出席委员72名，因事因病请假13人，实到59名，县委书记李平向大会致辞。会议审议批准杨国栋代表政协普兰县第九届委员会常务委员会所作的工作报告，审议批准洛桑巴代表政协普兰县第九届委员会常务委员会所作的关于政协九届一次会议以来提案工作情况的报告。委员列席普兰县第十三届人民代表大会第二次会议，听取并讨论《普兰县人民政府工作报告》《普兰县人民法院工作报告》《普兰县人民检察院工作报告》；讨论《普兰县人民政府关于普兰县2021年国民经济和社会发展计划执行情况与2022年国民经济和社会发展计划草案的报告》《普兰县人民政府关于普兰县2021年财政预算执行情况与2022年财政预算草案的报告》。2022年4月15日上午，政协第九届普兰县委员会

12月12日，政协普兰县委员会党组副书记白珍（左一）带队到提案承办单位开展提案办理情况专项民主监督

第二次会议（第二次全体会议）在县职工之家四楼会议室召开，大会由政协副主席洛桑巴主持，大会应出席委员72名，因事因病请假13人，实到委员59名，会议由政协科教卫体委员会主任拉旦通报政协第九届普兰县委员会第一次会议以来52件提案办理情况答复，县政协常委会九届一次会议以来，共收到提案54件，经审查立案52件，不予立案2件，立案率为96.3%。提案内容全面，质量较高，主要反映脱贫攻坚、文物保护、医疗卫生、道路交通、产业发展、惠民政策、水利设施、教育发展、环境保护、项目建设等方面的热点和难点问题。经过13家提案承办单位的认真办理，立案提案已全部办理答复，答复率为100%。从反馈意见看，提案者对承办单位的办理工作总体比较满意，提案中的许多意见和建议，已经落实到县委、县政府发展规划和具体工作中。2022年4月15日下午政协第九届普兰县委员会第二次会议闭幕会在县职工之家四楼会议室召开，此次大会由政协主席杨国栋主持，大会应出席委员72名，因事因病请假15人，实到委员57名，会议审议通过《政协第九届普兰县委员会第二次会议关于常务委员会工作报告的决议（草案）》《政协第九届普兰县委员会第二次会议关于政协九届一次会议以来提案工作情况报告的决议（草案）》《政协第九届普兰县委员会提案委员会关于政协九届二次会议提案审查情况的报告（草案）》《政协第九届普兰县委员会第二次会议政治决议（草案）》。各位委员对书记李平的讲话和常委会工作报告、提案工作情况报告、县政府工作报告、县经济运行情况通报等几项报告进行认真讨论，表示完全赞同。大家围绕稳定发展生态强边等事业，聚焦群众反映的热点难点问题，畅所欲言、坦陈己见，反映社情民意，积极建言资政。

【政协常委会会议】 政协第九届普兰县委员会第4次常务委员会会议 政协第九届普兰县委员会第4次常务委员会会议于2022年4月6日在政协党组会议室召开，会议应出席常委15人，因事因病请假3人，实到12人，政协主席杨国栋主持会议。会议审议通过《政协第九届普兰县委员会常务委员会第四次会议议程（草案）》、《关于召开政协第九届普兰县委员会第二次会议的决定（草案）》、《政协第九届普兰县委员会第二次会议议程（草案）》、《政协第九届普兰县委员会第二次会议日程（草案）》、《政协第九届普兰县委员会常务委员会工作报告（草案）》及推举报告人、《政协第九届普兰县委员会常务委员会关于政协九届一次会议以来提案工作情况的报告（草案）》及推举报告人、《政协第九届普兰县委员会第二次会议日程（草案）》、《政协第九届普兰县委员会第二次会议列席人员名单（草案）》、《政协第九届普兰县委员会2022年度一计划三方案（草案）》，听取政协第九届普兰县委员会第二次全体会议筹备情况。

政协第九届普兰县委员会第5次常务委员会会议 政协第九届普兰县委员会第5次常务委员会会议于2022年4月15日在政协党组会议室召开，会议应出席常委15人，因事因病请假3人，实到12人，政协主席杨国栋主持会议。会议审议通过《政协第九届普兰县委员会第二次会议关于常务委员会工作报告的决议（草案）》《政协第九届普兰县委员会第二次会议关于政协九届一次会议以来提案工作情况报告的决议（草案）》《政协第九届普兰县委员会第二次会议政治决议（草案）》《政协第九届普兰县委员会提案委员会关于政协九届二次会议提案审查情况的报告（草案）》。

政协第九届普兰县委员会第6次常务委员会会议（专题议政性常委会） 政协第九届普兰县委员会第6次常务委员会会议于2022年6月24日在政协党组会议室召开，专题协商“推进藏传佛教中国化的主要任务和方法路径”，会议应出席常委15人，因事因病请假6人，实到9人，县委统战部、县团委、县妇联、县工会、县农业农村局、县民政局、科迦寺管会、贤柏林寺管会主要负责人出席会议，政协主席杨国栋主持会议。会议首先由县委统战部通报普兰县推进藏传佛教中国化情况；政协教科卫体委员会主任拉旦汇报普兰县推进藏传佛教中国化主要任务及方法路径专题调研情况；科迦寺管会和贤柏林寺管会对当前在寺庙僧尼中常态化推进“遵行四条标准 争做先进僧尼”教育实践活动、深入开展国家意识、公民意识、法治意识教育活动，积极引导寺庙僧人适应新时代新要求，努力推进藏传佛教中国化工作好经验、好做法进行交流发言；与会人员围绕“推进藏传佛教中国化主要任务及方法路径”这一主题依次进行讨论发言，提出具体措施和办法。会议整理意见建议6条，形成专题协商报告呈县委、县政府主要领导阅示。

政协第九届普兰县委员会第7次常务委员会会议 政协第九届普兰县委员会第7次常务委员会会议于2022年6月24日在政协党组会议室召开，会议应出席常委15人，实到9人，县委组织部阿琼次仁出席会议，政协主席杨国栋主持会议。会议传达学习《中国共产党政治协商工作条例》；县委组织部副部长阿琼次仁宣读人事任免通知；审议通过原普兰县政协副主席白珍关于请辞政协普兰县委员会九届常委委员、委员的报告；县委组织部副部长阿琼次仁介绍增补委员基本信息；审议通过《政协第九届普兰县委员会增补委员建议名单（草案）》；会议决定，根据《中国人民政治协商会议章程》规定和《中共阿里地区委员会关于白珍、拉玛任免职的通知》文件精神，经全体参会人员举手表决，同意白珍的请辞报告，同意增补拉玛为政协第九届普兰县委员会委员。

【政协提案工作】 2022年2月28日至3月1日，政协党组副书记、副主席白珍带队提案委员会赴10个村（社区）开展九届政协普兰县委员会第一次会议以来的提案办理情况通报和九届政协普兰县委员会第二次会议提案征集工作。九届政协普兰县委员会第一次会议以来，共收到提案54件，经审查立案52件，不予立案2件，立案率为96.3%。总体看，提案内容全面，质量较高，主要反映脱贫攻坚、文物保护、医疗卫生、道路交通、产业发展、惠民政策、水利设施、教育发展、环境保护、项目建设等方面的问题和建议。经过13家提案承办单位的认真办理，实现件件有着落、件件有回音。

6月9日，政协普兰县委员会2022年度第一次专题协商会议召开

【政协政治协商】 第一次专题协商会议 2022年6月9日，政协普兰县委员会召开2022年度第一次专题协商会议，围绕“农牧民专业合作社规范发展、提质增效”开展协商座谈，会议由政协党组成员、副主席高元昆主持，县政协在岗班子成员、各专委会主任、政协委员代表、县委组织部、人社局、农业农村局、财政局、乡村振兴局、商务局、住建局负责人和各乡镇分管负责人参加会议。会议首先由政协农业农村经济社会法制委员会主任作主旨发言；县农业农村局负责人介绍普兰县农牧民专业合作社发展现状；合作社法人代表、各乡镇分管负责人围绕推动“农牧民专业合作社规范发展、提质增效”工作的好经验、好做法，存在的困难问题，下一步工作的意见建议进行交流发言；与会人员围绕推动“农牧民专业合作社规范发展、提质增效”进行讨论，提出具体措施和办法。会议指出困难问题4条，提出对策建议4条，形成专题协商报告呈县委、县政府主要领导阅示。

第二次专题协商会议（专题议政性常委会） 2022年6月24日，政协普兰县委员会召开2022年度第二次专题协商会议（专题议政性常委会），围绕“推进藏传佛教中国化的主要任务和方法路径”开展协商议政，县政协9名常委，县委统战部、县团委、县妇联、县工会、县农业农村局、县民政局、科迦寺管会、贤柏林寺管会主要负责人出席会议，政协党组书记、主席杨国栋主持会议。会议首先由县委统战部通报普兰县推进藏传佛教中国化情况；政协教科卫体委员会主任拉旦汇报普兰县推进藏传佛教中国化主要任务及方法路径专题调研情况；科迦寺管会和贤柏林寺管会对当前在寺庙僧尼中常态化推进“遵行四条标准 争做先进僧尼”教育实践活动、深入开展“国家意识、公民意识、法治意识”教育活动，积极引导寺庙僧人适应新时代新要求，努力推进藏传佛教中国化工作好经验、好做法进行交流发言；与会人员围绕“推进藏传佛教中国化主要任务及方法路径”这一主题依次进行讨论发言，提出具体措施和办法。会议整理意见建议6条，形成专题协商报告呈县委、县政府主要领导阅示。

第三次专题协商会议 2022年12月1日，政协普兰县委员会召开2022年度第三次专题协商会议，围绕“野外文物保护、文物安全、文物抢救性修缮”开展协商议政，会议由政协党组书记、主席杨国栋主持，县政协在岗班子成员、各专委会主任、政协委员代表、政府办、财政局、民宗局、文旅局、普兰镇负责人参加会议。会上，由政协民族宗教文化文史提案委员会主任汇报普兰县推进野外文物保护工作方面调研情况，文旅局、民宗局、普兰镇等人员和委员代表围绕“野外文物保护、文物安全、文物抢救性修缮”工作的好经验、好做法，存在的困难问题，下一步工作的意见建议进行交流发言；与会人员围绕主题进行讨论，提出具体措施和办法。会议指出存在问题5条，提出对策建议5条，形成专题协商报告呈县委、县政府主要领导阅示。

第四次专题协商会议 2022

年12月30日，政协普兰县委员会召开2022年度第四次专题协商会议，围绕“使用好现有医疗卫生人才，促进普兰医疗卫生事业高质量发展”开展协商议政，会议由政协党组书记、主席杨国栋主持，县政协在岗的主席班子成员和政协第九届普兰县委员会在岗常委，各专委会主任、办公室人员、基层医药卫生界委员代表，以及县委组织部、县人社局、县卫生健康委员会、县医疗保障局、县人民医院各单位负责人出席会议，会议由政协教科卫体委员会主任拉旦就使用好现有的医疗卫生人才，促进普兰医疗事业高质量发展专题调研情况汇报，县卫生健康委员会负责人就使用好现有的医疗卫生人才，促进普兰医疗事业高质量发展工作开展情况进行简要汇报，县委组织部、县人社局、县人民医院围绕“使用好现有的医疗卫生人才，促进普兰医疗事业高质量发展”工作方面好经验、好做法，存在的问题及困难，下一步意见建议进行交流发言，与会人员围绕主题依次进行讨论发言，提出具体措施和办法。会议指出存在问题6条，提出对策建议6条，形成专题协商报告呈县委、县政府主要领导阅示。

【政协民主监督】 第一次专项民主监督 2022年5月26日，政协普兰县委员会在政协党组会议室召开专项民主监督前委员培训会，会议由政协党组副书记、副主席白珍主持，参加专项民主监督的界别委员出席会议。会议邀请县教育（体育）局工作人员达瓦曲英解读“三包”“营养改善”资金管理使用等相关政策。2022年5月26—27日，政协党组副书记、副主席白珍带队，县政协委员和工作人员一行8人组成的专项民主监督工作组，对普兰县九年一贯制学校、普兰县细德村幼儿园、普兰县细德村洛巴组幼儿园、普兰县巴嘎乡小学和霍尔乡小学，通过走访询问、实地察看、核对账目等方式，对普兰县“三包”“营养改善”政策落实、资金管理情况进行监督，发现问题2个，提出意见建议2条，形成《普兰县政协对各学校“三包”及“营养改善”经费管理情况专项民主监督报告》呈报县委、县政府主要领导阅示。

第二次专项民主监督 2022年12月12日，政协党组副书记白珍带队政协民族宗教文化文史提案委员会和政协办公室工作人员，部分委员先后到交通局、农业农村局、自然资源局、教育局等22家相关提案承办单位开展专项民主监督，就政协九届二次提案办理情况进行督办。

日常监督 政协普兰县委员会2022年日常监督内容主要是组织政协委员对地直各单位民主生活会、法院审判、物价制定、学校考试、垃圾处理等情况进行日常监督；政协委员应邀担任行署职能部门和司法部门特邀监督人员，开展行政监督和司法监督；对政协提案、建议案和其他重要意见建议办理情况进行日常监督；对县委交办的其他监督事项进行日常监督，2022年开展各类日常民主监督30余次。

【政协专题调研】 政协普兰县委员会围绕“提高环保意识，强化环保措施，创建生态文明高地”“加强非物质文化遗产传承人队伍建设”“医院人力资源管理中激励机制存在的问题及对策建议”“关于农牧区科技特派员和科技专干作用发挥情况的调研”“关于乡村人居环境的现状及改善的重点和难点的调研”“加强政协组织建设和运行，更好发挥基层政协作用”“普兰县教师队伍建设、专业结构设置是否合理情况方面”“本县加强对民族工作全面领导、不断健全完善铸牢中华民族共同体意识工作体制机制的主要做法、存在不足”“巩固拓展脱贫攻坚成果同乡村振兴有效衔接的问题及思考”等专题调研活动9次。向县委、县政府呈送调研报告9篇，提出意见建议50多条，调研成果得到县委、县政府主要领导重视，并作出相关批示，许多意见建议在相关职能部门得到落实、转化。

【政协异地考察】 为开阔政协委员视野，增长见识，学习先进，推动工作，根据《中共普兰县政协党组2022年工作要点》，经九届政协常委会第七次会议研究通过，并报请县委同意后，在阿里地区政协的积极协调下，县政协副主席高元昆带队12名县政协委员和1名工作人员于2022年6月28日至7月7日赴拉萨、那曲市开展为期10天的考察学习。通过实地参观、听取介绍、座谈交流、翻阅资料等方式进行考察学习，形成政协九届普兰县委员会委员赴拉萨市、那曲市考察学习情况报告，提出意见建议4条，呈报县委、县政府主要领导阅示。

2022年普兰县政协组织和委员数

表2

项目	普兰县	合计
组织数(个)	1	1
委员数(人)	72	72

6月6日，普兰县政协组织机关干部和部分政协委员在冈仁波齐山脚下开展“民族团结一家亲 环境整治委员行”环境卫生整治活动

办公室工作

【概况】 政协普兰县委员会办公室是政协普兰县委员会的综合办事机构，承担政治协商、民主监督、参政议政职能服务的各项工作，现有办公室工作人员8名，其中办公室主任1名，办公室副主任1名，在职干部5名，西部计划志愿者1名，下设一个财务室。2022年度，主要承办九届二次全委会、常务委员会议、主席会议及其他重要会议；协调、保障各专门委员会落实各自2022年度工作安排；开展机关各类活动的组织、服务工作；与县委、人大、政府等有关部门和地区政协办公室以及兄弟县政协的交流联络工作；承办县委、县政府交办的其他工作。

【工作开展】 2022年，政协普兰县委员会办公室组织服务单位各类会议83次。其中，政协普兰县委员会全体会议1次，政协普兰县委员会党组会议28次；政协普兰县委员会党组理论学习中心组会议12次；政协普兰县委员会常委会会议4次；政协普兰县委员会主席会议11次；政协普兰县委员会机关会议27次。处理文电436份，开展组织各类活动28次。其中，组织服务异地考察1次；组织培训委员1次，收听收看各类活动直播4次，维稳安排部署5次，开展其他座谈研讨会宣讲会观摩会等活动17次。协调保障专委会12次；服务区、地政协委员6次；同地区政协办、县委、县人大、县政府和兄弟县(市、区)政协交流联络20余次。办公室人员在指挥中心、加气站、单位等重点部位值班备勤200余天。办公室干部先后在边境卡点、核酸采集、患者转运、隔离宾馆、社区防控等战疫一线岗位战斗累计达200多个日夜。

【自身建设】 2022年，政协普兰县委员会办公室在干部队伍建设上，本着政治坚定、作风过硬、业务精通、纪律严明的要求，办公室工作人员进一步强化服务意识、团结意识、岗位意识、组织纪律意识。全体办公室干部增强顾全大局、服从大局、服务大局的自觉性，工作任劳任怨，兢兢业业。全体机关干部自觉遵纪守法，严格执行党的政治纪律和组织纪律，认真遵守各项规章制度，坚持按规矩办事，按程序运作。认真执行廉洁自律的各项规定，不越权，不谋私，不传播小道消息，不打领导旗号办私事。

纪检·监察

综述

【概况】 中共普兰县纪律检查委员会和普兰县监察委员会合署办公，委机关内设综合室、党风政风监督室、监督检查室、审查调查室、纪检监察信息中心。核定编制21名（行政编制18名、事业编制3名），实有人员21名。

2022年，普兰县纪委监委受理问题线索49件，其中立案审查调查11件11人，给予党纪政务处分11人，移交相关职能部门处理7人，移交司法机关1人，批评教育5人，诫勉谈话2人，谈话提醒26人，收缴违纪违法资金226万余元。讲廉政党课2次320余人、集体廉政谈话1次47人、开展廉政警示教育布展活动1次400余人。督促4家案发单位建章立制2项。对主动说明问题的7人进行谈话提醒，上缴违纪资金8万余元。对27名受处分人员进行回访教育工作。开展政治家访40余次。组织签订“廉内助”承诺书339份。开展乡村振兴专项监督发现并督促整改问题，深化惠民惠农财政补贴资金“一卡通”专项整治成果，督促有关部门整改占用农村耕地项目。开展改进作风狠抓落实工作监督检查48次，抽查单位50余家，督促整改问题16个，形成督查专报、通报18期，通报批评单位25家、干部职工13人，诫勉谈话1人。严格执行《关于加强巡视巡察上下联动的实施意见》开展巡察工作，对县6家单位（党组）开展县级交叉巡察。不断深化纪检监察体制改革。研究起草《普兰县纪委监委内设机构改革方案》。健全完善《普兰县关于纪委监督同级党委及其班子成员的实施办法（试行）》。持续加强自身建设。围绕中共二十大精神、党的创新理论和纪检监察工作实务组织集中学习50余次、全员培训13次。围绕“四查四问”等规定动作，形成个人问题清单80余份、查摆问题300余条。狠抓纪检监察机关内部规范化制度化建设，坚决防止“灯下黑”，着力打造忠诚干净担当的纪检监察铁军。

4月，普兰县委常委、纪委书记、监委主任包兴龙（左一）到普兰新普有限公司实地督导中央环保反馈问题整改情况

4月3日，普兰县委书记李平主持召开中国共产党普兰县第十届县纪律检查委员会第二次全体（扩大）会议

【重要会议】 2022年3月22日，普兰县委常委、纪委书记、监委主任包兴龙主持召开内设机构改革工作推进会，专题研究内设机构设置、协作片区划分、优化编制管理等事项，统筹谋划下一步改革工作的具体落实措施和工作安排。

2022年4月3日，普兰县第十届纪律检查委员会第二次全体（扩大）会议在普兰县职工之家四楼召开。县委书记李平出席会议并讲话，县委副书记、政府县长顿珠主持会议。会议传达学习十九届中央纪委六次全会、自治区纪委十届二次全会和阿里地委党风廉政建设和反腐败工作会议精神，全面总结2021年党风廉政建设和反腐败工作，安排部署2022年工作任务。

2022年4月12日，普兰县委常委、纪委书记、监委主任、反腐败协调工作领导小组组长包兴龙主持召开2022年县委反腐败协调工作领导小组第一次会议，对全面落实反腐败协调各项工作进行动员部署，着力提高全县反腐败协调工作水平，推动全面从严治党向纵深发展。

2022年4月12日，十届普兰县委召开第二轮县级交叉巡察工作动员部署会，县委常委、纪委书记、巡察工作领导小组常务副组长包兴龙出席会议并讲话。县委组织部副部长、巡察工作领导小组成员阿琼次仁传达全国巡视工作会议暨十九届中央第九轮巡视动员部署会精神、王君正书记在自治区党委常委会传达学习时的讲话精神、全区巡视巡察工作会议暨十届区党委第一轮巡视动员部署会精神以及段海书记在地委会议上传达学习时的讲话精神，宣布十届县委第二轮县级交叉巡察组组长、副组长的授权任命和任务分工决定。

2022年4月24日，普兰县纪委监委召开村（社区）“三资”提级监督动员部署会，县纪委副书记、监委副主任张霞主持会议，县委常委、纪委书记、监委主任包兴龙出席会议并讲话。会议宣读《关于开展村（社区）“三资”提级监督工作的实施方案》，明确成员单位及监督对象，监督范围、监督任务，监督方式及实施步骤。

2022年5月27日，县纪委书记、监委主任包兴龙主持召开全县以案促改警示教育大会，县委书记李平生动还原个别党员干部从不拘小节到丧失气节，再到走上违纪违法道路受到党纪国法制裁的演变过程，用案中人警醒身边人，持续释放越往后执纪执法越严的强烈信号，真正让不敢腐成为广大党员干部的思想共识和行动自觉。坚决肃清朱中奎、彭措流毒影响，不断净化普兰政治生态。

2022年6月16日，普兰县纪委监委召开2022年全县上半年纪检监察机关过渡期专项监督工作例会，全面总结上半年过渡期专项监督工作开展情况，认真分析存在的薄弱环节和短板，对开展专项监督促进巩固拓展脱贫攻坚成果同乡村振兴有效衔接进行安排部署。县委常委、纪委书记、监委主任包兴龙出席会议并讲话。

2022年11月11日，召开十届普兰县委第三轮巡察动员部署会议。县委常委、纪委书记、监委主任、巡察工作领导小组常务副组长包兴龙作动员部署讲话，县委常委、组织部部长、巡察工作领导小组副组长王凯宣读第三轮巡察组组长授权任职及任务分工决定。县委巡察组成员以及被巡察单位分管领导及其全体干部职工参加会议。

2022 年 12 月 12 日，为进一步落实反腐败工作机制，强化各成员单位之间的协调联动，凝聚惩腐肃贪强大合力，形成反腐倡廉齐抓共管新常态，组织召开 2022 年县委反腐败协调工作领导小组第二次会议，会议由县人民法院院长、县委反腐败协调工作领导小组副组长彭晓勇主持。县委副书记、政法委书记、国安办主任、公安局局长、县委反腐败协调工作领导小组副组长欧罗传达学习十九届中央纪委向中共第二十次全国人民代表大会所作的工作报告、中共中央关于印发《中国共产党处分违纪党员批准权限和程序规定》的通知、关于转发《关于印发〈西藏自治区教育、金融放贷、市场流通等重点行业领域整治工作实施方案〉的通知》等文件精神。县委常委、纪委书记、监委主任包兴龙出席会议并讲话。

【落实“两个责任”】 2022 年，普兰县纪委监委围绕学习贯彻落实中共二十大精神和习近平总书记系列重要讲话、指示批示和中央、区、地、县系列重要会议精神下发学习提醒函 2 次，开展监督检查 5 次，督促全县各单位形成学习情况清单 160 余份。督促有关部门完成中央第四生态环境保护督察组转办信访案件反馈问题整改工作。聚焦疫情防控开展监督检查 136 次，累计发现并督促整改问题 210 个，对落实疫情防控措施不到位的干部给予党纪政务处分 3 人，谈话提醒 3 人，批评教育 1 人。收集审核全县各单位落实全面从严治党主体责任情况报告 41 份，进一步督促压紧压实全面从严治党主体责任。严格审核并回复党风廉政意见 73 份 658 人次。

【作风建设】 2022 年，普兰县纪委监委持续夯实巩固中央八项规定精神堤坝，坚持以进一步改进作风狠抓落实工作为抓手，纠“四风”树新风，不断扫除作风之垢，不断营造良好政治生态。在元旦、春节、藏历新年、“五一”国际劳动节、端午节期间开展监督检查 5 轮次，发现并督促整改问题 98 个，发现和受理问题线索 6 个，谈话提醒 4 人、诫勉谈话 1 人、给予党纪政务处分 3 人，其中违反中央八项规定精神问题 2 件 2 人，脱岗漏岗问题 1 件 1 人。联合县委督查室、政办督查室、县委组织部、县委作风办开展改进作风狠抓落实工作监督检查 48 次，抽查单位 50 余家，督促整改问题 16 个，形成督查专报、通报 18 期，通报批评单位 25 家、干部职工 13 人，责令霍尔乡党委对文风不实问题诫勉谈话 1 人。围绕公车私用、公务接待、餐饮浪费、基层减负、酒驾醉驾、长期借用公款不还、请销假制度执行不严等干部作风问题开展监督检查 50 余次，发现并督促整改问题 104 个，督促有关部门清退个人欠款 8985 万余元，约谈 2 人、谈话提醒 2 人、通报批评 7 人。督促县住建局清理违规占用周转房问题 16 个。清查全县干部职工无故“泡病号”、逾假不归和休假期满再续事病假等“躺平”行为，督促县委组织部对 14 名干部职工在休假期满再续事病假的问题进行整改。选定普兰镇、巴嘎乡为基层减负试点乡镇，每季度监测基层收文、开会、微信电话通知情况，切实防止“文山会海”反弹。开展“私车公养”问题专项整治“回头看”，对 2021 年以来发现的私车公养等 97 个问题整改情况进行“回头看”监督检查，至

7月15日，普兰县纪委监委召开2022年党风廉政宣传月纪委书记讲廉政党课活动

2022 年底，共追缴资金 26445.7 元。开展违规兴建楼堂馆所问题清查整治工作，督促县司法局对局长办公室面积超标问题进行整改。围绕政府采购不规范和价格不合理、机关事业单位餐饮浪费、学生餐微腐败等问题开展治理，持续整治“三公”经费和“三包”费用管理使用乱象，发现并督促“吃公函”“三公”“三包”经费管理使用方面问题 52 个。组织全县 49 家单位开展违反中央八项规定精神问题自查整改“回头看”工作。对“土政策”问题进行专题调研，发现并督促整改问题 3 个，形成调研报告 1 份。在全县范围内召开“限酒禁赌”安排部署会，进一步明确有关纪律要求，督促推动各级各部门深入开展自查自纠，共收集审核自查自纠报告 51 份。

7月7日，全县党员干部参加“身边事教育身边人”廉政布展活动

【执纪审查】 2022 年，普兰县纪委监委坚持以严的基调推动党风廉政建设和反腐败斗争工作，持续释放正风肃纪反腐强烈信号。全年，共受理信访举报件 2 件，函询 1 件 1 人，受理问题线索 49 件，立案审查调查 11 件，给予党纪政务处分 11 人，移交相关职能部门处理 7 件 7 人，移交司法机关 1 人，批评教育 5 人，诫勉谈话 2 人，谈话提醒 26 人次，收缴违纪违法资金 226 万余元。讲廉政党课 2 次 320 余人、集体廉政谈话 1 次 47 人、开展廉政警示教育布展活动 1 次 400 余人。督促 4 家案发单位建章立制 2 项。对主动说明问题的 7 人进行谈话提醒，上缴违纪资金 8 万余元。对 27 名受处分人员的回访教育工作，开展政治家访 40 余家次。始终坚持惩前毖后、治病救人方针，精准运用监督执纪“四种形态”处理 38 人次。其中，第一形态处理 27 人次，占比 71.05%；第二种形态处理 9 人次，占比 23.68%；第三种形态处理 1 人，占比 2.63%；第四种形态处理 1 人，占比 2.63%。

【纪检体制改革】 2022 年，县纪委监委深入贯彻落实上级纪委监委关于深化县级纪委监委内设机构改革工作的有关要求，全面提升基层纪检监察工作规范化水平，稳慎推进纪检监察机关内设机构改革。召开普兰县纪委监委内设机构改革推进会，专题研究内设机构设置、协作片区划分、优化编制管理等事项，统筹谋划下一步改革工作的具体落实措施和工作安排，研究起草《普兰县纪委监委内设机构改革方案》。制定实施乡镇纪委（监察室）月报制度，县纪委监委主要领导每月定期听取各乡镇纪委（监察室）工作汇报，督促推动乡镇纪委（监察室）依规依纪依法履职。健全完善《普兰县关于纪委监督同级党委及其班子成员的实施办法（试行）》。全年召开反腐败工作协调领导小组会议 2 次，各成员单位相互移交问题线索 6 件。

【专项监督检查】 2022 年，普兰县纪委监委扎实开展巩固拓展脱贫攻坚成果同乡村振兴有效衔接过渡期专项监督 9 批次，发现并督促整改问题 35 个，其中转为问题线索 1 件。开展全县产业项目“四个一”专题调研，形成调研报告，督促整改 1 个项目投资，27 个产业、文化、人才振兴不全面等问题。督促有关部门完成 16 个小康产业项目和 14 个扶贫产业项目确权和产权移交。对全县 229 座温室大棚整改跟进监督。深化惠民惠农财政补贴资金“一卡通”专项整治成果，发现并督促整改问题 3 个，转为问题线索 1 件。督促有关部门追回养老金23万余元、整改占用农村耕地项目3个、整改粮食购销领域问题35个(其中问题线索1件,给予党纪政务处分3人)。下发监察建议书3份,督促整改问题3个。建立全县39个农牧民合作社台账,针对运营较差、效益较低、分红较少的合作社及时督促推动有关部门进行整改。以吉让社区作为"三资"提级监督试点村,开展"三资"提级监督试点工作自查,提出问题11个。

【自身建设】 2022年,普兰县纪委监委紧紧围绕中共二十大精神、党的创新理论和纪检监察工作实务组织集中学习50余次,开展纪检监察全员培训13次,开展"作风怎么看、工作怎么干"专题研讨和改进作风狠抓落实知识测试2次,积极选派16人到区内外跟班学习、跟案实训、挂职锻炼,分批抽调乡镇纪委干部到县纪委监委学习培训。围绕"四查四问"等规定动作,形成个人问题清单80余份、查摆问题300余条,逐条逐项制定整改措施并狠抓整改落实。研究制定《普兰县纪检监察机关工作规定(试行)》,从体制机制上对加强政治理论学习、党风廉政建设、作风建设等12个方面的工作内容、方法、流程等作出明确规定,狠抓纪检监察机关内部规范化制度化建设,坚决防止"灯下黑",着力打造忠诚干净担当的纪检监察铁军。

【"限酒禁赌"】 2022年6月10日,普兰县委、县纪委监委组织召开普兰县"限酒禁赌"专项整治动员部署会议,传达学习下发《关于在全地区开展"限酒禁赌"专项整治活动实施方案》,组织开展自查自纠工作,共收集审核自查自纠整改情况报告46份,经审核,发现1名公职人员存在工作日期间饮酒的问题。联合县公安机关组成暗访组,深入普兰县城内各大娱乐场所,严格按照专项整治方案的整治范围和整治内容,重点检查党员干部和公职人员是否存在工作日期间饮酒、聚众赌博、酗酒滋事、酒驾醉驾以及参与"带彩娱乐"等问题。通过"普兰清风"公众号和"普兰县融媒体"抖音账号发布《普兰县关于开展"限酒禁赌"专项行动的通告》,并向社会公布投诉举报电话。

【"廉内助"】 2022年,普兰县纪委监委深入贯彻落实习近平新时代中国特色社会主义思想,充分发挥家庭在反腐倡廉中的重要作用,进一步增强自律意识和防范意识,组织科级以上领导干部(含八级职员)家属共签订339份承诺书,督促各级各部门组织观看警示教育片《零容忍》49场次,督促各支部讲专题廉政党课48场次,组织42场次现场教育活动,组织领导干部及家属召开领导干部家属当好"廉内助"座谈会41场次,开展政治家访40余家次。

巡察工作

【概况】 普兰县委巡察办(组)核定编制6名,均为行政编制,实有人员5名。2022年县委巡察办,根据《中国共产党章程》《中国共产党巡视工作条例》《关于加强巡视巡察上下联动的意见》《中共西藏自治区委员会巡视工作规划(2022—2026)》和《中共阿里地区委员会巡察工作规划(2022—2026年)》等党内法规,进一步制定《中共普兰县委巡察规划2022年—2026年》,明确未来五年的时间表、路线图、任务书,合理安排巡察轮次和巡察对象,调整充实巡察"人才库"人员名单。

【自身建设】 2022年普兰县委巡察办紧紧围绕中共二十大精神,深入学习党的创新理论和巡察工作实务等知识,不断提高巡察干部自身综合能力素质。全年共组织集中学习50余次,开展巡前培训2次,深入开展改进作风狠抓落实工作,围绕"作风怎么看、工作怎么干"为主题专题研讨1次、举办知识测试1次,形成"四查四问"个人问题清单15份、查摆问题50余条,根据问题清单逐条逐项制定整改措施,做到查摆出来的问题立行立改长期坚持。积极配合区党委巡视办,选派主任和组长参加十届区党委第一轮巡视。

【巡察监督】 2022年普兰县委巡察办在地委巡察办、县委的坚强领导下和县纪委监委的有力指导下,按照县委巡察工作领导小组统一安排和工作要求,开展2轮县委巡察。十届普兰县委第二轮巡察于2022年4月13日至5月27日开展，以交叉巡察方式，对县人力资源和社会保障局、县自然资源局、县住房和城乡建设局、县交通运输局、县市场监督管理局、县商务局6家单位进行交叉巡察，共发现138个问题，反馈138个问题。十届普兰县委第三轮巡察于2022年11月11日至12月25日开展以常规巡察方式，对县水利局、县发展和改革委员会、县重点建设项目管理中心3家单位进行常规巡察，共发现并反馈问题50个。实现年度巡察覆盖率90%。

【巡察整改】 强化成果运用，做好巡察"后半篇"文章。督促被巡察党组织认真履行巡察整改主体责任，按照"四个融入"工作要求，扎实推动巡察整改常态化长效化，把巡察整改工作落实落细。2022年，联合县纪委监委督促被巡察单位制定巡察整改方案，形成巡察整改情况报告15份，并严格审核整改方案及巡察整改情况。

法 治

政法委及综治

【概况】 2022年，普兰县委政法委以推进普兰县长治久安和高质量发展为目标，统筹推进政法、平安建设、“先进双联户”创建等各项工作，维护社会公平正义，推动平安普兰建设，为全县经济社会高质量发展提供坚强法治保障。2022年，组织联户单位开展矛盾纠纷调解12起；安全隐患联防联控116次；治安巡逻232次；排查整治社会治安重点地区65处；重点人员联管联教82次；困难家庭联帮联扶20户20人次，发放帮扶物资资金价值共计14860元；环境卫生联管联治279次；精神文化联娱联扬68次3777人次；科技知识联学联教2次受训人员80人。

【养老诈骗专项整治】 2022年，普兰县委政法委开展打击整治养老诈骗专项工作，成立领导小组，制定专项工作方案，召开动员部署会1次、推进会议3次。畅通养老诈骗举报渠道，以线上线下有机结合的方式大力宣传养老诈骗知识。开展宣传排查活动30余次，发放宣传资料4500余份；在全县范围内集中离退休人员和老年人开展1次宣讲会，参与53人，发放宣传资料60余份；做到坚持专项治理与系统治理、依法治理、综合治理、源头治理相结合，坚持宣传教育、依法打击、整治规范“三箭齐发”；依法严惩养老诈骗违法犯罪，延伸治理侵害老年人合法权益的涉诈乱象问题，为广大老年人安享幸福晚年营造良好的社会环境。

【法治宣传】 2022年，普兰县委政法委以3月综治宣传月、6月综治宣传周、“八五”普法等系列活动为契机，组织平安普兰建设成员单位，各司其职、通力协作，以集中宣传、走村入户等方式，大力开展普及法律法规、推广文化知识、宣传优惠政策等活动。开展综治集中宣传活动2次，发放宣传资料共计314种6200余份，

2月18日，中共普兰县委组织召开2022年政法工作会议

悬挂横幅65条，发放袋子、帽子、杯子等宣传品5000余个，促使全县干部群众受教育、学文化、懂法律，营造人人参与、人人尽责、人人享有的社会治理共同体。

3月13日，普兰县政法委工作人员在街头开展普兰县3月综治宣传活动

【社会治安】 2022年，普兰县委政法委先后召开3次平安建设工作推进会、4次信访联席工作会议、2次扫黑除恶工作推进会，深刻分析基层社会治理、县域社会治理、信访矛盾纠纷等存在的问题，提出解决措施和办法，把基层社会治理现代化、信访工作、矛盾纠纷多元化解、扫黑除恶常态化工作等纳入平安普兰建设和维稳督导的重要内容。践行新时代"枫桥经验"，动员综治、司法等方面的专业力量，充分发挥双联户作用，以"双拖欠""劳资""涉疫"纠纷为重点进行排查调处，共排查调处矛盾纠纷12起，切实把各种矛盾解决在基层、化解在萌芽状态。严格落实信访包案制度，在各类重点时期明确蹲点乡（镇）县级和乡科级干部的责任和任务，做好辖区矛盾纠纷和信访苗头的排查调处工作，实现各敏感重要节点无纠纷、无信访的良好局面。进一步强化扫黑除恶专项斗争常态化工作，深入宣传普及《中华人民共和国反有组织犯罪法》，先后宣传12次，发放宣传资料530余份，紧盯重点行业治理，深化信息网络、交通运输、工程建设、自然资源四大行业领域为重点的行业领域整治，持续推进扫黑除恶常态化工作，累计摸排走访20余次，对行业乱象突出、治理不积极、效果不明显的监管部门，依纪依法追究责任。提高"雪亮工程"在线率，为办案单位审批调取20余份视频资料，进一步提高执法办案工作质量效率，有力提升社会治理智能化水平。

【执法监督】 2022年，普兰县委政法委牵头，全县政法各单位配合，对2017年以来的案件开展执法司法案件"回头看"评查工作，按照上级单位相关比例要求，对政法各单位16件案件（民事案件5件、刑事案件3件、执行案件2件、治安案件2件、行政案件1件、司法救助案件2件、其他1件）按照"一案一评查、一案一报告、一案一回访、一回访一记录"的要求开展交叉评查，并形成案件评查报告。通过"回头看"评查，进一步巩固拓展政法队伍教育整顿成果，提升执法司法公信力，全面推进政法系统执法司法规范化建设。

【"先进双联户"创建工作】 2022年，普兰县"先进双联户"创建工作以"联户平安、联户增收"为出发点和落脚点，进一步发挥双联户、网格员等群防群治作用，在各个节点及疫情防控期间，加大对重点场所、各边境山口巡逻踏查力度，对联户单位加大矛盾纠纷排查化解、重点人员教育管控、安全隐患排查、环境卫生整治、疫情防控等工作力度，以联户单位的"小平安"促使社会"大平安"。进一步打破思维，强化工作创新，打造联户平安、联户增收、联户文明，积极参与并完成疫情防控阻击战和中共二十大会议期间安保维稳等各项重大任务，"先进双联户"创建工作取得显著成效。

【队伍建设】 2022年，普兰县委政法委向县委汇报工作2次，政法各单位向县委政法委汇报工作2次。县委政法委派人到各政法单位列席党委（党组）民主生活会议4次，严格落实县委政法书记与政法各单位“一把手”谈心谈话制度，谈心谈话2次10人次，各政法系统对单位领导班子成员进行谈心谈话，政法委书记向全县政法干警宣讲中共二十大精神1次。坚持政法队伍教育整顿与改进作风狠抓落实相结合，紧扣从严管党治警要求，严格落实《新时代政法干警“十个严禁”》《西藏自治区政法系统政治督察（纪律作风督查巡查）工作办法（试行）》和《西藏自治区政法干警行为规范“十个一律”》，全县政法干警签订《政法干警严格遵守防止干预司法“三个规定承诺书”》198份，持续践行防止执法干预司法“三个规定”，切实把“八个必须”“六个表率”“八个落实”要求贯彻落实到具体工作中。

公安

【概况】 2022年，普兰县公安局始终以“7+1”维稳防控模式、“十项排查”和“十项维稳措施”为指导，坚持强化案件防范工作、筑牢普兰平安防线。全年共立刑事案件20起，较2021年23起同比下降13.04%；共查处治安案件29起，较2021年37起同比下降21.62%；共处置交通类案件23起，较2021年70起同比下降67.14%。

【刑事侦查】 2022年，普兰县公安局共刑事立案20起，共破获案件8起，除电信诈骗案件外，破案率达100%。扎实推进案件防范宣传工作，累计开展各类宣传、宣讲活动60余次，摸底排查、检查100余次，发放各类宣传资料8000余份，张贴海报100余张，悬挂横幅50余条，发放宣传物品3000余件，受教育群众达1万余人次。针对近几年多发频发的电信网络诈骗案件，普兰县公安局积极开展防范电信网络诈骗犯罪宣传，积极推进“国家反诈中心”App注册工作，线上发动干部群众在朋友圈、微信群积极转发各类典型网络诈骗案例、预警信息及反诈资讯300余条，受教育群众3万余人次，进一步增强群众的警觉性，提高识骗、防骗能力；线下发动机关干部、公安民警带头安装“国家反诈中心”App，充分发挥带头示范作用，并组织机关干部、驻村干部、村干部、驻村工作队、网格民警等多方力量化身“防诈守门员”，到各党政机关、项目建设工地、商店、各村居，手把手宣传指导干部群众正确安装和使用App，同时开展反诈宣讲活动30余场次，发放宣传资料5000余份，悬挂宣传横幅30余条，张贴海报500余张，切实营造人人反诈、人人参与、人人宣传的浓厚氛围，形成有效防诈防线。

【社会治安】 2022年，普兰县公安局以“7+1”维稳防控模式、“十项排查”和“十项”维稳措施为指导，坚持人民至上、安全第一理念、“万无一失、一失万无”标准和“细致、精致、极致”作风，圆满完成春节、藏历新年、全国两会、3月综治宣传月、“五一”国际劳动节、穆斯林斋月、“萨嘎达瓦”、疫情防控期间、国庆节、中共十九届七中全会及中共二十大等一系列重要会议、重大活动安保任务，确保重要节点社会局势持续稳定，实现安全效果和政治效果、社会效果的有机统一。全年召开安保维稳部署会议11次，制订维稳工作方案、预案16份；全面落实公安武警联勤联动工作机制，强化重点区域、部位、时段巡防巡控，以“车

10月16日，普兰县公安局召开普兰县2022年度公安工作座谈会

步结合、巡线控点、盘查为主”的方式，预防、制止、查处各类违法犯罪行为，其间对辖区巡逻共计650余次，盘查人员1300余人，日均投入4名警力开展巡逻，进一步强化警力震慑，从根源上杜绝各类社会治安问题发生。树牢“一盘棋”思想，坚持“外圈保内圈、内圈保核心圈”，坚持上下贯通、左右联动，持续排查化解突出风险隐患，监督指导企事业单位落实安全防范责任制，重点对辖区党政机关、中小学校、幼儿园、医院等重点要害单位开展安全检查8次；对辖区管制刀具、零散成品油、枪爆危化物品等特种行业场所开展清查行动36次，排查整改安全隐患5处。

2022年普兰县公安局受理案件一览表

表3

类别	受理（起）	立案（起）	办结/审核（起）	刑事/行政拘留（人）
刑事案件	34	20	34	4
行政案件	29	29	29	24
交通刑事案件	3	—	3	3
交通行政案件	20	—	20	7

【执法服务】 2022年，普兰县公安局坚持强化法治思维、突出规范执法，结合日常执法实际及案件审核监督、各类专项整治中存在的问题顽疾，压实全局基层所队从严治警、规范执法的主体责任，制定《普兰县公安局“执法无过错、民警无违纪、群众无投诉”基层所队创建活动实施方案》，在制度上建立锻造普兰法治公安过硬队伍，为深入推进法治公安、平安普兰建设打下坚实保障基础；落实执法权力运行机制，坚持“日巡查、日通报、日整改”制度不放松，对全局执法办案系统内的警情处置、受案立案、证据上传等环节进行全程跟踪，确保“有警必接、有案必受、受案必核、立案必查”，所有警情、案件全部依法规范办理，接处警审批率、受案审批率等指标均达到100%；把好日常案件审核关。严格落实案件审核把关制度、考评制度，实行疑难案件集体研究制度和法制民警阅卷制度，从事实、证据、定性、程序等方面严格审核，确保办案质量，杜绝执法漏洞。完善执法教育培训体系，结合“全警实战大练兵”实践活动，普兰县公安局重点突出领导干部、法治队伍和一线民警三类主体，健全完善法治培训考核机制，着力锻造“内心崇法、真正懂法、严格执法、模范守法”的高素质过硬执法队伍，帮助民警找短板、补差距。2022年，开展各类法治培训6次，参与旁听审判活动1次，召开公检联席会议1次，参训民警150余人次。

8月7日，普兰县新冠疫情突至，普兰县公安局全警动员，赶赴“疫”线

【户籍管理】 2022年，普兰县辖区常住人口10500余人，全年受理出生落户业务113人，死亡注销44人，迁入20人，迁出19人，办理身份证1380张，受理身份证挂失14张，办理异地身份证40张，办理临时身份证14张，办理外来人员临时居住卡10032张，办理边境通行证申请表2454张，办理居住证28张。

【外来人口管理】 2022年，普兰县公安局严格按照“四证”“五必查”工作要求，充分发挥公安综合检查站“护城河”作用，加大盘查力度，共盘查登记过往人员230293人次、车辆89476辆次，有效堵截各类“输入型”隐患。同时，变“防范式管理”为“服务式管理”，年内，公安民警利用双休日、节假日和8小时以外时间，以上门为外来人员送居住证和各类宣传活动为契机，使广大临时居住人员知晓居住人口登记的要求和登记办证的地点、时限；通过与宾旅馆负责人、出租房主签订责任书，明确“谁出租、谁管理”工作要求，通过与宾旅馆等行业互通人口信息、共享管理平台资源工作措施，进一步完善管理制度，切实掌握流动人口底数情况，坚决做到外来人口服务管理工作无盲点、无死角。

【交通管理】 2022年，普兰县公安局以各类普法宣传活动为载体，共开展道路交通安全宣传活动20余场次，发放各类宣传资料1万余份、各类宣传物品2000余件。同时，在219国道、564国道和城乡道路重点路段、重点部位，针对性安排警力，设置流动巡逻排查卡点，严查“三超一疲劳”和非法营运“黑车”、客货车非法改装、酒后驾驶、涉牌涉证和故意遮挡号牌等严重违法行为。针对辖区管理薄弱的时段、路段，坚持“全警动员”，把力量向夜间倾斜、向恶劣极端天气倾斜，采取“白+黑”不间断巡逻的方式，全面加

2月3日，普兰县公安局15名救援民警、辅警开展“2·2”搜救工作

强路面管控力度，始终保持高压严管态势。其间共开展巡查、夜查等各类道路交通安全检查200余次，查处违法违章行为150余起，驾驶证记分100余人次，罚款96630元，其中非现场执法罚款70200元、现场执法罚款26430元；开展道路交通安全隐患排查工作60余次，发现并整治隐患4处，均已整改。2022年，普兰县辖区内共发生道路交通类案件23起，全年无死亡道路交通事故。

【为民服务】 2022年，普兰县公安局牢固树立以人民为中心的发展思想，践行“人民至上、生命至上”理念，厚植“群众利益无小事、民生问题大于天”的为民情怀，始终把群众满意作为公安工作的第一追求，全力做好保民安、护民利等各项工作。2022年2月2日20时48分，普兰县公安局指挥中心接到群众求助称“我们有5个人，刚下卓玛拉山垭口，现在找不到路，请求公安机关帮助”。普兰县公安局参与救援的15名民警、辅警在海拔5600米的冈仁波齐山，持续26个小时开展生死营救，创造极端天气、高寒低温下救援生命的救助奇迹。6月“萨嘎达瓦节”，普兰县公安局参战的145名民警、辅警在地委行署、县委政府和公安处党委、县委政法委、公安局党委的坚强领导下，24小时开展重点路段巡查、整治工作，最大限度营造和谐、畅通的道路交通环境；联合相关职能部门，在塔尔钦景区筑起安全防线的同时，对“老弱病残孕”等游客开通绿色通道，给予帮助和温暖；普兰公安便民服务点民警辅警为来往游客提供泡面、热水、医用口罩以及氧气等物品；相关职能部门民警辅警在危险路段用身体筑起一道安全防线。自普兰县新型冠状病毒感染的肺炎疫情发生以来，普兰县公安局在岗的91名民（辅）警充分发挥职能作用，承担起维护辖区秩序、区域封控、隔离点值守、区域消毒消杀、排查化解

矛盾纠纷、便民服务、核酸及抗原检测、打击违法犯罪、市场监督管理等工作任务，连续奋战70余天，切实把“危险留给自己，安全让给别人”。

【护航优化营商环境】 2022年，普兰公安局积极开辟绿色通道，坚持主动作为、服务到位，对普兰机场建设项目提出的需求事项，凡属公安机关职责范围内的，能代办的就代办、能上门的就上门办、能当天办的马上办，常态化推行“送证上门、送服务上门”，最大限度帮助企业降低成本、节约时间。为更好服务普兰机场建设项目，普兰公安将施工现场作为战场，以工地警务建设为抓手，强化警力下沉、警力延伸，办公场所向施工一线下沉、民警向一线工人延伸，入驻机场警务室，建立警企联络机制，选派民警担任警企联络员，主动走访，让企业清楚明白遇事问谁、遇难找谁。

检察

【概况】 2022年，普兰县人民检察院设3个部，分别为检察综合部、检察业务部、综合业务部。编制19名，实有干警15人，其中检察官5人、检察官助理3人、书记员3人、行政人员2人、司法警察2人，平均年龄34岁。2022年聚焦“四件大事”“四大检察”“十大业务”，把坚决拥护和捍卫“两个确立”和不断增强“四个意识”、坚定“四个自信”、做到“两个维护”融入检察履职中，全年办理各类案件165件（含检察建议、一般预防案件）。

【刑事检察】 2022年，普兰县人民检察院办理各类刑事案件13件16人，其中审查逮捕案件3件5人，提前介入案件1件1人，审查起诉10件15人，正在审查1件3人，提起公诉8件9人，不起诉2件2人。年内，依托抵边村“12309”检察服务中心，把公开听证会开到当事人所在村，把检务公开送到底边村，通过“少捕慎诉”，达到邻里和睦，社会和谐的效果；对县看守所检察监督1次；到县司法局检查社区矫正人员档案、报到登记等情况2次；全过程监督县司法局举行的社区矫正对象入矫宣告仪式1次；对社区矫正人员外出请假情况监督登记3次。

【民事行政检察】 2022年，普兰县人民检察院结合阿里两级检察机关开展的“民事检察与民同行支持起诉与您同行”专项活动，在县人民检察院干警走访及上级院的指导下，共办理支持起诉案件7件7人，涉及资金140538元，已追回140538元，共办理行政案件4件，向县人力资源局、旅游局、卫健委发出4份社会治理类检察建议，均已回复并整改到位。

【公益诉讼】 2022年，普兰县人民检察院在生态环境领域线索排查4件，线索录入2次，立案审查1件，制发检察建议1份，已整改；占用林地排查线索30次，线索录入32件，立案审查30件，制发诉前检察建议1份，截至年底，已整改完成；在公共安全领域（包括安全生产）排查线索4次，线索录入3件，立案审查2件，制发检察建议1份，召开诉前磋商终结1件，现均整改到位；食品药品领域排查3次，立案审查2件，制发检察建议2份，已回复整改。

5月31日，西藏自治区人民检察院第五检察部主任、二级高级检察官孙亚民一行“一站式”帮带公检法司“同堂培训”在县人民检察院开展帮带服务工作

8月3日，普兰县人民检察院、普兰县公安局侦查监督与协作配合办公室揭牌仪式举行，普兰县人民检察院与普兰县公安局共同签署《普兰县人民检察院、公安机关侦查监督与协作配合机制实施办法（试行）》

【未成年人检察工作】 2022年，普兰县人民检察院结合阿里两级检察机关开展的“民事检察与民同行支持起诉与您同行”专项活动，走访霍尔乡了解是否存在生活困难的未成年人请求给付抚养费的情况1次，对拉某请求给付小孩抚养费一案线索录入系统，已支持起诉至法院。同时开展以“携手落实‘两法’共护祖国未来”为主题的检察开放日活动1场次，邀请普兰县九年一贯制学校学生、教师代表、学生家长代表、人大代表、政协委员、教育、民政等相关职能单位51人走进检察院，近距离了解、感受未成年人检察工作。在“未成年人法治手绘画廊”活动中，积极选送作品的10名小画家，颁发参与奖和鼓励奖，同时，向参与活动的班集体及32名同学送去精心准备的学习用品，发放“征求意见表”10份，听取各位代表就未成年人检察工作的意见建议，向师生及各位代表发放宣传资料100余份。通过利用门户网站、“两微一端”平台及“三官讲法”“法律八进”“法治进校园”等活动前往各学校以案说法、动画图像微视频、互动问答方式6场次，发放相关宣传材料400余份，受众师生达1100余人。

【边境检察】 2022年，普兰县人民检察院全面推开边境检察工作，完成10个边境村“12309”检察服务中心挂牌工作，按照机制方案，以台账促工作的形式，每周前往抵边村一次，开展矛盾纠纷排查9次、线索查找9次、普法宣传7次受众100余人；立足“边境检察”特点，积极和边防部队联络，为召开“军检联席会议”完成前期沟通工作；借助抵边村“12309”检察服务中心的平台，在排查和调处群众矛盾过程中，通过邀请辖区民警协助调节矛盾纠纷1次，做到为民一案一普法，现场释法说理，取得村民认可。

【扫黑除恶斗争】 2022年，普兰县人民检察院组织学习扫黑除恶专项斗争相关知识及《反有组织犯罪法》2次，充分利用3月综治宣传活动，在全县辖区内宣传扫黑除恶专项斗争相关知识及打击整治养老诈骗宣传各1次，发放宣传材料共400余份，鼓励群众积极参与举报，线索排查1次。

【队伍建设】 2022年，普兰县人民检察院按照区党委、地委、县委以及阿里检察分院关于开展改进作风狠抓落实工作的各项部署要求，院党组根据工作实际，明确工作的时间、目标责任和职责要求，并成立工作专班负责日常工作。年内，召开动员部署1次，召开推进会2次，组织学习5次，全院干警聚焦“四查四问”“五个问题”“八个落实”“六讲六做”清单进行检视；签订《廉政承诺书》《新时代政法干警“十个严禁”》《西藏自治区政法干警行为规范“十个一律”承诺书》各15份，《廉内助承诺书》6份，并且开展“作风怎么看、改进怎么办、工作怎么干”大讨论活动以及机关“三项活动”等。

【公开听证会】 为贯彻落实“少捕慎诉慎押”的司法理念，县人民检察院就塔某盗窃案件，在案件当事人所在的村民委员会举行公开听证会。霍尔乡贡珠村人大代表、政协委员、村委会成员、侦查人员以及案件当事人参与听证。此次公开听证会紧密依托“12309”检察服务中心，发挥抵边

2月10日，普兰县检察院举行公开听证会

村检察工作室平台作用，充分保障阳光检务在边境村庄的落实，让边境检察工作得到群众的监督，使得矛盾化解效果让群众满意，积极展现检察作为，实现法律效果、政治效果和社会效果有机统一。

【行政公益诉讼诉前磋商机制落实】 2022年，普兰县人民检察院在依法履行公益诉讼职责中发现564国道（普兰县普兰镇科迦村岗孜大桥至国门路段）存在部分路段路面塌陷、路面波浪形以及落石等安全隐患问题。县人民检察院召集县交通运输局、武警交通部队三大队九中队等单位，召开行政公益诉讼诉前磋商座谈会。各方对整改措施及整改时限达成共识。此次座谈会，结合2021年7月实施的《人民检察院公益诉讼办案规则》新规定，首次探索落实以诉前磋商机制办理行政公益诉讼案件，通过搭建与行政机关沟通平台，建立磋商长效机制，以检察能动履职促进公益保护源头治理，真正实现检察公益诉讼与行政机关依法全面履职的良性互动、同频共振，促进双赢多赢共赢。

【“八号检察建议”贯彻落实】 2022年，普兰县人民检察院在履行公益监督职能过程中发现普兰口岸唐嘎边贸市场电线牵引混乱，导线上缠绕塑料袋等情况极易发生触电、火灾等重大安全事故。普兰口岸唐嘎边贸市场作为普兰县最大的外贸交易市场，本地人员及游客较多，人员流量大，如发生安全事故，很可能造成重大人员伤亡和公私财产损失。县人民检察院通过向应急管理局制发检察建议书1份，宣传“八号检察建议”方式督促其整改，应急管理局在限期内，组织相关责任单位对普兰口岸唐嘎边贸市场电路电线进行重新规划和走线，及时消除安全隐患。

【未成年权益保护】 2022年，普兰县人民检察院未成年人检察办案组检察官在履行职责中发现，辖区内部分中小学、幼儿园周边未设置减速慢行警示标志、未设置减速带、减速带破损未及时修复及部分地段存在钉子裸露等问题，对学生上下学出行安全造成极大影响。针对该问题，县人民检察院依法向监管部门制发检察建议书1份。截至年底，普兰县

5月27日，普兰县检察院举办以“携手落实‘两法’共护祖国未来”为主题的检察开放日活动

公安局按照检察建议要求在辖区校园周边共计安装减速带6条、警示牌6个，切实保障学生上下学出行安全，助力从源头上封堵安全漏洞。

【公益诉讼案件线索奖励办法】2022年，普兰县人民检察院为加强对国家和社会公共利益的保护，促进行政机关依法行政、严格执法，引导、鼓励社会公众依法向检察机关举报公益诉讼案件线索，根据《人民检察院举报工作规定》等法律法规，结合工作实际，制定《普兰县人民检察院公益诉讼案件线索奖励办法》，并予以公告。

【社区矫正】 2022年接收2名社区矫正人员；陆续解除3名社区矫正人员；年终在册有3名社区矫正人员均在普兰镇，加强监督杜绝出现在“脱管、漏管等现象”；不定期到司法局查看日常管理工作情况，对发现的问题以《纠正违法通知书》的形式进行监督。

法院

【概况】 2022年，普兰县人民法院坚持以习近平新时代中国特色社会主义思想为指导，深入学习贯彻中共二十大精神，紧紧围绕县委中心工作，坚持服务大局，坚持司法为民、公正司法，全力克服疫情带来的不利影响，高效统筹疫情防控工作大局和审判执行主责主业，以“努力让人民群众在每一个司法案件中感受到公平正义”为目标，共受理各类案件314件，审（执）结289件，结案率87.84%。

3月15日，普兰县人民法院党组书记、院长彭晓勇（左二）到霍尔乡困难群众家中走访慰问

【审判执行】 2022年，普兰县人民法院共受理刑事案件7件，审结4件，结案率57.14%。共受理各类民商事案件205件（包括3件司法救助案件，1件诉前财产保全案件）。共受理执行案件102件，审结99件，执结率97.1%。执行到位案款456.93万余元。县人民法院在办理执行案件中，持续加大拒执惩处力度。2022年，布控17人，纳入失信被执行人名单13人，限制高消费5人，依法保障当事人胜诉权利。通过调解、撤诉方式审结各类民商事案件182件，调撤率为79.8%。对困难群众减免诉讼费，全年共缓交诉讼费15762.9元，让所有人都能够打得

4月21日，普兰县人民法院全体业务干警开展业务培训，推进智慧法院建设

起官司。同时认真落实司法救助，对经济确有困难1名当事人依法救助2万元。

【审判管理】 2022年，普兰县人民法院大力推进“云审判”“云调解”“云执行”“云送达”。跨区域立案4件，网上立案12件，互联网开庭54件，确保疫情期间审判执行“不打烊”，公平正义“不迟到”。建立诉前分流机制，推进多元化解纠纷机制，与乡镇党委政府、调解组织等内外联动，将诉前矛盾努力化解在基层。排查矛盾纠纷并化解纠纷13起。不断优化人民陪审员队伍，截至年底，有人民陪审员25名，人民陪审员参与审判案件66件，普通程序人民陪审员参审率61.11%，较好地体现司法民主。

【司法改革】 2022年，普兰县人民法院共计公开裁判文书11份，庭审直播44次，进一步增强法院的司法公信力。全面贯彻“让审判者裁判，由裁判者负责”的原则要求。院领导带头办理重大、疑难、复杂案件。2022年，院领导承办各类案件202件，占案件总量的61%。推进以审判为中心的诉讼体制改革，全面贯彻证据裁判规则。从立案环节增加速裁程序和简易程序的案件数量，提升办案效率和质量，实现简案快审、繁案精审。适用简易程序案件68件。

4月13日，普兰县人民法院开展青少年模拟法庭

【队伍建设】 2022年，普兰县人民法院开展集中学习中共二十大精神报告学习会11场次，干警撰写心得7批次，干警学习笔记均达7000余字，为中共二十大精神在全院干警落地生根营造良好氛围。开展集体学习31次，研讨交流4次，撰写心得体会3批次。

【组织建设】 2022年，普兰县人民法院开展党组书记讲党课2次，党支部集体学习56次。

【基础设施建设】 2022年，普兰县人民法院按照“十四五”规划以及阿里地区中级人民法院要求，以“努力让人民群众在每一个司法案件中感受到公平正义”为目标，确保项目效益有效发挥，严格控制建设标准和投资概算，如期完成建设任务，新建诉讼服务中心653.6平方米，拆除车库126.75平方米，拆除围墙43米，概算总额303.60万元。

2022年普兰县人民法院案件一览表

表4

序号	案件类型	数量(件)	结案率(%)
1	民事	182	84.23
2	刑事	4	57.14
3	执行	99	97.06
4	司法救助	3	100
5	非诉保全	1	100

司法行政

【概况】 普兰县司法局属政府工作部门，为正科级。2022年机关行政编制5名，部门领导职数3

名（正科级1名、副科级2名）。下设派驻机构3个（普兰镇司法所、巴嘎乡司法所、霍尔乡司法所），行政编制各1名。实际在岗人数为8人。

【法治政府建设】 2022年，普兰县委书记和县政府县长对依法治县、法治政府建设工作高度重视，亲自安排，亲自部署，严格执行党政第一责任人责任，进一步规范法治建设议事、协调机构名称，建立健全工作制度、运行机制，不断充实法治机构建设，深化干部执政理念，推进法治建设进程。召开中共普兰县委全面依法治县委员会和法治政府建设第一次全体会议，及时调整充实全面依法治县委员会成员和法治政府建设领导小组成员，严格落实第一责任人责任，进一步加快法治政府建设、推进国家治理体系和治理能力现代化，推动严格规范公正文明执法，保障和监督行政机关有效实施行政管理，优化法治营商环境，保护公民、法人和其他组织的合法权益。

【法治宣传教育】 2022年，研究制定《普兰县“八五”普法规划》，成立以县委常务副书记、政府常务副县长为组长的“八五”普法工作领导小组，明确指导思想、工作目标、主要任务、工作方法及措施，不断落实“谁执法谁普法”普法责任制，为全县开展“八五”普法工作指明方向。在普兰口岸唐嘎边贸市场打造藏语、汉语、英语三种语言的“普兰县友谊法治广场”，使广大人民群众树立正确的国家观念和公民身份认同，维护国家统一，加强民族团结，引导教育边民争做神圣国土守护者、幸福家园建设者。2022年，县司法局以“法律七进”活动为载体，进机关1场次、进乡村11场次、进校园5场次、进企业2场次、进军营1场次、进寺庙2场次、进边境1场次，全面落实“八五”普法规划，受益干部群众2400余人次，不断提升人防领域法治素养、深化法治文化建设、强化法治社会建设，积极营造全县尊法、学法、守法、用法的浓厚氛围，努力提升基层社会法治化管理水平，不断创新载体，不断拓宽普法宣传面，采取多种形式，开展丰富多彩的普法宣传活动，取得新成效，营造良好的法治环境，为全县经济社会发展和高质量发展提供有力的法治保障。

2月26日，普兰县委召开全面依法治县委员会2022年第1次会议

【人民调解】 2022年，普兰县司法局围绕平安建设，全面践行“枫桥经验”，充分发挥人民调解在维护社会和谐稳定中的“第一道防线”作用，着力化解社会矛盾，全力维护社会稳定，13个乡（镇）村（社区）人民调解委员会积极开展排查调处工作，调解矛盾纠纷5起，成功率100%。全力以赴防风险、保安全、护稳定，做到矛盾纠纷排查全覆盖、化解及时有效，人民群众满意率、影响力和社会公信力不断提高，确保中共二十大期间及全年安全稳定、社会和谐。

【社区矫正和安置帮教】 2022年2月28日，普兰县司法局组织召开2022年普兰县社区矫正委员会第一次全体会议和社区矫正隐患排查整治专项行动专题会议，不断创新管理，夯实责任，促进社区矫正、安置帮教工作稳步推进，采取定期与不定期、走访与电话排查相结合的方式，对辖区在册社区矫正对象、刑满释放人员开展走访排查工作，进行深入细致的面对面交流谈心谈话。定期解

8月5日，广东启源（普兰）律师事务所揭牌仪式举行

除社区矫正对象2人，新接收刑满释放人员2人。截至年底，在册社区矫正对象3人，刑满释放人员9人，开展集中教育15场次。对矫正人员每周开展集中学习教育，询问其近期生活、工作、思想动态，矫正人员无托管、漏管、重新犯罪倾向，思想动态良好，确保了社区矫正和安置帮教工作安全稳定。

【法律援助】 2022年，普兰县司法局坚持以人为本，强化工作举措，服务于民，为维护弱势群体的合法权益提供优质、高效的法律服务。8月5日，普兰县首家律师事务所——广东启源（普兰）律师事务所在县司法局正式挂牌成立，以服务经济建设、社会和谐为根本，代写法律文书、合同等104件，代理法律援助案件3起，办理认罪认罚5起，审查政府各类合同7个，在社会主义法治建设中发挥积极作用，为当地的老百姓提供法律咨询及代写法律文书等法律援助服务，满足普兰人民对法律的需求。对县委、县政府的法律事务进行专业细致的处理：普兰县总工会合同审查3份，招标公告修订1份，复查13家单位的行政机关权责清单，对县委宣传部与王某某关于租赁合同纠纷提供法律援助咨询，制作法律文书5份，维护县委、县政府的合法权益，提高法治化水平。

边境管理

【概况】 2022年，普兰边境管理大队以习近平新时代中国特色社会主义思想、中共二十大精神、十九届系列全会精神、中央第七次西藏工作座谈会精神及习近平总书记在西藏考察重要讲话精神为指导，紧紧围绕国家移民管理局、总站、支队年度工作会议部署，坚持系统观念、法治思维、强基导向，紧紧围绕中共二十大安保维稳“一条主线”，重点抓好安全和发展“两件大事”，持续推进边境管控体系、基层基础、队伍正规化“三项建设”，在疫情防控、维稳安保、边境管控任务繁重、难度增大等因素叠加下，接力打赢反分防渗、维权反蚕食、反恐防暴、疫情防控“四场会战”，统筹开展班子建设推进年、管党治警深化年、职业精神弘扬年、宣传工作突破年、正规化建设提升年“五个活动”，完成冬奥会、冬残奥会、3月综治宣传月、全国两会、疫情防控、中共二十大等时期的安保工作，全面维护边境辖区和队伍内部持续安全稳定。

【党建工作】 2022年，普兰边境管理大队始终坚持政治建警、思想领航，稳心铸魂、鼓舞士气，确保全体党员民警讲政治、顾大局、勇担当、听号令。大队党委以落实总站《大队级党委班子建设实施细则》为抓手，充分发挥大队党委“前沿指挥所”职能作用，以民主集中制“提质增效年”活动为抓手，扎实开展民主集中制教育，组织党委成员深入学习民主集中制相关论述，大力培育民主意识，强化班子成员参与民主实践、推进队伍建设的责任感和使命感。大队始终坚持党建与业务相融合，注重发挥支部组织功能，通过设置“党员先锋岗”“党员服务窗口”，充分发挥品牌创建模范引领作用。大队党委建立完善大队党委班子成员联系点制度，探索形成“党委正副书记包片、党委委员帮建、基层支部联建”机制，推行调查研究、顶层规划、协调沟通、跟踪督办、追责问效的工作机制，畅通上下联系渠道，主动适应新形势常态化监管要求，通过群众提、上级点、互相帮、集体议等方式，切实加强对党员干部的监督管理，始终保持党员队伍先进性和纯洁性。

【政治建警】 2022年，普兰边境管理大队充分发挥政治工作服务作用，积极营造浓厚政治氛围，进一步凝心聚力，激发队伍活力，展现移民管理警察良好形象。大队以民主集中制"提质增效年"、党章党规学习月及中共二十大精神学习宣传贯彻等活动为抓手，紧贴民警思想、紧跟遂行任务，坚持"因地制宜、因人而异"原则，突出抓好政治教育、党史学习教育、警示教育、英模教育，持续深化党史、党章党规学习教育，严格落实每周末半天学习制度，并配套开展专题宣讲、参观见学、品读"红色历史"、"学习大比拼"、联建共学等系列活动，切实增强民警职业荣誉感和自豪感。年内，共开展集中学习650余课时，开展讨论交流70余次，大队党委与中国中医科学院临床医学基层研究所第四党支部共同开展联建共学活动2次。

【队伍管理教育】 2022年，普兰边境管理大队始终坚持长效落实《公安机关人民警察内务条令》《国家移民管理机构内务管理规定》《阿里边境管理支队队伍正规化建设标准》，严格落实上下班管理、请销假、休假审批、值班备勤等制度，加强民警"八小时以外"监督管理，探索建立组织、家庭、个人、社会"四位一体"联管模式，加大典型培树力度，制定典型培树计划，建立大队典型培树库，通过弘扬主旋律、讲好身边事，进一步凝聚警心、鼓舞士气。以"转作风、正警风、强基础、抓落实"和"思想大谈心、隐患大排查、问题大整改"活动为契机，进一步转变作风、提振信心、凝聚合力，为促进工作落实、推动追赶超越提供坚强保障。全年，大队2个集体、22名个人受到表彰奖励，马攸桥边境检查站被共青团中央授予"全国五四红旗团支部"称号，塔尔钦边境派出所被授予第18届"西藏青年五四奖章"，科迦边境派出所民警杨聪被授予"全国公安机关爱民模范"称号，马攸桥边境检查站教导员刘红被授予全国公安机关"五四"成绩突出青年民警称号。

4月1日，普兰边境管理大队科迦边境派出所民警开展边境巡逻

【实战大练兵】 2022年，普兰边境管理大队始终将全警实战大练兵作为事关队伍长远发展建设的党委工程、基础工程、固本工程，统筹练兵进度，凝聚全警共识，增强练兵针对性，按照"分人员、分岗位、分专业、分类型"原则，研究制定《2022年全警实战大练兵实施方案》及工作推进表，完善各岗位练兵内容、措施，解决练兵盲目性和随意性问题。在开展练兵工作中突出实战特点，以提升一线民警、辅警及护边员涉疫警情处置能力和个人安全防护水平为重心，注重发挥"一所一站"小教官作用，通过理论讲解、现场示范、分组练习、警情模拟等方式，开展徒手防卫与控制、独立作战勤务模式、第一现场快速处置、车辆查缉等警务实战技能训练，民警实战能力全面提升；结合"三传三帮三带"活动，建立"单位主官＋帮带人员＋转改新警"三级责任捆绑机制，按照"新老搭配、一帮一、多帮一"方式，针对疫情对练兵工作带来的不利影响，大队各级按

照"战疫不松懈、练兵不停歇"的理念，坚持疫情防控和练兵训练"两手抓、两不误"，充分利用"学习强国"App、各类学习公众号、网络微课堂等平台，强化思想理论和专业知识练兵，确保时间、人员、内容"三落实"。全年，先后开展警务专业岗位练兵380余课时，基础科目训练460余课时。

【服务群众】 2022年，普兰边境管理大队持续固化为群众办实事工作成效，结合"百万警进千万家""大走访大摸排大调查大治理"及中共二十大精神学习宣传贯彻，不断创新方式方法，改进服务举措，大队各派出所持续在"三减一增"（减材料、减环节、减时限、增服务）上下功夫，为"老幼病残孕"等特殊群体提供现场引导、为语言不通群众提供翻译等便利化服务。在开展执法执勤、二线查缉中，不断规范执勤用语，成立党员先锋队，设立党员先锋岗，为因疫滞留群众旅客提供急救药品、氧气、食物等物品，不断提升群众满意度。开展困难群众、孤寡老人、失学儿童、困难党员民警走访慰问活动，针对驻地群众就医困难实际，开展"送药上门""送医上门"活动，切实落实好党的惠民政策。各单位扎实推进"百万警进千万家""基础数据采集"活动，深入开展入户走访，深化"放管服"改革措施落实，强化户籍管理和证件签发，积极帮助困难群众解决急难愁盼问题，筑牢边境辖区群众基础。全年，大队各级共为群众办实事160余件，实施救援120余起，救助游客群众720余人次。

【稳边固防】 2022年，普兰边境管理大队强化边境管控措施落实，坚决打赢中共二十大安保维稳攻坚战，以扎实开展各类专项行动为抓手，按照重要通道设点管控、重点区域巡防查控，一般区域常态管控原则，全面提升社会面见警率、管事率，加强走访排查和"一标三实"等基础数据采集，以强有力的工作举措，不断强化社会面管控效能，组织民警深入基层牧区、村组、学校、工地、寺庙等场所，多形式开展法律法规宣传教育，通过现场讲解、发放宣传资料、提供法律咨询等形式，不断提升群众法治观念。为有效打击辖区各类违法犯罪活动，不断夯实边境辖区社会治安基础，普兰边境管理大队各边境派出所不断强化辖区矛盾纠纷排查和案件侦办，有效净化辖区社会治安环境。全年共受理警情195起，调处民事纠纷73起，处理交通事故8起，受理办结治安案件17起，收缴弹夹2个、子弹30发、藏式猎枪1把、雷管1根、管制刀具18把，帮助农民工成功讨回工资20.08万元。

2022年，普兰边境管理大队马攸桥边境检查站及各二线查缉点位充分发挥过滤网作用，坚决落实"以证管人"和"五必查"工作措施，全面实行"四班三运转""小单元、分批次、零接触"勤务机制，对过往车辆、人员以及所携带的行李物品进行检查验证，做好相应检查登记工作，严格落实重点关注对象实现"接力式"管控措施，坚决做好二线查缉管控工作。2022年共检查进出边境管理区车辆104775台次、326489人次，劝返无证或证件不符、期间不符人员525人次，查获绕关避卡人员3人次，藏匿车厢躲避检查6人。

【疫情防控】 2022年8月，普兰县疫情突至，普兰边境管理大队

6月17日，普兰边境管理大队民警到边远牧区走访

始终坚持“动态清零”总方针，闻令而动，派遣警力配合驻地党委政府在重点方向设立联合防疫点22个（一线1个、二线12个、辖区网格点9个），独立二线检查站（点）2个，全体民警充分发扬“特别能吃苦、特别能战斗、特别能奉献”精神，克服困难，坚守岗位，配合卫生防疫人员做好人员车辆劝返、辖区秩序维护、物资精准配送等工作，为防止疫情蔓延、坚决打赢疫情防控阻击战贡献力量。其间，累计出动警力113人，出动警力5637人次，大队各级增援塔尔钦所民警10人，帮助转运滞留旅客2371人，2个集体、8名个人受到西藏自治区表彰奖励。

【后勤保障】 2022年，普兰边境管理大队不断提高后勤保障服务质量，增强后勤服务能力，为完成各项工作任务提供后勤支持。按照经费压缩、厉行节约工作要求，牢固树立“过紧日子”思想，严格审核，科学合理落实2022年经费使用，认真组织后勤人员学习财务管理、资产管理、军械管理、油料管理、车辆管理等后勤业务知识，以中心工作需要为出发点，着重做好中共二十大、疫情防控、边境管控等工作后勤保障工作，提前做好武器、警械、车辆的维护保养和食品、药品、防疫物资的购置储备，定期开展应急后勤保障演练，定期组织民警开展安全教育，加强对车辆装备经常性维修保养和监管力度，定期检查装备车辆北斗系统运行情况，严格车辆派遣制度，结合各单位驻地和人员情况，科学制定食谱，严把食品采购渠道和食品制作质量关、卫生关，全力改善民警饮食条件。严格落实各项财经纪律，严把经费报销使用关，定期对各单位经费使用情况进行督导审计，严防越权审批、套取经费、违规开支、私设“小金库”等事件发生，组织全体后勤人员认真学习各类违纪违法案事件通报，吸取教训，严防类似问题发生。大队各工会小组充分发挥主观能动性，利用现有资源，开展健康文体娱乐活动，丰富民警业余生活，与普兰县医院沟通协调，开通民警重大疾病紧急救治“绿色通道”，确保民警有病好医、有病快医。对家庭困难民警进行深入摸排，纳入帮扶名单，切实帮助其解决家庭和个人困难，组织未婚民警与普兰县相关单位开展联谊活动，帮助民警解决婚恋问题，帮助解决来队家属返乡困难问题。

出入境边防检查

【概况】 2022年，普兰出入境边防检查站党委始终胸怀“两个大局”、牢记“国之大者”，坚决贯彻落实党的十九届历次全会和中共二十大精神，坚决贯彻落实中央政法工作会议、全国公安厅局长会议精神，坚决贯彻落实三级移民管理工作会议决策部署，全面打赢中共二十大安保维稳攻坚战，全体民警忠诚履职、不辱使命，踔疾步稳、勇毅前行，始终战斗在维稳管控主战场、抗击疫情最前沿、服务发展第一线。

【维稳管控】 2022年，普兰出入境边防检查站牢牢绷紧维护国家政治安全这根弦，树牢底线思维、极限思维，始终贯彻“管理优先”工作理念，全面构建国门安全防控体系。坚持警力向一线下沉，安排执勤队60名警力常驻口岸边境一线开展维稳管控工作。采取步巡、车巡等方式加大对重点部位、重点路段、重点方向的巡查巡防力度，确保管控不留死角、不留漏洞，坚决筑牢口岸边境管控铜墙铁壁。全年，口岸限定区域共检查车辆670余台次，检查盘查人员2100余人次，出动3600余人次警力共开展定期、不定期口岸边境徒步巡逻760余次、车辆巡逻600余台次，口岸保持持续安全稳定。加强演训工作，提升应急处置能力，完善各项配套方案，详细拟定各类子方案，细化工作措施，并结合口岸防“闯关”、暴力恐怖事件、“和平推进”、涉疫、“自焚”等可能发生的群体事件，开展针对性、可靠性、实战性强的联合演练，有效检验各成员单位协同作战、指挥调度、应急处突能力，坚决确保遇有突发情况能够快速处置。全年，共开展各类处突演练90余次，桌面推演10次，有效提升应对突发事件的能力。通过中尼（普兰）特联指成功堵截劝返3起10人企图非法入境人员，摸排掌握滞留普兰境内尼泊尔籍边民130人，跟踪掌握拉隆拉山口方向印度籍人员共9批次1600名抵边朝拜情况，为

10月24日，普兰出入境边防检查站民警为边民群众宣讲中共二十大精神

维护双方口岸边境安全稳定做出积极贡献。牵头组织口岸职能部门开展口岸限定区域安全隐患大排查工作，汇总梳理15条安全隐患并及时争取地方职能部门帮助整改清零。聚焦口岸、通道两翼边境管控任务的职能延伸需要，完善口岸限定区域及两翼物防技防设施建设，逐步实现管控现代化、智慧化，经过多方走访协商，争取普兰县政府资金80万元，用于9号至10号界桩监控布建，全面助推口岸边境技防设施向纵深发展。结合口岸拟恢复通关实际，加快推进限定区域基础设施建设，持续推动科技管边控边能力。以“服务大局、应用实战、敢于创新”的基本原则，全面推进人工智能、生物识别等先进技术手段的应用，有计划、针对性地升级改造具备人脸识别追踪、图像智能解析、自动感应报警等功能的监控系统，逐步实现口岸边境管控现代化、智慧化。深入推进口岸限定区及两翼的设施建设，持续向科技要警力、要战斗力，融合现有的“515”“0703”视频监控、雷达预警系统、无人机等科技手段，大力推进实施科技管边控边战略，全天候不间断对口岸限定区及周边各山口通道进行严密监控，用现代科技手段弥补不足、漏洞。结合中尼两国疫情和口岸边境管控形势，多次通过电话联系、视频连线、实地交流等方式与尼方胡木拉警察及武警部门开展会谈会晤，始终保持高效合作，主动增信释疑，共同管控口岸风险，及时稳妥地处置双方关切的重大问题，共同应对口岸边境管控和疫情防控的各种情况。针对口岸边境形势任务变化，敦请尼方调整边境管控力量部署、增加管控警力及巡逻频次。全年，共开展双边会谈会晤6次，与尼泊尔胡木拉县及驻玉萨村武警、警察电话联络沟通380余次，书信往来12次，互通信息210条，开展援尼警用装备及防疫物资交接1次、生活物资援助5次。

【疫情防控】 2022年，普兰出入境边防检查站坚决贯彻落实疫情防控的重大决策部署，坚持“外防输入、内防反弹”总策略、“动态清零”总方针，紧盯口岸对面尼边民重点人员，严格落实进出口岸限定区域人员管控措施，加强对执勤现场管控力度，持续关注邻国疫情发展态势，实时掌握对边地区疫情形态，凸显9号界桩、10号界桩前置联合防疫点作用，不断优化疫情防控举措并完善独立作战单元，规范一线执勤、集中隔离、居家观察各项流程。坚决守住“零感染、零传播、零输入”底线。做好进出口岸限定区域人员管控限制及人员的体温筛查和健康宣传工作，落实口岸现场的消杀和通风制度，做好安全防护用品、药品、医疗器械等物资储备和发放工作。普兰县突发疫情后，普兰出入境边防检查站积极协助县疫情防控工作，先后派出14名警力参与县社会面疫情防控工作，5次转运复工复产、隔离人员，调配各类防疫物资4700余件，解决疫情期间边境管理大队物资无法及时补充的燃眉之急，全面实现队伍内部“零感染”、外防疫情“零输入”工作目标。

【口岸临时开放】 2022年，在口岸相关职能部门的协同配合下，普兰出入境边防检查站完成22名滞留尼泊尔人员出境验放工作，口岸临时开放期间，严格按照防疫标准，做好防护措施，严防疫情跨境传播，口岸临时开放期间安全无虞。

【服务地方经济】 2022年，普兰出入境边防检查站主动对接“一带一路”“南亚陆路大通道”“边境人口战略规划”等国家战略，锚定自治区“稳定、发展、生态、强边”四件大事，聚焦服务普兰县“四城四高四中心”战略，立足服务国家外交大局和地方经济发展，坚持以人民为中心的发展思想，坚持管服并重，创新出台便民利企的通关服务举措，通过“提前申报、预约通关、延时服务”，提前建立完善口岸货运通关人员信息资料库等方式，实现货运车辆“来即快办”。持续做好昆莎、普兰机场临开边检查验基础设施和口岸查验、执法执勤、办公生活等保障工作。提升12367平台和网站服务质量，着力满足人民群众新期待，定期开展警企、警民座谈交流会，了解掌握群众关于口岸通关的需求和建议，及时优化通关服务措施，进一步营造良好的口岸营商环境。

【为群众办实事】 2022年，普兰出入境边防检查站各基层党支部自筹经费购买慰问物资，帮助困难群众渡过难关，累计帮助困难群众10余次，组织民警赴口岸村庄帮助村民收割青稞，与老百姓一同劳作，共同营造民族团结进步繁荣的良好氛围，共出动警力500余人次，继承弘扬队伍优良传统，将普兰县养老院列为支部帮扶对象，定期赴养老院打扫卫生、帮助孤寡老人开展各种活动，全年，共捐资达8000元人民币，多次为养老院老人送去新鲜水果、糖果、牛奶、大米、面粉、食用油等生活物资，有效改善养老院藏族老人生活，密切警民鱼水关系。

军 事

人民武装

【概况】 2022年，普兰县人武部在军分区党委机关的领导下，在县委、县政府的大力支持下，在全体官兵的共同努力下，依据分区党委年度工作部署，紧紧围绕党在新形势下的强军目标，深入学习贯彻习近平主席系列重要讲话精神和改革强军重大战略思想，以边防斗争准备为牵引，积极开展练兵备战、国防动员工作。以正规秩序为基础，按纲抓建、依法抓管、正风肃纪。完成年度战备、训练、思想政治教育、国防动员、征兵、民兵执勤、疫情防控等各项工作。集中民兵应急排和运输投送排进行遂行任务训练，显著提升民兵军事技能和遂行军事任务能力。常态组织民兵在各边防哨所驻勤，在春节、藏历新年等重要时期组织街面巡逻，确保边防和社会稳定。

【思想政治建设】 2022年，普兰县人武部坚持政治引领，突出政治特殊性，狠抓思想政治建设。强化理论武装。严格落实党委理论学习中心组学习，坚持习近平主席系列重要讲话精神和中共二十大精神的学习贯彻，持续抓好官兵每周一理论学习，持续开展“月读一本书、周学一法规”活动，强化理论武装。深入开展围绕迎接和学习贯彻中共二十大精神教育活动，开展“学思想、铸忠诚、担使命”实践活动和向新时代卫国戍边英雄群体学习活动，利用先遣连遗址、县烈士陵园等红色资源，在清明、“七一”建党节，开展祭奠烈士、重温入党誓词等活动，加强仪式教育，提高教育感染力；联合吉让社区为驻地群众政策法规宣讲、国防教育，深化军地共育效果。

【后备力量建设】 2022年，普兰县人武部坚持聚焦备战中心任务，紧盯戍边守防使命任务，大抓备战练兵提升打赢本领。紧盯动员支前、社会维稳、抢险救灾等情况。加强战备演练，重大节日组

9月16日，普兰县人武部组织收看中共二十大会议电视直播

织战备演练，并与武警中队、普兰边防连开展协同演练，提高应急时处理突发性事件和自身防卫能力。在半年和年终考核中合格率达 100%。1—11 月，采取电话短信、抖音平台、微信公众号、电视、宣传横幅和走村入户等方式开展征兵宣传。组织民兵整组，从 4 月 1 日开始历时 2 个月，对全县两乡一镇民兵进行组织整顿，按要求成立多个专业分队，完善各分队职责划分，进一步优化民兵组成结构。

【正规化建设】 2022 年，普兰县人武部严格依法、依纲抓建，狠抓条例法规学习，组织安全教育和安全隐患排查 8 次，紧盯规范化建设管理，进一步规范秩序。县人武部为解决各乡镇基层武装部门办公环境差、办公用品短缺现状，协调县政府投入经费 19 万元，为两乡一镇配齐配足办公家具、办公设备和耗材。投入经费 55 万元，改善营区相关基础设施，按要求抓建营区政治氛围布设。

【疫情防控】 2022 年，普兰县人武部驻地疫情形势复杂，部党委高度重视，把疫情防控作为第一要务，狠抓疫情防控各项措施落实，确保官兵无感染，营区无疫情。强化思想认识。认真贯彻落实上级防疫指示要求，每周组织防疫教育和召开疫情分析，进一步强化风险意识和责任担当，时刻绷紧疫情防控这根弦，常态组织学习疫情防控方案（第九版）及文件指示精神，确保人人掌握防护常识。狠抓管控措施，刚性落实封闭式管理，每日联系在外人员，严格物资入营“八步法”规定，严抓日常消杀，定期组织抗原检测，每日组织官兵“11 类症状”检测，积极协调县防疫办，协调 5 万余元防疫物资，大抓 5 种能力建设，确保形成 6 个闭环，阻断 10 条链路，有效提升疫情防控能力建设，切实保障全体官兵的生命安全和身体健康，实现“零感染”目标。

【乡村振兴】 2022 年，普兰县人武部按照党中央乡村振兴战略规划和自治区“五共五固”工作要求，与驻地寺院建立共建，定期走访科迦寺和驻地村民，向寺院僧尼和广大群众进行“二十大理论”宣讲 4 次。与普兰镇吉让社区结成共建村，在国防动员和征兵工作中，充分发挥政治工作的优势，进行征兵宣传，适时进行国防宣讲，助力当地“三农”发展提档升级，以真情厚谊和实际举措助推中共二十大精神落地乡村。累计投入 6 万元帮扶资金对该村进行重点帮扶。

人民团体

总工会

【概况】 2022年，普兰县总工会辖县区总工会数及局（公司）工会数2个；全县基层工会组织48个、涵盖法人单位48个、建会单位职工2139人，其中女职工1150余人；全县干部职工群众会员984人，其中女职工会员380人；工会专职人员2人、兼职工作人员2人。

【工会经费管理】 2022年全年收入4715920.96元、账户结余共计8015383.15元。其中2021年结余3299462.19元，全部职工工资总额2%的工会经费收入3294504.82元、职工本人基本工资收入的5‰会员缴纳会费收入159659.79元、上级专项补助收入119万元、利息收入11756.35元，房租收入60000元。

2022年全年工会经费支出共计5336241.52元，其中向地区工会上缴工会经费40%，上缴1317801.9元；职工群众生日蛋糕支出298200元、职工群众集体慰问品支出1513862元、消费扶贫支出342090元、职工活动支出6130元、维权送温暖支出8100元、在档困难职工生活救助支出12210元、维稳各执勤点慰问支出9350元、五送活动及困难农民工送温暖活动支出12914.15元、因公牺牲公安民警家庭送温暖支出15600元、“三大节日”慰问支出5400元；8月以来设立抗疫驿站及疫情一线慰问支出17496元、援藏服务期满工作者慰问支出3900元、“七一”老干支部慰问支出2000元、护士节活动支出4594元、社会化工会工作者工资支出351155.2元、银行业务手续费360元，其他支出205078.27元。乡镇职工生活提升方面投入情况：普兰镇文体阵地维修投入20000元、霍尔乡职工之家改造提升投入390000元、巴嘎乡职工之家改造提升投入300000元，普兰镇职工之家改造提升投入500000元。

截至2022年12月19日，收支相抵后，工会经费结余2460441.63元。2022年以来，工会经费使用

12月13—16日，普兰县总工会主席到拉隆拉等13个疫情防控一线卡点和多油检查站开展慰问

8月5日，普兰县总工会在普兰镇西德村开展“中国梦·劳动美——喜迎二十大”建功新时代“五送”活动

符合基层工会经费收支、收缴、使用和管理有关规定，工会经费收支与银行核对，票据相符，账款相等。

【重要会议】 2022年4月6日，普兰县组织召开2022年群团工作会议，会上通报2021年群团工作开展情况，并安排部署2022年群团工作。

【“五一”劳动奖章推选】 2022年3月11日，根据《西藏自治区总工会关于推荐评选2022年西藏五一劳动奖章和西藏工人先锋号的预通知》的通知要求，由县总工会组织召开县总工会第二届第三次全委会会议，传达学习相关文件精神，同时开展拟推荐“五一”劳动奖章工作人员，推荐自治区级1名和阿里地区级1名。

【县消防救援大队工会成立】 2022年4月18日，普兰县消防救援大队召开工会成立暨第一届第一次会员大会，会议由消防救援大队党委书记、大队长杜翔主持，17名消防救援大队代表及普兰县总工会主席边巴顿珠参加会议，普兰县总工会主管、县委常务副书记、政府常务副县长魏雨农出席并讲话。

【重要活动】 2022年，县总工会和县团委、妇联联合举办为期11天在普兰县青年活动中心举办庆“五一”迎“五四”篮球比赛，参赛队有县直机关支部队和驻军部队共有19支队，借助此次篮球比赛的契机，进一步加强民族团结、军民团结，推动营造“军爱民、民拥军，军民鱼水一家亲”的社会氛围，同时展现“巾帼不让须眉”的精神，体现普兰县职工群众“争创一流、勇于拼搏”的精神风貌。

【“五送”活动开展】 2022年，普兰县总工会深入拉隆拉、拉孜拉、9号界桩、马攸木、丁嘎、藏拉及普兰县人民医院7个疫情防控点开展“中国梦·劳动美——喜迎二十大”建功新时代“五送”活动，慰问奋战在一线卡点的疫情防控医务人员及值守人员。

县总工会普兰镇西德村开展“中国梦·劳动美——喜迎二十大”建功新时代“五送”活动。活动现场，普兰县总工会工作人员向农牧民群众宣传讲解《中华人民共和国工会法》《信访工作条例》《中华人民共和国道路交通安全法》的有关法律法规知识，受益群众达224

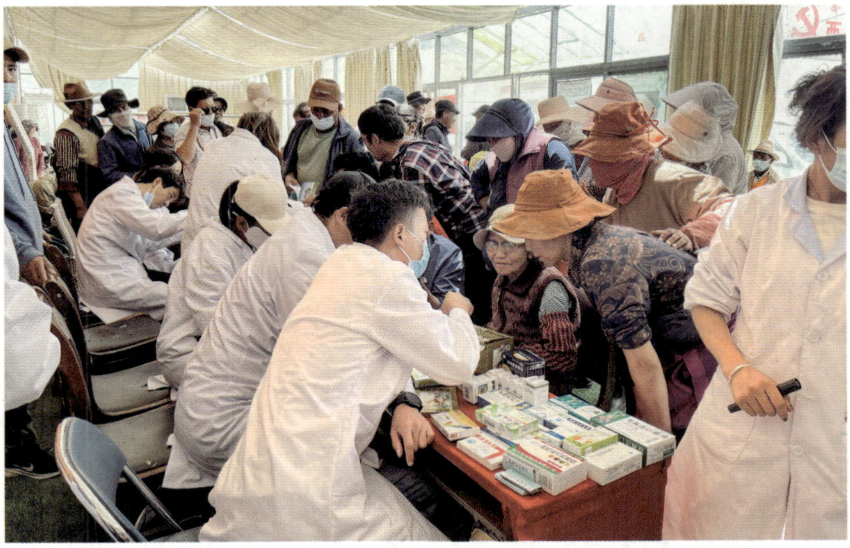

8月5日，普兰县总工会联合县人民医院医生为普兰镇西德村农牧民群众检查身体、诊断治疗并发放日常药品

5月2日，县总工会和团委、妇联联合在普兰县青年活动中心举办庆“五一”迎“五四”篮球比赛现场

人次并发放宣传资料576份；组织农牧民群众集中观看文艺演出后由县人民医院医生为农牧民群众检查身体，诊断治疗并发放日常药品；最后对15户困难农牧民群众及城镇困难职工进行慰问，每户发放慰问金200元，各类生活用品折合人民币共计7500元。

【职工慰问帮扶】 2022年元旦、春节、藏历新年、“五一”期间，县总工会成立慰问小组，开展送温暖活动，慰问7个疫情防控点及企业退休、环卫工人、劳模、困难职工等，共发放慰问金45510元。落实“三大救助”政策，为因公牺牲民警及因公负伤民警家庭进行慰问15600元，在档困难职工及困难农牧群众、进行生活救助13110元。对2021年以来生病住院、分娩、退休直系亲属去世会员集中慰问，慰问金6500元及慰问品，折合人民币共5700元。疫情期间对13个疫情防控一线卡点和多油检查站发放慰问金9230元。开展“五送”活动对困难农牧民群众及城镇困难职工发放慰问金7500元。

【城镇困难职工调研】 2022年，由县总工会工作人员深入普兰县辖区内开展困难职工及职工群众的急愁难盼等方面进行入户摸底调研，县总工会工作人员走访深入次仁玉珍等6户职工家庭中进行摸底排查，通过走访入户了解职工生产生活、家庭基本信息，重点排查家庭收入支出、致困原因、需求帮扶等情况，并结合精准把握困难职工认定标准要求进行登记入户对表工作。

共青团

【概况】 2022年，共青团普兰县委员会（以下简称团县委）共有4名干部职工；全县共有团组织45个，其中团委4个（乡镇团委3个、学校团委1个）；团支部37个；在册团员457人，14—28周岁青年2547人，2022年新发展团员数8人；少先队大（中）队42个，少先队员969人。

【青少年思想、服务工作】 2022年，团县委组织动员广大青年线上进行“青年大学习”网上主题团课的学习打卡活动，同时要求各团委、团支部认真学习团区委、团地委相关文件精神；开展庆“五一”迎“五四”篮球比赛；协助自治区宣讲团开展学习习近平总书记在庆祝中国共产主义青年团成立100周年大会上的讲话精神的宣讲活动。深入贯彻落实《中共中央关于全面加强新时代少先队工作的意见》，落实《中共中央改革方案》，加快推进团县委少先队组织建设，根据普兰县实际情况，前往各学校督促指导少先队工作开展情况。同时向县财政局争取2万元的活动经费用于少先队工作。组织各学校举行“喜迎二十大　逐梦绽芳华　展现新作为我在国旗下成长”主题活动，全县各学校师生600余人参加。

【志愿者服务】 2022年，团县委为充分展现团组织、团员、青年的生力军和突击队作用，做好普兰县志愿服务工作。县委副书记龙小文对志愿者们进行慰问并发放慰问金。团区委开展看望慰问西部计划志愿者暨调研志愿者服务管理工作座谈会。年内，开展学雷锋活动、义务植树活动、“轻松备考12355与你同行中考减压”、塔尔钦佛事活动志愿服务等活

1月27日，县委副书记龙小文（左二）看望慰问志愿者

动。2022年普兰县疫情发生后，在全县范围内广泛招募青年志愿者，成立以团县委书记樊吉庆为队长的防疫青年志愿服务队，累计招募队员43名。普兰县防疫青年志愿服务队对现有人员进行分组，抽调人员前往涉疫场所管控组、核酸检测组、终末消杀组等开展疫情防控工作。

【预防青少年违法犯罪】 2022年，团县委认真学习宣传贯彻新修订的未成年人保护法、预防未成年人犯罪法。通过利用门户网站、“两微一端”平台及“三官讲法”“法律八进”“法治进校园”等活动前往各个学校开展以案说法、动画图像微视频、互动问答方式宣传新修订“两法”4场次，发放相关宣传材料300余份，受众师生达1100余人；开展寒假儿童关爱服务活动，引导广大群众注重家庭、家教、家风，主动学习《中华人民共和国家庭教育促进法》，并围绕健康教育，传授疾病防护知识和技能，培养健康生活方式；加强法治进校园普法活动，大力宣传《中华人民共和国未成年人保护法》《中华人民共和国预防未成年人犯罪法》《中华人民共和国宪法》《中华人民共和国民法典》《中华人民共和国教育法》等法律法规，推动法治思想入脑入心，受众学生590余人，发放各类宣传1000余份；开展法治宣传与法律咨询活动，发放法律宣传书籍和宣传包200余份；开展“禁毒第一堂课”活动，组织师生参观禁毒教育基地，解答相关毒品预防知识。结合检察监督职能，对校门口道路安全隐患问题，线索排查3次，立案审查1件，对相关监管部门执法诉前检察建议1份；开展“民事检察与民同行支持起诉与您同行”专项活动，走访霍尔乡了解是否存在生活困难的未成年人请求给付抚养费的情况1次，并与相关部门沟通协商，及时移送案件线索，形成工作合力。切实维护未成年人合法权益，县司法局聘任县检察院检察长为普兰县各学校总法治副校长，县教育局任命县人民检察院4名检察官、1名检察官助理、1名书记员为幼儿园、小学、中学的法治辅导员，覆盖全县所有学校。设立少年合议庭、青少年维权岗，指派具有丰富的未成年人案件审判经验的法官组成未成年人犯罪审判组，并配备专门的女法官，负责审理未成年人犯罪案件，充分做好未成年人的教育挽救工作。2022年，由团县委、

3月21日，团县委组织志愿者开展“三下乡”实践活动

普兰县司法局(普法办)牵头,联合县人民检察院、塔尔钦边境派出所、霍尔边境派出所,面向普兰县九年一贯制学校、巴嘎乡小学、霍尔乡小学、多油小学,开展以“和谐校园你我共建、平安校园你我共享”为主题的“法律进校园”法治宣传活动。从法律的概念、法律和人民的关系、守法的重要性以及如何提高自我保护意识等方面,教育引导孩子们学会用法律武器来保护好自己,远离不良行为,受众学生490余人,发放各类宣传品共5类25份。积极与县公安局、县人民检察院、县人民法院、县司法局、县民政局、县教育局等有关部门签订预防青少年违法犯罪工作合作协议,加强青少年思想引导,完善青少年管理,切实有效提高青少年遵法学法守法意识;教育感化挽救涉罪未成年人,保护救助未成年被害人,保护未成年人民事、行政合法权益,有效预防未成年人违法犯罪和侵害未成年人犯罪;为未成年人提供特殊、优先和专业的司法保护,推动建立中国特色未成年人司法制度。向财政争取县级预防青少年违法犯罪活动经费5万元、乡镇预防青少年违法犯罪活动经费3万元,共计8万元。

妇联

【概况】 2022年,普兰县妇联围绕妇女儿童中心工作,以保障妇女儿童合法权益为重点,深入调查研究,广泛开展各类活动,提升广大妇女儿童的整体素质。引导各级妇女干部投身社会主义经济建设,维护妇女儿童合法权益,把思想政治引领贯穿到妇联工作全过程,持续开展“巾帼心向党”系列活动,引导妇女正确把握,深刻理解党的基本理论、基本路线、基本方略,团结引领妇女坚定不移听党话跟党走。

【重要活动】 2022年,普兰县妇联把思想政治引领贯穿到妇联工作全过程,持续开展“巾帼心向党”系列活动,引导妇女正确把握,深刻理解党的基本理论,基本路线,基本方略,团结引领妇女坚定不移听党话、跟党走。在第112个“三八”国际妇女节来临之时,以改进作风狠抓落实工作为契机,结合全县妇女儿童实际需求,有序开展党的创新理论学习宣;通过自治区妇联举办的阿佳讲堂直播,开展以“民族团结进步”“家风家教”等主题网络直播宣传教育活动,推广民族团结,家庭文明建设。借助各类宣传日的契机,开展各类主题教育,加大对优秀妇女群体和个人的表彰宣传力度,引导妇女群众向榜样学习;带领妇女群众开展“巾帼心向党、喜迎二十大”为主题“满怀深情颂党恩·矢志不渝跟党走”庆“七一”活动。在“七一”开展巾帼关爱活动,卫生保健知识宣讲活动,先进典型学习事迹活动,唱革命歌曲学党的历史活动,重温入党誓词活动,向党送祝福活动,巾帼志愿服务等活动。

【巾帼建功】 2022年,普兰县妇联在寒假期间开展“把爱带回家——送法到家 让孩子健康成长”儿童关爱志愿服务活动。志愿者们结合家庭教育,运用通俗易懂的语言,从监护人对未成年人保护的角度,引导广大群众注重家庭、家教、家风,主动学习《中华人民共和国家庭教育促进法》。同时围绕健康教育,为日常做好健康卫生、疫情防控措施提高口罩的普及性,严格做好防护工作,积极学习疾病防护知识和技能,培养

3月8日,普兰县召开庆“三八”国际妇女节总结大会

健康生活方式，提倡“口罩”文明等方面做宣传；开展“三八”送温暖活动。为把党委、政府对妇女群众的关心关怀送到妇女群众身边，县妇联联合各乡镇、村居妇联组织巾帼志愿者到孤寡老人、残疾妇女、贫困妇女家中开展形式多样的送温暖活动，为她们送去面粉、大米、砖茶等慰问品，让妇女群众感受到妇女组织的温暖和来自妇女姐妹的深切关怀、无私帮助；开展“恒爱行动”爱心毛衣发放仪式，为12名困难儿童发放由社会上的爱心妈妈为困难儿童编织的爱心毛衣和手套，并为仁贡村幼儿园孩子们送上“六一”国际儿童节的祝福及文具盒、铅笔、本子等慰问品，折合人民币3000余元；疫情发生后，县妇联认真贯彻落实县委、县政府关于疫情防控的工作部署和要求，组织巾帼志愿服务队，不分昼夜，不畏艰险，冲锋在前，以“巾帼不让须眉”的气魄，义无反顾地投身到疫情防控工作中，为全县疫情防控工作贡献巾帼力量。

5月11—14日，阿里地区人民医院筛查团队开展2022年普兰县农牧区妇女两癌免费筛查活动，为普兰县35—64岁妇女群众，农村、城镇低保户开展两癌筛查工作

【重要会议】 2022年3月8日，普兰县妇联召开普兰县“三八”国际妇女节总结大会。传达学习3月6日习近平总书记在“三八”国际劳动妇女节作出的重要指示精神，把以习近平总书记对广大妇女的亲切关怀和谆谆嘱托送到妇女群众身边。通报2021年妇联工作，安排部署2022年妇联工作，各乡镇、各村（社区）妇女代表进行交流发言。

【妇女创业就业】 2022年，普兰县西德村妇女合作社充分利用自身的优势，加快特色产业发展，努力增加村集体经济收入和农牧民收入，全村踏上致富的道路，为巩固脱贫攻坚，推进乡村振兴助力。截至年底，西德村按照每人每天40—150元的培训和务工标准，共兑现2020年和2021年农牧民妇女群众137人工资487361.5元，人均增收3557元；另外，309人共实现2021年分红105060元，人均分红340元。

【妇女儿童权利维权】 2022年，普兰县妇联发挥妇女儿童维权岗，“12338”妇女维权热线等作用，处理好初始接待，积极化解矛盾纠纷，为妇女群众提供快捷、有效的法律帮助和服务。县妇联联合县人民检察院深入各村开展维护妇女儿童合法权益法治宣传活动，结合《中华人民共和国反家庭暴力法》和《中华人民共和国民法典》婚姻篇等相关法律规定和经典案例，讲述家庭暴力的应对方式和处置方式，让大家学会在遭受家庭暴力时求助、取证、维权的方法，进一步提升广大妇女群众对家暴的认知及自我救助能力。采取以案释法的方式，重点讲解《中华人民共和国未成年人保护法》《中华人民共和国预防未成年人犯罪法》以及预防性侵害未成年人法律知识，呼吁家长关注未成年人的健康成长，建议监护人对未成年人的不良行为要及时干预。

【民生项目】 2022年，普兰县妇联召开普兰县两癌筛查项目启动会。2022年，下达普兰县任务590人，截至年底，全县共为644名妇女进行两癌免费检查，完成全年目标任务的109.2%。

【“最美家庭”评选】 2022年，普兰县妇联按照西藏自治区寻找民族团结“最美家庭”的通知要求，县妇联从农牧民家庭中推荐普兰县普兰镇吉让社区米久玛家庭，米久玛家庭被评选为2022年西藏自治区“最美民族家庭”。

对口援藏

综述

【概况】 2022年，普兰县援藏工作组在阿里地委、行署和陕西省援藏工作队以及普兰县委、县政府的坚强领导下，自觉围绕稳定、发展、生态、强边四件大事，牢记援藏使命，发扬“老西藏精神”，扎实履职，奋力担当，完成2022年度的援藏任务。

【政治学习】 2022年，普兰县援藏工作组组织24名援藏干部收看中共二十大会议直播、参加地区援藏工作队组织的二十大精神学习视频培训3场次，同时按照要求自觉参与普兰县安排的培训和各受援单位组织的学习研讨，积极撰写心得体会，使援藏干部深刻认识“两个确立”的决定性意义，增强“四个意识”、坚定“四个自信”、做到“两个维护”，切实把思想和行动统一到中共二十大精神上来。组织援藏干部认真学习习近平总书记关于西藏工作的重要论述和党中央、国务院有关西藏工作的各项民族及宗教政策，认真学习中央第七次西藏工作座谈会精神，不断提高援藏干部政治判断力、政治领悟力、政治执行力，自觉贯彻落实中央关于反分裂斗争的决策部署，站稳政治立场，保持政治定力，旗帜鲜明捍卫政权，捍卫旗帜，捍卫道德，自觉抵制各种错误思想观念的侵蚀，召开援藏干部工作会议，安排援藏干部抓紧业务知识学习，吃透行业政策，提升业务能力，为完成各项工作打下坚实基础。

【履职尽责】 2022年，普兰县援藏工作组研究制定《普兰县援藏干部人才开展“进万家门、知万家情、解万家难”活动实施方案》所有援藏干部在进驻普兰县四天后，主动去分派单位报到上岗，熟悉工作情况，很快地投入当地日常工作中。援藏工作组先后对普兰县“十三五”和“十四五”援藏项目建设情况进行调研，努力做到底子清、思路明、措施实。积极与地区科技局联系，并依托陕西省农业技术推广总站和陕西省杂

11月7日，普兰县委常务副书记、常务副县长、普兰县援藏干部领队杜新成（前排中）带队调研老巴嘎村居改建项目

交油菜中心的技术力量，申请阿里地区油菜绿色高产高效栽培技术项目。工作组领队杜新成高质量完成分管的应急管理和信访工作，带队开展巡河2次，向全县党政干部宣讲中共二十大精神1次，带队开展重点项目督导调研1次。

【医疗援藏】 2022年，12名医疗技术援藏人员，立足本职、发挥技术专长，重点围绕防治高原病，巩固"1+7"医疗援藏成果，注重提升普兰县人民医院医疗服务水平，扎实做好"传帮带"，为持续推进普兰县人民群众健康福祉贡献力量。

【疫情防控】 2022年，自普兰县新冠疫情以来，全体援藏干部自觉加入普兰县抗疫大军中，奋不顾身投入抗疫一线开展工作，为普兰县疫情防控工作的顺利开展贡献力量。领队杜新成先后担任普兰县新冠疫情防控处置工作领导小组常务副组长、医疗保障组组长，霍尔乡疫情防控指挥部指挥长，阿里地区普兰县新冠疫情前线指挥部防控医疗组成员，普兰县疫情防控综合协调组组长等职务。凭借果敢的决断和严格科学精准的防控，率先使霍尔乡降为低风险地区，受到地区督察组的高度肯定。先后指导编制《普兰县新冠肺炎疫情集中隔离点、重点人群观察点设置及管理工作指南》《普兰县新冠肺炎疫情防控消毒操作规范》《普兰县集中隔离管控区预防交叉感染工作要点》等规范指南，得到相关专家、领导的充分肯定，为有效阻断疫情蔓延发挥巨大作用。

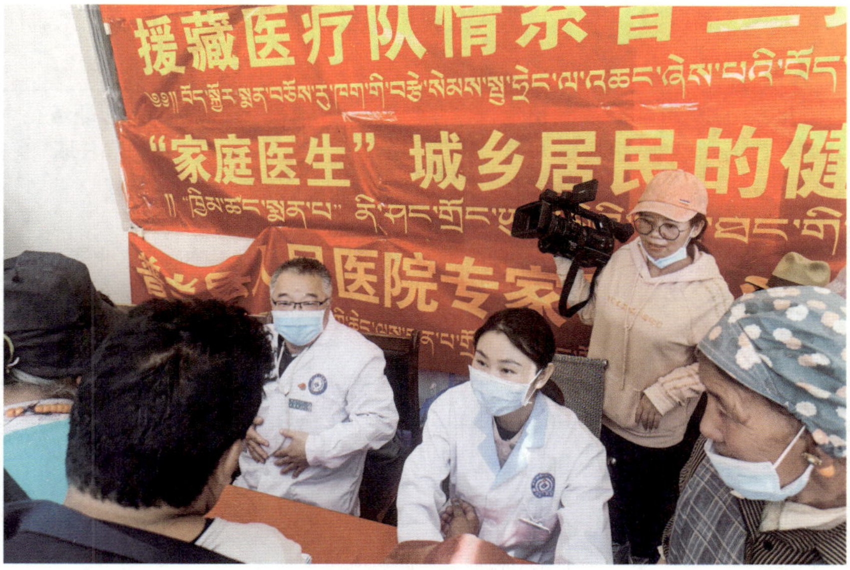

8月5日，普兰县第十批援藏医生到普兰镇西德村开展义诊活动

医技抗疫　在此次抗疫工作中，援藏普兰县的医疗技术人才发挥非常重要的作用。12名援藏医疗人员在医疗救治、核酸检测、隔离点工作等岗位上，牢记习近平总书记"人民利益高于一切"的殷殷嘱托，努力践行伟大抗疫精神，精心组织、攻坚克难、科学求是、全力救治，展现陕西医务工作者的"逆行风采"和"硬核担当"。

志愿抗疫　其他援藏干部自觉自愿参与卡点防控、搬运物资、维护秩序、核酸检测、环境消杀等防控工作，默默无闻、无怨无悔、积极工作，为打赢普兰疫情阻击战贡献着自己的一份力量，也赢得当地干部的赞许。

真情抗疫　9月11日，经领队杜新成联系协调，陕西省勉县县委、县政府捐赠的两辆负压救护车到达普兰，为普兰县打赢疫情防控阻击战和提升医疗救助水平提供强有力的设备支撑，以实际行动践行"陕藏一家亲"的深厚友谊。

【队伍管理】 2022年8月3日，成立普兰县援藏工作组临时党支部，明确书记、副书记各1名和4名支部委员（纪检委员由副书记兼任，增加1名生活委员），明确职责，务求实效。年内，组织召开援藏干部生活会2次，开展座谈、聚餐，增进团结，强化友谊，研究制定《普兰县援藏干部人才纪律规定"十不准十严禁"》，用制度管人，确保人员安全。开办《秦人在普兰，援藏进知解》工作简报，宣传援藏政策、典型事迹、交流工作经验。截至年底，共发布工作简报35期，"网信普兰"转载8篇，地区及自治区新闻媒体转载3篇，有效地传播援藏正能量，树立援藏干部扎根边疆、苦干实干、无私奉献的良好形象。

陕西省第十批援藏干部人才人选一览表(普兰县)

表 5

序号	姓名	性别	民族	出生年月(年龄)	政治面貌	受援单位及拟任职务	派出单位、职务(职称)和任职时间	备注	拟任职务类型	现任职务	现任专业技术职称	是否"组团式"
1	杜新成	男	汉族	1979年6月(43岁)	中共党员	西藏自治区阿里地区普兰县委常务副书记、常务副县长	陕西省汉中市勉县县委常委、副县长(2021年10月)	—	党政副处	党政副处	—	—
2	张　巍	男	满族	1983年4月(39岁)	中共党员	西藏自治区阿里地区普兰县委常委、副县长	陕西省商洛市商南县副县长(2021年8月)	—	党政副处	党政副处	—	—
3	马文平	男	汉族	1981年2月(41岁)	中共党员	西藏自治区阿里地区普兰县发改委副主任	陕西省宝鸡市扶风县发展改革局节能监察监测中心主任(2021年2月)	—	党政科级	党政科级	—	—
4	郝　伦	男	汉族	1989年9月(32岁)	中共党员	西藏自治区阿里地区普兰县水利局专业技术人员	陕西省石头河水库灌溉中心引红济石公司副总工程师(2020年11月)	专业技术人才	专技中级	—	中级	—
5	杨　飞	男	汉族	1982年10月(39岁)	中共党员	西藏自治区阿里地区普兰县农业农村局农牧技术推广站专业技术人员	陕西省农业技术推广总站高级农艺师(2019年5月)	专业技术人才	专技高级	—	副高级	—
6	刘龙华	男	汉族	1983年3月(39岁)	中共党员	西藏自治区阿里地区普兰县九年一贯制学校校长	陕西省西安市凤景小学高级教师(2019年3月)	专业技术人才	专技高级	—	副高级	—
7	贺　星	男	汉族	1989年9月(32岁)	中共党员	西藏自治区阿里地区普兰县文化和旅游局专业技术人员	陕西旅游集团延安文化旅游产业投资有限公司团建营地中心副总经理(2020年6月)	专业技术人才	专技中级	—	中级	—
8	杨　博	男	汉族	1981年10月(40岁)	中共党员	西藏自治区阿里地区普兰县九年一贯制学校教师	陕西省兴平市南市初级中学、一级教师(2015年12月)	专业技术人才	专技中级	—	中级	—
9	孟　浩	男	汉族	1981年10月(40岁)	中共党员	西藏自治区阿里地区普兰县人民医院院长	陕西省汉中市中心医院急诊科副主任、副主任医师(2019年1月)	两批援藏专业技术人才	专技高级	—	副高级	医疗人才"组团式"
10	焦聿墨	男	汉族	1983年10月(38岁)	群众	西藏自治区阿里地区普兰县人民医院检验科专业技术人员	陕西省三二〇一医院医学检验科主管检验师(2013年5月)	专业技术人才	专技中级	—	中级	医疗人才"组团式"

续表5

序号	姓名	性别	民族	出生年月（年龄）	政治面貌	受援单位及拟任职务	派出单位、职务（职称）和任职时间	备注	拟任职务类型	现任职务	现任专业技术职称	是否“组团式”
11	马永刚	男	汉族	1978年2月（44岁）	群众	西藏自治区阿里地区普兰县人民医院医学影像科专业技术人员	陕西省三二〇一医院医学影像科副主任、副主任医师、（2022年5月）	专业技术人才	专技高级	—	副高级	医疗人才“组团式”
12	周　娟	女	汉族	1983年11月（38岁）	中共党员	西藏自治区阿里地区普兰县人民医院妇产科专业技术人员	陕西省三二〇一医院妇产科主治医师（2014年5月）	专业技术人才	专技中级	—	中级	医疗人才“组团式”
13	王康军	男	汉族	1970年12月（51岁）	中共党员	西藏自治区阿里地区普兰县人民医院医务科专业技术人员	陕西省汉中市中心医院神经内科二病区主任、副主任医师（2009年3月）	专业技术人才	专技高级	—	副高级	医疗人才“组团式”
14	王　成	男	汉族	1977年12月（43岁）	群众	西藏自治区阿里地区普兰县人民医院内科专业技术人员	陕西省汉中市中心医院消化内科副主任医师（2017年3月）	专业技术人才	专技高级	—	副高级	医疗人才“组团式”
15	李海涛	男	汉族	1983年9月（38岁）	群众	西藏自治区阿里地区普兰县人民医院外科专业技术人员	陕西省汉中市人民医院骨一科主治医师（2016年10月）	专业技术人才	专技中级	—	中级	医疗人才“组团式”
16	杜艳华	女	汉族	1977年5月（45岁）	群众	西藏自治区阿里地区普兰县人民医院护理部专业技术人员	陕西省汉中市人民医院眼科护士长、主管护师（2010年5月）	专业技术人才	专技中级	—	中级	医疗人才“组团式”

经济管理

发展和改革

【概况】 普兰县发展和改革委员会主要职能是贯彻执行国家、自治区发展改革、工业和信息化工作的方针政策，拟定并组织实施县国民经济和社会发展、工业和信息化发展战略工作中长期规划和年度计划；拟订全县产业政策、行业技术规范和标准，统筹协调经济社会发展，推进信息化工业化融合；研究分析全县经济形势，提出全县国民经济发展、价格总水平调控和优化重大经济结构的目标、政策，提出综合运用各种经济手段和政策的建议，受县政府委托向县人民政府作国民经济社会发展计划的报告；组织实施国家、自治区粮食流通和物资储备的法律法规和规章。2022 年，普兰县发展和改革委员会机关编制为 4 名，部门领导职数 3 名（正科级 1 名、副科级 2 名），加挂县国防动员办公室、经济和信息化局、粮食和物资储备局牌子。

11月3日，阿里地区行署副专员周训举（左一）到普兰县检查粮食物资储备情况

【项目建设】 2022 年，普兰县固定资产投资项目共计 27 个，计划完成投资 19.87 亿元，其中国家投资项目 24 个、招商引资项目 3 个。截至年底，已完成投资 13.83 亿元，完成率 70%，其中完成国家投资项目 12.03 亿元，完成率 60.54%；完成招商引资项目 1.8 亿元，完成率 87%。

续建项目推进情况　续建项目 12 个，总投资 46.81 亿元，2021 年已完成投资 12.97 亿元，2022 年计划完成投资 17.06 亿元。截至年底，已完成投资 11.18 亿元，完成率 66%。年内完工项目共 10 个，完成投资 2.32 亿元。

新建项目推进情况　新建项目共计 8 个，2022 年计划完成投资 2.08 亿元。截至年底，已完成投资 0.85 亿元，完成率 40.87%。

争取类项目推进情况　争取项目 4 个，总投资 2 亿元，2022 年计划完成投资 0.74 亿元。项目管理中心项目 1 个——普兰机场场外配套设施建设项目，已完成前期工作，资金到位 5000 万元；水利局项目 1 个——普兰县加庆

11月23日，县委常委、政府副县长格罗（左一）检查粮食安全储备

沟河道治理项目；商务局项目1个——县再生资源回收基地建设项目；县粮食和物资储备局项目1个——县区域性救灾物资储备库建设项目。

【招商引资】 2022年，普兰县发改委认真开展招商引资工作，积极向上申报项目，成功将青稞饮品生产项目纳入地区招商引资项目库，总投资2000万元；开工项目3个，完成投资1.8亿元，分别为银城生态大酒店二期工程、普兰县霍尔乡20兆瓦光伏储能项目、普兰县综合体建设项目。同时，对接普兰县益民饲料厂、云达机动车检测站、龙源西藏马攸桥检查站分布式光储项目、普兰县汽车油气电综合服务站项目等招商引资项目，并与相关投资企业签订意向协议。

【物价管理】 2022年，普兰县发改委为帮助纪检监察部门、公检法部门在案件办理中克服人员和资金缺少困难，抽出2名业务人员在普兰县市场开展价格调查，协助县公安局和霍尔乡边防派出所完成物价鉴定案件3件，涉案金额共计12804.33元。

【粮食储备管理】 2022年，普兰县发改委积极迎接地区粮食安全行政首长责任制考核组。对2021年度全县粮食安全工作进展情况进行全面总结，并按照检查内容，收集整理各项佐证资料57套。积极完成县级储备粮增储任务，按照地区安排，普兰县储备粮任务为33吨。在接到任务后，普兰县发改委积极对接粮食公司、普兰镇，及时向县政府申请资金，在资金下达后，于5月30日在普兰镇收购青稞18吨，结合之前储备的面粉7.5吨、大米7.5吨，共计储备粮食33吨，按时完成县级储备粮增储任务，给群众增收10.8万元。截至2022年底，全县储备粮库存充足，其中自治区级储备粮青稞300吨，地区级储备粮40吨（面粉12吨、大米28吨），县级储备粮33吨（大米15吨，青稞18吨）。全力保障疫情物资供应，按照普兰县疫情防控指挥部要求，在疫情期间，累计调配帐篷588顶、折叠床1250张、棉被3628床、被褥3690床、水桶300个、迷彩睡袋6个、棉衣裤200件、藏被100件、棉大衣1701件、枕头500个、迷彩大衣53件、棉手套300副、防水鞋60双。2022年，分管县长格罗及裴彬对县粮食物资储备库进行安全检查4次，切实保障粮食储备安全。

自然资源（林业和草原）管理

【概况】 普兰县总面积13195.87平方千米。其中，建设用地28.13平方千米，农用地8438.92平方千米。2022年，全年审批自然资源类行政许可57件。

【耕地保护】 普兰县地处高原，气候寒冷，农业发展条件差，耕地资源稀缺，能够开垦的耕地地块资源极少。第三次国土调查数据显示，普兰县现有耕地面积1024.18公顷，占农用地总面积的0.16%，远低于西藏平均水平。一段时期以来，普兰县自然资源局始终坚持高站位、高标准、高要求、高质量耕地保护工作，坚持严防死守耕地红线、采取“长牙齿”的硬措施，落实最严格的耕地保护制度。2022年，通过季度卫片执法、耕地卫片执法、审计署下发关于农村占用基本农田项目及自查排查发现我县涉及耕地保护案件5处，整改完成2件。截至年底，实现全县耕地保有量不少于14835亩，能够达到占补平衡。

【土地整治】 2022年，普兰县自然资源局（林业和草原局）持续开展农村乱占耕地建房问题排查整治。国家和自治区下发普兰县农村乱占耕地建房疑似图斑3宗，普兰县自然资源局（林业和草原局）自行排查1宗，已全部完成核查，并最终审核上报问题3宗，严格落实“八不准”，以“零容忍”态度遏制增量问题。

【用地保障】 2022年，普兰县自然资源局（林业和草原局）切实转变作风，在服务理念、服务方式和工作方法上采取新举措。紧盯重大项目和重点服务对象，主动到交通、发改委等部门对接服务。认真落实“要素跟着项目走”机制，继续做好规划协同性和一致性处理，按要求报批新增建设用地，合理安排基础设施建设、城乡建设、产业发展和民生项目用地，确保重大项目用地需求。根据《阿里地区2020年度森林督查发现违法违建使用林地项目问题整改工作方案》及《西藏自治区林地、草地征占审批管理办法》要求，2022年，普兰县自然资源局累计受理林地草原征占审批手续23个。

【地籍管理】 2022年，普兰县自然资源局（林业和草原局）采取有效措施，落实“房地一体”不动产确权登记任务。截至年底，完成普兰县10个建制村的外业测量工作，完成43户确权登记颁证工作。易地扶贫搬迁安置住房不动产颁证工作已全部完成，全县共颁证97户，分别为普兰镇41户、巴嘎乡27户、霍尔乡29户。

8月2日，普兰县自然资源局（林业和草原局）局长（左二）在玛旁雍错湿地国家级自然保护区作为生态保护和修复优秀案例接受《中国环境报》采访

【土地确权】 2022年，普兰县自然资源局（林业和草原局）完成7宗寺庙不动产确权登记颁证工作。开展普兰县集体林权制度改革工作，现阶段外业调绘工作已基本完成，拟确权林地地块28宗，面积8235.73亩。

【开发利用】 2022年，普兰县自然资源局（林业和草原局）严格执行年度国有建设用地供地计划，加快存量土地处置和城镇开发建设。截至年底，累计完成普兰机场农用地转建设用地面积4843.67亩，2个城市批次、1个村镇批次农用地转建设用地，共计面积361.1亩。2022年，普兰县农用地转建设用地已组织上报包括普兰县20兆瓦保障性光伏建设项目、普兰县垃圾填埋场建设项目、DY水库建设项目、普兰县2022年村镇第一批次建设用地项目，共计2433.5亩。组织报批普兰县机场场外配套设施工程项目、普兰县普兰镇吉让社区乡村振兴引领示范村项目，共计128.7亩。共计缴纳新增建设有偿使用费339481元。

【矿产资源管理】 2022年，普兰县自然资源局（林业和草原局）完成马攸木M1矿区、M2矿区和齐吾矿区生态修复工作，其中，M2矿区累计完成修复试验区33.4公顷，非试验区76.4公顷，常规区面积217.05公顷。

【国土资源监管】 2022年，普兰县自然资源局（林业和草原局）加强组织领导，强力推进落实，确保高标准高质量完成规划编制。高质量完成第三次全国国土调查工作，为《普兰县国土空间总体规划（2021—2035年）》编制奠定坚实数据基础，普兰县自然资源局1名工作人员获评第三次全国国土调查先进工作者。科学合理统筹划定“三区三线”，做到三条控制线“数、线、图”一致。统筹抓好乡镇国土空间总体规划和“多规合一”村庄规划编制，确保应编尽编。推进详细规划和重大专项规划编制。建立和完善专项规划体系，开展普兰县生态修复等重大专项规划编制。土地卫片执法。2022年前三季度自治区下发土地卫片图斑67个，并对违法图斑进行认定核实。执法巡查监管。对普兰机场砂石料厂下达责令停工停产决定，对普兰县霍尔乡贡珠村致富济贫专业合作社砂石料厂下达责令停工停产决定，对自然资源管理秩序进一步规范。地质环境。配合地区《阿里地区矿山地质环境恢复规划》，完成《普兰县矿产资源规划编制》工作。

【地质灾害项目检查】 2022年，普兰县自然资源局（林业和草原局）全力做好汛期地质灾害隐患排查和监测预警。组织12名地质灾害群测群防员排查调查各类地质灾害隐患点131处，进行防灾培训1次、演练1次，60人次参与。地质灾害防治项目建设，完成贤柏林寺地质灾害治理项目，2022年推进实施孔雀河流域城区段地质灾害治理项目，已完成初步设计工作。实行重点时期地质灾害隐患排查日报制度，国庆假期至中共二十大期间，累计排查地质灾害隐患25次，日报25次。配合地区编制《阿里地区“十四五”地质灾害防治规划》。

【队伍建设】 2022年，普兰县自然资源局（林业和草原局）全局上下共参加支部集中学习15次，组织全局集中学习30次，形成心得体会、研讨发言材料等书面材料50余篇，签署《普兰县自然资源局（林业和草原局）党风廉政建设目标责任书》10份。

4月24日，普兰县自然资源局（林业和草原局）工作人员开展义务植树活动

【林业和草原管理】 2022年，普兰县自然资源局（林业和草原局）以全面推行林长制为抓手，明确县、镇（乡）、村三级林长履行森林草原防火的职责，10个责任区各级林长各负其责、各尽其能，周密部署、精心组织，做到领导到位、部署到位、行动到位、措施到位。与普兰镇、巴嘎乡、霍尔乡及涉及森林草原防火责任的县文旅、民宗等部门签订森林草原防火目标责任书6份，形成纵向到底、横向到边的网格化管控格局。从全县选聘1449名生态护林员开展护林巡查工作，负责防火期各责任区的森林防火日常巡查和宣传工作，取得良好的宣传防护效果。利用宣传海报、宣传横幅、宣传标语、森林草原防火宣传片等多种载体，加大《森林防火条例》《林区野外用火戒严命令》等宣传力度，做到防火宣传进机关、进乡村、进农户、进企业、进景区，广泛动员全社会齐抓共管。防火期共召开森林草原防火工作会议3次，培训会议2次，开展专项宣传5次，森林草原防火演练2次，全民防火意识进一步提升。紧盯春节、清明节、藏历新年、国庆节等重要节日和冬春两季防火戒严期，加强重点林区的预警监测。抽调人员持续开展林区违规野外用火专项治理，见烟就查，见火就罚，严惩引发森林草原火灾的肇事者。开展隐患排查和查处违规用火专项行动，对容易发生森林火灾的重点部位、重点区域认真梳理排

查，做到隐患排查不打折扣、不留死角、不走过场。进入防火期以来，派出隐患排查检查人员 30 余人次。普兰县林业和草原局坚持严格执行森林草原防火值班制度和信息报告制度。每天 24 小时值班待命，保持政令和火情信息畅通，坚持“有事报事，无事报平安”，切实做到快速反应，实现“打早、打小、打了”，有效遏制森林草原火灾所致损失。

根据第三次国土调查数据显示，普兰县有林地 173349.4578 公顷，草地 669558.6798 公顷。2022 年全年审批林业和草原类行政许可 23 件。推进实施“四旁植树”行动。普兰镇辖区的 5 个建制村是海拔 4000 米以下宜林区，结合区位实际，普兰县自然资源局（林业和草原局）重点围绕五个建制村打造村（宅）绿化网、建设生态宜居普兰。2021—2022 年在村（宅）植树 34080 株，其中普兰镇多油村 8360 株、吉让居委会 7960 株、赤德村 6040 株、细德村 5680 株、科迦村 6040 株。义务植树。2022 年，完成义务植树面积 40 亩，通过购买当地农牧民苗圃植株的方式，有效提高当地群众的收入。

6月5日，普兰县自然资源局（林业和草原局）工作人员运用无人机技术，开展宅基地确权测量工作

【资源监督管理】　2022 年，普兰县自然资源局（林业和草原局）根据党中央、国务院和区党委、政府、阿里地区行署决策部署，于 2022 年 4 月 27 日完成制定《普兰县全面推行林长制实施方案》（以下简称《实施方案》）。建立林长巡林制度。县级林长带头示范，每季度巡林不少于 1 次；乡镇级林长对责任区每月巡林不少于 1 次；村级林长开展日常性巡林，每周不少于 1 次。成立领导小组，设立林长办公室。结合普兰县林草工作实际，于 2022 年成立普兰县全面推行林长制工作领导小组。于 2022 年完成林长制责任区域划分，全县共计划分 10 个责任区。全县根据责任区域定制县乡村三级林长公示牌，明确规范县乡村三级林长公示牌、林长职责、一林一档等信息，引导社会参与并接受社会大众监督林长制工作运行，全面形成全社会共参与的全面推行林长制合力。

【野生动植物保护】　在严格管护下，普兰县多处重点保护区域仍处于原生状态。2022 年仅玛旁雍错保护区内监测到的野生牦牛比 2018 年增长 7%，藏羚羊同比增长 10%，藏野驴同比增长 5%，赤麻鸭同比增长 2%，狼同比增长 3%。

【资源林政管理】　2022 年，普兰县自然资源局（林业和草原局）累计受理林地草原征占审批手续 23 件。

【病虫害防治】　2022 年，普兰县自然资源局（林业和草原局）全面做好林业有害生物防治工作。定期研判防治形势，及时调整防治措施，保障防治工作的有序开展。年内，投入防治资金近 24 万元，每个建制村配备护林员，为防治工作提供资金和人员保障。购置并储备一批林业有害物防治药物，有力保障全县生态安全。为查清普兰县草原（地）有害生物物种种类、数量及危害程度，7 月 20 日，普兰县林业和草原局组织国家林业和草原局西北调查规划院开展普兰县草原有害生物普查。此次普查范围是全县草原，普查的对象为危害草原植被及其产品，以及造成经济或生态损失的啮齿类动物、昆虫、植物病害及病原微生物、毒害草等有害生物。截至年底，已完成外业调查工作。

【生态补偿】 2022年，普兰县自然资源局（林业和草原局）兑现一系列生态补偿资金：兼职野保员工资兑现，兑现金额为86.62万元；兑现玛旁雍错国际重要湿地第三年禁牧（草场、沼泽）补偿资金，共计20.56万元整；兑现失地农牧民征地补偿资金420.81万元；兑现森林生态效益补偿资金1780.37万元；兑现生态岗位资金37.28万元；兑现玛旁雍错湿地国家级自然保护区管理站临时管护人员工资36.72万元；兑现2022年湿地管护人员工资196.32万元。兑现玛旁雍错国际重要湿地第三年禁牧（草场、沼泽）补偿，共计20.56万元。

【项目建设】 2022年，普兰县自然资源局（林业和草原局）坚持山水林田湖草沙冰一体化治理和整体保护原则，上半年，选拔并培训玛旁雍错管护站管护人员90名，建立保护管理长效机制。持续加大玛旁雍错重要湿地保护力度，持续做好玛旁雍错国际重要湿地日常管理工作，推深做实玛旁雍错湿地保护与修复项目和能力提升两大项目。做好雅江中上游生态保护与恢复综合治理项目。该项目包括普兰县天然林保护与营造林、普兰县退化草原修复和湿地保护与修复3个项目，该项目拟在普兰县普兰镇、巴嘎乡、霍尔乡选址。

【国家级自然保护区建设与管理】 2017年7月，经国务院批准，玛旁雍错成为国家级自然保护区。自保护区设立以来，普兰县自然资源局（林业和草原局）始终将玛旁雍错湿地国家级自然保护区生态环保作为工作重点，建立保护管理长效机制，在保护区内设立管理站6处，管理点3处，宣教访问中心1处，管护码头和瞭望塔各1座，界碑界桩若干。选聘专业管护人员90人，进行保护区日常管理巡护工作。管理站和管护人员配合，形成以点带面，以宣带引，以管带发的全方位、共参与、多层次、高质效的自然资源保护管理体系。

审计

【概况】 2022年，普兰县审计局机关编制为3名（行政编制2名，机关其他编制1名）。部门领导职数2名（正科级1名，副科级1名）。

县委审计委员会办公室设在县审计局，接受县委审计委员会的直接领导，承担县委审计委员会具体工作，研究提出县审计领域坚持党的领导、加强党的建设的政策建议，组织研究县审计工作规划、重大政策和改革方案，协调推进、督促落实县委和县委审计委员会决策部署。县审计局根据工作需要承担县委审计委员会办公室相关工作，接受县委审计委员会的统筹协调。

【县委审计委员会会议】 2022年，县委审计委员会办公室坚持党对审计工作的领导，发挥审计委员会办公室作用，全年共计召开三次会议，主要传达学习中央审计委员会第5次会议精神、自治区党委审计委员会2022年第1次会议精神、地委审计委员会2022年第2次会议精神、全国审计工作会议精神、自治区审计工作会议精神、《关于进一步发挥改革效能有力推进纪检监察监督巡视巡察与审计监督贯通协同高效的指导意见》以及新修订的《中华人民共和国审计法》；研究审议通过《中共普兰县委审计委员会2022年工作要点》、《普兰县2022年度审计工作计划》、《中共普兰县委审计委员会2022年工作要点》、《普兰县2022年度审计工作计划》、巴嘎乡2020年度预（决）算及财政财务收支情况的审计报告；听取中共普兰县委审计委员会2022年工作总结及2023年工作要点。

【普兰县委经济责任联席会议】 2022年3月15日，普兰县2022年经济责任审计工作联席会议在县委组织部召开，联席会议成员参加会议。

会议深入学习中央审计委员会第4次会议精神和侯凯审计长讲话精神、《中央审计委员会关于加强地方审计委员会工作的指导意见》、区党委审计委员会第5次会议精神以及《关于建立审计查出问题整改台账的通知》精神。审议通过《普兰县经济责任审计工作联席会议办公室关于调整充实普兰县经济责任审计工作联席会议组成人员的通知》《普兰县经济责任审计工作联席会议办公

11月30日，普兰县委书记、审计委员会主任李平（中排左一）主持召开中共普兰县委审计委员会2022年第三次会议

室关于调整充实普兰县经济责任审计工作联席会议联络人员的通知》《普兰县2022年经济责任审计工作计划》。

【审计监督】 2022年，普兰县审计局开展包括领导干部经济责任审计内的审计项目6个，其中预算执行及其他财政财务收支情况审计1个、上级审计机关安排的专项审计（调查）3个、重大政策措施落实情况跟踪审计1个、县委政府临时安排的专项资金联合检查项目1个。完成2020年度巴嘎乡预算执行及其他财政财务收支情况的审计。审计发现往来款项长期挂账、超标准购置办公设备等13个问题，提出审计建议3条，有效地促进财政资金的规范运行。完成普兰县直达资金全过程政策落实跟踪审计，审计发现，直达资金分配进度缓慢、直达资金支出进度缓慢等4个问题，提出审计建议3条。同县委组织部联合检查普兰县2个村级集体经济项目资金并对使用情况进行审计，了解项目进度、资金使用情况，反馈项目建设过程中程序上的问题，提出审计建议3条。

【业务培训】 2022年，普兰县审计局根据审计署《关于举办2022年度市县审计局领导干部培训班的通知》要求，派人参加培训，提高审计局领导干部政治站位和政治能力。参加自治区本级预算执行工作方案中“十三五”前期经费绩效审计、信息化建设项目绩效审计、区外各类机构设置及管理运行情况等3个审计专题工作方案讲解培训会。参加西藏自治区审计厅自然资源与生态环境审计处在阿里地区审计局集中组织召开的领导干部自然资源资产离任审计重点内容和方法的培训，填补县局在此项业务工作上专业知识的空缺。

【大数据审计】 2022年，普兰县审计局于2022年对普兰县巴嘎乡2020年度预（决）算及财政财务收支情况进行审计，审计过程中多次利用大数据审计技术，提高审计效率，进一步规范被审计单位资金管理使用、财务报销、项目审批、固定资产入账、账务处理不规范等情况。

市场监督管理

【概况】 普兰县市场监督管理局为县政府工作部门，主要是贯彻落实党中央关于市场监督管理工作的方针政策和区党委、地委、县委的决策部署，在履行职责过程中坚持和加强县委对市场监督管理工作的统一领导，认真开展市场综合监管管理、市场主体统一登记注册、反垄断执法、知识产权管理、监督管理市场秩序、产品质量安全监管、开展食品药品和化妆品及特种设备的综合监督管理等工作。截至年底，全县市场主体共有1978户，注册同比增长39.6%，其中企业243家、个体户1688户、农牧民专业合作社47户，办理食品经营许可595份，同时根据《西藏自治区食品生产加工小作坊小餐饮小食杂店和食品摊贩管理办法》（西藏自治区人民政府令第164号），从2021年6月该办法开始施行后，共办理“三小一摊”证照112份。

【商事制度改革】 2022年，普兰县市监局以登记制度改革为契机，继续进一步推进简政放权、放管结合、优化服务改革新举措，加强事中、事后监管，继续坚持推行“双随机、一公开”监管。企业年检改为年度报告，实行企业信用监管，市场主体在规定时间内通过国家企业信用信息公示系统向市场监管部门报送年度报告，并向社会公示，同时将在生产经营活动中产生的行政许可、行政处罚、动产抵押等信息依法予以公示，促进了市场主体信息公开，形成政府引导、部门监管、企业自治、行业自律、社会监督的市场监管新常态。同时认真履行“双告知”职责，探索建立“双反馈、双跟踪”机制，通过完善机制，进一步强化“证”与“照”环节的信息互通，确保各审批、主管部门信息接收情况反馈率达95%以上。

【营商环境】 2022年，普兰县市监局通过完善机制，进一步强化“证”与“照”环节的信息互通，确保实现各审批、主管部门信息接收情况反馈率达95%以上。以“证照分离”和“多证合一”改革为契机，加强部门间沟通协商，按照“谁产生、谁提供、谁负责”的原则，完善跨部门信息交换机制，与所有成员单位实现联网，涉企信息归集政府部门的覆盖率达到100%。同时加强宣传培训，建立月通报制度，提升协同监管平台应用实效，推动联合惩戒措施落地。

【市场安全监管】 2022年，普兰县市监局加大对全县市场主体价格行为监管力度，进一步规范收费标准，不得乱收费、恣意提高收费，告诫其履行社会责任，须诚信经营，并张贴市场价格行为提醒告诫书50余份，发放市场价格行为提醒告诫书100余份，并签订市场主体履行疫情防控责任承诺书300余份。执法人员深入各后勤物资保障供货点及销售点，重点检查各供应商供应情况，价格行为。

【复商复市】 2022年，普兰县市监局在复商复市期间开展检查市场主体疫情防控措施是否到位，是否严格落实人员扫码、佩戴口罩、保持一米距离、进店人员体温检测台账等疫情防控措施。检查各主体有无哄抬物价、串通涨价、不明码标价、销售超过期食品、销售“三无”产品等情况，检查中现场销毁过期食品品种34种、价值1.5万元、重量50千克。加强溯源管理，做到冷链食品主体“应入尽入”。加强食品安全监管，以超市、餐饮店和食品店为重点，督促经营者严格落实疫情期间食品安全主体责任，加强食品原材料采购、存储、加工等环节监管，严格落实不堂食、无接触配送。疫情期间商品价格总体平稳，未发现恶意串通等哄抬物价的价格违法行为发生。有序引导各类市场主体恢复营业，保障人民群众的生命健康和生活生产平稳有序，签订复工复商承诺书300余份，教育引导市场主体200余次，并按照疫情办和各网格员的相关工作要求制作复工复商出入证500个。

【食品安全监管】 2022年，普兰县市监局共开展食品安全监督检查56次，出动检查人员152人次，查获过期食品62种，没收过期食品596.3千克，价值12367.5元，下发责令整改通知书12份，设立食品安全一般案件10000元。推进食品安全风险等级动态监管评定工作20项。结合“3·15”央视曝光“老坛酸菜”卫生不达标事件，在辖区中大型商超店内共下架约56箱方便面。覆盖重点区

6月29日，个体工商户党支部党建指导员讲党课

6月21日，自治区市场监督管理局邀请第三方对普兰县市场食用农产品进行监督抽检

域地段，在学校食堂等内开展专项检查9次，开展校园周边检查12次。研究制定《普兰县食品安全信息员（协管员）管理办法（试行）》，并充分征求乡镇人民政府意见后印发执行，同时结合乡（镇）村（社区）基层工作实际，创新性制定《普兰县食品安全信息员工作开展台账》《普兰县食品安全协管员工作开展台账（藏文版）台账》《普兰县食品安全乡镇月度汇总台账》等，全面压实乡镇信息员和协管员的工作职责，并形成有效的考核依据，助推完善和织密食品安全基层监管责任体系。结合"12315"系统投诉举报21个案件和辖区派出所移交食品安全线索问题1个案件，游客电话投诉1个案件，及时组织执法队伍力量，在第一时间内已全部完成处置工作。

【药品安全监管】 2022年，普兰县市监局对辖区内药品零售药店、诊所、县医院药房和乡镇卫生院共开展药品监管检查12次，出动人员26人次，并前往辖区各村（社区），村医务室开展督促过期药品及时上缴卫健委工作。对接县人民医院，强化开展药品不良反应监测工作，并及时将结果上报地区。认真落实地区局药品科每月度统计报表工作和医疗器械台账上报等工作。到各药店、诊所，重点检查各场所口罩、体温枪、消毒液等物资是否符合产品质量要求。重点对"四类药品"的销售和拆零药品销售规范登记等进行检查。对各经营场所的药品进货渠道进行抽查，确保不留隐患。加强以疫情防控产品为重点的药品安全监管，紧盯药械购进渠道、产品质量、销售流向、供货商资质等关键环节，强化全流程闭环监管。检查药品经营使用单位有无严格落实疫情防控措施，督促其严格按照全县疫情防控措施要求营业。

【特种设备监管】 2022年，普兰县市监局共开展专项检查20次，出动人员40人次，下发特种设备安全监察责令书8份，因违反《中华人民共和国特种设备安全法》及《特种设备安全监察条例》等，全面封停普兰县南亚利民超市4部电梯、喜马拉雅酒店2部电梯、县公安局办公楼1部电梯、县政府职工之家1部电梯，同时将普兰县集中供制氧站全面进行查封停用。检查辖区加气站10次，查看气瓶追溯体系运行情况和安全阀等情况，检查拆除7个超期安全阀。

【质量技术监督】 2022年，普兰县市监局制定印发《普兰县2022年深化推进质量强县工作实施方案》《关于调整充实普兰县2022年度质量强县及质量和标准化工作领导小组的通知》《普兰县2021年县级政府质量工作考核结果通报的整改方案》等，全面压实各单位质量标准化建设工作主体责任，通过文件制度形式，树立各行业质量标准化意识。地区市场监督管理局对普兰县辖区抽检的纸杯、电热毯等不合格产品问题，及时向商家下发责令整改通知书，并要求进行下架和查扣没收。围绕民生常用产品，通过查看产品合格证、认证标志、进货单等加强对燃气领域器具的常规检查，开展检查10次，出动人员22人次。6月21日，自治区市场监督管理局邀请第三方对普兰县市场食用农产品进行监督抽检。抽取苹果、香蕉、胡萝卜等食用农产品20批次，通过抽检工作，及时为监

8月10日，普兰县市监局工作人员严查疫情防控期间哄抬物价行为并张贴《市场价格行为提醒告诫书》

管人员排查食品安全风险隐患提供依据。在落实特种设备安全检测方面，7 月 23 日，成都市特种设备检验检测研究院对辖区内 2 家单位开展特种设备安全检测。主要对医院快开门式灭菌器、县集中供氧站等设备进行现场检测检验，杜绝隐患发生。

统计

【概况】 2022 年，普兰县统计局坚持全面统筹、由内及外的学习模式。对内开展《中华人民共和国统计法》《全国人口普查条例》《全国经济普查条例》等最新法规和政策理论的学习，进一步做好新时代统计工作的思想自觉和行动自觉。对外利用“9 · 20”国家统计日、“12 · 4”全国法制宣传日加大对统计普法工作的宣传力度，对岗位意识薄弱，业务能力欠缺人员进行业务强化指导，不断提高个人综合能力水平。通过内外结合、全面统筹的方式，不断促进普兰县统计局完整、准确、全面贯彻新发展理念的总要求，强化相关业务人员法治观念，确保普兰县普查数据真实、准确、完整，全面客观反映普兰县经济社会发展状况。

【普查调查】 2022 年以来，普兰县统计局紧扣统计职能，以迎接全国第五次经济普查为契机，着力持续提升统计普查调查服务，扎实开展重大普查调查和各项常规统计核算，积极做好高质量发展综合绩效评价工作，紧紧围绕全县中心工作，深入开展统计分析和调查研究，积极为县委、县政府决策调控提供统计服务。截至年底，普兰县统计局、社会经济调查大队深入各乡镇和企事业单位执法检查 9 次，在国家安全观、农牧民收入等方面进行入户问卷调查 3 次；在企业产量、社会消费品总额等方面按照要求每月入网报送；在蔬菜、畜牧业方面按照要求每季度报送；在农林渔牧业、城乡居民收入等方面按照要求每半年报送；并对重点薄弱环节提出意见，依法依规确保县统计数据的及时性、完整性和准确性，为政府部门宏观调控提供科学决策依据。

【统计服务】 2022 年，普兰县统计局召开部门统计工作联席会议 2 次，明确各职能单位要求分工，

6月17日，普兰县统计局开展普法宣传活动

5月9日，普兰县统计局组织开展严惩统计造假不收手、不收敛业务培训

进一步树立好全县上下“一盘棋”的思想认识，不断统筹推进普兰县统计工作健康发展。完成人员培训3次，单位内部学习相关条例法规10次，着力提高统计执法人员服务意识和执法观念；结合《统计执法“双随机”抽查制度（试行）》，深入企事业单位和各乡镇对原始记录台账、岗位负责人进行相关检查和业务培训指导9次；结合《中华人民共和国统计法》等相关政策法规和统计造假不收手、不收敛等典型案例宣讲11次，结合深入讲解和现场指导，进一步树牢统计法治观念，未发现统计方面违法乱纪行为。

项目管理中心

【概况】 2022年，普兰县项目管理中心在县委、县政府的领导下，坚持以“安全、质量为抓手”，确保重点建设项目按照各项目标任务和合同约定稳步推进，加强督促项目监督，从工程开工到竣工，每项工程隐蔽步骤及分部分项工程、质量监督履职到位，进一步规范施工过程管理。

【项目建设】 2022年，普兰县项目管理中心共管理项目6个，其中续建项目3个，新建项目2个，跑办前期项目1个。

续建项目 普兰县民俗园建设项目，建设规模为新建1#演艺接待室旅游特色餐饮区721.03平方米，2号旅游星级厕所120.6平方米，混凝土道路铺装745.85平方米，花岗岩路缘石374.71米等，总投资412.31万元，工程进度为99%；塔尔钦商贸中心改扩建项目，建设规模新建网架结构屋面687.31平方米，维修改造1项。总投资201.79万元，工程进度为20%；普兰县2020年“两江四河”流域造林绿化工程建设项目，建设规模人工造林66.67公顷（1000.00亩），涉及9个作业区。配套工程包括灌溉设施、管护工程。总投资322.20万元。该项目于2022年10月28日完成竣工验收。

新建项目 2022年，普兰镇吉让社区乡村振兴示范引领村项目（贡嘎组）建设项目，建设规模：新建钢筋混凝土护坡786.84米，钢筋混凝土挡墙135米，景观仿木亭子1座，玻璃廊亭18平方米，水厕2座（69.84平方米），绿化工程2480.54平方米，室外宣传栏13

5月3日，普兰县委书记李平（左三）在斜尔瓦组经济林建设项目实地调研

4月20日，普兰县副县长罗梅（左四）对普兰县机场场外配套设施建设项目开展实地调研

个，藏式宣传栏2个，混凝土硬化1139.68平方米，卵石混凝土地面1813.22平方米，混凝土彩砖地面291.9平方米，嵌草砖停车场196平方米，混凝土路缘石1231.62平方米，藏式手绘彩石（景观石）8个，雕塑1座（花岗石），木质花池箱30个，石质座椅5个，树池座椅104.67米，成品钢质环保垃圾桶10个，太阳能路灯12盏，太阳能彩色壁灯10盏，乱石清理区域56.76平方米，班公柳388株，总平土石方1957.5立方米。总投资591.91万元，工程进度为70%。普兰镇吉让社区乡村振兴示范引领村项目（马吾组、曲龙组、苏孜组）建设项目，建设规模：工程建设项目共分为3个实施点。马吾组：新建公厕55.41平方米，室外附属工程含挡土墙78.00米，道路拆除恢复5619.00平方米，村公共服务区域改造1860.12平方米，水渠及池塘修整285米，花岗石栏杆120米，石质座椅20张，给水工程1813米，排水工程2694米，路灯10盏，绿化种草320平方米。曲龙组：新建公厕55.41平方米，室外附属工程含挡土墙56米，道路拆除恢复5619平方米，社区公共服务区域改造825.6平方米，石质座椅15张，给水工程2201米，排水工程2487米，路灯14盏，绿化种草200平方米。苏孜组：新建水泵房107.45平方米，室外附属工程含道路拆除恢复4455平方米，给水工程180米，排水工程1912米。设备购置：成品保温水箱2座，潜水排污泵2台，水泵房设备1套。总投资1957.83万元，截至年底已完成初步验收。

跑办前期项目 普兰县机场场外配套设施建设项目，建设规模进场路工程：新建进场路1.369千米，双向四车道，设计速度60千米/时，路基宽度16米，采用沥青混凝土路面，配套建设涵洞、道路照明设施，完善沟渠系统。供电工程：新建1座35千伏机场变电站，变电容量2×8兆伏安；新建普兰110千伏变电站至机场35千伏变电站35千伏线路，线路全长2×16.75千米，其中架空线2×16.2千米、穿管敷设电缆2×0.55千米；新建机场35千伏变电站至机场35/10/0.4千伏中心变电站35千伏线路，线路全长1.3千米；配套建设相应的OPGW（光纤符合架空地线）光缆和二次系统工程。以及道路、供水、排水、围墙、通信等必要设施。总投资：10018.08万元。

工业·商贸·口岸

工业

【概况】 普兰县没有规模以上的工业，主要以牧业、农业为主。绿色产业主要是糌粑加工、民族手工业编织、矿泉水生产、砂石料开采等，规模不大，生产和经营成本普遍高于同类产品，销量不大、效益不高。利用“一带一路”、环喜马拉雅经济带和建设面向南亚开放大通道的机遇和区位优势，深化旅游、文化、商贸、中药材、天然饮用水、农产品加工、民族手工业、信息化建设等领域的开发和合作，促进全县中小企业健康发展。

【工业信息化工作】 建材产业运行情况 2022年，普兰县建材企业1家，累计实现产量16.5万吨，产值587.5万元。

天然饮用水运行情况 2022年，普兰县有天然饮用水企业1家，为西藏阿里冈仁波齐资源开发有限责任公司，因该企业投资资金1500万元用于设备改造升级，在10月投入生产，生产20吨矿泉水，产值9万元。

农畜产品加工业运行情况 2022年，普兰县有农畜产品加工企业2家，产值14万元。

民族手工业运行情况 2022年，普兰县有民族手工业合作组织1家，产值16万元。

数字经济运行情况 2022年，普兰县数字经济主要来源为电子商务交易收入，收入48865元。

信息化基础设施建设 截至年底，共建设电信5G基站10个，为建设“智慧普兰”提供保障。

国网西藏电力有限公司普兰县供电公司

【概况】 2022年，国网西藏电力有限公司普兰县供电公司（简称国网普兰供电公司）有在册职工31人，劳务派遣人员12人，平均年龄30岁，人员结构较为年轻化，公司管辖1座110千伏变电站、3座35千伏变电站；9条10千伏配电线路，配变台区180户，其中专变台区99户，公变台区81户；管辖3座水电站、1座光伏电站，装机总容量3000千瓦，负责全县1个镇2个乡10个建制村的输、配电服务工作。人员配置方面，公司经理1名、副经理2名，公司初创，设1个部门（供电服务中心），下设3个班组（运维检修班、营业班、发电班）。

【党建工作】 2022年，国网普兰供电公司坚持以党建为引领，组织党支部成员落实“三会一课”制度，加大党员教育力度。2022年，公司党支部发展1名正式党员、2名预备党员、5名发展对象，并吸收4名入党积极分子。年内，公司党支部组织12次教育活动、4次实践活动；同时抓宣传工作，协同各班组全年共开展不少于6次的现场宣传活动。

按照《中国共产党章程》《中国共产党基层组织选举工作条例》等有关规定，2022年12月公司支部按期进行换届选举，完成选举中国共产党国网西藏电力有限公司普兰县供电公司第二届支部委员会书记及副书记。

12月2日，国网普兰县供电公司运检班员对贡嘎台区进行夜间线路巡视

【营销服务】 疫情防控保障　8月23日，国网普兰供电公司接到普兰县防疫办关于重要场所紧急用电申请后，第一时间前往方舱医院进行现场勘查，积极与上级部门沟通，协调供电急需物资，确保以最快速度完成方舱医院通电工作。安排11名保供电人员和3辆生产车辆，为方舱医院集中隔离点、网格点等共计1150顶帐篷通电，做到快速响应日夜奋战，为普兰县疫情防控贡献供电力量，努力体现国家电网公司“人民电业为人民”的服务宗旨和央企担当。

中共二十大用电保障　中共二十大召开期间，运营班特殊安排保电场所部署保电车及专业人员24小时值守，并强调做到正确、快速、有效、保障电力安全和客户财产不受损失。

静态管理期间用电保障　普兰县境内实行静态管理期间，国网普兰供电公司立即组织短会，讨论决定营业班组织安排值班人员上门服务，按照“欠费不停供”的原则，保证用电客户居家期间正常用电，以实际行动展现了“你用电、我用心”国家电网人的责任担当，得到属地政府疫情办、广大用电客户的肯定。

【运维检修】 2022年，国网普兰供电公司在中共二十大及“双节”前，对普兰县所辖1座110千伏变电站、3座35千伏变电站、9条10千伏配电线路以及配变台区进行特巡工作。

【送温暖活动】 2022年，国网普兰供电公司安排2名工作人员、1辆配送物资车，安排5000元的生活物资在爱心驿站每日为普兰县15处坚守岗位、昼夜奋战在一线的抗疫工作人员和志愿者提供热水、矿泉水、其他饮料、方便面等生活物资，为他们送去国家电网公司的温暖。在静默管理期间专门设立充电费上门服务小组，电费充值设备搬到家里，以居家办公形式给全县用电用户提供最优质的服务。

商务

【概况】 2022年，普兰县商务局全面加强商务领域各项工作，坚定不移贯彻新发展理念，攻坚克难、积极进取，全县商务工作呈现“稳中有进、进中向好”良好发展态势。

【电子商务】 2022年，普兰县商务局为大力推广普兰县特色产品（普兰科迦豌豆糌粑、科迦菜籽油、科迦文殊佛藏香、西德白糌粑、西德糌粑饼干、圣湖鱼干、五色彩砂、圣湖碱、雪域赭石、神山眼药水、霍尔乡大礼包、神山大礼包）销售渠道，聘请技术人员为普兰镇产品、巴嘎乡产品制作宣传纪录片，通过线上（抖音、淘宝、掌上银行、微信）与线下（展销、实体店、村级服务站、参加促销）相结合的方式大力推广本地产品，截至年底，共实现销售总额24万元。

【成品油管理】 2022年，普兰县商务局加强对成品油的管理，定期或不定期检查各加油站，先后共26次协同各安委会成员单位对危化品市场进行全面彻底的安全隐患排查；及时了解全县成品油市场运行情况，指定工作人员专门负责成品油市场监管与日报统计工作，每天向地区商务局上报。截至年底，全县5座加油站总购进柴油927.23吨、汽油695.14吨，销售柴油884.07吨、汽

7月15日，普兰县商务局局长潘东亮（左四）在霍尔乡开展项目前期调研工作

油682.15吨。

【疫情期间保供】 2022年，普兰县商务局自疫情发生以来，牢固树立“人民至上、生命至上”理念，压紧压实生活必需品保供责任，为保证疫情防控期间蔬菜、肉类、鸡蛋、粮食、食用油、水果、焦炭等生活必需品市场运行稳定、物流畅通等相关工作，全力做好生活必需品保供工作，积极组织局工作人员深入县农贸市场、大型超市开展保供稳价民生工作，全力确保疫情期间物价平稳，切实保障人民群众基本生活需求。

加强每日监测 疫情期间县商务局将普兰县新型冠状病毒肺炎疫情防控处置工作指挥部指定的12家大型超市及菜店作为普兰县疫情防控期间保供企业，坚持实行“一日一检测”制度，及时掌握市场供应及价格变化。截至年底，共检查91次。

打通运输渠道 积极协调地区疫情指挥部与沿路疫情检查站，对南亚利民超市、吉惠购物中心、普兰县祥云托运部、远航物流公司等开启绿色通道，实现市外市内运输无阻，切实确保全县生活必需品库存充足和物价平稳。截至年底，办理车辆运输证明63份，运输生活必需品3800吨。

【促销活动】 年初，开展“金秋嗨购、慧暖藏冬”促销活动，在金玉超市批发部、易居客串串香、川西小坝子火锅、霍尔乡水果蔬菜批发超市开展线下满200减100，餐饮满300减100，百货满400减100活动，此次促销活动达成交易925笔，兑现资金92500万元。7月29日至8月2日向农牧民群众、城镇居民以及外来务工人员发放第一批“助企惠民·乐购阿里”消费券，此次消费促进活动设有3个消费券投放点位，有35家使用点位（其中餐饮零售31家、家具家电3家、汽车1家），第一阶段共投放4430张消费券，收回1727张消费券，核销补贴资金达到129366.2元，其中消费券核销补贴资金105510元，补贴资金率达34.26%；家电家具核销补贴资金23856.2元，补贴资金率达23.52%；第二批促销活动于10月12日开始，通过“普兰融媒”“网信普兰”等公众号向群众公告，为增加消费覆盖面，新增7家家电家具促销活动实用点位（普兰县南亚利民超市、普兰县吉惠购物中心、普兰县千喜购物中心、普兰

12月11日，普兰县商务局工作人员调研生活必需品市场保障工作

县小付蔬菜水果商行、巴嘎乡百惠超市、霍尔乡蔬菜水果批发超市、普兰县永存摩托车修理部），新增 2 项享受补贴产品（电暖器 2500 瓦以内，电动二轮、三轮车）。

【蔬菜保供奖励】 2022 年，普兰县商务局为确保冬季及“三大”节日期间蔬菜、肉类市场运行稳定，保障市场供应充足，在全县范围内指定经营信誉好、质量有保障的 12 家商户作为普兰县冬季及“三大”节日保供商，同时签订保供协议，并兑现保供奖励资金 41800 元，要求各保供商户防止冬季蔬菜、肉类市场出现脱销断档，蔬菜肉类价格持续走高现象发生。

【项目建设】 2022 年，普兰县口岸建设附属设施冷库建设项目稳步推进，为了完善全县物流运输和冷链系统，新建普兰县口岸建设附属设施冷库建设项目，建设内容及规模为冷冻库 420 平方米，硬化路面 275.23 平方米，实心砖围墙 60.7 米，室外电气 1 项，室外给排水 1 项，室外热力管道 1 项，冷库制冷配电设备 1 项，冷藏车 1 辆。推进普兰边防营板房及配套设施项目，为切实保障普兰县边境执勤营房（板房）建设项目有序开展，该项目为地区支前办投资，总投资 270 万元。截至年底，已拨付 30% 材料款。申报 7 项县域商业体系建设项目，共投资额 1860 万元，其中 6 项为改造提升项目，1 项为科迦村边境商贸服务中心的新建项目。

【供销服务体系建设试点工作】 2022 年，普兰县商务局联合县人社、医保、民政、公安等部门及各乡镇利用 4 天时间到辖区两乡一镇调查核实原供销社历史遗留问题，经调查核实已纳入的社保人员 57 名、未纳入社保的半脱产人员 43 名，按照方案要求及时落实补助资金。5 日 22—23 日，利用 2 天时间，举办“您的需求　我们的目的，喜迎中共二十大　供销在行动”为主题的展销活动，主要展销西德白糌粑、科迦豌豆糌粑、白糌粑、黑糌粑，科迦藏香以及尼泊尔木碗、尼泊尔金银手工品等 50 多种普兰本地产品和普兰特色产品，聘请 1 名大学生创业者对产品进行介绍，并邀请 1 名本地网红，通过抖音直播线上宣传产品，电商体验店在现场直播销售，共销售金额 7 万多余元，现场现寄物流 30 余件。

口岸

【概况】 普兰口岸西南与印度毗邻，南与尼泊尔接壤，是全国为数不多的 12 个三国交界县之一，有 21 个通外山口。全县边境线长约 400 千米；国务院口岸领导小组编制的《口岸工作手册》“分年度国家批准的开放口岸一栏表”中，明确了普兰口岸是 1978 年以前经国务院批准对外开放的国家一类开放口岸；《中华人民共和国政府和尼泊尔政府关于边境口岸及其管理制度的协定》中双方再次重申“普兰—雅梨”为国际性口岸，口岸两侧分别为中国西藏自治区普兰县普兰镇和尼泊尔胡木拉地区玉萨村；2015 年，《国务院关于支持沿边重点地区开发开放若干政策措施的意见》（国发〔2015〕72 号）“沿边重点地区名录”中明确了西藏樟木、吉隆、普兰为“沿边国家级公路口岸”；2018 年 1 月 25 日，普兰口岸正式被列为药材进口边境口岸。

【项目建设】 总投资为 2759.95 万元的普兰口岸边检应急指挥中心建设项目，已竣工验收；总投资为 1852.99 万元的普兰口岸入境货物综合查验场建设项目，该项目于 2022 年 7 月完成招投标并签订施工合同，受疫情影响未能继续开展工作，于 12 月 2 日办理完成建设用地规划许可证，12 月 15 日施工方正式进场；投资 44 万元的普兰口岸限定区域配套设施项目，已签订施工合同。投资 204.92 万元的普兰口岸国门查验配套设施项目已完成 60%。总投资 70 万元的普兰县城旅检大厅院内厕所新建项目，公开招标中；国门区集装箱简易房项目，组织公开招标中；国门联检大厅水池及管道维修项目、国门旅检大厅办公区域隔断装置项目，在地区发改委项目评审中心排队评审中；总投资 79.29 万元的普兰边民互市贸易区配套丁嘎、强拉山口沿途监控设施项目已完成各项目前期手续，在组织招标中。

【疫情防控】 2022 年上半年受新冠疫情影响，普兰口岸加强口岸联防联控，坚决落实党中央、国务

12月26日，普兰口岸恢复对尼单向通货启动仪式在普兰口岸管委会院内举行

院有关工作部署，积极落实《国家口岸管理办公室关于临时关闭中尼边境口岸和拉萨航空口岸事的复函》相关要求，把防止疫情输入作为当前防控工作的重中之重，抓紧抓实抓细各项防控工作，坚决遏制疫情通过口岸传播扩散，筑牢口岸检疫防线。

2022年疫情期间，普兰县城境内滞留尼泊尔边民130名，边境口岸无出入境人员；普兰口岸、普兰海关、普兰外事办等工作人员组建的外事组，对普兰130名尼泊尔边民进行抗原采集，对发现存在问题隐患的，及时进行上报并安排转运；对特困、年迈的尼泊尔老人进行生活物资救助，保障疫情期间尼泊尔人居家隔离的生活保障；吉让村贡嘎组高风险期间，对27名尼泊尔人进行集中隔离，转运至曲龙村隔离点，按时提供餐饮、饮用水等生活保障，防止疫情的再次传播。

【对尼交往】 12月26日，按照《西藏自治区人民政府办公厅关于印发西藏自治区恢复陆路口岸双向过货工作指导方案的通知》，正式恢复普兰口岸对尼单向通货。12月30日，根据西藏自治区外事办《关于请协助安排商务部援尼北部山区挖掘机项目交接相关事宜的函》要求，普兰口岸管委会及时协调相关部门，在县海关、边检站、外事办的大力支持和保障下，在规定时间内，使援尼物资安全有序通过普兰口岸。

【边贸市场搬迁】 2022年，普兰口岸按照西藏自治区人民政府《关于在吉隆、普兰、亚东设立边民互市贸易区的批复》（藏政函〔2018〕119号）文件要求，投资949.47万元对新建唐嘎边贸市场进行改造，截至年底，卡口系统已初步对接拉萨海关。按照县委、县政府决策部署，成立搬迁工作专班，先后召开3次会议，对唐嘎边贸市场搬迁工作进行部署，深入老市场进行调研6次，及时了解老市场内部商户情况，掌握第一手资料，统计个体商户及需求等，及时上报县委、县政府，提供决策服务。细化唐嘎边贸市场工作实施方案，设立综合协调组、市场搬迁组、安全保卫组、教育引导组，组织开展各类协商调解会10次，教育宣传4次。面对光明公司落实不及时问题、尼泊尔边民时有不配合等情况，冒着巨大的外交压力与舆情风险，及时对接

12月30日，在普兰口岸国门区援尼物资进行交接

光明公司化解调节边民与光明公司间的矛盾及存在的苗头性问题6次，为搬迁工作顺利进展打下良好基础。7月9日颁布政府公告，要求各商户7月11—24日内完成搬迁工作，如期搬迁完成。外贸区商铺共有203间，已入住商户81户，已签订68份商铺合同、13份餐饮合同；内贸区商铺57间，已签订39间商铺合同、9间餐饮合同。

【口岸单向过货】 2022年，普兰口岸按照外交部就中尼边境口岸货运工作的系列部署请示，及自治区领导在《关于落实外交部〈关于进一步做好中尼边境口岸货运工作事〉的请示》和外交部《关于商请研究恢复中尼陆地口岸双向过货事》上的批示精神，积极完善普兰口岸疫情防控设施设备，协调海关、边检、卫健委等做好疫情防控及恢复开通双向前期工作，力争按程序尽快恢复开通口岸双向货通功能。起草普兰口岸单向通货工作方案、疫情防控方案等并征求卫健委、商务局、交通局、公安局、普兰海关、普兰边防检查站意见，及时上报自治区、地区商务局和口岸管理部门审核。稳步推进口岸恢复货通功能有关工程，普兰口岸入境货物综合查验场建设项目、普兰口岸限定区域配套设施项目、普兰口岸国门查验配套设施项目建设等。11月2日，召开单向通货专题会，行署副专员周训举主持，商务局、口岸管理委员会、边检、海关、外事办等部门参会，就恢复口岸单向通货存在的问题和困难展开讨论，并协调各单位抓好解决落实，确保按时恢复口岸单向通货。12月21日，按照自治区部署，组织相关部门召开对尼单向通货协调会议，确定单向通货时间及各项工作流程。12月26日，按照《西藏自治区人民政府办公厅关于印发西藏自治区恢复陆路口岸双向过货工作指导方案的通知》，正式恢复普兰口岸对尼单向通货。

海关

【概况】 普兰口岸是历史悠久的传统边贸、国家一类开放口岸，与印度、尼泊尔接壤，是西藏唯一的三国交界口岸，普兰与尼泊尔有斜尔瓦、丁嘎、拉孜拉等3个通道，与印度有强拉山口通道。普兰口岸每年5—11月通商，冬春季大雪封山后暂时中止人员贸易往来，三国之间以传统边民互市贸易为主，进出境人员和货物主要经斜尔瓦、丁嘎、强拉通道。业务总体呈现“量小、面广、点多、线长”的特点，海关业务均不同程度涉及，主要为进出境运输工具、货物、物品及人员的监管（检验检疫）、出口活畜检疫、口岸卫生监督、出口食品企业监督等。

2022年，普兰海关下设办公室（党委组织宣传部）、综合业务科2个正科级内设机构，设有1个党支部，为普兰海关机关党支部，在职关员21人。其中，男关员14人，女关员7人；汉族8人，占比38.1%；少数民族13人，占比61.9%；中共党员（含预备党员）9人，占比42.9%。

【检验检疫】 2022年，普兰海关受理1家涉外宾馆变更卫生许可证申请，对3家涉外宾馆进行卫生监督抽检样品30批次。全年持续做好鼠类、蚊类、蜱虫等病媒生物监测18次。狠抓国门生物安全，织密动植物疫情防线，开展有害生物监测、非法引进外来物

8月14日，普兰海关工作人员开展尼籍人员抗原检测

种和种子苗木“国门绿盾”“国门利剑”等行动，全年在辖区开展沙漠蝗、草地贪夜蛾、外来有害杂草监测，进行口岸外来有害生物监测普查。

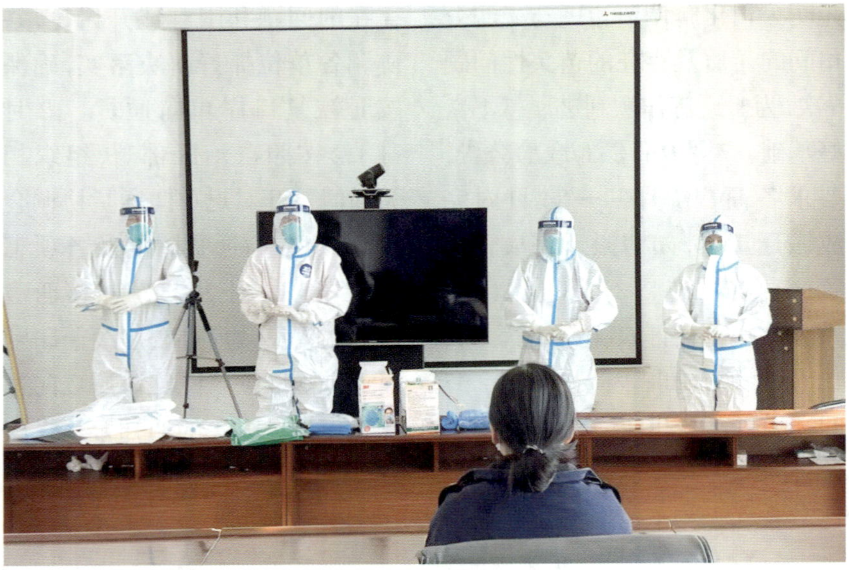

11月25日，普兰海关对协管驾驶员临聘人员开展防护服穿脱演练

【业务监管】 2022年，普兰海关主动作为，做好口岸12月1日起单向货物通关出口监管的各项工作，按照“一口岸一方案”原则，结合口岸实际形成《普兰口岸单向货物通关现场监管方案》，进一步明确工作职责，并上报地方联防联控办公室。邀请吉隆、聂拉木海关业务骨干通过视频会议方式为现场关员讲解通关管理系统、查验管理系统、舱单管理系统等操作流程和业务办理中的注意事项。组织开展防护服穿脱演练，通过详解穿脱要点，总结防护细节，规范穿脱流程，进一步强化口岸一线工作人员个人安全防护意识及实操技能熟练程度。主动对接地方政府和相关部门，召开现场协调会，明确海关货物监管要求，督促地方政府加快边贸市场、入境货物查验货场建设。12月26日，按照拉萨海关党委部署和自治区恢复陆路口岸双向过货相关工作安排，在严格遵守疫情防控相关要求的前提下，加强组织领导，制订方案预案，从严做好个人安全防护，积极安排关员赴现场开展对尼单向出口货物监管，助力普兰口岸正式恢复对尼单向出口货通。主要物品为布鞋、毯子、被子、洗衣粉等生活物资。12月30日，在严格执行疫情防控措施的前提下，组建工作专班，积极协调相关单位，高效监管验放1批援尼物资普兰口岸“零延时”通关。

【队伍建设】 2022年，普兰海关坚持不懈改进作风，狠抓日常习惯养成，严格执行每周一升国旗、队列训练、每月内务督察制度，将干部纪律抓在日常、严在经常，严格日常管理制度，加强维稳值班、考勤管理和请销假管理，将准军标准体现在各方面、各环节，用纪律和规矩培树闻令而动、遵令而行、令行禁止的作风，让好的作风转化为日常习惯和自觉遵循，锻造高原边关铁军。坚持严管和厚爱相结合，持续推动总署各项关爱措施落实落细，关心关注干部身心健康、成长成才、家庭生活，加强全方位管理和经常性监督，激励干部敢于担当、积极作为。

【疫情防控】 2022年，普兰海关持续抓好疫情应急和常态防控，立足应对处置实操实战，更新完善《普兰海关工作人员职业暴露或其他可能导致安全防护的突发事件应急处置预案》，加强疫情业务专项培训12次，开展演练3次，先后检疫监管尼泊尔边民出境22人。积极配合“百名科长百日督查”工作，对反馈的6项问题做好整改，扎实做好台账管理，有效完善补齐疫情内部防控漏洞和短板；严格防疫物资管理，科学合理制订调度使用计划，狠抓属地突发疫情期间关员个人防护和物资配发，协调更多抗原检测试剂，确保干部职工“零感染”。8—10月属地疫情静默封控的重要时段，服从属地抗疫战疫大局，借给地方政府核酸检测设备，并派出130余人次协助口岸外事组对尼泊尔籍人员每日核酸采样、抗原检测，做好派员驻点国门一线进行疫情防控值守。

【基础建设】 2022年，普兰海关多次联络地方政府，就普兰口岸唐嘎边贸市场智能卡口、联网、斜尔瓦国门区联检楼前置拦截区建设、旅检通道改造以及赤德监管点建设土地、在途监管等问题，给予现场指导并跟踪跟进，使各项整改事项基本符合海关监管条件。持续跟进普兰口岸唐嘎边贸市场卡口测试联调，全力推行边民互市贸易管理系统上线运行及对接切换，协助用户办理业务，使其顺利通过验收；指导做好斜尔瓦国门区海关联检相关区域的规范完善和整改建设。稳步有序推进“十三五”项目主体工程建设并通过验收，应急保障中心、口岸检验检疫实验及隔离中心分别完成投资的 66.23%、66.7%，做到质量和廉政双安全。

【后勤保障】 2022 年，普兰海关及时协调做好干部宿舍设施维修改造，用心、用情、用力解决后顾之忧，做好“暖心”工程之小卫生保健室、小放映室、小阅览室、小文体活动室中设施、物品的保障，保持使用流量和欢迎热度，打造文化和谐、凝心聚力的青春活动阵地。

【专项整治】 2022 年，普兰海关扎实开展“海关重点项目和财物管理以权谋私”专项整治，复核查询资料 156 份，梳理上报重点项目清单及佐证材料 27 份，确保合法合规自身不存在程序和手续上的问题。

【提质增效】 2022 年，普兰海关持续做好行政办公的提质增效，常态化管理机要收发、文函审核制印，抓好科学采购、合理用度和财物支持，加大信息宣传力度，积极提升稿件质量。年内，制作新媒体宣传稿 2 篇，其中总署金钥匙采用 1 篇。

农业农村·水利

农业农村

【概况】 2022年，普兰县计划建设高标准基本农田2000亩，总投资1390.85万元。完成农作物播种面积8919.4亩（其中，青稞7227亩、2350.49吨，豌豆483.6亩、91.27吨，油菜907.8亩、118.97吨，马铃薯33.02亩、32.64吨，蔬菜267.98亩、978.20吨），总产量3571.56吨。2022年，普兰县农村居民人均可支配收入为17573元，同比增长13.10%。其中工资性收入6086元，占比30.72%，较上年农村居民人均可支配收入6236元，减少2.41%；经营性收入2764.8元，占比13.96%较上年农村居民人均经营性收入为2029元，增长36.26%；财产性收入1134元，占比5.72%，较上年农村居民人均财产性收入为314元，增长261.15%；转移性收入9825.4元，占比49.6%，较上年农村居民人均转移性收入8936元，增长9.95%。农村居民人均可支配收入年度增量达2295.2元。

【强农惠农】 2022年符合兑现草原生态保护补助奖励资金人数为8403人，兑现资金3127.32万元，兑现进度达100%。兑现耕地地力保护补贴。2022年实际种粮户为850户、7227亩，兑现43万元，兑现进度达99.99%。兑现实际种粮农民一次性补贴。实际种粮户为850户、7227亩，已兑现16.25万元，兑现进度达99.95%。兑现牛羊出售补贴符合补贴的户数363户、合作社1家，牛1482头、羊1173只，兑现补贴资金103万元。

【动物疫病防控】 2022年，普兰县农业农村局坚持动物疫病防控工作春秋两季集中免疫与平时补免方式相结合，对高致病性禽流感、口蹄疫、小反刍兽疫等强制免疫病种做到应免尽免，同时，因病设防，做好布病、牛结核病、炭疽等主要人畜共患传染病和其他常见病、多发病的防控工作，全年未发生重大动物疫情。截至年底，春季疫苗接种51802头（只、匹），秋季疫苗接种56703头（只、匹），免疫进度达100%。

5月3日，普兰县农业农村局技术人员在春耕备耕前对农机进行安全排查

【防抗灾物资储备】 2022年，普兰县农业农村局根据普兰县防抗灾工作安排，分配至农业农村领域防抗灾经费124万元，根据各乡镇防抗灾饲草、兽药需求，对防抗灾经费进行合理分配。分配116万元用于防抗灾精饲料和饲草采购。分配8万元用于防抗灾兽药采购工作。

【"菜篮子"工程】 2022年，普兰县农业农村局按照要求对闲置蔬菜大棚进行修复并进行种植，截至年底，可用蔬菜大棚222座，蔬菜产量达978.198吨。严把农产品产地准出关，突出主要场所、主打品种，对县域内农产品生产基地、种植大户等主体生产的蔬菜农药残留情况开展抽样检测。年内，共检测67批次，合格率达100%。根据《中华人民共和国动物防疫法》及相关法律法规，紧紧围绕"以检促防，以监促检，防监结合"的工作主线，认真开展产地检疫工作。年内，开展动物产地检疫452头（只、匹），出具动物检疫合格证68张，其中，动物（A）证2张，动物（B）证66张；出动执法人员26人次，对食品流通经营单位12户开展肉制品、冷链食品市场检疫13次，保障肉产品质量安全。

【脱贫攻坚成果同乡村振兴有效衔接】 2022年，普兰县农业农村局对产业项目实行所有权、经营权、收益权确权登记，完成16个扶贫产业项目统一确权登记工作。截至年底，完成2021年利益

6月7日，普兰县农业农村局工作人员在农田开展病虫监测

分红192.039万元，带动3736人次增收。通过强化政策扶持、组织引领、科技支撑、服务指导，对现有的专合组织按照农村工作发展趋势，择优筛选生产经营规模较大、品牌市场影响力强、带贫效果明显的4个专合组织，投入100万元，扩大生产规模、提升产品品质、延长产业链条、打造市场品牌，进而发挥专合组织示范引领和带贫致富作用。同时，以实现土地适度集约化规模化经营为指导，规范土地流转，有序流转耕地390.593亩，收入471001.75元，带动19户92人增收。

【"三区"科技人才】 2022年，普兰县以2个乡1个镇10个村（社区）为对口受援单位，同时根据对口单位的实际情况和农业农村系统的人才特点，选派畜牧兽医、农学专业的5名业务素质较高的技术骨干，进行为期1年的技术指导、科普宣传、新品种新技术推广业等工作。年初签订5份三方协议，年底召开"三区"科技人才考评会，5名"三区"科技人才围绕全年工作作了个人述职报告，考核领导小组通过听取汇报、查看资料等方式，对"三区"科技人才进行打分，经考核领导小组考核，普兰县2022年度5名"三区"科技人才考核均为合格。农学类"三区"科技人才，继续推广藏青"2000"，并积极参与本地品种试验示范等项目，通过示范户的田间展示作用，引导周围的农民接受，促进了新技术的推广应用。畜牧兽医类"三区"科技人才，派科技人员到乡镇、村组现场解决生产中的问题、为生产者提供更快捷，更准确科学的解决方法，也使村组兽防人员、农牧民科技特派员之间取长补短，相互提高。针对种植养殖生产中的问题，有针对性地进行培训，春耕春播、接羔育幼前到村组，和农牧民一起探讨种什么，种多少，怎么种、怎么防治疫病、怎样饲养牲畜、怎样提高成活率等问题，打破过去

农牧民培训“让我学，我不学，讲大课，讲的内容和自家生产脱节”等现象。在农作物生长季节生产上出现问题或养殖场家畜出现问题，及时到田间圈室进行诊断指导，开方抓药，解决实际问题，通过师傅带徒弟的方式使农牧民科技特派员、村组兽防人员和种养殖户掌握实用的技术，收到较好的培训效果。据统计，全年开展各类培训共 12 场次，参训 1551 人次。

7月7日，普兰县农业农村局技术人员开展农产品检测

【科技特派员】 2022 年，普兰县共有 18 名农牧民科技特派员，专业技术包括畜牧兽医、电工、种植业、设施农业等。主要职责：推广先进适用技术、开展科技培训帮扶、扶持发展合作组织等，进一步推动农牧业产业结构调整、农牧业增产增效和农牧民增收致富。

【农牧民专业合作社】 2022 年，普兰县依托本地特色产业和地域优势特点，按照当地经济水平和市场需求安排和部署当地农牧民群众，培育致富带头人、技术指导员、理事员，充分发挥带动和扶持经济收入差的贫困户，对提高农村整体经济发展起到很大作用。截至年底，全县累计在工商部门注册登记 23 家，共涉及 10 个村，注册资金 5331.36 万元，注册社员 3883 户、15723 人次。2022 年辐射带动贫困农户 1001 户、2455 人，2022 年农牧民合作组织经济收入总额 3952.177 万元，并对建档立卡贫困户及群众慰问分红 609.369 万元。

【党建工作】 2022 年，普兰县农业农村局根据《中共普兰县委办公室关于印发〈普兰县 2022 年党风廉政建设和反腐败工作要点〉的通知》要求，结合农业农村工作实际制定《农业农村局 2022 年党风廉政建设和反腐败工作方案》，推动党风廉政建设和反腐败工作向深、向实开展，确保“三农”领域政治生态风清气正。通过组织观看反腐败警示教育片、学习典型案例通报等，提升党员干部防腐拒变意识，引导党员干部知敬畏、存戒惧、守底线，时刻绷紧全面从严治党、严惩腐败这根弦。紧盯“关键少数”、关键岗位，重点加强对物资采购、项目建设、资金支出等负责人的监督管理，做到经常在提醒、提醒在经常。组织领导干部家属签订承诺书 5 份；组织在家的 8 名科级以上领导干部及家属集中观看《家庭腐败警示录》及《零容忍》等警示教育片；邀请党建指导员上廉政党课，干部职工及领导干部家属共 20 人参加，筑牢拒腐防变思想防线；组织 9 名党员干部观摩红色教育基地，重温入党誓词，对照先进，洗礼心灵，升华思想；召开“廉内助”座谈会，讲感受、谈收获，进一步筑牢“不敢腐、不能腐、不想腐”的思想防线，共同营造风清气正的干事创业环境，共 7 人参加座谈会。严格落实党风廉政建设和反腐败工作“一岗双责”责任，形成一级抓一级、层层抓落实工作格局。通过上廉政党课、观看警示教育片、开展廉政谈话等方式，进一步提升党员干部对全面从严治党的认识。2022 年，开展专题学习 11 次、观看警示教育片 7 次、上廉政党课 1 次、集体谈心谈话 1 次。

水利

【概况】 普兰县水利局是普兰县

水利行政主管部门，为正科级，编制为3名（行政编制2名、机构其他编制1名），部门领导职数3名（正科级1名、副科级2名）；内设县水旱灾害防御中心，属事业单位，为副科级，核定事业编制4名，科级领导1名，经费来源为全额拨款。普兰县多油水库运行管理中心，为普兰县水利局所属事业单位，正科级建制（暂无内设机构），核定事业编制3名，核定科级领导职数2名，经费来源为全额拨款。局机关共有14名干部，其中水旱灾害防御中心5名、多油水库运行管理中心1名，援藏1名，“三支一扶”人员1名。

【项目建设】 2022年，普兰县水利局投资81万元科迦村吉提灌站引水项目已完工，解决斜尔瓦组40余亩耕地的灌溉困难问题。投资88万元的普兰镇辖区3处水渠维修工程已开工，解决3个村居500多亩农田的供水短板问题。同时，投资7万元完成普兰镇辖区5处水渠维修任务，完善春耕春播保障能力。以上项目均交由本地农牧民施工队，吸纳农牧民人数达116人，农牧民劳务收入达19.298万元。

【水利扶贫建设】 2022年，普兰县水利局加强农村饮水安全提升保障工作，先后多次对高海拔机电井、集中供水管道等进行检查，梳理饮水问题，并有序进行整改。投资30万元的霍尔乡贡珠村三组秋季牧业点机井已开工建设，工程建成后，有效解决该组27户，150人和牲畜的饮水困难问题。投资74.44万元的霍尔巴嘎机井提升工程已完工，解决12处牧业点580余人的饮水安全提升问题。实施一批农村饮水安全维护维修工程，争取地区水利局农牧区饮水设施维修资金54.46万元，完成6处农村集中供水维修维护，解决6个作业组饮水提升问题。县政府解决农村饮水维修资金10万元，维修饮水管道4处，更换发电机4个、水泵6个，购买冬季供水保障物资6.5万元，受益3500余人。年内，严格落实农村供水保障工程“三个责任、三项制度”，实施农牧区饮水安全水费收缴制度，发挥好农村用水协会作用，定期对水源区、管道、机井等进行检查，清理整治水源区白色垃圾35千克。

【水资源管理】 2022年，普兰县用水总量控制目标是0.1408亿平方米，全县实际用水总量控制在0.0482亿平方米，年度实际用水量小于年度下达用水指标，实现预期控制目标。年内，对取用水单位开展监督检查6次，下发整改通知书4份，收缴水资源费1.6815万元。完成普兰机场、巴嘎乡、新普工贸有限公司、迎宾馆以及县城重点澡堂的取用水许可论证工作，投资44万元完成152个千万人以下农牧民工程及42个万亩以下灌溉工程取用水区域论证初审工作。

4月21日，普兰县水利局局长国杰（左一）到普兰县新普工贸砂石料场监督检查取水许可及水土保持工作

【河流治理】 普兰县加兴沟山洪治理项目为2022年重点项目，投资971万元，新建堤防2.5千米，工程建成后有效保护普兰镇苏孜组、加兴组38户195人的生命财产安全，减少水流对河道及岸坡、两岸民房、农田、公路等基础设施的冲刷，保护国土资源，防止水土流失。

【防汛抗旱】 2022年，普兰县水利局为确保2022年防汛抗旱工作，及时完善各类应急预案，并经

7月4日，普兰县水利局工作人员在普兰县普兰镇科迦村岗孜组检查人饮工程维修情况

县人民政府审定后下发至各成员单位，严格执行24小时汛期值班带班制度，确保指挥体系畅通，全年未发生重大防汛抗旱灾情。召开普兰县2022年防汛抗旱工作部署会议，完善普兰县防汛抗旱各项责任人，并通过网信普兰向社会公布。投资7.01万元购买2022年度防汛抗旱储备物资，开展2次防汛物资清查工作，切实做到统一规范存放防汛抗旱物资。投资11.2万元开展2022年度山洪灾害防御演练1次、培训3场次，切实提升群众防汛应急能力和急救转移能力。预加强山洪灾害防御工作，对14个山洪监测站实行24小时监控，开展易灾点督查8次，及时解决岗孜水渠维修、仁贡若南组山洪等问题。

【工程监督检查】 2022年，普兰县水利局严格履行水利行政主管部门职责，对水利工程领域的管理、运行和维护情况进行检查，梳理“冬病夏治”饮水问题24个，年内开展维修维护20处，完成项目开工24个，开工率达到100%。截至年底，完工21个，施工中4个。

【水土保持】 2022年，普兰县水利局审查水土保持报告表7个、报告书3个，收缴水土保持补偿费25.22万元。对辖区各类工程、水土流失区开展监督检查12次，记录水土保持现场问题2次，开展区地县三级联合水土保持执法及培训1次。

【河湖长工作】 2022年，普兰县水利局召开普兰县2022年河湖长制工作安排部署会议及领导小组会议2次，听取河湖长制情况报告4次，举办专题培训3场次，解决工作经费20万元，对各乡镇河长办开展监督检查2次、考核1次，各县级河湖长开展巡河湖200余次，投资159万元的17条河湖岸线划定及一河（湖）一策修编已组织专家审查通过。年内，对辖区2家河道采砂企业开展监督检查9次，整改问题22项，完成砂石开采区界桩立牌，获得地区水利局河道采砂防洪影响评价报告批复，河道采砂许可证再延期1年，无河湖“四乱”问题。2022年，先后清理河道垃圾8吨，更新公示牌117个、宣传牌20个、警示牌24个、条幅12条，开展宣传12场次，发放宣传资料3000余份、宣传包1500余个，接受咨询30人次。玛旁雍错、孔雀河等多个河湖先后被新华网、央视、《西藏日报》等重要媒体报道，玛旁雍错成功创建为自治区级示范湖并筹备创建国家AAAAA级旅游景区。

交通运输·邮政·通信

交通运输

【概况】 普兰县交通运输局属正科级建制。2022年，共有编制4名（行政编制3名，事业编制1名），科级领导职数3名。下设有县道路运输管理所，为副科级建制。普兰县交通运输局对乡、村道进行管护，公路管养力量不断增强，管养体系不断完善，好路率和行车舒适度不断提高。县域内初步形成以县城为中心，国道为骨干线，省、县道为基本线，乡、村道为支线，辐射周围所有县市，四通八达、横穿纵贯的交通网。

6月28日，普兰县交通局局长任晓梅（左一）带队在马攸木边防检查站检查非法营运

【公路里程通行】 普兰县以国道219线、国道564线、公路为主的交通网络初步形成，县域内有2条国道过境，全县通油路517.6千米（含国省道和BF公路），硬化路面110.247千米。通油路情况：国道219公路境内长167千米，国道564公路境内长108千米。通硬化路情况：2个乡1个镇、10个村（社区）全部通公路，普兰镇至科迦沥青路面28千米，为国道564；普兰镇至赤德村至西德村15千米水泥路面；普兰镇至多油2千米沥青路面，为国道564；普兰镇至仁贡（其中20千米沥青路面为564国道，4.2千米水泥路面）；普兰镇至吉让社区2千米沥青路面，为564国道；巴嘎乡至岗萨村1千米水泥路面；巴嘎乡至雄巴村48千米沥青路面，为国道219和国道564，1千米水泥路面；霍尔乡至帮仁村1千米水泥路面；霍尔乡至贡珠村1千米沥青路面为219国道。公路通畅率分别达到100%；全县列养农村公路86条1074.804千米（其中县道及重要专用公路8条255.116千米，乡道及其他专用公路29条272.847千米，村道49条546.841千米），公路通达深度和等级显著提高。

【环境卫生整治】 2022年，普兰县交通运输局组织全县2个乡1个镇、44名生态养护岗位人员对全县农村公路沿线环境卫生开展整治工作。对县城修理厂废机油进行整治5次,对各乡镇修理厂卫生整治3次,对普兰机场临时汽修厂废机油整治4次,截至年底,共存有废机油11280升。年内,按照地区业务部门的工作要求,开展“我家门前那条路”活动,各乡镇每周定期开展所辖范围农村公路和国省道沿线环境卫生集中清理工作。

2月14日,普兰县交通局养护队调派装载机开展公路推雪除冰工作

【市场管理】 2022年,普兰县交通运输局上半年在执法权限未下放的情况下,为加强道路运输安全管理,积极与地区交通运输局沟通协调,邀请阿里地区交通执法人员联合执法。全年共开展道路执法15次,办理案件8件。处理阿里地区交通运输局移交拉萨到普兰违法经营的车现已处理完成,无资金处罚、阿里至拉萨涉嫌非法营运的车已扣,确保普兰县运输领域持续稳定状态。

【执法宣传】 2022年,普兰县交通运输局严格按照上级要求,不定期组织执法人员学习相关法律法规,熟练掌握执法程序、执法依据,制订执法计划及相关台账。出动16名工作人员利用宣传节点开展宣传相关法律法规,在人员众多的地方张贴相关海报开展交通领域宣传,悬挂横幅7个,发放各类宣传单500余份,非法营运袋700个,受益群众达800余人。

【安全生产】 2022年,普兰县交通运输局按照安全管理“一岗双责”的要求,建立横向到边、纵向到底的安全责任制,层层签订安全责任书,明确各级安全管理职责,把安全管理责任层层分解,做到人人有责任,事事有责任人,有力地促进各项工作的开展。

年内,通过发放宣传单、悬挂横幅,制作宣传栏等方式,广泛宣传安全常识,为专项行动营造良好的舆论氛围。并配合县应急管理局、交警队积极做好县客运站、出租车公司、非法营运“黑车”、修理厂、加油站、物流公司等进行专项排查和宣传,开展安全生产专项宣传5次。截至年底,共排查交通领域安全隐患8次。加强防汛安全管理。按照“安全第一,以防为主,全力抢险”的防汛方针和上级的安排部署,在汛期前,组织召开汛期安全工作会议,传达上级防汛工作要求,部署交通防汛工作,认真修订和完善交通防汛应急预案,成立防汛工作领导小组,落实人员坚持24小时值班制度,并储备必要的防汛器材、雨具和救生、照明等设备,车、物资等都全部具体落实到位,随时待命,保证抢险救灾工作随时“拉得出、用得上、打得赢”。

【道路运输】 2022年,普兰县农村客运已覆盖2个乡1个镇10个建制村。根据全县旅客预计数量和现有的农村班车的数目,以“预约+每天+每周一班次”的运营模式开展试运和正式运营工作。为保障农村客运正常顺利开通,县交通局积极与县人社局沟通,招聘政治素质过硬、具备相应能力的安检员4名、售票员4名和2名客车驾驶员,其中,安检人员和售票员培训,与地区对接,进行岗前培训,同时积极与地区运管局沟通,派送1名人员前往拉萨参加岗前培训工作。

2022年,普兰县客运农村班线共2辆车,9条线路,农村客运运行169次,输送旅客1225人(各村居)。

【疫情防控】 2022年，普兰县交通运输局在疫情发生以后第一时间启动应急响应，停发客运班线，暂停出租车营运，坚决防止疫情通过公共交通工具传播扩散。加强应急运输车辆统筹调度，配合县疫情防控统一调配应急运输车辆8辆，全力满足县应急运输转运保障需求。严格按照自治区、地区政策和县疫情防控要求，及时开展办理重点物资运输车辆电子通行证工作，对中高风险地区保供车辆实行“点对点”闭环转运，实行“不见面”办理制度。积极配合地区工作人员24小时对电子通行证进行审核，并协调各检查站帮助办理，有效提高电子通行证办理效率。截至11月1日，阿里地区共办理电子通行证9972张，其中交通运输领域办理1819张，切实保证抗疫物资和生活物资顺利抵达阿里。疫情期间，共调度运输车辆290车次，转运返乡、滞留普兰、阳转阴、方舱等人员2866人。

【复工复市】 2022年10月，普兰县交通局按照县疫情防控工作要求，农村客运开始复工复产工作，在严格遵守疫情防控政策的基础上，塔尔钦出租车于10月26日逐步开始营运。

【为民服务】 2022年，普兰县交通运输局结合工作实际，针对县交通运输局所辖门面房8间和宾馆1家，2022年共免除6个月租金92747.26元；对第四季度持续经营的商户进行摸底，已明确第四季度持续经营3家，并对该3家商铺和交通宾馆在原减免6个月的基础上，再减免3个月租金24773.64元。全年商铺共减免租金117520.92元。针对普兰县农村客运和塔尔钦出租车公司疫情期间，积极向相关部门和上级业务部门对农村客运和出租车公司申请减免让利相关政策。其中，农村客运站减免疫情期间企业所得税和增值税，申请农村客运班线补贴183600元；塔尔钦出租车公司向地区运管局申请减免疫情期间6个月4辆出租车顶灯使用费12000元，向保险公司申请减免出租车报停保险费6个月。

邮政

【概况】 2022年，普兰县邮政分公司预算指标为147万元。截至年底，完成收入153.96万元，同比增长7.24%，完成预算进度的103.85%。主营业务收入147.81万元，同比增长9.08%，完成预算进度的102.79%；金融业务收入预算指标为32万元，完成32.74万元，同比增长1.24%，完成预算进度的96.29%。截至年底，累计完成余额规模为2287万元，函件业务收入11.79万元，同比减少37.39%，完成预算进度的117.90%；集邮业务收入0.57万元，同比增长11.76%，完成预算进度的28.50%；寄递业务收入31.87万元，同比减少4.87%，完成预算进度的79.68%。

【金融业务转型升级】 2022年，普兰县邮政分公司为加快金融业务发展，积极推进转型升级，打造靓丽舒适的环境，年内对网点进行装修装饰、添置多台智能设备，提高工作效率。加强对工作人员的培训，不断提高服务水平，大厅内有志愿服务者和便民用品，积极为用户解决难题，为用户带来温馨的体验。疫情期间，为用户

4月7日，普兰县邮政局工作人员到巴嘎乡检查普邮

介绍线上业务办理功能，指导操作流程，使客户足不出户享受到安心便捷的金融服务。在做好服务的基础上，大力发展储蓄业务，开展多种厅堂活动，如小小银行家活动、抽奖活动和微沙龙等，走进村社进行金融安全知识普及，帮助广大群众远离非法集资，防范金融风险；重视中间高效业务发展，加强业务培训，通过系统筛选对客户进行分类，加强与地方部门的沟通，根据用户需求提供专业的金融服务。加强制度管理和考核，激励和约束员工行为更加规范化。

10月8日，普兰县邮政局收寄包裹

【寄递业务】 2022年，普兰县邮政分公司寄递事业部不断完善运营机制，紧抓基础市场不放松，确保每个业务板块全面发展，充分整合资源，分析市场，制定专属方案。2022年，受疫情影响，快递包裹业务方面，对县域内的电商客户进行充分摸底，是普兰县本地电商客户从无到有的一个突破。做好旺季生产能力的储备，从收、分、运、投四个方面做好人员、车辆安排，加大力度提高生产效率，改善生产条件。优化作业流程，全方位促进寄递业务降本增效，提高可循环邮袋的使用率，促进快递包装减量化、绿色化和可循环使用等。通过财务损益分析，各环节体现提效意识，同时加强人员管理，责任到人，把降本增效作为体现经营成果的一项重要内容。

【集邮】 2022年，普兰县邮政分公司顺应集邮市场变化，保持发展定力，满足客户需求，稳固发展规模，通过全体职工的共同努力、各专业之间的协作，用多样化的宣传模式宣传集邮品。不定期组织集邮品鉴会，维护老客户，开发新客源，销售《大国财富》和纪念邮票等集邮品，超额完成全年收入目标。

【渠道平台】 2022年，普兰县邮政分公司邮政营业网点在全县各乡镇实现全覆盖，更好地为全县人民提供便捷、高效的服务，与代投自提点相结合，设立邮乐购站点和邮掌柜，把邮政网络延伸到各乡村，做到每村都能享受邮政服务，实现村村通信、村村通邮。根据客户需求，着重做好农资销售工作，抓好上半年小麦浇返青和下半年秋收两个重要时间节点，做到早谋划、早宣传、早销售，充分利用邮掌柜、形象店及“三农”站，争取到厂家最大优惠，让老百姓得到实实在在的政策支持。安平邮政公司利用中秋节和“9·19”购物节进行双节旺季营销，使分销产品得到预期的销售效果，“9·19”电商节期间邮乐购优质站点达到100%，完成计划的100%，119个站点线上下单量完成计划的103.48%。

电信

【概况】 2022年，中国电信阿里分公司普兰电信局（简称普兰电信局）总共有18名员工，其中合同制员工7名，外聘第三方员工11名，县城有7名员工，两乡各2名员工，县城2家实体厅店，两乡各1店，县乡人员配置充足，县城及乡上所有员工都具备宽带装维能力以及基站维护能力。

【市场经营】 2022年，普兰电信局主营收入达到1340.89万元，其中产业数字化收入461.37万元。移动在网用户达到6290户，

8月17日，普兰县电信局为巴嘎乡方舱医院铺设光缆

移动用户新增862户，移动过网用户市场份额达到43.19%；宽带在网用户达到5168户，宽带用户新增754户，宽带市场份额达到63.37%。

【通信建设】 2022年，普兰电信局按照国家“十三五”规划纲要中全明确提出“积极推进第五代移动通信（5G）和超宽带关键技术，启动5G商用”的要求。为普兰县提供更好的信息服务环境，县城内建设5G基站7个，达到县城5G网络全覆盖。自然村建设4G基站5个，解决所有自然村群众通信难的问题。

【客户服务】 2022年，普兰电信局以客户满意度为首要职责，树立良好的精神风貌，把服务标准做高。加强硬件建设，提升营业厅外在形象，对营业厅门头、标志牌、形象墙做统一部署，使营业厅设施配置更加规范和标准，优化营业厅宣传设施，对有关宣传内容和重点进行科学化规范安排，同时为满足客户不同需求，营业厅设立新型业务体验区、自助服务区、业务受理区、休息区等，同时营业厅提供电话、饮水机、电视、报刊读物、医疗箱等公用设施，并且为老人提供专席，人性化的服务拉近与客户之间的距离，大大提升营业厅的外在形象。疫情期间，普兰电信局设立“爱心翼站”，为每天巡逻的工作人员、志愿者、转运组的司机大哥提供免费的饮料、矿泉水、面包等食物，以及休息的帐篷区。中秋节，普兰电信局给普兰县所有的疫情防控小组和网格管控点、检查站共80多个点位送上中秋祝福（月饼1人1盒，每个点位矿泉水1箱，饮料1箱）。疫情期间，虽然静默在家，但是客户服务工作却没有落下，渠道条线开展线上直播，宣传疫情防控的要点以及疫情期间为学生以及志愿者提供的免费流量和语音，同时告知所有用户，疫情期间不停机服务。政企条线给每个单位电话慰问，咨询单位是否有网络以及疫情防控智慧产品需求。通信保障层面每周进行一次基站干路巡检，保证疫情期间通信畅通。不断提升营业员销售、服务能力，提高他们的思想感悟和认识水平，以一流的服务档次和一流的服务水平让客户感受到家的温暖。在服务过程中严格遵循服务行为和流程规范，真诚接待每位客户，接受客户监督，真正

9月10日，普兰县电信局为普兰县所有疫情防控值班点位送上中秋节日慰问

满足客户需求。

【应急保通】 2022年,疫情静默的2个月里,为普兰县疫情指挥中心和巴嘎乡疫情指挥部搬迁视频会议系统,安装宽带16户,同时为疫情防控进行视频会议现场保障5次。另外给网格执勤点安装座机5户。为方舱医院安装宽带12户,安装摄像头6户、全屋Wi-Fi 5户、天翼大喇叭2户。普兰镇帐篷隔离点安装宽带3户,安装摄像头5户。为医护工作人员提供手机20部,用于核酸检测等使用。扎实做好维护保障工作和日常设备的维护和巡检工作,全年未发生设备平台引起的通信障碍现象。

移动

【概况】 2022年,普兰县移动分公司全体员工始终坚持"目标明确、坚定不移、每天进步一小步、日积月累跨大步"的工作宗旨,团结一心,精诚合作。

【市场经营】 2022年,普兰县移动分公司不断推出新业务,创建新品牌,不遗余力地吸引、留住用户,积累客户资本,打造核心营销能力。普兰县中国移动与时俱进、积极转型,力争成为数字化创新的全球领先运营商。普兰县移动分公司积极服务和融入新发展格局,全面承接中国移动集团战略思路,内强实力、外拓市场,坚持党建引领,以网络领先、5G创新、数据赋能、算网布局"四大行动"为牵引,立足"世界一流信息服务科技创新公司"新定位,全力拓展高原数字经济新蓝海。

1月20日,普兰县移动分公司经理扎西多丁在嘎如检查站进行慰问

【客户服务】 2022年,普兰县移动分公司建立客户感知的关键衡量指标,并面向公司各职能板块、运营主体,按照"责任主体全覆盖,业务领域全覆盖"的原则,实现服务质量责任横纵向可量化、可衡量、可分解。通过"做得好不好、客户说了算"的机制,推动对服务工作上下同心、齐抓共管,将服务深度融入网络、产品、渠道、IT系统等各领域,全方位提升服务能力。

联通

【概况】 2022年,中国联合网络通信集团有限公司阿里分公司在普兰有3名工作人员,全年收入完成133.35万元,全县有1000余名联通用户。

【业务经营】 主要业务有移网、专线和宽带。2022年,通信建设2—3个,客服服务完成90%。

【主要活动】 "5·17"世界电信日,在营业厅开展充话费抽奖活动。

城建·环保

住房和城乡建设

【概况】 2022年，普兰县住建局在地委、行署和县委、县政府的正确领导下，在上级业务部门的有力指导帮助下，做好县委、县政府及上级部门安排的各项工作。

【保障性住房管理】 2022年，普兰县住建局为促进公租房（含廉租房）、周转房的信息化管理，通过西藏自治区公共租赁住房管理信息系统及周转房系统对普兰县“三房”进行动态监管。截至年底，通过线上办理“三房”业务278件。

【安全生产】 2022年，普兰县住建局就安全生产工作对全县建筑工地和加气站开展督导检查27次，并在3月派工作人员进驻加气站开展安全生产日常监督检查。切实加强对建筑施工场所工作人员及普兰县民生加气站工作人员的安全管理和教育。同时，要求各建设单位和施工单位在开工前签订《安全生产承诺书》，切实做好安全生产工作。截至年底，安全责任书签订24份。

【项目建设】 2022年，普兰县住建局为促进县城公共服务设施提标扩面，市政基础设施提档升级，积极推动县城给排水建设项目。项目总投资1.026亿元，为市政给水增压，更换小区和单位院内老旧管道，在县城内开展给排水入户，为水厂蓄水池并网和新旧市政管道并网，新建商铺隔油池、化粪池，新建老旧小区化粪池等。项目设计招投标于2022年4月8日开标完成，施工招标2022年7月12日至2022年7月30日发布招标公告，2022年8月1日开标，2022年11月中旬开工建设。

普兰县垃圾填埋场建设项目总投资控制在5008.68万元，占地面积约102亩；服务范围：普兰县县城及附近乡镇；主要设计内容包括填埋库区设计、配套道路设计及配套设施设计。垃圾处理工艺：卫生填埋、渗滤液处理工艺及表层回喷。施工招标于2022

11月3日，西藏自治区生态环境厅西部专员办主任达瓦亚杰（右二）带队的工作组一行在普兰县在建垃圾填埋场检查指导工作

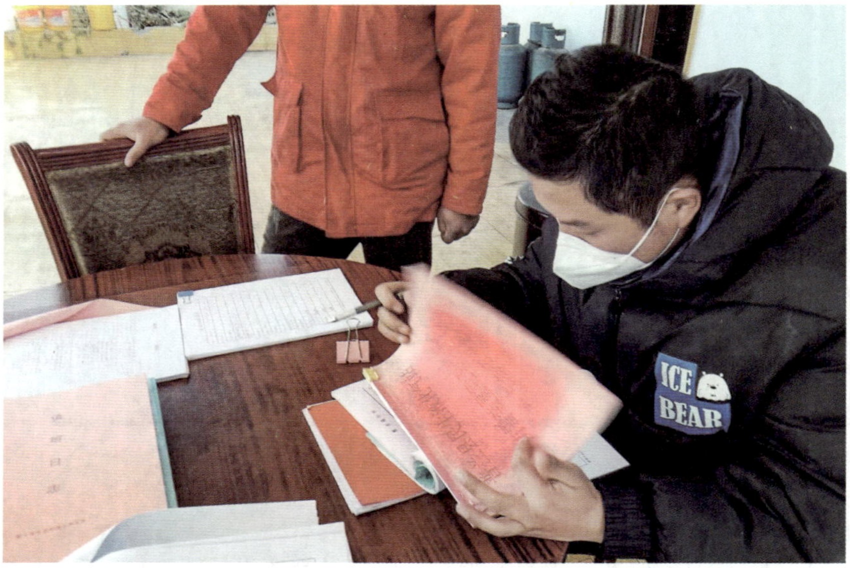

12月9日，普兰县住建局工作人员在加气站开展定期安全检查

年7月20日开标，该项目于2022年11月2日开工建设。

【行政审批和行政许可】 2022年，普兰县住建局严格按照《建设工程施工许可证管理办法》对所有审批项目进行审理，全年共办理建设工程施工许可证11件。根据《中华人民共和国消防法》及《建设工程消防监督管理规定》（公安部令第119号）第二十四条：对本规定第十三条、第十四条、第二十六条规定，2022年共计办理消防设计备案12件。

【城镇化建设】 2022年，普兰县住建局为切实发挥好行业职责和优势，更好地建立健全普兰县环卫及流浪狗收容所的管理，经县人民政府2021年第16次常务会议研究，决定将普兰县环卫及县城流浪狗收容所移交给普兰县城市管理和综合执法局进行管理。截至年底，已完成相关人员、设备、现有其他固定资产、资金以及其他资料信息的交接工作。落实全县干部职工用氧工作。2022年制氧站共计送出氧气小罐111个、大罐121个，在制氧站试运维阶段取得良好效果，保障防疫期间的正常使用。针对广大人民群众关心的吃水、用水问题，深入自来水厂20余次，修缮取水管网，维修水泵。

【自然灾害普查】 2022年，普兰县住建局按照住建部、自治区住建厅和地区住建局有关要求，在普兰县委、县政府高度重视下，普兰县住建局开展第一次自然灾害综合风险普查房屋建筑和市政设施调查工作。第一次自然灾害普查第三方合同费用为488000元。截至年底，共支付244000元，全县基础信息资料填报完成100%，完成房屋建筑、市政桥梁、市政道路地市级抽查，结果合格。

【污水、垃圾处理设施建设】 2022年，普兰县污水处理厂建设项目总投资2686.81万元，厂区总面积12320.76平方米。污水处理系统主要采用一级强化处理加人工湿地工艺，出水经紫外消毒渠和巴氏计量槽进一步氧化脱色消毒。积极倡导垃圾分类收集，2022年深入垃圾填埋场指导检查18次，切实发挥普兰县垃圾填埋场各区域的作用，针对环保督察提出的问题，积极整改，完善垃圾填埋场的运维管理，切实促进垃圾无害化处理。

城市管理和综合执法

【概况】 普兰县城市管理和综合执法局于2019年3月挂牌成立，2022年共有在职人员7名，其中行政编制4名、机关工人2名、西部计划志愿者1名。

【行政执法】 2022年，普兰县城市管理和综合执法局为做好城管人性化执法工作，更好地延伸和管理城管执法内容，强化作风建设，树立良好工作形象，组织开展“城管进社区、进校园”执法、宣传活动15次，组织开展街面、广场、入商铺宣传教育、执法行动130余次。

【业务培训】 2022年，普兰县城市管理和综合执法局，根据地委、行署统一安排部署，积极参与地区行政执法培训考试。截至年底，有持证执法人员4名，对持证执法人员进行培训，进一步提升执法人员的工作能力和业务素质。

4月11日，普兰县城市管理和综合执法局执法人员整治农贸市场“脏乱差”现象

【监督管理】 2022年，普兰县城市管理和综合执法局，对县垃圾填埋场规范化运维情况开展专项检查11次，开展公共卫生间运维管理检查40余次。

【清洁维护】 2022年，普兰县城市管理和综合执法局，为全面提升城市人居环境，改善市容市貌，实行全天保洁、全天管理，加大洒水降尘作业密度。截至年底，平均每天3次对城区进行道路洒水、清洁，确保城市卫生干净整洁，疫情期间针对县城人流量较多区域进行消杀。

【市容市貌专项整治】 2022年，普兰县城市管理和综合执法局针对城镇流动摊点、乱堆放，乱倒垃圾、乱泼污水、乱晾晒等行为进行教育纠正42次，对餐馆、茶馆餐厨垃圾开展行政执法132次，对乱披挂横幅进行清理，对占道经营、乱堆乱放等市容乱象开展专项整治27次，审核沿街商铺、住户装修申请35份，取缔巷道内小吃摊点和占道经营等市容乱象32次。实行“门前五包”责任制，年内，共对城区沿街旁商铺签订“门前五包”责任书160余份。

【城市管护】 2022年，普兰县城市管理和综合执法局对路边摊、学校周边、公园广场周边等地开展执法检查30余次，联合市场监督管理局、商务局等部门对农贸市场执法34次，重点检查城区主次干道及小街小巷食品、蔬菜、水果摊贩占道经营、无证经营、不文明经营等现象；对超市、商店检查18次；批评教育违规经营摊贩41次，责令、劝导城区内茶馆、餐馆从业、消费人员做好疫情防控38次。

完善流浪狗收容站运管制度。2022年，普兰县城市管理和综合执法局加强犬只管理力度，建章立制，完善收容制度，有效解决流浪狗收容问题，截至年底，共收容流浪狗234只。

协助文化、市场监督管理等部门开展图书、影像制品督导检查19次，未发现有害出版物。

【园林绿化】 2022年，普兰县城市管理和综合执法局从道路体系、广场、公园体系、绿化四个方面入手，大力开展普兰县城区域绿化种植（种花、种草、种树）及维护和浇水行动，投入资金41万余元。

7月8日，普兰县城市管理和综合执法局工作人员在维修路灯

【设施建设】 2022年，普兰县城市管理和综合执法局对全县道路护栏、道路井盖、照明设施进行全面检测、维护维修，花费资金15万余元。

【城区环卫】 2022年，普兰县城市管理和综合执法局有环人员63人，有力保障普兰县城市环境卫生管理水平、综合执法及城市清洁工作。

【垃圾分类】 2022年，普兰县城市管理和综合执法局结合普兰县实际，利用有限的人力、物力等资源，积极采用源头分类和垃圾填埋场末端分类处理模式，全面推行垃圾分类收集和处理，全年共分类可回收垃圾70余吨，出售65吨。

建设工程质量监督

【概况】 2022年，普兰县建设工程质量监督站受理报请监督检查项目39项，履行监督项目42项，其中新建39项、复工3项。深入各工地监督检查95次，下发整改通知书15份，施工各阶段和关键部位验收68次，竣工验收6项，申报自治区级安全文明标准化工地1项。

【质量监督】 2022年，普兰县建设工程质量监督站严格履行建设工程质量监督受理工作，简化受理过程和资料要求，安排专人受理报请监督检查业务，定期或不定期开展全县工程质量监督检查，抽查工程施工资料，对存在的问题记录在册，在日常监督中，坚持以地基基础、主体结构和影响使用安全及使用功能的关键部位为工作重点，严格监督程序，重点对基础、主体结构等重要部位、构件质量进行监督检查，提高监督工作质量和水平。在抓好对工程实体质量监督检查的同时，逐步加强对重要环节建设各方责任主体质量行为的监督。年内，深入各工地开展监督检查95次，下发整改通知书15份，年底完成整改15份。

6月15日，普兰县建设工程质量监督站工作人员在周转房建设项目一标段检查钢筋制作、绑扎质量以及防雷网焊接情况

【扬尘治理】 2022年，普兰县建设工程质量监督站结合日常检查、工程各环节验收等契机，加强建设工程施工扬尘管理，平时在办理工程监督手续过程中，严格要求施工单位制定施工扬尘方

8月9日，普兰县建设工程质量监督站工作人员前往巴嘎乡开展塔尔钦国际旅游特色小镇建设项目一标段主体钢筋验收

案，把施工扬尘方案作为监督手续的重要一项来抓，在施工过程中，安排专人对施工现场进行洒水、覆盖土方、沿途道路铺设防尘石等，确保工程扬尘的有效管控。年内，开展施工扬尘专项检查8次，下发整改通知书2份，年底完成整改2份，并积极推动施工现场扬尘污染防治措施，提高施工扬尘防范意识。

【项目验收】 2022年，普兰县建设工程质量监督站在工程验收过程中执行举牌验收，明确验收内容，明确验收人员，及时掌握工程建设和质量安全情况，有效提高建设工程质量安全水平。2022年，参与施工各阶段和关键部位验收68次，填写验收记录68份，参与竣工验收9次，年底通过竣工验收6项。

生态环境保护

【概况】 2019年机构改革后，阿里地区生态环境局普兰分局属于地区下设派出机构，核定编制为科级领导3名（正科级1名、副科级2名），有局长1名、副局长2名、一级主任科员1名。各县生态环境综合执法队实行“局队合一”体制，核定编制为3名（事业编制1名、科级领导职数2名）。

【执法检查】 2022年，阿里地区生态环境局普兰分局切实加大监察执法力度，对重点区域水环境、工程项目、环境整治、生态修复等情况进行定期或不定期检查，发现问题，及时依法处置，严把环境影响评价审批关，坚决杜绝“三高”“十五小”项目的引入，严格落实“三线一单”制度。

【重点项目检查】 2022年，阿里地区生态环境局普兰分局，针对医疗卫生单位、城镇生活垃圾填埋场、城镇水源地、汽修厂、加油站等突出重点行业的环境问题进行检查。截至年底，出动执法人员231人次、执法车辆108车次，检查企业161家次，下发限期整改通知书9份、执法联单19份、督办单2份，移交案件4起，移送至阿里地区生态环境局。在环保执法通上录入执法数据54条，填写项目现场踏勘记录表5份，对1家违法企业处以19499元的行政处罚。

【排污许可证办理】 2020年至2022年底，阿里地区生态环境局普兰分局共办理排污许可登记135家，简化管理1家。

【环评办理情况】 2022年，阿里地区生态环境局普兰分局在审批平台上申报建设项目环境影响登记表45份。

【环保宣传】 年内，阿里地区生态环境局普兰分局以3月综治宣传、“5·12”全国防灾减灾日、“6·5”世界环境日、中考和小考噪声宣传、8月生态文明高地宣传月等节点为契机，发放宣传册680份、噪声宣传手册20余份、环保宣传围裙528件、环保宣传笔470支、环保宣传毛巾260条、环保折叠防水布袋520个、替塑环保宣传袋653个、《环保倡议书》590份、生态纸杯6300个、环保笔记本628本、生态保护伞81把、绿色抽纸360盒、低碳指甲剪全套180套、环保宣传背心92件，悬挂宣传横幅13条，并在辖区醒目位置粘贴《公民生态环境行为规范（试行）》67张及噪声温馨提示18份。

财税·金融

财政

【概况】 2022年，普兰县财政局在县委、县政府的正确领导下，全面贯彻中央、自治区、地区各项安排部署。2022年全县财政收入总量130199万元，同比增长67.09%。其中，本级收入为6464万元。上级转移支付收入123735万元，调入资金9346万元、债务转贷收入3240万元，动用预算稳定调解基金9121万元。上年结转10673万元。支出总量89070万元，同比增长5.41%。主要支出项目完成情况：一般公共服务支出27317万元、公共安全支出4741万元、教育事业支出9435万元、文化体育与传媒支出1608万元、社会保障和就业支出5299万元、卫生健康支出8526万元、节能环保支出293万元、城乡社区事务支出2261万元、农林水事业支出20593万元、住房保障支出1842万元、交通运输支出933万元、商业服务支出224万元、自然资源海洋气象支出611万元、粮油物资储备支出35万元、灾害防治及应急管理支出195万元、科学技术支出39万元、债务付息支出118万元、其他支出5000万元。收支运行的主要特点：财政收入上，一般公共预算本级收入整体上升，税收收入同比上年增长37.51%，非税收入同比上年增长88.1%。财政支出上，支出结构进一步优化，各项重点支出保障有力。2022年与人民群众生活密切相关的公共安全、教育事业、文化体育与传媒、社会保障和就业、卫生健康、城乡社区、农林水和住房保障等重点领域支出54305万元，占一般公共预算支出的比重达到62%。

【预算执行】 2022年，普兰县财政局不断加强预算执行力度，硬化预算约束，优化支出结构，反对铺张浪费，做到"有预算有支出、无预算不支出"；持续推进预算公开，在政府门户网站和财政网站上进行公开，积极主动接受各单位、社会团体、人民群众的监督，推动财

12月29日，普兰县财政局召开全县各预算单位2022年财政预算执行情况分析暨2023年预算编制工作会

5月9日，普兰县财政局举办非税收入收缴暨电子票据系统培训会

政工作阳光化、透明化建设。

【财经秩序专项整治】 2022年，普兰县财政局根据自治区财政厅、地区财政局工作要求，对落实减税降费政策、政府“过紧日子”、保障“三保”支出、规范国库管理、加强资产管理、防范债务风险等重点任务进行整治，县财政局按照阿里地区财政局关于财经秩序专项整治行动的方案，成立财经秩序专项整治领导小组，对接地区财政局进行专项整治，顺利完成财经秩序专项整治工作。

【税费支持】 2022年，普兰县财政局根据党中央、国务院作出关于实施新的组合式税费支持政策的重大决策部署，联合普兰县税务局站在讲政治的高度，将落实组合式税费支持政策作为一项严肃重大的政治责任扛牢抓实，落实落细、落准落稳各项政策。政策有增值税留抵退税、“六税两费”减免政策、制造业缓缴税费等。

【巩固拓展脱贫攻坚成果同乡村振兴有效衔接】 2022年，普兰县财政局统筹整合涉农资金（县配套）375万元，切实履行好财政部门在打赢脱贫攻坚中肩负投入保障和财税政策支持以及扶贫资金监管的重要职责，严格落实“四个不摘”要求，强化财政扶贫资金监管，保障全县财政扶贫资金安全，进一步强化全县财政扶贫资金使用效率，持续强化巩固脱贫攻坚成果，有效助力乡村振兴稳步推进，积极推进巩固脱贫攻坚成果同乡村振兴战略有效衔接。

【惠农惠民】 2022年，普兰县财政局不折不扣落实惠及民生政策，及时印发《普兰县2022年边民补助资金发放实施方案》，并下发至两乡一镇，明确发放标准，要求在规定时限内兑现至守边固边义务的农牧民群众手中，提高边民收入水平，改善边民生活生产条件，促进边境地区经济社会事业发展。2022年，边民补助兑现共计2655.93万元。

【债务风险防控】 2022年，普兰县财政局坚持防范为主，通过全口径债务系统对各单位举债情况进行监控，实时了解动态、摸清底数，不断加强政府性债务监管，加强各单位政府性债务核查管理，每月按时上报全口径债务系统，切实加强政府债务风险防范。

【疫情防控】 2022年，面对突如其来的新冠疫情，普兰县积极组织、及时响应，组织开展疫情防控工作，地区到达疫情防控工作经费落实2445.67万元，县财政局落实疫情防控工作经费3835.55万元，积极保障资金到位，同时监督资金使用情况，确保资金发挥效益。

税务

【概况】 2022年，普兰县税务局全年共完成组织收入：2.47亿元。其中，组织税收收入5371.38万元，同比增长18%（其中：县级税收收入完成3193.8万元，同比增长37.54%）；组织非税收入1.03亿元，同比增长2188.89%；组织社会保险费收入8954.33万元，同比增长8.11%。新增留抵退税1450.9万元，新增减免税额2622.78万元。

【法治税收】 2022年，普兰县税务局以“三项制度”为抓手，助力法治税务建设。深入推进税收治理体系和治理能力现代化，进一步做好优化税收执法方式相关工作，切实提高税务执法方式。落实重大执法决定法治审核制度，确保税收执法行为合法性与合理性。落实《西藏自治区税务行政处罚裁量基准》及《首违不罚清单》，2022 年普兰县税务局未发生行政复议案件、行政诉讼案件。

4月29日，普兰县税务局举办纳税人缴费人新的组合式税费支持政策解读培训会

【税费政策落实】 2022 年，普兰县税务局严格落实党中央出台的增值税留抵退税等新的组合式税费支持政策、制造业中小微企业延续缓缴税费等稳经济一揽子政策及接续措施，持续加大政策宣传力度，优化“非接触式”服务，将全面从严治党与业务风险防范深度融合，战疫情、保退税，推进各项税费支持政策精准直达纳税人缴费人。全年累计新增留抵退税 1450.9 万元，新增减税降费 2623.76 万元。积极走访人大代表、政协委员，主动向地方党政、人大、政协及相关部门汇报减税降费工作。

【办税缴费服务】 2022 年，普兰县税务局紧扣“非接触式”办税要添力，税收营商环境持续优化。落实“对纳税人延期缴纳税款的核准”等 5 项实施规定。积极提供预约服务，科学安排错峰办理，减少办税群众在大厅内滞留时间，降低交叉感染风险，全年累计预约办税 28 笔。扎实开展便民办税春风行动，推出 6 项 23 条便民办税服务措施。积极发挥“银税互动”作用，为 7 户小微企业提供信贷支持 1574 万元。全面推行税费优惠“不来即享”，确保政策红利直达市场主体。

【电子税务】 2022 年，普兰县税务局深入推进“不见面办理”，落实全电发票试点任务，接受全电发票 21 份。全年各月征收期网上申报率均保持在 99% 以上。在落实组合式税费支持政策期间，及时熟悉掌握系统更新内容及优化调整功能相关模块，并做好对纳税人缴费人的辅导培训工作，开展集中培训 2 次。建立本级电子税务局快速反应机制，利用现有电子税务局运维热线、微信群等渠道，及时解答纳税人、缴费人遇到的问题、咨询。

11月10日，普兰县税务局干部职工在疫情期间坚守岗位为纳税人缴费人提供优质服务

中国农业银行普兰县支行

【概况】 2022 年，中国农业银行

普兰县支行(简称农行普兰县支行)在两级分行党委和县委、县政府的领导和支持下,以总行党委治行兴行"六维方略"为引领,以全区农行"六个坚持"工作方法作指导扎实推进各项工作。经营指标存款方面:2022年,普兰县支行存款余额71847.78万元,较年初减少3317.13万元。其中个人存款余额为42462.09万元,较年初增加8075.78万元,日均余额较年初增加4474.76万元;对公存款余额为29385.69万元,较年初减少11392.92元,日均余额较年初减少40557.48万元。贷款方面:2022年,各项贷款余额为45053万元,较年初增加12701万元,其中个人贷款余额30108万元,较年初新增1653万元;公司贷款余额14944万元,较年初增加11048万元。农户信息建档1775户,较年初新增154户;个人经营贷款余额1866万元,较年初增加1210万元;非涉农个人消费贷款余额12988万元,较年初减少430万元;个人住房贷款余额549万元,较年初新增35万元。中间业务收入89.81万元,较同期减少0.63万元。

【案件防控】 2022年,农行普兰县支行认真执行纪检委员日常工作履职,认真落实纪检委员巡检制度和"三线一网格"系统履职事项督办制度。全年纪检委员对营业所巡检次数8次,定期开展员工行为排查工作。

【加大供给促进金融服务乡村振兴】 2022年,农行普兰县支行紧紧围绕巩固拓展脱贫攻坚成果,按照打造县域领军银行和县域群众首选银行要求,深耕乡村市场,全面发展乡村振兴金融,增强对边境县的信贷支持力度。涉农贷款持续增长。2022年,全行累计发放涉农贷款19593万元,余额29649万元,较年初增加10222万元。农户贷款获得率持续提升。2022年,累计发放农户贷款5638万元,余额14705万元,较年初增加839万元,完成全年任务的102.36%,覆盖普兰县67.05%的农牧民,户均余额11.06万元,为边境一线农牧民发放"乡村振兴——固边贷"397笔4749万元,有效满足边民生产经营及消费资金需求。

【以体系建设促进金融服务乡村振兴】 2022年,农行普兰县支行主动对接全辖区工商在册专合组织金融服务需求,2022年度成功向3家农牧民合作社及农牧民施工队发放967万元,较上年同期增加881万元。狠抓农村集体经济组织账户营销和资金归集工作。2022年度累计营销农村集体经济组织账户10户,其中有效户10户,有效率达100%,开户率全覆盖。积极拓展对公两户建设,农行普兰县支行工商注册企业户为267户,开户为158户,纳税企业183户中已开户131户,村委会账户全部落户,寺庙符合条件的6户已开立,2022年新增账户6户。持续开展关于落实中央"四个不摘"、减费让利、小微企业开户、消费者权益保护、反洗钱等方面宣传8次,有效推动"金融戍边"文化深植。全县农牧民的政策性农险缴费全部通过农行普兰县支行掌银端进行缴费,6月末缴费率实现100%。

【县域数字化转型发展】 2022年,农行普兰县支行为贯彻落实总分行"推进数字化转型再造一个农业银行"的战略部署,全面推进"三农"业务数字化转型。截至年底,建档农户1775户,建档覆盖率达85.81%,"惠农e贷"余额达10966万元,较年初增加3454万元,其中:惠农e贷客户数占年内农户贷款累放户数的93%。

【渠道建设】 2022年,农行普兰县支行完成12个"三农"金融服务点标准化升级,完成"三农"金融服务点微信小程序入驻15户。截至年底,"三农"金融服务点交易2643笔,交易金额541.06万元,交易笔数和金额分别增加442笔、721万元,切实发挥服务点作用,有效满足农牧民多样化金融服务需求。

教育·体育·文化·旅游·科技

教育 体育

【概况】 普兰县教育(体育)局为正科级单位,有行政编制4名、教研编制3名、电教编制2名,实有人数11人,其中行政编制6人,教研3人,电教2人。2022年普兰县共有16所学校,其中九年一贯制学校1所,小学3所,幼儿园12所。2022年末,全县中小学、幼儿园在校生共计1776人,其中初中在校生262人,小学在校生1058人,幼儿园在校生456人;学前毛入学率107.84%,小学净入学率100%,初中毛入学率114.67%,高中阶段毛入学率103.13%,义务教育巩固率100%,三类残疾儿童入学率100%,义务教育阶段学生辍学率为零。

2022年,完善全民健身工作联席会议制度,组织开展"全面健身·喜迎党的二十大"男子足球比赛,指导各校开展足球、篮球比赛及竞技等各类群众性体育活动共计5场次,从而不断丰富了广大干部群众和师生的业余体育生活。积极投资38万元修缮普兰县青少年活动中心,添置各类体育设备,并确保24小时开放。为进一步积极指导群众开展民族传统体育和现代体育建设,不断提高广大人民群众的身体素质,大力建设普兰县公共体育场,总投资850万元,目前已投入使用,并坚持24小时开放。

【教师队伍】 2022年,普兰县专职教师共计161人,其中初中教师42人[(含援藏教师1名),小学79人(含援藏教师1名),学前40人(含乡村幼教1名)];高级教师17人、中级教师39人、初级教师42人、员级教师58人,2021年新招录未定职级5人。

【素质教育】 2022年,全县中小学全面贯彻落实"双减"政策,以培育德智体美劳全面发展的社会主义接班人为目标,扎实有效开展多项课后服务工作,开办"舞蹈兴趣小组""美术兴趣小组""足球兴趣小组""篮球兴趣小组"等

5月29日,普兰县教育(体育)局在县幼儿园举行普兰县第十一个全国学前教育宣传月启动仪式

多个小组并组织学生积极参与，激发学生潜能，提高学生综合素质，切实提升学校育人水平。

【教育均衡化发展】2022年，普兰县教育（体育）局加强对县域基础教育工作的指导，合理配置全县教育资源，着力提升基础教育教研水平和教育教学质量，构建中小学教育教学质量评价体系，促进义务教育城乡一体化改革发展和县域义务教育优质均衡发展，2022年小考、中考综合成绩位居全地区七县前列。

3月9日，普兰县教育（体育）局组织召开普兰县2022年春季开学工作安排部署会

【基础设施建设】2022年，普兰县教育系统国家投资基建项目共计4030万元，县级配套资金共计223.3万元，项目基本情况：国家投资普兰县巴嘎乡小学改扩建建设项目总建筑面积602.22平方米，建设内容：新建学生食堂602.22平方米，新建硬化146.81平方米，室外电气1项，室外给排水工程1项，室外供暖1项，总投资300万元；普兰县巴嘎乡幼儿园改扩建建设项目，建设内容：新建园舍及暖廊899.43平方米，塑胶场地1000平方米，室外给排水工程1项，室外电气工程1项，室外暖通1项及设备购置等，总投资450万元；普兰县多油村小学改扩建建设项目，建设内容：总用地面积1534.4平方米，总建筑面积603.89平方米，新建学生宿舍603.89平方米，新建硬化802.22平方米，新建绿化工程128.29平方米，室外电气1项，室外给排水工程1项，总投资330万元；普兰县霍尔乡幼儿园改扩建建设项目，建设内容：新建园舍及暖廊899.43平方米，塑胶场地1000平方米，室外给排水工程1项，室外电气工程1项，室外暖通1项及设备购置等，总投资450万元；普兰县普兰镇赤德村幼儿园改扩建建设项目，建设内容：新建园舍200平方米，新建硬化390平方米，室外给排水工程1项，室外电气工程1项，室外供暖1项，总投资120万元；普兰县普兰镇多油村幼儿园改扩建建设项目，建设内容：新建园舍200平方米，新建硬化390平方米，室外给排水1项，室外电气工程1项，室外暖通1项，总投资120万元；普兰县西德村角入幼儿园改扩建建设项目，建设内容：新建教学楼612.15平方米，新建硬化200平方米，新建围墙150平方米，室外给排水工程1项，室外电器1项，室外暖通1项，总投资450万元；普兰县幼儿园改扩建建设项目，建设内容：新建塑胶场地1100平方米，拆除原有建筑420平方米，挡土墙9米，新建围墙156平方米，新建水厕50平方米，教学楼给排水改造1100平方米，教学楼屋顶阳光棚更换阳光板184平方米，教学楼内墙粉刷3500平方米，教学楼门维修1项，新建花坛20米，沙坑80平方米，阳光暖廊210平方米，文化楼吊顶修复280平方米，文化楼内墙粉刷670平方米，文化楼外墙粉刷378平方米，文化楼更换窗67.05平方米，文化楼更换塑胶地面113.81平方米，文化楼更换塑胶地面21.084平方米，文化流卫生间瓷砖9.25平方米，文化楼窗台将第1项，文化楼更换门1项及设备购置等总投资400万元；普兰县仁贡村幼儿园改扩建建设项目，建设内容：新建园舍701.49平方米，新建塑胶场地2000平方米，新建围墙400平方米，室外给排水工程1项，室外电气1项总投资500万元。普兰县九年一贯制学校供暖建设项目，建设内容：石墨烯电供暖，供暖

面积 14592 平方米，总投资 1030 万元。

县级配套投资：普兰县九年一贯制学校拆除原教育工会活动室屋顶，建设内容：新建暖廊及内部装修，总投资 70 万元；普兰县各幼儿园、普兰县多油村小学维修改造建设项目，建设内容：维修巴嘎、霍尔、吉让、赤德、西德、多油、仁贡、科迦等幼儿园屋面漏水；多油村小学维修 6 间教室及办公室屋面漏水；维修教职工宿舍仓库漏水；补修部分墙面，总投资 70 万元；普兰县各幼儿园供暖项目：县幼儿园、仁贡、多油、赤德、西德角入、西德洛巴、科迦、斜尔瓦、巴嘎乡吉吾、吉让等幼儿园安装供暖暖气片，总投资 26 万元；普兰县九年一贯制学校维修足球场看台、七人制足球场及五人制足球场更换人工草皮，多油村小学维修篮球场地，县幼儿园、霍尔、仁贡、西德角入、科迦、吉让、赤德等幼儿园新建旗杆旗台，总投资 54 万元；普兰县西德洛巴组藏语和汉语幼儿园饮水工程总投资 3.3 万元。

【教育经费】 2022 年，学前教育经费 254.52 万元，包括学前教育生均公用经费 85.4 万元、学生交通补助经费 0.09 万元、党组织活动经费 1.68 万元、学生“三包”经费 154.84 万元、工会经费 12.51 万元；义务教育经费 861.85 万元，包括义务教育生均公用经费 118.77 万元、学生交通补助经费 16.31 万元、党组织活动经费 11.25 万元、学生“三包”经费 508.98 万元、营养改善计划经费 115.8 万元、工会经费 42.57 万元、体育服装经费 1 万元、思想政治活动经费 12.44 万元、义务教育免费补助经费 34.73 万元。

【教育惠民】 2022 年，年末兑现普兰县 2021—2022 学年区内外高校脱贫家庭大学生（原建档立卡和农村低保学生）区内 15 人，自治区级补助资助金 34160 元；区外 33 人，其享受自治区级资助金 178200 元，地、县两级资金 54748 元，共计总补助资金 267108 元。

4月15日，普兰县普兰镇多油村小学邀请县国家安全局工作人员到学校为学生讲解国家安全知识

【培训交流】 2022 年，普兰县教育（体育）局积极组织教师参加培训，充分利用国培、区培、地培、县培、校本、远程线上等 6 个培训平台，对教师的教学业务、现代教学技能进行培训，不断提高全县教师的课堂教学水平和教育信息技术运用能力。2022 年，教师参加线上线下信息化 2.0 培训 178 人次，全县教师人均培训时长 60 学时，培训覆盖率 100%。

【教育援藏】 2022 年，上半年有陕西省第九批援藏教师 1 人，任县九年一贯制学校校长；下半年有陕西省第十批援藏教师 2 人，其中 1 人任县九年一贯制学校党委副书记、校长。

【学前教育普及普惠】 2022 年，全县幼儿园 12 所，其中县幼儿园 1 所、乡（村、组）幼儿园 11 所，在园幼儿学生 456 人；专任幼儿教师 40 名，其中中级教师 3 名、初级教师 22 名、员级教师 15 名。2022 年，选派工作人员赴地区参加学前教育普及普惠工作培训，组织各幼儿园负责人赴地区和噶尔县先进幼儿园参观学习，召开 2022 年普兰县学前教育普及普惠工作再动员再部署暨专题培训会议，对全县学前教育普及普惠工作如何开展作安排部署，开展学前教育宣传月启动仪式，从身心

5月21日，霍尔乡小学开展“喜迎二十大·诵中华经典”朗诵比赛

准备、生活准备、社会准备、学习准备四个核心要素入手，全力做好幼小衔接工作，积极践行科学幼小衔接教育观念和教育行为，助推普兰学前教育普及普惠优质发展。

【九年一贯制学校】 2022年，普兰县九年一贯制学校有18个教学班，在校生587名，其中小学班级12个、在校生325名，初中班级6个、在校生262名；专任教师75名，包括中学教师41名、小学教师34名，其中高级教师12人、中级教师16人、初级教师11人、员级教师31人、未定职级5人。

【巴嘎乡小学】 2022年，巴嘎乡小学有6个教学班，在校生234名；专任教师16名，其中高级教师1人、中级教师8人、初级教师2人、员级教师5人。

【霍尔乡小学】 2022年，霍尔乡小学有12个教学班，在校生310名；专任教师13名，其中高级教师1人、中级教师2人、初级教师4人、员级教师6人。

【多油村小学】 2022年，多油村小学有6个教学班，在校生189名；专任教师17名，其中高级教师3人、中级教师10人、初级教师3人、员级教师1人。

【竞技体育】 2022年，教育局协办普兰县全民健身篮球比赛，参赛队伍16支，参赛队员112人，共计投入资金5万元；主办普兰县全民健身足球赛事活动（11人制），参赛队伍7支，参赛人员165人，共计投入资金2.9万元。

【体育设施建设】 2022年，县域三级公共体育健身设施和城镇社区15分钟健身圈基本实现全覆盖，新建霍尔乡多功能运动场地建设项目（含室内羽毛球馆、室外篮球场、室外全民健身路径器材），投入资金263万元；配备补短板资金20万元，用于购置安装健身器材，全县人均体育场地面积达到指标要求。

【体育人才培训】 2022年，阿里地区业余体校录取普兰县2名学生、社会体育指导员参训1名。

文化和旅游

【概况】 普兰县文化和游旅局为正科级单位（简称普兰县文旅局），加挂县文物局牌子，下属2个正科级事业单位：普兰县文化和旅游服务中心、冈底斯国际旅游核心区管理服务中心，统筹开展全县文化、文物和旅游等工作。2022年，有编制19人、事业六级职员1人、事业七级职员1人、事业八级职员2人、公务员正科级1人、副科级5人，事业助理1人、馆员1人、技术员6人、援藏干部1人。实有工作人员21人，其中（借调拉萨1人、借调阿里地区1人、借调县乡村振兴局1人、借调县财政局1人、长期病假1人）。

【旅游经济】 2022年，普兰县景区接待总人数113767人次（皆为国内游客），实现旅游收入9613.325万元。全县参与旅游行业从业人员2100人，其中农牧民1198人。

【景点建设】 2022年，普兰县文旅局实施项目2个（其中普兰县民俗文化园项目为续建项目），总投资1091.31万元；普兰县民俗文化园总投资412.31万元，该项目已完成总投资的85%，受疫情影响没有按期完工；普兰县综合文化活动中心建设项目总投资679万元，该项目前期跑办工作已完成。

【疫情防控】 2022年，普兰县文旅局高度重视旅游景区疫情防控工作，积极开展冈仁波齐、玛旁雍错景区疫情防控工作进行督查检查。在春节、藏历新年、“五一”国际劳动节等重大节假日期间开展疫情防控督导检查3次，景区疫情防控工作整体良好，景区运营公司和酒店都能按照疫情防控要求配置足量的疫情防控物资；对公共区域进行消毒，并建立消毒台账；做好游客信息登记工作，确保疫情防控工作落到实处。自8月疫情发生以来，普兰县文旅局按照县疫情防控工作相关要求，8月8日向旅游公司下发景区闭园通知。8月10日，下派2名工作人员前往神山圣湖景区进行24小时巡逻，全力开展旅游领域疫情防控执法工作，以确保游客安全，共劝返27名游客暂停转山，并安抚滞留游客情绪，向10余名群众发放抗原检测试剂，并详细讲解检测方法，同时为滞留游客送去面包、矿泉水、自热米饭，方便面、御寒衣物等价值3382元的慰问品，以更好保障游客生活需要；为物资保障组提供环保袋1000个，用于物资输送；接听游客咨询服务500次，解决滞留游客需求和困难，全力保障游客切身利益；根据自治区旅发厅《关于做好自治区国庆游客爱心包发放的紧急通知》（藏旅游发〔2022〕50号）文件要求，为普兰县滞留29名游客发放国庆游客爱心包，尽最大努力争取游客的理解和支持；积极转运滞留游客，在多方共同努力下，累计转运7批、69名游客；普兰县文旅局为8名积极参与疫情防控志愿者颁发荣誉证书，宣传疫情防控相关知识8次，受众群众及游客达300余人。

5月19日，普兰县文旅局工作人员在霍尔乡人民政府开展“5·19”中国旅游日宣传活动

【安全生产】 2022年，普兰县文旅局高度重视安全生产工作，联合巴嘎乡人民政府、公安局、应急管理局等部门开展转山路安全隐患排查工作，发现安全隐患8处，年底全部整改完毕；5月23日上午，根据《关于转发〈关于加强地震灾害应急防范扎实开展地震灾害应急演练〉的通知》，组织景区和酒店员工在喜马拉雅酒店普兰店开展地震应急演练培训，主要就应急逃生、应急救援及地震基础知识等进行集中培训，共有15名员工参加培训。

【生态环保】 2022年，普兰县文旅局开展环保督察检查9次，出动执法人员15人次，出动执法车辆7次，督促景区运营公司清理垃圾11吨。普兰县文旅局5月19日（中国旅游日）上午，联合巴嘎乡、霍尔乡人民政府及景区运营公司在县文化广场、冈仁波齐、玛旁雍错景区分别开展“中国旅游日”宣传活动，以环保为主题开展宣传，出动宣传车3辆，宣传人员14人，发放各种宣传资料1200余份，发放旅游纪念品2100余份。

【文化旅游执法】 2022年，普兰县文旅局开展文化市场执法12次，检查各类经营场所60家，出动执法人员36人次。检查中发现各娱乐场所存在安全隐患、疫情防控等方面问题10个，年底全部整改到位。开展旅游执法9次，出动执法人员15人次，执法车辆7辆次，检查旅游车辆及自驾游车辆6辆次、涉旅企业（酒店及家庭

7月11日，普兰县艺术团参加西藏自治区电视台第二届格桑花开之青稞飘香节目

旅馆）28家次，抽查旅游商店39家，未发现黑车、黑导、黑社、黑团等现象，景区旅游商店不存在恶意涨价哄抬价格等行为。

【AAAAA级景区创建】 5月26日，普兰县召开创建“一山两湖”AAAAA级景区动员部署会议，明确各相关单位创建工作任务，并作详细安排部署。7月底，由西藏旅游股份有限公司（创建经营主体）委托的第三方对普兰县进行AAAAA级景区创建工作进行考察和调研，8月初向西藏自治区旅游发展厅提交《景观质量评价报告》。

【文艺演出】 2022年，普兰县文旅局组织县艺术团深入普兰县一镇两乡10个村（社区）开展“文艺进乡村”“文艺进万家”“五下乡”“喜迎中共二十大胜利召开”等主题文艺演出活动62场次；村（社区）文艺演出队、科迦藏戏队在辖区内开展文艺演出活动和戏曲进乡村活动60余场次；科迦藏戏队于6月23日前往札达县开展喜迎中共二十大暨文化进万家活动8场次。2022年7月11日，普兰县艺术团歌曲《美丽的家乡》荣获西藏自治区电视第2届《格桑花——青稞飘香》第二季曲艺类三等奖；7月20日，舞蹈《扎西央恰》荣获西藏自治区文化厅举办首届西藏文化艺术节创作奖。

文物保护

【概况】 2022年，普兰县文化旅游服务中心负责开展公共文化、文物、非物质文化遗产保护，县艺术团及村（社区）文艺演出相关工作，有兼职公共文化工作人员1名、非物质文化遗产保护工作人员1名、专职文物工作者1名、专职县艺术团管理人员2名、专职文化执法工作人员2名，具备文化行政执法资格人员7名，工作人员平均年龄为35岁。

【文物保护】 巴嘎乡、霍尔乡文化站年久失修、设施设备老化陈旧，普兰县文旅局组织全体干部职工召开会议进行研究讨论，会议决定为巴嘎乡、霍尔乡文化站维修及购置设备资金62万元，为进一步增强非物质文化遗产保护和传承意识，加强普兰县优秀传统文化普及和推广，及时抢救、保护和传承濒危文化遗产，普兰县文旅局为多油村中心小学下拨非遗进校园项目装备购买资金共10万元，为多油村解决濒危民族文化遗产抢救和培养传承人经费35000元；为普兰县非物质文化遗产传承和保护高质量发展提供保障；为进一步加强文物保护力度，县财政预算50万元用于县级文物保护单位的保护性维修，对县级文保单位巴嘎乡塔尔钦喇章遗址进行抢救性维修保护；解决西德拉德寺购买保险柜资金、曲古寺安装监控设备资金、嘎东噶丹拉康抢救性维修资金，设立先遣连遗址石碑。4月26日，深入多油村村民米玛旺堆家中，采取实地观察、查看照片、现场访谈及参观的方式，调研“森巴战役”历史文化背景、历史文化意义及现状，并将其记录在册，为今后“森巴遗址”革命文物保护工作提供保障。配合中国文物信息咨询中心、自治区文物保护研究中心，对辖区石窟寺、岩画、古墓葬文物进行调研，新发现2处洞窟，分别为仁贡萨朗组桑普和西德朗布古瓦。与上级文物部门沟通协调解决纳曲宗普洞窟维修工程建设相关资金、科迦寺百柱殿木雕门框维修资金、科迦寺拉康大殿门前庭院看台维修资金。鼓励民营企业家对先遣连遗址进行抢救性保护，并顺时申报先遣连遗址保护性维修项目，国家文物局投资500万元对该项目进行保护。按照《2021年普兰县藏传佛教寺庙财税监管工作方案》（普宗组发〔2021〕02号），对普兰县贤柏林寺、吉吾寺、江扎寺、曲古寺、尊追普寺5座寺庙开展文物清点，建立文物档案，并整理装订成册。及时掌握受极端天气影响损害文物安全情况，普兰县文旅局组织工作人员开展2次实地调研，发现1处自治区级文保单位（贤柏林寺）因暴雨导致主殿外墙墙皮脱落、消防监控系统烧坏，8户县级文物民宅多处出现墙体、壁画浸泡软化、屋顶漏水、房屋倒塌等严重受损情况，并按照实际情况向上级文物部门提交维修报告。与相关部门联合开展文物安全隐患排查工作7次，排查中发现的灭火器过期、殿堂内部分香炉未做阻燃措施、文保单位大院内存放煤气罐等安全隐患问题，检查人员现场要求相关人员责令整改。为切实有效保护野外文物，普兰县12名自治区级野外文物看管员和58名县级野外文物看管员共开展巡查325次，针对野外文物看管人员对文物安全监管云平台操作不熟练、使用率较低等问题，组织普兰镇辖区文物看管员召开文物安全监管云平台操作培训会1次，深入两乡辖区文保单位进行一对一培训1次，受训40人次，有效提高野外文物看管人员的平台使用水平。结合文化和自然遗产日、法制宣传月等主题宣传活动开展文物安全法律法规宣传2次，发放宣传资料500余份，受众300余人次。

【非遗保护传承】 2022年，普兰县共新增地市级非遗项目1项，为科迦坛城制作技艺，新增自治区级非遗项目5项，分别为科迦藏戏、科迦男人节、普兰县柴鲁歌、秀布朵、普兰县宣舞；新增县级非遗代表性传承人4名、地市级非遗代表性传承人2名、自治区级非遗代表性传承人1名、国家级非遗代表性传承人1名。根据《区文化厅关于2021年戏曲公益性演出（濒危剧种或者低票价演出）项目补助资金分配建议的函》精神，截至2022年4月13日已完成2021年度戏曲公益性演出50场次，累计参演1000余人次，观众达到6000余人次。利用当地传统节日，出演国家级非物质文化遗产项目西德“果尔孜”5场次，累计观众人数700余人次。同时向地区文化局申请购置西德“果尔孜”舞团队服装（铠甲）经费16万元；申报2022年普兰县文化产业发展项目（西德村民族手工业加工坊专业合作社）专项资金30万元、2022年国家级非物质文化遗产保护资金项目普兰服饰保护资金16.5万元；地区电视台和普兰融媒体联合拍摄《普兰新年》，并分别在阿里融媒体和普兰融媒体进行报道，普兰县融媒体点击率量43万人次，获赞5451人次，评论127条，转发量2005次；收集自治区级非物质文化遗产项目——科迦那木冬节，地市级非物质文化遗产项目——科迦男人节，县级非物质文化遗产项目——堆羌相关的影像资料；2022年7月30日至8月5日，普兰县文旅局协助由阿里地区文化局委托的西藏雪堆白文化传播有限公司非遗普查组开展第二次全区非物质文化遗产普查工作，普查确定新增非遗项目共2项，分

6月23日，普兰县科迦藏戏队赴札达县开展文艺演出

别为:《普兰县柴鲁歌》《普兰县科迦坛城制作技艺》;新增非遗代表传承人共5人:《科迦"那木冬"》代表性传承人索朗仁青、《普兰县"雅尔松吧"歌》代表性传承人仁贡村多瓦组次仁吉宗、《赤德"仲"舞》代表性传承人普兰镇赤德村4组其美、《普兰"噶尔"》代表性传承人科迦村一组巴桑欧珠和多油村曲旦组洛桑尼玛。在第17个文化和自然遗产日普兰县文旅局组织多油村小学、科迦藏戏进县艺术团开展非遗展示活动,活动全程通过普兰融媒体和普兰文旅抖音线上进行直播,直播观看3664人次、点赞1745次,转发78次、评论178条,线下观看200余人次,同时,工作人员为现场观众发放非遗宣传手册150余份。

12月8日,普兰县委书记李平(左一)接受学习宣传贯彻中共二十大精神访谈

广播电视

【概况】 2021年10月,普兰县融媒体中心正式挂牌成立。普兰融媒体中心坚持守正创新、融合发展的原则,融合、开发广播、电视、电影、微信公众号、抖音号、"珠峰云"App、"学习强国"学习平台,打造集广播电视、微信、抖音号等于一体的全媒体矩阵。2021年12月,普兰县委机构编制委员会印发融媒体中心"三定"方案,明确普兰县融媒体中心的机构设置、领导职数、职能配置、人员编制等事项。整合县广播电视台,组建县融媒体中心,对外保留县广播电视台的牌子,增加融媒体中心职责,为县政府直属正科级事业单位,归县委宣传部领导,经费来源为全额拨款。

【主题宣传】 2022年,普兰县融媒体中心相继开设疫情防控、生态环保、我为群众办实事、作风建设大家谈专栏,每日新闻栏目同步到新媒体。截至年底,刊发稿件1104条,其中阿里新闻刊发127条,普兰融媒刊发447条,"珠峰云"App刊发462条,"学习强国"学习平台刊发68条,"普兰发布"微信公众号于2022年8月申请注册,8月9日开始积极转发推送普兰新闻、上级动态及民生政策等,截至年底累计发布1052条,其中普兰自办台播放汉语新闻235条、藏语新闻25条。疫情期间推送挖掘典型人物材料16条,自普兰县发生疫情以来普兰县融媒体中心在疫情防控各卡点及各村居、县城主街道播放疫情防控宣传和科普知识媒体不少于播放3小时。策划拍摄以党建"五共五固"、乡村振兴、医疗组团式援藏为主题的宣传片。充分发挥新媒体的作用,对藏历新年文艺演出和科技文化卫生"三下乡"集中展演大型活动,"六一"国际儿童节活动进行现场直播,直播观看达3000余人。

【采编供稿】 2022年,电视《普兰综合频道》刊发新闻稿件294条,《普兰融媒》抖音号刊发672条,《"珠峰云"App》刊发502条,《"学习强国"学习平台刊发68条,"普兰发布"微信公众号刊发790条。推送好做法、具有亮点的高质量文章、视频,共计供稿78条,其24条签发通过。

【精品创作】 新闻视频:《普兰口岸唐嘎边贸市场华丽变化》(记者:尼玛次仁、次仁卓嘎),该作品充分体现西藏和平解放以来,普兰唐嘎边贸市场经历的几个阶段的建设和发展。1995年至2020年底,唐嘎边贸市场获得几次规模化建设,市场设施条件及营商

6月18日，西藏自治区广播电视局安全播出工作组到普兰县融媒体中心检查指导工作

环境得以改善，市场服务功能得到提升。几代尼泊尔籍、印度籍商人，见证这一古老市场的华丽蜕变。该视频均被中国新闻网、“学习强国”学习平台、阿里融媒体等平台刊播。

《聚焦优势资源，走出一条具有西德特色的致富之路》（记者：唐尼、德吉玛），该作品以中共十八大以来普兰人民生活发生的日新月异的变化为基点，从普兰县特色产业的经营模式、发展规模等方面入手，呈现特色产业兴旺、人民安居乐业的幸福生活景象。该视频均被中国新闻网、“学习强国”学习平台、阿里融媒体等平台刊播；纪录片：《普兰行·援藏情》——“组团式”医疗援藏小组（记者：尼玛次仁）；《余热未尽献　老骥不偷闲》——记退休干部扎瓦抗疫故事；抖音短视频［《普兰年》；作者：普布次仁、旦珍（融媒体中心）］；专题专栏：《听报告　谈感想》共8期；《作风建设　永远在路上》共7期。

【基础建设】 2022年，普兰县委、县政府高度重视县融媒体中心建设，县委常委召开专题会议进行研究，成立以县委书记为组长、县长为副组长的普兰融媒体中心建设工作领导小组，印发《普兰县融媒体中心建设建议方案》，形成县委全面领导、政府综合协调、宣传部门牵头、相关部门配合、中心贯彻执行的工作格局，有力地推动融媒体中心建设深入开展。2021年12月，以融媒体指挥调度室、编辑制作室、办公室等改造装修工程顺利竣工交付使用。

【安全播出】 2022年，普兰县融媒体中心制定《机房管理制度》《值班制度》《交接班制度》《安全保卫制度》《播前、播出、播后操作制度》等广播电视安全播出工作制度。成立安全播出领导小组，对各部门网络安全、广播电视安全播出情况进行检查和监督；技术人员定期、不定期对设备进行维护维修；值机人员24小时监听监看广播电视节目，确保安全播出，坚决防止非法信号对电视信号的攻击破坏；由局主管领导、分管领导、部门负责人分别审查，对播出的节目内容进行严格把关，要求节目内容必须健康向上，舆论导向正确，准确传达党和政府的方针政策；确保全县元旦、春节、两会期间广播电视安全播出。

【农村电影放映】 2022年，普兰

元旦节日重要保障期间，广播电视值机人员及带班领导安全播出值班

县融媒体中心根据普兰县实际情况，按照群众意愿，让群众在电影放映库中选择群众喜爱的电影，进行菜单式放映。全年，电影放映人员深入村居、牧业点、学校、部队、寺庙等地放映各类电影82场次，观看达1280余人次。

中波转播台

【概况】2022年，普兰中波转播台以习近平新时代中国特色社会主义思想为指导，深入学习贯彻中共二十大精神，坚持正确舆论导向，始终围绕“安全播出”中心工作，狠抓意识形态，推动党建、安全播出、台站建设、综合管理、维稳安保等各项工作融合发展。

【领导关怀】2022年6月10日，西藏自治区广播电视局维护队联合设备厂家，由西藏自治区广播电视局维护队队长冉茶宗任组长的5人领导小组到普兰县中波台开展巡查巡维工作。检查设施设备的运行情况、各项指标、安全措施等，未达标的设备进行现场调试整改和限期整改；组织干部职工，在天馈系统、发射系统、电源系统、自动化系统等方面进行系统培训。

2022年6月18日，西藏自治区广播电视局安全播出第二督查组一行由副局长多杰才旦带队，对普兰中波台安全播出、安全生产、维稳安保、人员管理、台站建设等开展督导检查。对普兰中波台干部职工精神面貌、环境卫生、迎接中共二十大安全播出各项准备工作给予充分的肯定。同时对西藏自治区广播电视局维护队队长冉茶宗一行巡检巡查反馈意见整改落实情况进行对账销号，已经整改落实的给予肯定，未能整改落实的要求结合实际尽快落实，确保各项设备、设施安全高效运行。

6月10日，西藏自治区广播电视局巡查巡维小组组织普兰县中波台干部职工开展现场应急演练

【安全播出】2022年，普兰中波转播台把安全播出作为台站工作的生命线，认清安全播出只有进行时，没有结束日。始终严格按照国家广电总局第62号令及行业相关规范、西藏自治区广播电视局各项规章制度要求，狠抓安全播出管理和设备维护工作。坚持抓好机房管理、播出管理、设备管理，制订各项应急预案，签订《安全播出目标管理责任书》，加强值班带班和重点时段台班子靠前指挥制度，按类按需分门别类备足、备品、备件，实时检查备品、备件老化情况。进一步增强安全防范意识，提升安全播出保障能力和应急处置水平。

全力做好迎接中共二十大安全播出大排查和迎检工作，认真整改存在的问题，全年优质完成“三大节日”、中央、自治区级各大重要会议的安全播出任务，尤其在严峻的疫情形势下，圆满完成中共二十大安全播出任务。全年安全播出30625.21小时(其中中国之声8623.84小时，中央藏语6617.05小时，中国西藏之声网7824小时，西藏藏语7560.32小时)。

【安全生产】2022年，普兰中波转播台始终坚持管行业，必须管安全，充分调动干部职工的积极性，确保“三不出”的总体要求，及时完善维稳安保制度和各项方案预案，签订维稳责任书、免责协议书。充分调动护台队、“处理突发事件”领导小组，加强对台区、天线场区的巡逻力度。坚持台领导带班值班制度，积极做好应急演练。严格按照属地管理相关要求，坚决执行二级戒备常态化工作要求，重要时段执行一级戒备等级。抓好职工思想教育和离退休人员的思想动态，建立健全信访工作台账、谈心谈话制度。组织消防安全隐患排查，坚持联系县消防大队，对台内用油、用电、用气等方面进行4次全面排查、3次思想动员，邀请县消防大队组织消防演练2次，不断提高台内消防设备安全性能和人员预防安全意识，不断提高台内消防设备安全性能和人员安全防范意识。严格按照公车管理办法进行管理、使用公车，加强驾驶员管理力度，签订道路交通安全责任书，时刻监督公车、私车的行车安全，坚决杜绝公车私用和私车公养等现象。建立健全保密工作制度，专人负责保密、网络安全工作，及时研判公文管理、技术数据、网络安全等方面存在的问题，发现苗头做到及时整改落实。在“三不出”的总体要求下，狠抓维稳各项工作，完善安保制度，签订维稳责任书和免责协议书，制订各项应急预案，坚持领导带班制和护台队巡逻制，按照县国安办相关要求，普兰中波台全年实行二级戒备，一级戒备实行集体带班制。

【为民办实事】 2022年，普兰中波转播台结合“为民办实事”活动，走访慰问困难群众、尼泊尔滞留人员、寺庙僧尼，捐赠收音机以及粮食等，总价值6000元。同时，结合党史学习教育，开展“为民办实事”活动，普兰中波转播台荣获双服务先进集体奖。

【关爱干部职工身心健康】 2022年，普兰中波转播台充分发挥党支部和工会的积极作用，全年开展联谊活动1次；结合春节、藏历新年、疫情防控等实际开展干部职工慰问5次、发放蛋糕券1次；走访慰问离退休人员2次；给食堂安装地暖，更新食堂抽油烟机；督促干部职工按时体检并建立健康档案，时刻关爱干部职工的身心健康；针对伙食供应、食堂运行等方面征求意见3次，与厨师交换意见3次，努力创造良好的工作和生活环境，使全台干部职工在健康、和谐、积极的氛围中度过每一天。

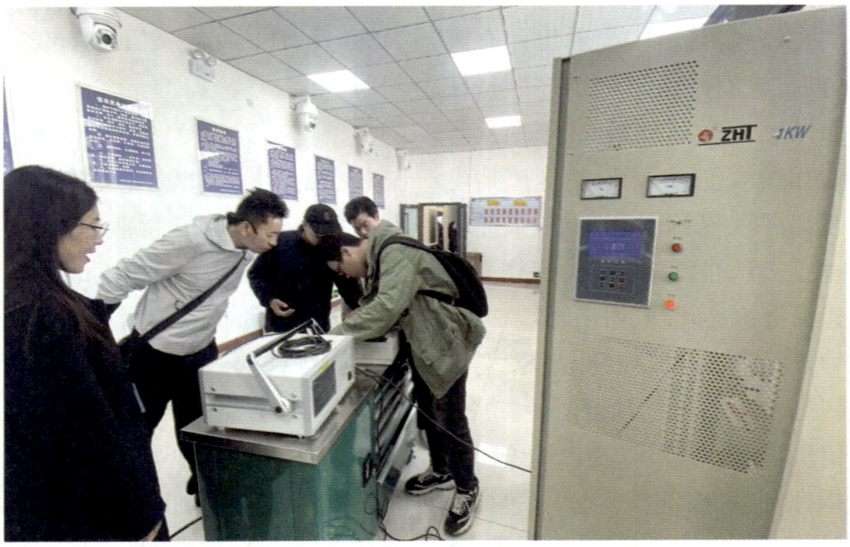

6月10日，西藏自治区广播电视局巡查巡维小组在普兰县中波台进行设备指标检测

【业务培训】 2022年，普兰中波转播台全力做好业务培训，高度重视人才培养。坚持事业的发展需要人才，人才的成长促事业的理念，齐抓共管发展行业。加强值班人员的业务培训，每周二下午开展业务培训，及时总结薄弱环节；指定专人负责培训，开展业务测试5次，努力提高值机员的业务素质，让安全播出隐患遏制在萌芽状态，鼓励干部职工外出培训、交流和学习教育。在优质完成“三满”（满功率、满时间、满调制度）播出任务的同时想方设法提高干部职工的业务水平和维护技能。

【基础设施建设】 2022年，普兰中波转播台顺利完成集中供暖建设项目建设，总投资44.8万元，年底已投入使用，地暖温度适中，职工满意率达到100%。根据巡检巡维整改要求，完成全台供电线路改造和真空断路器更换工作。

气象

【概况】 2022年，普兰县气象局下设2个科室和1个直属事业单位（综合管理科、防灾减灾科、气象台），为正科级单位。县气象局

6月18日，西藏高原大气环境科学研究所二级高级工程师杜军（左三）一行工作组到普兰县气象局实地调研

开展地面观测、天气预报预警、人工影响天气、防雷检测、气象为农服务、旅游气象服务、公众气象服务、决策气象服务、重大活动气象保障及县域内自动站和网络维护管理等工作，2022年有职工10人，参公管理3人，专业技术人员5人，一线业务临时工2人。

2022年，在上级气象部门和县委领导的关心和支持下，普兰县气象局被西藏自治区气象局授予“团体优秀气象服务”奖，被普兰县人民政府授予的“普兰县经济社会发展突出贡献单位”奖。

【安全生产】 2022年，普兰县气象局每逢重大节点都认真组织开展安全隐患排查治理工作，消除安全隐患，实现年内无安全生产事故发生。年初，前往普兰县加油站、加气站检查防雷安全工作制度是否上墙，并签订安全生产责任书，在健全、落实全员安全生产责任制方面，制定《普兰县气象局年度安全生产工作实施方案》《普兰县气象局年度安全生产工作应急预案》，完善落实安全生产年度工作计划，印发《普兰县气象局安全生产责任清单（试行）》，切实消除盲区漏洞。

【气象服务】 2022年，普兰县气象局共发布预警信息12期、天气消息32期、重要天气预报13期、每周天气预报50期，每日预报161期、旅游专题预报57期、疫情防控专题预报64期、春运专题预报40期、重要节点专题预报15期、气候趋势预测4期。气象服务产品以短信、公众号、气象信息员群等形式向社会面广泛宣传并及时汇报给县委领导及防灾减灾相关成员单位，其间，共获得阿里地区地委行署批示1期，县委领导批示6期。

“塔尔钦旅游”活动直通式旅游气象服务 按照普兰县国安办要求，结合《阿里地区气象局关于做好2022年普兰县“塔尔钦旅游”活动气象服务保障工作方案》，阿里地区气象局与普兰县气象局组成的气象服务保障小组入驻塔尔钦，开展实时直通式旅游气象服务，截止到活动结束，共发布5期藏语和汉语旅游专题预报、1期未来7天趋势预测和1期滚动预报，并及时报送普兰县人民政府相关领导、塔尔钦指挥办、普兰县文化和旅游局等相关单位，通过短信、微信等渠道发送给广大农牧民群众和游客。

普兰县旅游气象专题预报 在旅游旺季来临前，与普兰县文旅局等多方联合开通特色旅游气象服务。准确、精细、及时、高效的旅游气象服务，能为有效降低景区灾害风险和经济损失提供科学指导和积极帮助，其间，共制作57期藏语和汉语的旅游气象专题预报，以普兰县气象局公众号、电子显示屏、短信等形式发送。为能够扩大气象服务信息的覆盖率，普兰县气象局及时与普兰县融媒体、网信办、文旅局等签订合作协议，当各个旅游景点遇到重大天气过程，第一时间将相关的旅游气象服务产品、预警信息等以普兰县官方抖音账号、网信办公众号、旅游公司的游客群等形式发布出去。

为“地质灾害隐患点”提供专题预报 为落实防洪防汛工作要求，确保安全度汛，普兰县气象局前往普兰县自然资源局就地质灾害隐患点排查、信息共享和部门联动事宜进行调研，并详细了解县域内重点地质灾害隐患点的基本信息，与阿里地区气象局灾害普查团队一同前往地质灾害隐患

1月18日，气象保障服务工作安排部署会召开

点开展实地调研，并在阿里地区气象局和自治区遥感中心的指导下制作多期相关地质灾害隐患点的专题预报。

为“疫情防控”提供专题预报 县气象局坚持防疫与业务工作“两手抓”。积极制作“普兰县疫情防控专题预报”，将预报产品发送到普兰县疫情防控指挥部、各个疫情防控工作群等，其间，共制作64期疫情防控专题预报，为普兰县的疫情防控工作以及给户外防疫工作人员提供暖心的天气预报，及时准确的预报产品获得普兰县相关领导和防疫工作人员的高度称赞。

【防灾减灾】 2022年，普兰县气象局严格坚持值守班制度，明确岗位职责，健全灾害性天气预报签发制度和对突发性天气的监测、预报服务，应急值班工作制度，叫应制度等，坚决杜绝各类责任性事故的发生，确保气象服务工作万无一失。遇有重大天气过程发生时加强天气会商，密切监视天气情况，及时发布准确的预警预报产品，为普县委、县政府提供科学的决策依据。重大天气过程结束后及时制作气象服务总结、过程技术总结，及时开展复盘分析会。

为确保汛期及冬春气象服务工作，在汛期、冬季来临前，组织全体干部召开准备工作动员会，认真学习中国气象局、西藏自治区气象局、阿里地区气象局等下达的相关文件及会议精神。并对气象服务工作进行安排部署，成立以局长为组长、各个岗位参加的气象服务领导小组，并安排业务骨干组成气象服务专班，加强对气象服务工作的领导和质量把关。继续深化与普兰县自然资源局、应急管理局等各防灾减灾成员单位的部门联动机制建设，年初主动与普兰县自然资源局、应急管理局等各防灾减灾成员单位签订部门联动协议，完善普兰县防灾减灾成员体系，遇到重大天气过程发生时及时启动“叫应”、应急响应等工作制度，做到早预警、早联动，切实发挥气象防灾减灾第一道防线作用；完成普兰县、乡（镇）两级防灾减灾指挥部成员文件更新；在积极与县委、县政府的沟通下申报普兰县人工影响天气经费，并把其列入政府年度预算。年内，派2人参加自治区气象局开办的2022年西藏气象灾害综合风险普查面授培训班，并按照要求上报相关材料。派工作人员与相关单位开展实地联合灾害调查。2022年，普兰县气象局协助阿里地区灾害防御中心完成普兰县防雷电检查工作，其中检查易燃易爆场所4家建（构）筑物3座。

卫生健康

综述

【概况】 2022年，普兰县共有各级医疗机构15家，其中人民医院1家、卫生院3家、村卫生室9家、诊所2家。普兰县人民医院有编制床位25张，实际开放床位25张，核定编制51人，实有118人，其中医师（士）48人、护师（士）28人、药师（士）8人、技师（士）13人。巴嘎乡卫生院有编制床位10张，核定编制10人、现有医师（士）8人（西医3人、藏医4人），护师（士）1人；霍尔乡卫生院有编制床位10张，核定编制10人、现有医师（士）10人，（西医4人、藏医4人、预防医学1人），护师（士）1人。

【疫情防控】 2022年，普兰县投入4000余万元用于全县疫情防控基础建设。确定县人民医院为新冠肺炎后备救治医院，设立病床25张，将县境外诊疗点作为新冠特殊病人临时救治点，设置床位20张，把县公共场所改造完成方舱医院，设置床位362张。设置发热门诊1个、发热诊室2个、发热哨点9个。提升核酸检测实验室检测能力2个，采购增加检测设备，日最大检测能力由1600余管提升到2760管，设置“即采即走”点4个，日常采样点8个。设置常备集中隔离场所6个（房间151间、床位295张）、常备新冠病毒疫苗常规接种点3个，规范配置接种设备。联合相关部门按照1个月满负荷运转需求，采购储备防护用品、核酸检测试剂等物资，并适时补充更新。组建流调、核酸采样、核酸检测、医疗救治、院感督查、隔离点驻守等专业队伍100余人，开展各类专业培训10余次，重点加强流调溯源、核酸检测、核酸采样队伍业务能力；以实战演练和桌面推演等方式开展疫情防控应急处置各类演练4次，促进流调溯源、应急检测、综合防控等能力提升，确保及时精准、科学有效应对疫情。

4月25日，普兰县卫健委组织基层村医骨干培训

【行业监管】 2022年，普兰县卫

健委对全县15家医疗机构、5所学校进行监督检查，联合县医保、疾控对医疗机构的公共卫生、疫情防控进行检查，监督综合评价为B级。对80余个公共场所进行量化评级，评定A级1家、B级3家、C级8家，下达整改意见46份。开展医疗机构依法执业自查和承诺制度，加强部门协同和联合惩戒，下达整改意见书1份。规范处理医疗废物，分类、收集、储存、转运，采购医废转运车1辆，同地区国策环保有限公司签订医废处置协议，定期上门收集医疗废物，8—10月疫情期间设置临时医疗废物紧急处置点3个，处置率达100%。医疗污水达标排放率100%，构建“互联网+监管”模式，积极推进医疗废物在线监管，完成1家二级医疗机构医疗污水在线监测。推行“双随机、一公开”，完成国家双随机抽查任务2件，抽检完成率、总结报送及时率和准确率均为100%。

【健康扶贫】 2022年，普兰县卫健委扎实做好节假日走访慰问工作，组织帮扶干部，集中走访慰问和帮扶救助困难群众13户，提供价值约1万元的慰问品、农产品等物资。做好疫情防控期间脱贫户帮扶工作，对13户群众开展有针对性帮扶，防止因“疫”返贫。做好健康扶贫对象数据核实核准工作，运用信息化手段精准核实详细信息92人。号召全系统帮扶干部为群众开展义诊10余次，开展60岁以上人群免费救治工作，筛查22人，开展免费救治10人。

7月15日，巴嘎乡卫生院医护人员到岗萨村开展入户家庭医生签约明白卡

【医疗服务提升】 2022年，县人民医院累计开展各类大小手术147例，开创肠梗阻、肛周脓肿一次性根治术、混合痔外剥内扎术、盲肠升结肠切除的手术先例。为进一步提高医院专业技术水平，结合今年新冠肺炎疫情防控工作中的差距和不足，县人民医院购买设备仪器，逐步完善软件建设，不断推动信息化、规范化工作水平和更多新业务新技术的开展。成立10个行政村公共卫生委员会，并开展挂牌、制度上墙、专题职责培训等工作，依靠县疾控、县人民医院师资力量，开展基层医务人员技能提升培训工作。为巴嘎、霍尔卫生院配置取暖设施，开展医疗环境能力提升改造，为各村居卫生室配备各类基本医疗设备。

【公共卫生体系建设】 2022年，普兰县卫健委加强免疫规划，开展预防接种证查验工作，免疫规划疫苗报告接种率99%，医疗机构产科乙肝第一针和卡介苗接种率均为99%，无重大接种安全事故的发生。每月对传染病及突发公共卫生事件进行风险评估，预测预报主要传染病，开展疫情简报分析和舆情监测。健全艾滋病防治“三线一网底”工作模式，艾滋病防治知识宣传知晓率达到70%以上。推动全县成人乙肝疫苗接种工作，累计接种乙肝疫苗267剂次，进一步阻断乙肝传播。规范处置学校、寺庙结核病疫情，开展教职工、学生、僧尼、寺管干部肺结核免费筛查工作，应筛查2102人，完成筛查1987人，完成率94.53%，经筛查诊断无肺结核感染人员。加强慢病管理，倡导健康生活方式，经筛查纳入管理高血压病人15人、糖尿病11人、包虫病23人、长期结核病11人。普兰县有在册严重精神障碍患者21人，其中三级以上精神障碍患者6人，全年无重大肇事肇祸事（案）件。生活饮用水监测。饮用水监测乡镇覆盖率100%，完成水质采样13份,完成学校卫生、放射卫生、食源性疾病监测等。规范项目资金管理,做到专账管理、专款专用,下拨医疗能力提升项目资金400万元,基层医疗机构基本药物补助54万,下沉率100%。有序推进国家基本公共卫生服务项目,修改完善基本公卫随访登记表、家庭医生服务手册、增设健康教育宣传栏,居民规范化电子健康档案覆盖率为65%,完善体检登记本、慢性病筛查手册,高血压、糖尿病患者规范管理率分别为89.84%、85.38%,65岁及以上老年人城乡社区规范健康管理服务率71.31%。

【妇幼健康】 2022年,普兰县卫健委加强母婴安全保障工作建设,优化妇幼健康服务管理,开展孕产妇结对帮扶127人,住院分娩100人,孕产妇住院分娩率100%,孕产妇系统管理率98.35%,儿童系统管理率98.67%,孕产妇死亡率为零、婴儿死亡为零、5岁以下儿童死亡率0.001‰。加强妇幼健康检查,婚检率65%,孕前优生健康检查率40%。2022年,对598人进行“两癌”筛查,累计筛查644人,完成率107.7%;无艾滋病母婴传播现象的发生;为农村育龄妇女增补叶酸,发放叶酸316瓶,服用率85%;办理出生医学证明27张;避孕药具发放工作有序开展;全县办理生育服务证书33本,兑现孕产妇住院分娩补偿91人,兑现金额111280元。

【老龄健康】 2022年,普兰县卫健委利用医疗卫生和养老服务资源,为老年人提供连续适宜、规范便捷的基本医疗服务和居家养老服务,完善社会养老服务体系,提高老年人健康管理、健康促进和养老照护能力。积极应对人口老龄化,推进老年友好社会建设,在县医院设置老年人健康管理科,开展老年人健康管理、医养结合、巡诊义诊活动,同时与8名集中供养、6名分散供养老人签订“医养结合”协议,并按季度开展随访工作。开展寿星老人,社会福利兑现工作,2022年核实寿星老人103名(其中80岁以上90人、90岁以上13人),兑现社会福利补助资金53600元。

20222年6月7日,普兰县人民医院到巴嘎乡幼儿园开展城乡居民体检

【社会救助】 2022年经核实新增和退出人员,符合享受“两项扶助”资金补助人员210人,补助资金333360元(其中特别补助人数26人、156720元;一孩双女184人、176640元),已全部完成兑现。

【法治建设】 2022年,普兰县卫健委加强行业相关法律法规学习,组织专题学习《中华人民共和国人口与计划生育法》《卫生监督管理条例》《中华人民共和国传染病防治法》《中华人民共和国生物安全法》等法律法规。加强职业资质审批,根据职权下放工作通知,推动医疗机构、医师、护士电子化注册,年内完成医疗机构注册办理1家,资质审核复核1家。完成各类行政审批事项梳理,梳理高频行政审批办理事项8项。修订完善卫生高频行政审批办事指南,全年办理健康证181本,更换卫生许可证书8张,注销3张,新办卫生许可证14个。

【人才队伍建设】 2022年,普兰县卫健委注重人才引进,公开考核招聘3名卫生技术人才、西部计划引进疾控专业技术人员1人;选派县医院卫生技术人员4人到地区、自治区参加妇儿科、妇产科医疗技术培训学习,参加自治区基本公卫系统培训5人，选派专业人员前往对口帮扶医院进行跟班学习，通过学习已经能够独立开展相关工作，熟练操作设备。完成卫生专业技术人才初级职称聘任考核11人，落实对口支援工作，累计接收支援医院选派医务人员21人，支援普兰县医疗技术工作，开展"师带徒"的传帮带形式，逐步提高本地医疗人员医疗技术水平。利用"组团式"援藏优势，以县人民医院为载体，开展基层医务人员技能培训、实践跟班学习14人，

5月14日，普兰县人民医院医护人员在科迦村为老年人测量血压

【信息化建设】 2022年，普兰县卫健委重点推进县医院His、lis、pacs系统提升建设，以及PCR（聚合酶链式反应）实验室信息化建设，积极对接银行部门落实医疗支付系统搭建，对县医疗远程会诊进行维护升级，完善核酸采样扫码便捷化、就诊费用扫码支付。

【健康宣传】 2022年，普兰县卫健委深入各乡镇、村居开展巡诊义诊4场次，出入人员16人次，巡诊车辆3辆，受益群众800余人，发放药品18种，价值1万余元，营养包280余盒，防疫香包200余个；结合中国医师节、世界卫生日、旅游文化节、学校卫生知识讲座等主题日系列宣传活动6场，发放健康教育宣传资料10种3200份，将项目免费政策、卫生政策、健康宣教常识、健康科普宣传融入为民服务当中，现场解答200余人，受益群众2000余人。通过健康宣传栏、LED屏、微信公众号等多种形式，广泛宣传卫生健康防治知识40余次。

【项目建设】 普兰县人民医院医技楼建设项目于2022年初完成竣工验收及医疗设备安装调试工作，完成体检科设备采购项目及妇幼能力提升物资采购，以上项目全面提升医院的救治能力。

【安全生产】 2022年，普兰县卫健委坚持疫情防控、安全生产两手抓，强化安全生产主体责任，建立健全安全生产体系。推进清单制管理，开展安全生产专项整治行动。各医疗机构加强危险化学品管理，严格执行《中华人民共和国安全生产法》等法律法规和行业标准，组织消防安全知识教育培训，开展消防安全应急演练。常态化开展安全生产隐患自查自纠，及时上报隐患排查治理月报表。委领导班子每月开展安全生产常态化检查及暗察暗访不少于1次，在重要时间节点集中开展卫健系统安全生产专项整治行动，发现整改安全隐患3件，全年无安全生产责任事故的发生。

【民生工程】 2022年，普兰县卫健委把办好民生实事列入卫健部门工作重点，加强组织领导，确保民生项目顺利实施。兑现基层医务人员村级绩效补助及基本公卫补贴人数27人、总合计242659元、高海拔乡镇卫生人员绩效补贴人数13人、总合计260000元；梳理历年基本过期药物补助事业，完成历年未兑现基本药物补助兑现核实160327.75元；完成全县抗灾药品、流感疫情防控药品采购6万元，通过牧区巡诊救治、学校流感预防等活动发放药品2万余元；开展先天心脏病、白内障免费救治筛查工作，筛查出先天心脏病21人，需手术治疗10人，筛查出白内障120人，确诊10人；开展13—14岁HPV（人乳头瘤病毒）疫苗免费接种工作，已完成统计核实，待疫苗到县上开

展统一接种；开展城乡居民及在编僧尼免费体检工作，全年完成免费体检4138人；开展在校学生及60岁以上老人流感疫苗免费接种工作，全年完成接种308人次（其中60岁以上166人次，中小学生142人次）。

新冠疫情常态化防控

【概况】 2022年，普兰县委、县政府高度重视疫情防控工作，坚决贯彻落实党中央、国务院，自治区党委、政府和地委、行署关于新冠疫情防控工作各项决策部署，精准防控，依法防控，科学防控，疫情防控总体成效显著。8月，普兰县发生新冠疫情，在陕西省、河北省和兄弟县、社会各界的大力支援下，普兰县委、县政府团结带领全县各族干部群众，坚定信心、同舟共济，冲锋在前、争分夺秒，全县中高风险区全面清零，疫情全域“动态清零”，生产生活秩序恢复正常，疫情防控工作取得全面胜利。

【安排部署】 2022年，普兰县累计召开县新冠疫情防控工作领导小组会议7次、办公室会议2次，深入学习贯彻国家、自治区、地区关于疫情防控工作的部署要求，进一步统一思想，明确工作思路。根据县委、县政府领导分工调整，及时更新普兰县疫情防控工作领导小组、各专项组，因时因势健全完善疫情防控各专项组工作职能、工作方案和预案、应急处置流程等，确保疫情防控组织高效快速运转。进一步压紧压实属地、部门、单位、个人“四方责任”，坚持常态化精准防控和局部应急处置有机结合，对马攸木、嘎入、边境山口等关键环节进行严防死守，确保“外防输入、内防反弹”目标落到实处。

【边境防控】 2022年，普兰县严格落实“外防输入”总策略，设立陆路交通检疫点3处、通外山口和便道防疫点13处，配备一线防疫工作者80余名，累计轮岗13批次。严格落实对尼泊尔“一日一联系”工作机制，在信息通报、人员管理、口岸防疫、应急处突等方面密切配合，切实管理好边境、防控好疫情。加强对普兰尼泊尔边民的服务管理，落实“一日一见面”“一户一档”监管制度，定期组织尼泊尔边民开展核酸检测和进行新冠病毒疫苗接种，实现符合条件尼泊尔籍边民疫苗接种全覆盖。制定《普兰县陆路交通检疫点疫情防控工作方案》《普兰县陆路交通检疫点疫情防控应急预案》《普兰县新冠肺炎疫情防控交通卡口检疫点工作流程图》《普兰县陆路交通检疫点规范化操作方案（试行）》，优化马攸木和嘎入交通卡口检疫点疫情防控工作联系机制。对马攸木陆路交通检疫点配装身份证识别器2台及备用身份证识别器1台、电脑2台、传真机1台、监控设施2台，设立核酸采样窗口2处、信息登记窗口2处，大幅提高入阿里地区人员核酸采样效率和通行率。

【预警监测】 2022年，普兰县围绕口岸疫情防控、院感防控、核酸检测等，开展应急演练和桌面推演10余次，就演练中暴露出的问题，进一步完善工作方案，优化处置流程，切实提升应急处置能力及水平。充分发挥核酸检测在疫情防控中的“哨点”作用，印发《关于进一步加强重点人群定期核酸检测“应检尽检”工作的通知》，按

11月15日，普兰县召开新冠肺炎疫情防控工作领导小组会议

照“应检尽检”“愿检尽检”的原则，积极开展核酸检测工作。落实“有边境县或口岸所在城市旅居史人员，离开所在县域须持48小时内核酸检测阴性报告”要求，对所有离普兰人员开展核酸检测，检查48小时内核酸检测阴性报告，于8月5日首次发现外来旅游人员新冠病毒核酸检测阳性。

【疫苗接种】 2022年，普兰县印发《关于加快新冠病毒疫苗接种工作的通知》《关于进一步加快新冠病毒疫苗接种工作的紧急通知》等文件，对接种率较低的村（社区）进行通报，明确各单位在疫苗接种中的职责。召开疫苗接种工作推进会7次、集体约谈会1次，通报乡镇、各单位疫苗接种工作情况，全面分析普兰县疫苗接种现状，提出有针对性的举措，推动疫苗接种进度。通过网信普兰、普兰融媒等平台发布《关于新冠病毒疫苗接种的公告》《普兰县春节放假期间新冠疫苗接种及核酸检测机构运行安排表》，公布疫苗接种机构接种时间、联系人及联系方式。进一步优化分片包干责任制、适种人群摸底、接种完成情况等机制，加快推进符合条件人群特别是老年人疫苗接种工作。

【宣传引导】 2022年，普兰县制印发放应知应会折页600份、防疫卡点检查卡片150张，教育引导公众从自身做起，为遏制疫情尽一份力。累计在辖区醒目位置张贴疫情防控宣传海报、工作通告100余张，向公众介绍新冠疫情相关防控知识，营造疫情防控的浓厚氛围，形成人人参与、人人支持的全民防控局面。利用扩音器录制疫情防控知识，在人员往来交通卡点及餐饮、住宿、医疗等重点场所进行循环播放，加强辖区公众对新冠病毒的了解，提高公众的防控意识和自我保护能力。

【重点场所防控】 2022年，普兰县建强防治力量，严格落实“三区两通道”设置要求，在各级医疗机构内设立发热门诊独立接诊区域，优化完善预检分诊、发热门诊、住院病人管理等各环节。开展技能培训、应急演练等活动，确保参与新冠肺炎疫情防控医务人员专业知识与工作能力双提升。严格查验冷链食品“三证明一报告”制度，并督促指导冷链运输单位做好运输车辆的防疫消杀工作。未发现纳入监管人员、车辆存在防疫措施落实不合规现象。明确要求各零售药店、个体诊所落实首诊负责制，对咳嗽、发热等症状患者一律登记信息并及时联系县医院发热门诊进行病理学检测、筛查。全县中小学按照“一地一策，一校一策”的要求，更新完善各项方案预案，落实测温、戴口罩、消毒等防疫措施，组织在校师生核酸检测，确保校园疫情防控绝对安全。全县养老机构、宗教活动场所严格执行各项疫情防控措施，进一步完善应急预案，限制外来人员进入，定期进行核酸检测。不定期对酒店、宾馆、各类商超、农贸市场、养老院、寺庙、学校等重点场所的进行风险排查，严格实行人员健康情况“日报告”“零报告”制度。

【督导检查】 2022年，普兰县制定《普兰县疫情防控突击检查督导方案》，不定期对各乡镇、各单位、各市场主体疫情防控措施落实情况进行监督检查，并指导其全力做好疫情防控，重点督促各市场主体严格落实主体责任，定时对场所进行防疫消杀和提醒进场顾客做好个人防护，以及相关从业人员定期进行核酸检测等防疫措施。

突发疫情处置

【概况】 2022年8月5日，普兰县人民医院在常规核酸检测中发现4名外来旅游人员新冠病毒核酸检测阳性，4人为同行亲友，到普兰前有7日内日喀则市定日县、吉隆、仲巴、萨嘎等县旅居史。发现阳性病例后，第一时间向普兰县委、县政府及地区疫情办汇报，按照《新型冠状病毒肺炎防控方案（第九版）》，立即启动应急处置程序，组织开展传染源控制、流调溯源、全员抗原检测及核酸检测等工作。本轮疫情全县累计报告阳性感染者633例，其中无症状感染者629例、确诊病例4例；疫情波及全县3个乡镇，巴嘎乡430例（占比67.93%）、霍尔乡50例（占比8.05%）、普兰镇152例（占比24.01%）。

【精准指挥】 疫情发生后，普兰县迅速完善指挥体系，调整充实普兰县疫情防控指挥部，整合地县乡各级力量，配齐配强各专项组工作人员，实现统一指挥、统一调度；全面优化工作布局，实行扁平化运行，一环紧扣一环部署落实防控措施，构筑起完整的指挥体系、组织协调体系和专项工作体系。迅速充实防疫力量，认真贯彻落实区党委、政府的部署要求，贯彻落实地委、行署的工作安排，全县各级党员干部和广大群众积极响应县委、县政府号召，597 名党员干部、196 名医护人员、350 名志愿者、100 多名基层力量踊跃加入疫情防控工作一线，凝聚起抗击疫情的强大合力。

【应急处置】 疫情发生后，普兰县迅速组建流调溯源力量，抽调 21 名精干力量迅速组建“三公(工)”流调溯源大队，坚持“接报即查、先快后精、先管后筛”，强化核酸检测、抗原检测与流调溯源、转运隔离的协调配合，加强区域协查，畅通工作流程，做到快流调、快溯源。着力提高核酸检测能力和水平，合理设置核酸采样点，优化采、送、检、报各环节，切实做到精准计划、科学布局、边采边送、快采快送、快验快出结果。严格落实转运隔离管理措施，坚持“接信即转”，快转运、快隔离，闭环转运、应隔尽隔，完成转运阳性、密接、次密接人员。累计建设普兰县冈仁波齐方舱医院 1 个、巴嘎乡帐篷方舱 4 个，设置房间 679 间、床位 1005 个；设置密接隔离酒店 9 个，房间 757 间、床位 842 个；设置健康监测点 11 个，房间 385 间、床位 1234 个；设置次密接隔离点 1 个，房间 21 间、床位 41 个。

【精准施策】 疫情发生后，普兰县精准实施防控策略，坚决贯彻“外防输入、内防反弹”的总策略，迅速启动社会面应急管控措施，累计精准划定 4 个高风险区和 12 个中风险区，及时发布静态管控公告，实行全域静默。及时精准动态调整风险等级和管控措施，对多轮筛查没有病例的区域，加强区域联防协查，巩固既有成果。对达到解除标准的及时降级、解封，向社会公布、释放积极信号，提振战“疫”必胜信心。严格进出通道管理，增派 442 名公安干警、医护人员加强边境一线、马攸木、嘎入等进出通道卡口人员力量，筑牢疫情防控的“铜墙铁壁”。强化社会面管理，安排 14 名县级干部、24 名科级干部、96 名一般干部，组成 57 个网格管控小组，并充分调动村(社区)“两委”、驻村干部、双联户长、群众组织等基层力量，精细化开展网格片区管控工作，织密疫情“防控网”，完成社会面“清零”的目标任务。

【民生保障】 疫情发生后，普兰县开展物资保供工作，调整优化物资保障组人员配备，强化主动服务意识，动态掌握防疫物资存量、生活物资供应、道路交通运输保畅、市场物价等情况，合理测算物资消耗速度和保障能力，及时协调地区调运、补充物资，确保物资供应跟得上、不断链、不断供。合理解决群众诉求，组织网格管控小组和运输服务队等志愿服务队加大上门服务力度，解决群众“急难愁盼”；投入 213 人次开展自治区内各地市、地区各县、普兰县各村居滞普兰人员返乡护送工作，帮助区外滞留游客解决实际困难，争取区外滞留游客的理解、支持和配合。保障农业秋收，及时发布公告，发放口罩、消毒液等防护物品，配发农机具、收割机械和燃油料等物资，以户为单位，分组、分村、分片、错峰安排秋收，做到“有序下田、分时下地、分散干活、避免聚集”。累计收割青稞 7227 亩、油料作物 907.8 亩、蔬菜 301.12 亩、饲草料 372.03 亩，做到“成熟一片、收割一片”。

【宣传工作】 疫情发生后，普兰县强化宣传引导，组织记者深入基层一线挖掘、推广抗疫典型、抗疫故事，弘扬抗疫精神，激发全民抗疫正能量，凝聚共同抗疫的思想自觉、政治自觉、行动自觉。充分利用广播、电视、网络等传统媒介和新媒介，全方位宣传普兰县联防联控、群防群控的经验做法。动态发布疫情政策法规、疫情防控最新信息，及时公布服务电话、咨询电话，并安排专人值守，保持 24 小时热线畅通，耐心解答群众问题，累计接听求助服务电话 691 次。通过“学习强国”西藏学习平台、“普兰融媒”抖音号、“网信普兰”微信公众号、“普兰发布”微信公众号、“珠峰云”App 等平台转载转发自治区、地区疫情公告、发布各类疫情视频、新闻报道等2673条，办理回复网友咨询、留言23件，切实唱响主旋律、弘扬正能量。

【检查工作】 疫情发生后，普兰县坚持“实字当头、严字当头”，成立由县委书记任组长，县纪委监委、县委组织、作风办为成员的3个督导检查组，深入各部门和县城各卡口、商户检查落实测温、扫码、防护、登记、管控等防疫措施，层层传导压力、级级压实责任，持续释放疫情防控狠抓落实、不容懈怠的强烈信号，不断提升工作效能。坚持问题导向、目标导向、结果导向，每日到各网格片区、管控区域、交通卡点、方舱医院、商户药店等监督检查，全面排查疫情防控机制运行不顺畅、工作作风不扎实、防控责任不落实等短板，对防控举措再完善、对防控责任再压实、对防控重点再加固。始终坚持把纪律和规矩挺在前面，对督导检查发现的各类问题，主动认领，坚决整改，对落实上级决策行动迟缓、不作为慢作为、明令整改不见效的严肃处理，共开展监督检查129次，发现问题201个，均已督促整改落实到位。对落实疫情防控措施不到位的3名干部进行谈话提醒、1名进行批评教育，确保抓落实的严肃性、纪律性和实效性。

人民医院

【概况】 2022年，普兰县人民医院有干部职工130人，援藏干部14人（8名副高级职称、6名中级职称），本地干部职工116人（其中医务人员81名：6名中级职称、18名初级职称）。设有临床一级科室5个、医技科室5个、职能科室7个。医院占地面积2250平方米，建筑面积4907平方米，业务用房面积4217平方米，固定资产1686万元，医疗设备总值753万元，编制床位25张。2022年，医院门急诊就诊35166人次，累计住院215人次，出院322人次，进行手术160例，抢救危重病人20次，抢救成功率100%。

【综合服务】 2022年，普兰县人民医院各职能科室组织开展培训考核10次、演练3次，开展义诊活动33次，其中受益群众4450人。现已开通微信、支付宝、POS机刷卡等电子支付。健全规章制度12条，其中持续改进健全医疗质量管理及实习生、见习生、进修护士管理制度等4条；建立健全护理常规、科室负责人查房制度、危急值报告制度、毒麻药品管理制度、患者身份识别制度等8项业务制度。优化和再造危急值上报流程、毒麻药品使用登记流程，医务科急救接诊、转诊、出诊流程，护理部导管风险评估等流程。2022年，普兰县人民医院积极推广和开展业务新技术：肛周脓肿一次性根治术、混合痔外剥内扎术、盲肠升结肠切除+回肠末端升结肠残端吻合术。

【设施建设】 2022年，普兰县人民医院开通供暖项目，并在各大科室门前铺设防滑地毯，进一步优化干部职工的工作环境及患者的就诊环境。为进一步提高医院专业技术水平，县医院购买全自动粪便分析仪、全自动尿沉渣分析仪、经颅多普勒、双能X线骨密度仪等设备仪器，逐步完善电子票据系统、信息等级保护系统、污水处理在线监测系统等软件的建设，不断推进更多新业务、新技术的开展。

【学科建设】 2022年，普兰县人民医院有医务科、护理部、急诊、藏医科、五官科、妇外科等17个科室。在门诊设立重症监护室，设置多张ICU（重症监护病房）床位，时刻监测重症患者生命体征，保障患者的生命安全。

【队伍建设】 2022年，普兰县人民医院接收编制内本科毕业生3人。为进一步推动业务工作的开展，年内选派2名临床专业人员前往对口帮扶医院进行为期半年的超声知识跟班学习，另选派2名医生前往拉萨开展助产士及新生儿急救培训。

【藏医发展】 2022年，普兰县人民医院为更好地服务群众，专门设立藏医科和理疗科，开展藏医外治室（放血、艾灸、拔罐、裹隆疗法）等藏医适宜技术和藏医特色疗法，基本能满足当地群众对藏医药的需求。全年门诊量6540人次，治愈率达90%，藏医理疗科30人次，治愈率达96%，收治住院

11月20日，普兰县人民医院在农牧区开展妇女两癌筛查活动

病人 20 人次，治愈率达 90%。

【妇幼保健】 2022 年，普兰县人民医院门诊有 1965 名妇科患者，普兰县人民医院出生婴儿 61 名：男 23 名，女 38 名，办理出生医学证明共计共 59 张；孕期建卡 143 本，儿童保健手册共建册 51 本。上环术 17 例；取环术 14 例；皮下避孕针埋置术 27 例；皮下避孕针取出术 14 例。2022 年，免费叶酸发放 92 人份，随访 92 人，共计 146 瓶；发放免费避孕药物 509 盒。2022 年 7 月 14—15 日，为实现农村妇女“两癌”早诊断、早发现、早治疗，提高生活质量，县人民医院妇产科工作人员全力配合第三方阿里地区人民医院在普兰县开展为期 2 天的农村适龄妇女免费“两癌”筛查活动，此次活动在 2021 年筛查的基础上覆盖全县 35—64 周岁的适龄女性，完成对 564 名妇女的筛查。

【疫情防控】 2022 年，普兰县人民医院组织召开疫情专题会 8 次，集中传达学习《关于进一步加强奥密克戎等新型变异株疫情防控工作的通知》《2022 年元旦春节期间新冠肺炎聚集性疫情应急处置方案》《关于常态化疫情防控监督检查工作情况的通》等内容。认真贯彻落实县委、县政府和县疫情领导小组的决策部署，修订完善疫情各类预案、方案近 20 个，开展院感培训考核 15 次、疫情防控演练 3 次。疫情期间，县人民医院在马攸木检查站、嘎入检查站、发热门诊、巴嘎乡、各村居、核酸采样等重点防控点位坚守一线，选派 30 余名医务人员前往巴嘎乡、拉萨等地支援。在疫情得到有效控制后及时查漏补缺，开展为期 2 天的穿脱防护服培训考核，不断提升疫情防控能力。

【为民服务】 2022 年，普兰县人民医院坚持为民办实事。截至年底，完成全民体检 4138 人（包含巴嘎乡、霍尔乡农牧民群众和部分中小学校学生）。

应急管理

综述

【概况】 2022年,普兰县应急管理局共有干部职工8人,党员5人。所属事业单位为县自然灾害防治救援中心,所属人员2人。2022年,应急管理局开展安全隐患排查活动87次,发现安全隐患102处,下发执法文书17份,立行立改31处,限期整改52处。

【应急管理规范化建设】 2022年,普兰县应急管理局以普兰县作风整顿为契机,全面打造单位形象,制订每月至少2次的集中学习和自学相结合的学习计划,制作12本改进作风狠抓落实应知应会小手册,方便干部职工学习。同时在普兰县主街道悬挂横幅1条,组织全体在岗干部集中学习12次,持续开展党风廉政教育活动,开展"廉内助"和"限酒禁赌"教育活动、局长带头讲党风廉政教育党课,帮助干部职工拧紧思想"这根弦",筑牢正纪、拒腐防变的"防火墙"。

【疫情防控】 2022年,普兰县应急管理局配合疫情防控物资保障组全力做好防疫物资保障,联合发改委粮食局累计调拨自治区级、地区级、县本级12平方米棉帐篷1073顶、16平方米棉帐篷175顶、18平方米棉帐篷145顶、棉被9624床、棉褥5478床、折叠床2865张、棉大衣1979件、水鞋60双,(其中从地区库借用棉被4196床、棉褥2000床,主要用于巴嘎乡隔离点12平方米帐篷580顶、18平方米帐篷145顶、折叠床1500张)。

【安全生产】 2022年,普兰县应急管理局提请县委常委会听取安全生产工作汇报3次,县安委会召开安全生产季度会议3次,召开专项整治三年行动安排部署会议4次,开展县委常委会会议学习4次、政府党组会议学习5次、县安委会集中学习8次、安委会各单位学习160余次、各乡镇学习60次、各企业学习80余次。同时安委会办公室以6月安全生产宣传

6月1日,普兰县应急管理局开展"遵守安全生产法 当好第一责任人"安全生产咨询日活动

月为契机，组织县辖区各企业集中观看《生命重于泰山——学习习近平总书记关于安全生产重要论述》电视专题片，推动安全生产责任进一步落实。

危险化学品方面　按照《阿里地区关于全面加强危险化学品安全生产工作的实施方案》和《阿里地区危险化学品安全风险集中治理实施方案》文件内容，应急管理局共计开展安全隐患排查活动87次，共发现安全隐患102处，截至年底，所有安全隐患全部整改完成。对重点企业实行派驻监管员制度，对县辖区内5座加油站，2座加气站派驻7名干部、5名民警作为安全监管员。

城镇燃气方面　按照《阿里地区城镇燃气安全排查整治工作实施方案》文件要求，应急管理局联合住建局、消防救援大队对全县2座加气站检查18次，排查隐患25处，下发整改通知书3份，立行立改22处。

非煤矿山方面（砂石料厂）　县水利局、自然资源局对砂石料场开展隐患排查17次，发现隐患3处，已完成整改。

道路交通方面　交警大队排查道路交通安全29次，发现隐患35处，年底已完成整改。

交通运输方面　交通运输局排查交通运输隐患20次，发现隐患13处，整改完成11处，2处已上报地区，年内完成整改。

消防领域方面　消防救援大队检查单位573家，发现火灾隐患及违法行为449处，下发责令限期整改通知书325份，整改完

11月8日，普兰县委常务副书记、常务副县长杜新成（前排左二）参加“119”消防宣传月启动仪式出席并致辞

成449处，挂牌督办重点火灾隐患2处，下发行政处罚决定书3份，罚款6.5万元。

建筑施工方面　县住建局对已开工工地检查34次，发现安全隐患29处，下发整改通知书7份，所有隐患均已整改到位。

校园安全方面　县教体局排查校园安全34次，发现安全隐患36处，已全部整改完成。各校园门口路段铺设减速带8个，增设警示标牌7个。

森林草原防灭火方面　自然资源局开展排查26次，发现安全隐患6处，已完成整改。各重点草原防火区增设警示标牌7个。

【安全宣传】2022年，普兰县应急管理局结合“5·12”全国防灾减灾日、6月安全生产宣传月，在普兰县文化广场举办综合防灾减灾宣传活动，共设立宣传展板14块，悬挂横幅31条，张贴宣传栏8处，LED滚动播放《西藏公众应急知识》宣传片一周，出动宣传车辆20余辆，出动宣传人员80余人，发放《中华人民共和国安全生产法》、地震常识（折页）、防雷击、防化学品中毒、防洪水等宣传资料16种，受益群众达2000余人，切实提高群众防御自救意识。

【防灾减灾】2022年，普兰县应急管理局以自然灾害防治能力“九项工程”为抓手，健全体制机制，压实工作责任，进一步加强应急预案体系建设。截至年底，普兰县共有各类应急预案22个（其中总体应急预案1个、专项应急预案21个），同时根据实际情况，继续修订完善地质灾害、森林防火等应急预案，着力提升自然灾害防治抗御能力和应急处置能力，结合普兰县自然地域位置特征，有针对性地开展山洪防灾演练、地震应急演练。

【自然灾害普查】2022年，全县普查进度达到94.7%，位列全地区第四（其中应急管理局普查工

12月26日，普兰县应急管理局局长刚珠（右二）带队对辖区加油、加气站进行岁末年初安全隐患排查工作

作完成100%、交通运输局完成100%、自然资源局完成100%、水利局完成100%、气象局完成100%、林草局完成89.9%；住建局完成84%），所有普查数据已上报地区普查办。全县普查工作花费资金400万元（县财政解决200万元，已兑现；自治区普查办解决200万元，已兑现170万元），已支付第三方服务机构48.6万元。

【综合执法】 2022年，普兰县应急管理局制定安全生产行政执法公示制度，包括执法范围、法律依据、办结时限等，按照“双随机、一公开”原则，执法过程主动告知当事人执法事由、执法依据、权利义务等内容。同时向社会公开行政执法基本信息、结果信息，做到执法全过程留痕和可回溯管理。要求执法过程中执法人员不得少于2人，带执法证件，规范制作执法文书，对涉及的所有行政处罚，必须配备执法记录仪，对关键环节（如现场隐患、整改前后照片对比、执法过程等）进行拍照或摄像取证，对行政执法行为进行记录并及时归档、存储，实现全过程留痕，执法检查结束后，可通过“执法终端机”将执法视频上传至服务器备案备查。进一步修改完善现有审核制度，重点从行政处罚的主体是否合格、事实是否清楚、证据是否确凿、法律法规运用是否准确、程序是否合法、自由裁量是否恰当、文书使用是否正确等方面进行严格审核，力争做到每一个行政处罚环节均合法。

【安全检查和应急演练】 2022年，普兰县应急管理局对危化领域、道路交通领域、消防安全领域等15项重点领域开展隐患排查，共排查234次，发现隐患54处，均已整改到位。坚持专常兼备、平战结合的应急救援指导思想，扎实开展应急演练活动。2022年，普兰县各单位、各部门、各乡镇、重点企业共开展安全生产、消防、地质灾害等各类应急演练8次。同时乡镇成立消防工作站，细化应急预案，落实装备、物资、通信等保障措施，确保一旦发生突发事件能第一时间响应、第一时间应对处置，最大限度保障人民群众生命财产安全。

【救灾物资储备】 2022年，普兰县有县乡村级物资储备库9个，分别是普兰县救灾物资储备库、巴嘎乡政府救灾物资储备库、霍尔乡政府救灾物资储备库、卓桑易灾点、巴热易灾点、郭本易灾点、曲西易灾点、米堆易灾点、仁贡易灾点。库存物资能够满足保障的基本需求，做到宁可备而不用、不能用时无备。

消防救援

【概况】 2022年，普兰县消防救援大队在总队党委、县委、县政府、支队党委的领导下，紧紧围绕全区经济建设和社会发展大局，忠实履行职责，全面提升执法服务水平，狠抓火灾隐患整治，完成以防火、灭火和应急救援为中心的各项工作任务，确保队伍安全稳定和社会面火灾形势的平稳，为构建“和谐普兰”创造良好的消防安全环境。2022年普兰大队共接警97起，出动99车458人；其中火灾1起，出动2车9人；抢险救援3起，出动4车21人；公务执勤39起，出动39车164人；社会救助54起，出动54车264人。

【队伍建设】 2022年，普兰县消

防救援大队坚持以实战为基础，以理论为指导，以“拉得出、打得赢”为目标，紧贴大队队伍建设实际，制定《普兰县消防救援大队2022年度全员岗位大练兵实施方案》和实施细则，组织全体指战员、专职队员按照课程表开展体技能训练，有效提高全体指战员的业务能力水平。大队结合辖区巴嘎乡、霍尔乡距离大队较远的实际情况，经过多方调研论证，拟在巴嘎乡塔尔钦建立一支消防救援队伍，解决人员不足的实际困难。大队严格落实执勤战备，合理安排勤务力量，完成“三节两会”、中共二十大等消防安保任务及疫情期间各项执勤战备任务。大队挑选经验丰富的8名指战员，成立轻型救援队，联合各职能部门开展山洪灾害防御演练；组建2车10人的冰冻雨雪灾害处置队，累计投入10万余元购买应急物资，对大队所有执勤车辆配备防滑链，增添除雪工具，对救援队员增添防寒棉质衣物，对所有器材装备进行清点并坚持每日启动，在保证基础性装备完整好用的同时，对发现的问题及时解决，确保器材装备的完整好用。

【“灭火”救援】 2022年，普兰县消防救援大队为人民万死不辞勇当“逆行者”；在事故救援中，勇斗灾难的关键时刻总能看见那抹“橙色”。在日常生活中，活跃在普兰大街小巷的他们，经常冲洗街道、送水、取钥匙……大队一直履行“有警必出、有险必抢、有灾必救、热情服务”的承诺。在疫情期间普兰大队主动请缨深入疫区完成消杀任务。在“2·2”神山景区游客失联救援任务中，普兰县消防救援大队不畏艰险、攻坚克难，先后在海拔约5000米的低温低氧环境下与死神争分夺秒，三天两夜不眠不休成功营救5名被困人员，得到县委、县政府和人民群众的高度肯定；“8·17”普兰县保障房三区9栋民房火灾事故中，普兰大队的指战员们迎难而上，将生死置之度外与火魔抗争，救援过程中始终彰显着“赴汤蹈火”的初心使命。

6月21日，普兰县消防救援大队在辖区普兰县政府开展消防演练

【专项整治】 2022年，普兰县消防救援大队根据《普兰县岁末年初安全生产重大隐患专项整治和督导检查方案》的通知，全面开展安全生产重大隐患专项整治。2022年普兰大队共检查社会单位（场所）1365家次，发现火灾隐患1400余处，督促整改火灾隐患1400余处，下发《责令改正通知书》1200余份、行政处罚决定书4份，罚款72000元，临时查封1家、判定为重大火灾隐患并提请政府挂牌督办2家。

【消防宣传】 2022年，普兰县消防救援大队继续强化消防工作“五个主体”责任，进一步推动建立、完善消防技术社会化服务体系，大力开展火灾隐患排查整治和消防宣传教育活动，不断提升全县防控火灾能力。按照消防安全重点单位“户籍化”管理要求，加大对各消防安全重点单位的监管力度，定期开展单位消防安全检查，强化消防安全宣传培训教育，督促火灾隐患整改，进一步完善重点单位档案资料建设和“户籍化”管理。先后部署开展冬春火灾防控专项行动、夏季消防安全检查、文物建筑和宗教活动场所专项整治、电动自行车消防安全专项整治、消防领域“三年专项”整治行动等一系列专项整治行动，全力排查整治火灾隐患，严厉打击违法行为，全面推进“打通

2月13日，普兰县消防救援大队在普兰县人民广场开展消防宣传

生命通道”工作，督促社会单位落实相关工作。“三节两会”等重大节日，积极提请县政府主要领导亲自带队，组织相关部门扎实开展“零点夜查”行动，有效预防火灾事故的发生。充分利用宣传月、宣传周、宣传日等有利时机，通过设立消防宣传咨询点、发放宣传资料、悬挂横幅标语、播放宣传影像资料等形式开展消防宣传教育活动，大力普及防火常识和逃生自救知识，本着信息发布“快”，内容发布“精”，宣传主题“实”的原则，组织专人随时对安全提示、工作动态、应急救援等内容进行更新，不断营造以“抓消防安全，保高质量发展”为主题的浓厚宣传氛围。

2022年，普兰大队共开展宣传活动16次，悬挂横幅标语14条，发放宣传资料1.2万份，对社会单位、派出所民警开展培训20余次。

【基础建设】 2022年，普兰县消防救援大队紧紧围绕全年工作总体目标任务，加强后勤各项工作建设，不断提高后勤综合应急保障能力。2022年，大队争取经费328.29万元，其中业务经费238.81万元、专职队员工资经费89.48万元。同时，结合工作需要，对年度业务经费进行合理预算，各项工作、学习和生活硬件条件得到改善，为大队指战员营造舒适的生活环境，为队伍建设和普兰县发展提供强有力的保障。

社会生活

民政

【概况】 2022年，普兰县民政局按照“制度健全、操作规范、管理精细、公开透明、服务优良、群众满意”的目标，落实“两个低保”“三个补助”“两个救助”，“三大节日”期间，牵头分别对两乡一镇残疾贫困家庭、特困人员、城市低保户、特困人员集中供养服务中心护理员及驾驶员、流浪乞讨人员等241人进行慰问，发放慰问金77200元。为213名享受残疾人“两项补贴”人员兑现“两项补贴”资金及地区十项民生工程资金478200元，为6名严重精神障碍患者监护人兑现监护补贴14400元。

【社会救助】 2022年，普兰县民政局为全县享受城市低保的1户1人兑现全年低保资金8636.4元（普兰县无农村低保人员）。认真开展临时救助工作。全县共批准临时救助家庭户14户，支出118000元。自普兰疫情以来，县民政局充分发挥民政兜底保障工作职责，为在普兰县务工滞留人员294人提供口粮救助，折合人民币共计61475元；为失业生活困难人员17人提供救助，共计兑现资金34000元（每人2000元）；为困难家庭未就业大学生（三个月无收入来源）9人提供补助，共计兑现资金18000元（每人2000元）。

【社会福利】 2022年，普兰县有孤儿18人，其中12名集中收养于地区福利院，6名家庭寄养孤儿。集中收养于地区福利院的孤儿县民政局无须兑现资金，6名家庭寄养孤儿已兑现2022年生活补助资金102960元（每人17160元）。兑现全年残疾人两项补贴资金共计414900元，提标资金共计63300元，已兑现（每人300元）。2022年，县民政局争取上级资金176056.25元，用于全县5名残疾人家庭无障碍改造。2022年，对残疾人、特困人员、城市低保、特困人员集中供养服务中心护理员、公益性岗位人员、分散孤儿、

12月20日，普兰县民政局局长旦增赤列（右）在“三大节日”来临前慰问孤儿

5月18日，普兰县民政局特困中心主任次仁央加（左二）对普兰县特困供养人员生活自理能力进行评估

流浪乞讨“三无”人员等241人进行慰问，发放慰问金77200元。

【“双集中”工作】 2022年，普兰县有6名分散供养特困人员（均在农村），已兑现全年供养资金共计46440元（每人每年7740元）；8名集中供养特困人员，其中7人共兑现全年供养资金共计123067元（每人每年17581元），1名地区集中供养人员，已兑现全年资金共17581元，有意愿集中供养率达到100%。

【流浪乞讨人员救助管理】 2022年，普兰县已建立流浪乞讨人员身份快速查询机制，群众、公安机关和其他相关单位发现流浪乞讨人员的，将告知其向救助管理机构求助。对残疾人、未成年人、老年人和行动不便的其他人员，将引导、护送到救助管理机构。对突发和精神疾病人员，及时通知急救机构进行救治，并且及时核查其身份信息。

【区划地名】 2022年，普兰县民政局为巩固勘界成果，合理整合和配置资源，认真落实地名核准、地名命名工作，与周边县开展边界联检工作，签订平安边界友好协议，确保边界平安，边民和谐。

【基础设施建设】 2022年，普兰县特困人员集中供养服务中心新建微型消防站及维修消防设施建设。

【婚姻登记】 2022年，普兰县民政局共办理结婚登记68对，补发结婚证7对；办理离婚登记6对，登记合格率达100%，婚姻登记管理服务窗口社会反应良好。同时还通过各类宣传活动大力宣传婚姻政策法规，广泛宣传《中华人民共和国民法典》，切实提高广大农牧民群众的婚育意识。

【重大项目建设】 2022年，普兰县民政局积极争取上级资金，不断提高农村基本养老服务水平。截至年底，已收到中央专项彩票公益金900万元，用于普兰镇科迦村、多油村、西德村农村幸福院建设（每村300万元），项目前期相关手续已基本完成。

【社会组织管理】 2022年，普兰县民政局社会组织管理登记稳步推进，按照《社会团体登记管理条例》《民办非企业单位登记管理暂行条例》《社会团体年度检查暂行办法》等有关规定，对全县的社会组织进行年度检查，依法办理登记业务，依法开展打击非法社会组织工作。

退役军人事务

【概况】 2022年，普兰县退役军人事务局定期召开退役军人事务工作领导小组会议，定期开展县、乡两级领导干部军事日活动。对退役军人事务工作中的重大问题及时召开领导小组会议、局长办公会议等进行研究解决。

【退役军人就业创业】 2022年，普兰县退役军人事务局结合退役士兵就业意向积极与县组织人社以及地区退役军人事务局沟通衔接适时鼓励参加各类退役士兵技能和创业培训，技能培训包括民族手工艺品加工项目、农作物栽培技术、保洁员等内容，鼓励退役军人通过参加技能培训提高自身劳动力和致富能力，同时对辖区退役军人及随军家属求职意愿进行统计上报。

1月27日，普兰县退役军人事务局局长袁红伟（左二）为立功受奖人员送喜报

有多名退役军人有驾驶、厨师等方面的求职意愿。

【信息采集和光荣牌悬挂】 普兰县退役军人事务局光荣牌悬挂工作于2019年4月启动，截至2022年12月31日，共悬挂光荣牌199块。

【优待证信息采集】 2022年，普兰县退役军人事务局对户籍地为普兰和长期居住在普的退役军人开展采集优待证信息及证件申领发放工作，全面摸清服务对象底数，组织两乡一镇退役军人服务站当好政策宣传员，通过电话、工作群、朋友圈等多种途径广泛宣传优待证的申领条件，所需材料和程序，提升优待证申领制发政策知晓度。认真完成优待证申领发放工作，让服务对象只跑"一次腿"，在信息采集过程中工作人员热情接待、暖心服务按照规范流程做好建档立卡、信息采集、档案维护、系统录入等工作。建立优待证申领工作微信群，及时答复并通报每天工作推进情况，及时探讨解决工作中遇到的困难和难题，统筹做好工作调度。

【双拥工作】 2022年，普兰县退役军人事务局在"三大节日"期间慰问多名农牧民退役军人，并发放慰问金，协同县国安办慰问29家边境一线执勤点、各驻普兰县部队等共发放58000元慰问金。为部队官兵送去节日的慰问和祝福，在全县范围内树立拥军优属工作良好风尚。开展八一建军节慰问活动，活动中共计8个小组先后到普兰县人武部、普兰出入边防检查站、普兰边境管理大队等24家单位，发放慰问物资折合人民币68500元。为在全县努力营造"一人参军，全家光荣"的良好氛围，开展送喜报慰问活动。向普兰县荣立三等功的3名现役军人和2名"四有"现役军人送去喜报，并向荣立三等功的3名现役军人共发放3000元的慰问金。

按照"应迁尽迁、集中管护"的原则对普兰县烈士陵园英雄烈士纪念设施主体建筑进行集中整修改造，该项目从2022年5月29日正式开工，竣工时间为10月1日，整修内容包括烈士简介碑、平土种草、道路硬化、路边绿化（植树）、新建旱厕、安装路灯、大门维修、安装变压器、新建蓄水池、拆除围墙、安装地管喷头、大门挂牌、移动电线杆、烈士遗骨搬运、

1月29日，普兰县退役军人事务局"三大节日"期间慰问农牧民退役军人优抚对象

3月15日，普兰县人社局开展以“建设更高水平平安普兰、喜迎中共二十大”为主题的宣传活动

新建墓碑69块、维修栏杆、新安装护栏、对原墓区围墙修缮、对路边水渠进行改道、设置限高杆、新建路缘石等项目于2022年10月1日已完工。

组织开展清明“线上祭英烈”活动，结合疫情防控严峻形势，统筹安排、全面部署祭扫活动，提倡网上祭扫活动和小规模现场祭扫活动，县武装部、边防连、公安、税务、纪委、退役军人志愿服务队、学生、退休干部、群众等代表分批次进行现场祭扫，利用中华英烈网和访问“天上阿里”微信公众号网上祭扫达1454人次；“9·30”烈士纪念活动因疫情防控形势严峻，为此开展“线上祭扫”活动，全县利用中华英烈网和访问“天上阿里”微信公众号网上祭扫达736人次。

人力资源和社会保障

【概况】 普兰县人力资源和社会保障局（简称县人社局）是综合管理全县人力资源和社会保障工作的政府工作部门。内设综合办公室、劳动保障监察大队（挂牌），下辖社会保险服务管理中心、新型农村社会养老保险管理中心、县劳动法就业（大学生就业创业）服务中心3个事业单位。2022年，县人社局以习近平新时代中国特色社会主义思想为指导，在县委、县政府的领导下，在上级部门的指导下，坚持民生为本、人才优先工作主线，认真学习贯彻中共十九大和历次全会精神，坚持人力资源和社会保障工作服从和服务于全县经济发展，构建和谐社会这一中心任务，纵深推改进作风狠抓落实学习教育和清廉机关建设，大力推动党建与业务工作深度融合，确保上级各项工作部署的贯彻落实，在全局形成党建和业务“双提升”的良好格局，使全县人力资源和社会保障工作取得明显成效。

【社会保障】 2022年，县人社局以维护职工合法权益、做好职工社保工作，以用人单位和职工应保尽保、社会保险费应收尽收为目标，推动社会保险参保扩面，全年职工基本养老保险参保缴费人数1544人，基本实现应保尽保，完成率达100%；做好外来务工参保人员工作方面，2022年工程建设领域参加工伤保险人数597人。城乡居民养老保险参保人数4951人（其中享受城乡居民基本养老保险待遇920人），参保率达99%。特殊群体参保率100%，代缴率100%。全年发放城乡居民基本养老保险金283.78万元，发放率达100%。2022年开展城乡居民养老保险待遇享受人员养老金标准调整工作及资格认证，完成参保人员待遇核算，发放人数910人，发放率达100%，确保按时足额发放。2022年退休人员129人，发放护工费共12.9万元，发放率100%。

【基金监督管理】 2022年，县人社局加大对违规资金的追缴力度，做好社保基金监管预警信息分析处理工作，全年共追回违规资金27234.85元，追缴率达100%。多次开展城乡居民追回多领取待遇工作，在全县起到率先垂范作用，整合资源，进一步规范全县对骗取社会保险待遇的查处程序，有效防控社会保险待遇支付风险及社会保险基金支出风险。深入开展职工基本养老保险提前退休问题专项检查、社保基金（资金）管理风险排查、社保基层经办业务专项检查等，对存在的问题及时进行整改落实。强化社保基金非现场监督和日常内控检查，对各项基金运行情况进行动态、全过程监管，最大限度确保基金运行安全。

【人才培育】 2022年，县人社局完成全县2022年度专业技术人员和工勤人员年度考核工作，其中，专业技术人才461人，年度考核优秀60人，工勤人员19人。组织15人参加继续教育，合格15人。协助县委组织部完成县以下职员等级晋升工作，参与县卫健委评聘初级职称11人。

【乡村振兴人才建设】 2022年，县人社局2022年接收“三支一扶”人员5人，协助县委组织部、农业农村局、乡村振兴局、教育局做好20名乡村振兴计划专干的接收安置工作。进一步贯彻落实专业技术人才“育、引、用、留”政策，激发基层专业技术人才的积极性、主动性，留住和用好本地人才，助力乡村振兴战略，年内申报教育部门“定向使用、定向评价”事业人员3名。

【人员管理】 2022年，县人社局根据地区增编工作要求，对教育系统、政务服务中心、农业技术推广站等11家单位重新开展岗位设置，制定岗位设置工作方案。结合《西藏自治区关于加强基层专业技术人才队伍建设的实施办法（试行）》（阿人社〔2022〕3号）文件要求，落实33名基层专业技术人才规范性收入待遇。开展事业人员档案审核，完成全县20名事业专业技术人员“三龄两历一身份”人员档案管理，规范事业专业技术人员人事档案管理。

【劳动关系管理】 2022年，县人社局畅通举报投诉渠道，设立24小时举报投诉咨询电话，全年共计接听欠薪举报投诉450余次，有效预防群体性案件发生。加大西藏实名制工资支付监管平台和根治欠薪线索反映平台推广应用力度。扎实推进专项检查行动，保障劳动者合法权益，全年共受理投诉举报案件94件，涉及劳动者215人，其中投诉案件33件，处理欠薪核处系统举报案件61起，追回农民工工资478.86万元，按时回复办结率100%。做到有报必查、有诉必应，认真对待每项诉求案件，切实维护广大劳动者的合法权益。调解成功率达100%。

【构建和谐劳动关系】 2022年，县人社局开展劳动保障监察执法活动，强化劳动维权工作源头治理，对全县各类用人领域劳动法律法规定情况进行摸底调查，加强农民工工资举报投诉机制的建立，并依托网络媒介、现场宣传等形式，开展劳动保障监察执法。定期开展劳动保障监察执法活动5次，召开普兰县根治欠薪领导小组工作会议2次，加强对劳动保障监察执法活动的人员培养。同时采取群众喜闻乐见、通俗易懂的形式，编制《普兰县劳动保障维权宣传手册》2300本，确保群众对劳动保障法律法规的知晓度。

【劳动保障源头治理】 2022年，县人社局根据《西藏自治区人民政府办公厅关于印发西藏自治区工程建设领域农民工工资保证金制度实施办法的通知》（藏政办发〔2017〕34号）文件精神，全年累计收缴农民工工资保证金48家，其中，第三方保函形式担保农民工工资保证金46家共计4238.62

5月9日—10日，县人社局举办中式烹调师培训。图为培训现场

万余元，现金缴纳农民工工资保证金2家共计21.64万余元。同时设立农民工工资应急周转金200万元，依法保护农民工工资权益，发挥工资保证金在解决拖欠农民工工资问题中的重要作用。

【就业创业】 2022年，县人社局积极开展“春风行动”招聘会、拓展就业岗位等农牧民就业专项活动，依托网络媒介及时推送就业岗位，大力开发公益性岗位，引导企业吸纳就业，扶持重点群体就业，普兰县疫情突至以来，积极落实疫情期间各项惠民政策，延长失业保险扩围政策，进一步强化失业保障。关注离校未就业大学生就业问题，切实做好实名调查、职业指导、就业推荐等工作。完善就业形势分析研判机制，持续扩大就业登记覆盖面，力求实现全部就业。大力扶持就业创业。紧抓高校毕业生就业创业优惠政策，坚持实施就业优先战略，通过岗位收集、结对帮扶、政策宣传等形式，积极促进高校毕业生多元化、多渠道就业、创业。2022年，普兰县应届高校毕业生共有92人，实现就业89人，就业率达97%。推送就业岗位信息80条。实现高校毕业生就业帮扶60人，兑现高校毕业生及中职生一次性创业启动资金和场地租金及水电费补贴21人，共计100.61万元，兑现41名高校毕业生3个月未就业补贴资金41人，共计227550元，确保高校毕业生就业创业政策落实落地。千方百计扩大农牧民转移就业，全年累计实现转移就业1192人，2174人次，已脱贫实现转移就业221人，转移就业创收1443.98万元，全县劳务输出工作有效推进。2022年，普兰县城镇新增就业158人，城镇调查失业率和城镇登记失业率分别控制在5%和3%以内。

【技能提升】 2022年，县人社局落实阿里地区贯彻落实自治区2022年“十大民生工程”和“38件民生实事”工作任务，县人社局从技能人才培养、技能培训建设等方面着手促进技能提升。全年举办3期农牧民技能培训，参训220人（其中贫困户9人），已就业80人；开展“以工代训”1期，参训96人。完成地区总培训目标的56%，完成集中技能培训就业率目标的36.6%。

乡村振兴

【概况】 2022年，普兰县乡村振兴局在普兰县委、县政府的领导下，充分把握上级党委、政府对乡村振兴的决策部署，持续发力，坚持以实施乡村振兴战略为切入口，按照产业兴旺、生态宜居、乡风文明、治理有效、生活富裕的总要求，全速推进、全面实施乡村振兴战略，切实做好巩固拓展脱贫攻坚成果同乡村振兴有效衔接工作。2022年，统筹整合财政涉农资金18180.03万元。其中，中央财政资金12339.41万元（去掉生态岗位资金共计12037.41），占67.87%；自治区财政资金5465.62万元，占30.06%；县级财政资金375万元，占2.06%，涉及项目16个。

【机制体系建设】 2022年，普兰县乡村振兴局坚持和加强党对“三农”工作的战略谋划和统一领导，召开县委常委会、县委理论学习中心组学习会、县委农村工作领导小组（县委实施乡村振兴战略领导小组）会议12次，深入学习习近平总书记关于“三农”工作的重要论述和自治区党委、地委决策部署，学习《中共中央 国务院关于做好2022年全面推进乡村振兴重点工作的意见》精神，研究部署贯彻落实意见，切实统一思想、压实责任、明确方向，确保全县巩固拓展脱贫攻坚成果同乡村振兴有效衔接工作始终沿着正确的方向前进。坚持把乡村振兴作为“一把手工程”，严格落实“五级书记”抓乡村振兴工作责任，严格落实党政主要负责人“双组长”工作机制，建立县、乡、村三级乡村振兴组织体系，研究出台《树立农牧民新风貌行动实施方案》《防返贫风险分析研判协同处置工作协调机制》等文件13份，做到定人、定岗、定责，进一步增强推进乡村振兴的工作合力。坚持把巩固拓展脱贫攻坚成果同乡村振兴有效衔接工作纳入重点督查考评内容，严格日常督促检查和年终综合目标考核验收工作，及时帮助疏堵点、解难点、抓落实，以督促干、以导提效，推动乡村产业发展、项目推进、环境保护、基层党组织建设等工作有效落实，确保乡村振兴工作责任落实到位。

【产业发展】 2022年，普兰县乡村振兴局落实产业扶贫项目县级干部责任，建立红旗、蓝旗、黄旗“三色旗”项目推进机制，抓好重点项目建设；完成16个扶贫产业项目所有权、经营权、收益权统一确权登记工作，通过“公司+村合作组织+农户”等模式，统一运营管理产业项目，不断壮大产业发展动能，并完成扶贫产业项目利益分红192.039万元，受益群众3736人次。严格落实粮食安全政治责任，有效遏制耕地“非农化”“非粮化”、割青毁苗、毁青作饲等不正之风，完成农作物播种8919.4亩、产量3571.56吨（其中，青稞7227亩、2350.49吨，豌豆483.6亩、91.27吨，油菜907.8亩、118.97吨，蔬菜267.98亩、978.20吨，马铃薯33.02亩、32.63吨）。全面落实减畜禁牧、草畜平衡、保护草原生态的政策，稳定畜牧养殖规模和数量，牲畜存栏77972头（只、匹）。强化农业科技支撑，积极推广青稞优良品种、改良本地青稞品种工作，引进推广种植“藏青2000”青稞品种1500亩，建设建强青稞二级种子繁育基地600亩，投资2000万元实施普兰县现代农业产业园提升改造建设项目，在10座温室大棚开展苣荬草、巨菌草、高丹、大富翁四种牧草高产示范种植试验，实施西德村、科迦村牦牛经济杂交推广示范项目，以农业科技示范推动农牧业高质量发展，切实把农牧业发展转化为带农富农底线保障。充分发挥专合组织示范引领作用，择优筛选4个生产经营规模较大、品牌市场影响力强、增收效果明显的专合组织，投入100万元，进一步扩大生产规模、提升产品品质、延长产业链条、打造市场品牌。大力引导群众由“体力型”向“技能型”转变，举办农牧民“以工代训”等技能培训4期，参训316人；建立农牧民转移就业基地7个，农牧民劳动力转移就业1125人，创收1377.4万元。全力保障落实好退役军人各项政策，兑现生活补助，为多名退役军人介绍工作，切实抓好重点群体就业。

3月14日，普兰县乡村振兴局邀请相关部门召开项目论证大会

【乡村治理】 2022年，普兰县乡村振兴局进一步完善党组织领导的自治、法治、德治相结合的乡村治理体系，严格落实“四议一审两公开”工作制度，全面提高村级议事决策质量，保障党员群众民主权利，推进基层治理体系和治理效能现代化。选优配强基层治理力量，选派78名机关干部充实到村（社区）“六个一”队伍，选派37名干部职工担任驻村第一书记和工作队员，积极吸收一线优秀干部、致富带头人、优秀毕业生等进入乡（镇）党政班子和村（社区）“两委”班子，通过“双带三培养”工程培养村（社区）人才、后备干部167名，举办村（社区）干部履职能力培训8期，补齐乡村治理力量和能力短板。

【“美丽乡村”建设】 2022年，普兰县乡村振兴局在县委、县政府领导精心策划、用心安排指导下，充分征求当地群众意见，加大涉农资金统筹整合力度，对普兰县赤德村、雄巴村、岗莎村、贡珠村、帮仁村等5个村实施巩固提升、整村推进和人居环境整治项目。

【脱贫攻坚】 2022年，普兰县乡村振兴局按照“有问题及时发现、快速响应、动态清零”工作机制，组织开展集中排查2次。有监测对象16户65人（脱贫不稳定户9户37人、边缘易致贫户5户22人、突发严重困难户2户6人），已全部纳入监测管理范围。

3月15日，普兰县乡村振兴局与相关部门到霍尔乡帮仁村开展项目前期设计工作，并征求村“两委”和群众意见

【义务教育】 2022年，普兰县有各级各类学校17所，教师155名，在校学生1767名，学前教育入园率100%、小学适龄儿童入学率100%、初中毛入学率100%、三类残疾儿童入学率100%、义务教育巩固率100%，义务教育阶段学生辍学率为零。兑现48名普兰县2021—2022学年建档立卡大学生补助资金26.71万余元。

【住房保障】 2022年，普兰县乡村振兴局开展农村危房改造工作，通过进村入户摸底排查，对37户民房进行危房改造，进一步提高群众住房安全水平。

【医疗保障】 2022年，普兰县乡村振兴局充分发挥“一站式”费用结算平台作用，1—12月报销城乡居民住院、门诊722人次、81.48万余元；报销城镇职工住院、生育60人次、78.14万余元；落实住院医疗救助24人次、2031.45元；报销定点零售药店医保152.86万余元。

【饮水保障】 2022年，普兰县乡村振兴局投资104万元，实施一批饮水安全提升工程，解决12处牧业点580余人的饮水安全问题，投入63.9万元实施一批农村饮水安全维护维修工程，解决6个作业组及3处牧业点饮水问题，受益群众1500余人。

【民生兜底】 2022年，普兰县乡村振兴局为6名分散供养特困人员兑现供养资金4.64万余元、8名集中供养特困人员兑现供养资金5.75万元，有意愿集中供养率达到100%；兑现城市低保1户1人6473.1元（无农村低保人员）；落实困难家庭临时救助7户14.06万元；兑现6名家庭寄养孤儿生活补助资金10.29万元；兑现残疾人“两项补贴”41.5万元；兑现17名失业生活困难群众救助资金3.4万元。

强基惠民

【概况】 2022年，普兰县下辖两乡一镇10个村（社区），普兰镇赤德村、西德村由西藏自治区外事办派驻，普兰镇仁贡村由阿里地区国家安全局派驻，巴嘎乡岗莎村由阿里地委统战部、地区民宗局、地区外事办派驻，巴嘎乡雄巴村由阿里地区人民医院派驻，霍尔乡帮仁村由阿里地区国家税务总局派驻，霍尔乡贡珠村2022年1—5月由阿里地区医疗保障局、地委党史研究和编译中心派驻，2022年5月以后阿里地区旅游局派驻。驻村工作队员37人（自治区选派3人、地区选派9人、县选派25人）。

【党建工作】 2022年，普兰县各驻村（社区）工作队积极协助村“两委”班子制定完善规章制度、制订学习计划、规范组织生活。截至年底，开展组织生活会35次、民主评议党员7次、党务村务财务公开45次，协助村（社区）党支部召开党员大会45场次、党支部委员会67场次、党小组会107场次、讲党课46场次。协助村（社区）党组织发展党员45人（其中发展女党员19人、正式党员10人、预备党员26人、发展对象9人、入党积极分子7人、递交入党申请书8人）。按照县委组织部、乡（镇）党委的工作要求，认真谋划主题党日活动，开展升国旗唱国歌、重温入党誓词、过政治生日等活动103场次，1280人次参与；开展“做合格党员，当先锋模范”

实践活动96场次，1778人次参与。驻村工作队协助开展群团活动32次，1108人次参与。

【脱贫攻坚】 2022年，普兰县各驻村（社区）工作队充分发挥自身优势，广泛开展“技能培训”“送医送药”等活动，并帮助驻村点提出经济发展建议7条、厘清发展思路9条，找准发展路子，制定完善、实施经济发展规划，拓宽群众致富门路。截至年底，普兰县第十一批驻村工作队开展技能培训14场次，受益群众262人次，帮助65名群众就业，帮助群众增加收入36404元。开展勤劳致富典型人物宣传18次，受教育群众1379人次；开展移风易俗活动20场次，参与群众2056人次，使群众自觉摒弃“等要靠”思想，自觉抵制人情攀比铺张浪费。多渠道争取推进计划帮扶项目18个，资金16万元，统筹用好强基惠民经费，帮助3个村级党组织兴办符合产业政策、市场前景好、就业带强的集体组织3个，专业合作社10个，已产生稳定效益的5个，加强特色民居村落保护，协助发展村旅游项目2个。

【为民办实事】 2022年，各驻村（社区）工作队认真开展“我为群众办实事”实践活动，加强对困难人群的关爱服务，及时发现并协调上级有关部门解决群众“急难愁盼”的问题，真正让群众有所获、有所感，切身感受到习近平总书记和党中央的关怀温暖。通过与困难家庭、单亲家庭等特殊群体“结亲戚”“交朋友”，帮助包户帮扶对象解决实际困难20件，办实事好事120件；协助开展大骨节病、结核病、肝炎、风湿病、包虫病等地方病综合防治工作，深入宣传妇女“两癌”和包虫病、结核病、肝炎等地方病综合防治4场次，以实际行动切实维护人民群众身体健康和生命安全。疫情期间，各村（社区）工作队帮助群众秋收1359.1亩，解决群众急难愁盼问题234件，惠及群众6850余人，免费发放口罩、消毒液等防疫物资26.1万个（件），为1740户群众送去面粉、糌粑、白糖等生活物资。

【惠民政策宣传】 2022年，普兰县第十一批驻村工作队，通过入户宣讲、集中宣讲、微信宣讲等方式，深入开展宣讲惠民政策、推动惠民政策宣传往深里走、往实处落。截至年底，普兰县第十一批驻村工作队累计宣讲西藏第七次工作座谈会精神、自治区强基惠民政策23次，覆盖近1500人次；入户宣讲20次，覆盖2000多人次；微信宣传6次，覆盖1000余人次。通过宣传让群众更加全面深入了解党的各项惠民政策、明白惠在何处、惠从何来。

【扶贫开发】 2022年，按照“四个不摘”要求，驻村工作队结对帮扶14户38人、帮助解决困难群众和问题19个，宣传巩固脱贫攻坚成果、实施乡村振兴战略等相关政策47场次、受教育群众2324人次。协助做好易返贫致贫人口常态化监测37次，协助做好7个扶贫产业项目清产核资工作，确保扶贫产业项目归属清晰、保护严格。配合村（社区）党组织、乡镇和县乡村振兴局对945户开展返贫监测，制定有针对性的返贫监测措施13条。

【宣讲活动】 2022年，普兰县第十一批驻村工作队深入学习贯彻习近平新时代中国特色社会主义思想143场次、受教育群众8018人次；举办专题讲座17次，发放

12月1日，普兰县巴嘎乡雄巴村驻村工作队组织群众开展学习宣传中共二十大精神专题宣讲活动

9月3日，普兰县仁贡村驻村工作队帮助农牧民开展秋收工作

宣传材料1834份，开展专题宣传36期，深入学习宣传习近平总书记关于西藏工作的重要论述和新时代党的治藏方略以及中央第七次西藏工作座谈会精神55场次，受教育群众4168人次，深入学习宣传中共二十大精神98场次，受教育群众5692人次，开展“中共二十大精神进万家”活动30场次，参与群众1688人次。

【感恩教育】 2022年，普兰县第十一批驻村工作队，举办专题讲座、新旧对比等各类感恩教育活动开展300余场次、以综治宣传月、法制宣传日、党日活动、村民大会、走村入户访谈等为契机开展法治宣传活动350场次，参加群众1000余人次。通过张贴标语、发放宣传资料等方式，大力宣传习近平总书记对西藏群众的深情牵挂和特殊关爱47场次，覆盖群众3021人次。

医疗保障

【概况】 2022年，普兰县医疗保障局核定行政编制3名（其中领导2名、1名其他），实有5人；县待遇服务中心，正科级建制，核定事业编制3名，科级领导2名，其他1名，实有1人。

【法治学习】 2022年，普兰县医疗保障局全体干部职工不断加强对医保法律法规知识的学习，全面提升自身法治水平，为开展法治宣传工作打下良好的基础，组织县医疗保障局在岗人员集中学习《医疗保障基金使用监督管理条例》；组织在岗人员集中观看国家医疗保障局医保基金使用监督监管条例短视频，观看打击骗保视频。

【载体宣传】 2022年，普兰县医疗保障局在定点医疗机构医保经办窗口、零售药店门口，医院门诊门口，县中心街道等人群密集场所醒目张贴宣传海报、悬挂“打击欺诈骗保，维护基金安全”宣传横幅，张贴宣传海报12张，悬挂横幅5条。利用宣传部、人民医院门诊大厅LED屏播放平台播放宣传片，发挥新媒体的优势。

【定点医疗机构及零售药店监督检查】 2022年，普兰县医疗保障局对1家定点医疗机构及2家零售药店开展4次专项检查，对存在的问题下发整改通知书，对发现的违纪违法按年终考核规定，对2家零售药店罚款6000元。截至年底，县辖区内2家零售药店均已整改完毕，严格按照服务协议履行，确保医保基金安全，同时让零售药店工作人员认识到骗保的严重性。让定点零售药店负责人及普兰县人民医院门诊、住院部等相关人员集中观看欺诈骗保警示案例教育片，观看《守护医保基金》特别报道、《医保基金使用监督管理条例动画片》等内容，让医疗机构以案为鉴，守住底线，不越红线，自觉做到严格依照服务协议为参保人员提供服务。

【待遇保障】 2022年，普兰县医疗保障局严格按照自治区医保局、阿里地区医疗保障局工作部署，针对大病保险、基本医保、医疗救助“一站式”结算、一窗口办理、一单制结算工作，加快建立完善基本医疗保险、大病保险、医疗救助“一站式”费用结算平台建设，跨省异地就医结算，为城乡居民看病就医费用结算提供便利，年底已实现全区范围内各大定

4月22日，普兰县医疗保障局宣讲人员到巴嘎乡岗莎村开展城乡居民基本医疗保险政策宣讲

点医疗机构患者住院即时结算信息平台全覆盖。2022 年，在普兰县人民医院进行即时结算 50 余人次，县医保局支付县人民医院统筹基金报县人民医院职工、居民，门诊和住院兑现报销共计 176253.2 元；城乡居民住院报销执行一个月报一次账，确保 30 个工作日内及时报销，2022 年 1—12 月城乡居民住院、门诊报销共计 722 人次，总费用 128.56 万余元，统筹基金支付报销 81.48 万余元；干部职工住院 51 人次，总费用 37.97 万余元，报销金额 36.15 万余元；职工生育报销 38 人，报销金额 67.63 万余元；住院医疗救助 24 人次，救助资金 2031.45 元；大病报销 11 人次，报销金额 32187.02 元；城镇职工定点零售药店兑现报销金额共计 1528666.8 元；职工参保人员因调出统筹范围区域、去世、辞职等原因清退 9 人，个人账户支现 17.26 万余元，各项医疗保障待遇结算支付率达 100%，做到应付尽付。实施异地管理和费用结算办法，全面推进跨省异地就医结算，督促县人民医院抓好落实，开展就医直接结算，特别是流动人员在普兰县就医的，开展提倡异地就医结算。2022 年，通过国家统一的线上备案渠道成功办理备案 96 人次。

【职工基本医疗保险门诊供济保障】 2022 年，普兰县医疗保障局为更好满足参保人员本人和家庭日常购药需求，根据《关于建立职工医疗保险门诊共济保障机制的实施办法》，下发通知文件，让干部职工及时了解职工医保普通门诊费用统筹保障机制，更好解决普兰县职工医保参保人员门诊保障问题，切实减轻其医疗费用负担，实现制度更加公平更可持续。

【医药管理】 2022 年，普兰县医疗保障局按照自治区、地区医疗保障局要求，与普兰县辖区内定点医疗机构（县人民医院、普兰县鑫宇医药连锁大药房、西藏辰康医药有限公司普兰分店）签订西藏自治区基本医疗保险定点医药机构协议，严格按照服务协议履行，以确保医保基金安全。为解决群众看病贵、药价贵、住院贵的顽疾，国家医疗保障局按照“国家组织，联盟采购，平台操作”的总体思路，定点医疗机构通过“自治区药械集中采购及医药价格监管平台”网上阳光采购，公开交易，优先选择质优价廉产品。

4月15日，普兰县医疗保障局工作人员开展街道宣传

民族宗教事务

综述

【民族事务】 大力实施“四大工程” 2022年，普兰县委理论学习中心组、县委常委会开展专题学习党的民族政策5次，全县各级党组织开展专题学习20余次；开展普兰县铸牢中华民族共同体意识学习宣传教育活动36次，受教育群众1000余人次，发放宣传资料300余份；从解决就业、教育、医疗等民生问题做起，大力推动各民族广泛交往交流交融，积极构建各族群众共居共学、共建共享、共事共乐的社会环境；以民族团结进步创建“九进”活动为载体，累计投入21万元用于民族团结进步创建工作，在巩固提升全国、自治区、地区、县22个民族团结进步示范（模范）点位创建成果的基础上，推选普兰县科迦寺为第十批全国民族团结进步示范寺庙，推选巴嘎乡岗莎村为自治区第二批民族团结进步模范单位，推选科迦村、西德村、巴嘎乡小学等5家单位为地区级民族团结进步模范单位，打造县委办、政府办、人大办等15家单位为县级民族团结进步模范单位，形成“点串线、线连片、片扩面”的着力创建民族团结进步模范区中争先进工作格局，推动着力创建民族团结进步模范区中争先进工作全面开展。

持续推进“六项行动” 结合“民族团结代代传”“立德育苗”“大手拉小手、小手牵大手”等主题教育和社会实践活动，在各级各类学校持续推进民族知识进教材、进课堂、进头脑，不断融入各族青少年血脉；县委主要领导带头深入村（居）宣讲中央、自治区民族工作会议精神，利用包保寺庙、包保僧人、包保宗教界代表人士契机深入寺庙、僧舍，以唠家常的方式，宣传宣讲铸牢中华民族共同体意识，县级领导示范带头宣传宣讲活动20余次，参与僧尼、群众2000余人；制作发放各类宣传手册共计1300余册，宣传海报1250张，发放宣传包、笔记本、圆珠笔等1000个，通过移动网络平

4月11日，普兰县召开着力创建全国民族团结进步模范区争先进专项组2022年第一次推进会

台对8000余客户进行宣传，制作展板、粉刷标语20余处，制作横幅、张贴宣传标语100余条；充分利用“5·15”国际家庭日，以多种形式开展“民族团结宣传教育进家庭”活动，努力提高广大妇女和家庭成员学法守法用法能力和水平。同时，为群众发放宣传资料及宣传物品共85份；大力实施“民族团结+N”工作模式，巴嘎乡岗莎村、雄巴村形成以“岗莎村牦牛运输服务中心”“雄巴村玛旁雍错旅游专业合作社”为龙头的旅游产业发展模式，大力发展旅游资源，成功实现“围着游客转越转越富有、越幸福”的新局面。采取“请进来”和“走出去”相结合的方式，以提高牧民、扶持牧民、富裕牧民为方向，建立健全培训机制，坚持每年组织服务人员参加旅游服务、英语等培训学习4场次，结合冬季旅游淡季牧闲时间开展农牧民夜校培训班80余次，开阔视野，增长见识，增强牧民自主创业的积极性；始终坚持屯兵和安民并举、固边和兴边并重，围绕守边固边富边强边和反蚕食斗争需要，2022年中央和自治区累计投资3178.03万元相继建成一批补短板、夯基础、利长远的公共基础设施建设项目，极大地改善了各族群众的生活，让他们生活幸福美满。

【宗教事务】 2022年，开展县级领导包寺联僧工作20场次。完善“一寺一策”方案预案13份，开展各类演练活动10余次。推进2022年贤柏林寺片区管委会党组织标准化建设，开展寺庙安全隐患排查412场次。制订完善宗教领域疫情防控方案预案8份，开展疫情防控宣传宣讲95次，寺庙僧人捐赠价值31.9万元的疫情防控物资。2022年调研宗教领域基础设施、宗教场所设施建设存在短板弱项问题4个，向相关部门提交申请建议4份，积极争取办实事资金15.6万元，邀请陕西地矿区研院有限公司对古宫寺地质灾害进行评估。

科迦寺管理委员会

【概况】 科迦寺管理委员会位于西藏阿里普兰县普兰镇科迦村，平均海拔3600米，距普兰县城18千米。正科级建制行政单位，管委会编制6人，均属行政编制，正科级1人，副科级2人，科员3人，平均年龄38岁，管委会下辖1座寺庙——科迦寺，位于普兰县科迦村孔雀河北岸，寺庙创建于北宋至道二年（996），具有1020多年的悠久历史，属藏传佛教萨迦派。2001年被国务院批准列入《全国重点文物保护单位》。寺庙僧人额定人数17人，实有12人，其中最高年龄74岁，最小年龄27岁。科迦寺是普兰旅游打卡景点。

【利寺惠僧政策】 2022年，为全面落实各项利寺惠僧政策，使广大寺庙僧人充分感受党和政府的关心关怀，以宗教领域深入开展“遵行四条标准　争做先进僧尼”实践活动和“三个意识”宣传教育为契机，科迦寺管会干部从僧人家属和僧尼关注的热点难点问题入手，组织干部为寺庙僧尼及家属办实事、办好事、解难事，走访慰问僧尼12户，发放慰问金3.6万元，联合边境派出所、中国人民解放军陆军九五七医院，持续开展主题“双进”免费健康体检活动，使僧尼对危害自身健康的各类疾病做到“早发现、早诊断、早治疗”。

7月5日，阿里地委书记段海（右二）到普兰县科迦寺调研宗教界深入开展“三个意识”教育工作开展情况

全面落实自治区"六个一""九有"利寺惠僧政策条件，管委会积极争取和整合资金，从学教经费中投入4.3万元，建立"科迦寺一体化宣教室"的阵地建设，进一步激发僧人们的学习激情、丰富学习内容、增添学习乐趣，为常态化开展民族团结宣传、国家通用语言文字教学、法治宣传等主题教育等提供更有力的保障，使广大僧尼身上散发爱国爱教热情，打造宗教和睦、佛事和顺、寺庙和谐的良好局面。

【学习宣传】 2022年，科迦寺管会坚持宣传和教育有机融合，以集中宣讲与个别讲解相结合，以宣讲提纲为重点，认真备课，寺管干部与僧人以"一对一、一对多、结对朋友"等形式，用广大僧人听得懂的语言和喜闻乐见的形式，坚持因寺施策学习贯彻中共二十大精神与中央民族工作会议、全国宗教工作会议、自治区第十次党代会精神，把常态化推进"遵行四条标准 争做先进僧尼"教育实践活动、"三个意识"宣传教育、民族团结进步创建模范区进宗教活动场所、各类主题党日活动紧密结合起来，组织僧人开展"民族团结一家亲 植树造林齐参与""保护人类环境 营造绿色寺院""民族团结一家亲 书法比赛展风采"等系列宣传教育活动180余场次，上报信息120余期(中国西藏网采纳1期、"阿里统战"采纳20期)，"阿里民族团结"公众号、普兰融媒体等多次报道。常态化开展国家通用语言文字学习。坚定不移推广普及国家通用语言文字，把广大僧尼学习国家通用语言作为一项长期工程、基础性工作和各民族交往交流交融的有效载体，年初制定《2022年科迦寺国家通用语言文字学习工作方案和计划》并及时安排部署，结合僧尼基础文化水平差距，形成快班、慢班的教学形式，以常态化、制度化、规范化工作措施，在寺管干部与寺庙僧人"1+2"的结对联教基础上，通过各种渠道精心准备学习国家通用语言的教材，以常规教学、听写作答、交流对话、测试检验等方式，提高僧尼"国家通用语言文字"使用水平和能力。全年开展教学70余场次、成果测试2次，800余人次参与。

5月22日，普兰县科迦寺管理委员会联合中国人民解放军陆军九五七医院，在科迦寺开展"官兵进寺庙、僧人进军营"主题双进活动

【疫情防控】 2022年，自新冠肺炎疫情发生后，寺管干部坚守初心、担当使命，科学有效地投身"战疫"工作，科迦寺僧人时刻心系各族同胞安危，自发地为普兰县各疫情点捐献爱心抗疫物资，为助力普兰县打赢疫情防控阻击战贡献力量，寺管会第一时间发出倡议，倡导辖区寺庙大力发扬"爱国爱教，护国利民"的优良传统。寺庙集体和科迦寺旅游开发公司、个人先后两次主动捐赠20万余元资金用于抗疫物资，宗教界代表人士担负起自身的社会责任，把巩固"遵行四条标准 争做先进僧尼"教育和践行宗教界"三个意识"教育的实践活动成果化为实际行动，心往一处想、劲往一处使，积极争当着力创建全国民族团结进步模范县的先行者，积极争当宗教与社会主义社会相适应的实践者，充分发挥宗教界人士的作用。

贤柏林寺片区管理委员会

【概况】 贤柏林寺片区管理委员会编制共有6人，实际6人。管委会辖区共有5座寺庙，分别为

11月14日，普兰县委常委、政府副县长张巍（左）到辖区寺庙开展文物安全调研

贤柏林寺（3名僧人）、古宫寺（2名僧人）、拉德寺（5名僧人）、果粗寺（3名僧人）、楚果寺（2名僧人），共有15名僧人。

【利寺惠僧政策】 2022年，贤柏林寺片区管理委员会为全面落实各项利寺惠僧政策，每年组织寺庙僧尼到县人民医院免费体检，让寺庙僧人感受到党和政府的关心关爱，同时利用休息时间，管委会党员干部对家庭较困难的寺庙僧人进行慰问，并给予帮助。

【政策宣讲】 2022年，贤柏林寺片区管理委员会组织开展“遵行四条标准”教育实践活动，全年开展宣传教育活动67场次，受众870余人次。

江扎寺片区管委会

【概况】 江扎寺片区管理委员会下辖6座寺庙和1个宗教活动点，分别为江扎寺、曲古寺、色龙寺、尊追布寺、吉吾寺、朗纳寺和塔尔钦色雄经幡广场，坐落于冈仁波齐和玛旁雍错周围，6座寺庙核定编制23人，有20名僧人，吉吾寺属于宁玛派，其余5座属于噶举派，6座寺庙均为县级文物保护单位。寺管会核定编制6人，有6人，其中主任1名、副主任2名。

【学习宣传】 2022年，江扎寺片区管理委员会为学习中华优秀文化，丰富寺庙僧人文化生活，营造良好的学习环境，充分利用寺庙书屋，经常开展读书看报活动，阅读经典传承中华优秀文化。深入开展推广普及国家通用语言文字工作，不断提升广大僧众使用国家通用语言文字水平。学习宣传藏传佛教活佛转世管理政策法规，自觉维护藏传佛教正常秩序，维护民族团结、宗教和睦和社会和谐。统筹线上线下持续推进“三个意识”教育，在广大僧众中形成学习热潮。特别是疫情期间，适时调整宣讲举措，通过政策法规线上学、防疫常识线上教、学教活动线上推、线上线下齐推进等方式，把“三个意识”教育与民族团结进步教育、疫情防控教育等有机结合，切实将“三个意识”教育成果转化为实际行动，在疫情防控、民族团结等工作中积极发挥作用。在普兰县疫情防控的关键时期，寺管

1月30日，辖区僧人参观塔尔钦边境派出所荣誉室

会倡议辖区各寺庙积极响应上级的号召，为了感谢奋战在抗疫一线的医务人员、公安民警、乡镇干部等防疫人员及为正在经历疫情的群众，捐助资金7.9万元购买大米、面粉、罐头、面包、牛奶等生活物资，送到普兰县物资保障部门，为普兰县防疫工作献出绵薄之力，用实际行动践行习近平总书记关于“四条标准”“五个有利于”指示要求，切实做到“关键时起作用”。面对巴嘎乡雄巴村各牧业点群众物资短缺情况，寺管会第一时间发出倡议，倡导辖区寺庙大力发扬“爱国爱教，护国利民”的优良传统和“一方有难、八方支援”的互助精神，积极筹集资金1.8万元，购买了糌粑等生活物资送往雄巴村。面对群众困难，辖区寺庙的举动，充分发扬了宗教慈爱互助、扶危济困的优良传统，积极开展慈善捐助活动，以实际行动诠释爱国爱教的责任担当。针对经历疫情后的岗莎村群众购买生活物资相对困难的情况，寺管会带头捐赠资金，筹集资金19635元，购买糌粑357袋送往岗莎村。

【利寺惠僧政策】 2022年，江扎寺片区管理委员会坚持管理与服务并重，认真落实各项利寺惠僧政策，申请6万元资金，解决曲古寺用电问题，申请1万余元资金，维修寺庙监控设备；寺庙僧人养老保险、医疗保险参保率达到100%，僧人体检率100%。

乡（镇）概况

普兰镇

【概况】 普兰镇位于西藏普兰县南部，北部与巴嘎乡、霍尔乡接壤，南部与印度、尼泊尔接壤，是普兰县政府的驻地。全镇总面积3258.17平方千米，平均海拔3900米，耕地8919.4亩。全镇下辖6个建制村（社区），37个作业组，总人口1071户、4456人；下辖4个村（社区）党委、2个村（社区）党总支，23个党支部，党员624名。全镇呈现民族团结、边防巩固、社会稳定、经济发展、人民安居乐业的良好局面。

【经济发展】 2022年，普兰镇生产总值达10145.4万元，人均收入达19809元，分别同比增长9.7%和7.7%。2022年，普兰镇完成春耕面积8919.4亩，粮食种植面积7227亩，全镇农牧业生产情况保持稳定。

【党建工作】 2022年，普兰镇坚持以习近平新时代中国特色社会主义思想为指导，深入推进中共二十大精神学习。开展理论学习中心组学习12次、支部集中学习25次、中共二十大精神学习19场次、中共二十大宣讲25场次。2022年，全镇1071户家庭更换国旗、红旗，600余名党员参与抗疫工作，120余名党员群众带头守边放牧，4000余名党员群众参加爱国主义教育，各村（社区）开展藏语和汉语学习29次670余人次，培训2期70余人次，组织16名村主干赴地委党校参加培训，开展“五共五固”结对共建活动12场次、联合巡逻6次，根据发展党员5个阶段25个步骤，发展预备党员14名，共修改完善各项制度10项。2022年，开展宣传52场次、文艺演出48场次，受众2080人次；“红色”主题电影下乡共26场次，受众达到7400余人次。

【队伍建设】 2022年，普兰镇党委始终把加强村（社区）骨干队伍建设和后备力量建设作为重点工作来抓，不断提高村（社区）干部

1月17日，普兰镇组织举行村（社区）“两委”班子履职能力培训班开班仪式

履职能力。

【医疗卫生】 2022年，普兰镇党委、政府严格按照《预防接种工作规范》要求做好计划免疫工作，按规定建立各类登记，国家免疫规划疫苗接种率达95%以上。2022年1月至12月儿童疫苗接种1111人，发放婴幼儿辅食营养包1325份。

【生态环保】 2022年，普兰镇共召开党委会3次、政府专题会议2次专门安排环境保护工作。组织学习环保知识6次，开展环境保护知识宣传11次，发放环保袋1000个、环保宣传册600本、印有环保标语的围裙900件、印有环保标语的保温杯70个，栽植树木200余棵，镇级河长共计巡河85次，对10条河开展"清四乱"专项行动18次，开展环保排查8次，现场要求整改3处，组织6个村（社区）开展村（社区）周边垃圾清扫72次，出动农牧民群众达6000余人次，累计清理垃圾50余吨。2022年投资10万元制作100余块生态宣传展板和木牌，有效提升各村（社区）的村容、村貌。

【社会民生】 2022年，普兰镇事实无人抚养儿童3名，其中分散1名，孤儿11名，其中家庭寄养5名，抚养资金已兑现，集中人员有17160元、分散有7920元；残疾人员有101名，其中重度残疾有30名、困难残疾有71名，救助资金已兑现，重度残疾人员有3900元，困难残疾人员1500元。2022年残疾人燃油补贴对象12名（条件为肢体残疾）；特困人员5名，其中分散供养3名，集中供养2名；普兰县民政局临时救助4户，资金38000元；普兰镇救济急难救助户4户，发放救助资金15000元。

【教育工作】 2022年，普兰镇建档立卡大学生补助资金已兑现38名共53000元，各村（社区）主任余家中有学生的户数签订入学责任书。高校毕业生共有66名，其中已就业的44名。幼儿园201人，其中建档立卡学生86人；小学360人，其中建档立卡学生60人；初中185人，其中建档立卡学生40人；高中224人，其中建档立卡学生42人；大学224人，其中建档立卡学生2人。

【农牧民转移就业】 2022年，普兰镇各村社区参加技能培训293人，高校毕业生共有66名，其中已就业的44名。

【社会保障】 2022年，普兰镇对未缴满15年的新增60岁人员开展养老保险补缴工作，补缴对象共有48人，补缴金39200元。每月发放养老保险人员620余人，每月发放资金14万元。

【特色产业】 2022年，普兰县兴巴腾达有限公司的龙头带动作用不断增强，普兰县现代农业产业园提升改造建设项目和科迦妇女合作社功能提升项目开工实施，西德白糌粑品牌影响力不断扩大。

2022年，普兰镇通过招商引资引进阿里福利生态开发有限责任公司运营管理普兰县现代农业示范园。截至年底，园区种植空心菜、卷心菜、芹菜、西红柿、豆角、辣椒、茄子、莴笋、菠菜、土豆、南瓜等20余个蔬菜品种；种植有苣菌、苜苋、豌豆、燕麦、黑麦、苜蓿等10余个牧草品种。养殖羊27只，牛10头，鸡460只，藏香猪2头。园区平产期可实现月产

12月5日，普兰镇组织开展新时代文明实践所推动日活动

9月10日，普兰镇新时代文明实践所开展巡回演出活动

瓜果蔬菜1500余千克，7—10月盛产期可实现月产瓜果蔬菜5000余千克，有效缓解普兰县新鲜瓜果蔬菜供应问题。2022年，园区为当地农牧民群众提供就业岗位100余个，实现增收140余万元，有效提升当地农牧民生活水平。2022年，普兰镇村（社区）合作社分红共1850476元。

【脱贫攻坚】 2022年，普兰镇召开乡村振兴专题会议5次，开展防返贫监测对象排查工作和动态跟踪，全年共排查2次，排查251户997人，经排查后消除返贫风险1户3人。每月对返贫监测户进行动态跟踪，全年社会帮扶资金达12220余元。

巴嘎乡

【概况】 西藏阿里地区普兰县巴嘎乡位于西藏阿里地区普兰县西北部，巴嘎乡地处冈底斯山脉和喜马拉雅山脉之间的台地，东与普兰县霍尔乡接壤，南普兰镇相连，西与阿里地区札达县毗邻，北部与阿里地区革吉县和噶尔县接壤。乡驻地塔尔钦集镇位于巴嘎乡中部G219北侧、地处冈仁波齐峰和玛旁雍错之间。2022年，全乡生产总值4027.5万元，牧民可支配收入21711.59元，完成年度目标任务。年内召开研究部署深化改革工作专题会议3次，承接落实各级党委有关深化改革工作各项决策部署。巴嘎乡岗莎村三组夏拉班成立巴嘎乡岗莎村三组夏拉班母绵羊养殖场专合组织，探索新的发展道路，专合组织2022年有305只母绵羊，30500元流动资金。

【党建工作】 2022年，巴嘎乡坚持以党的建设为引领，以解决稳边固边急需、反蚕食斗争急用、边民群众急盼为切入点和突破口，不断强化人口与经济支撑，全面改善民生、凝聚人心，不断开创边防安全稳固、社会和谐稳定、民族团结进步、边民安居乐业的新局面。把基层党组织建设成为“反分裂斗争桥头堡、民族团结工作队、群众致富带头人”。带领两村基层党组织锚定“四件大事”“四个确保”“四个创建”“四个走在前列”，落实地委“12114”工作思路，县委大力实施“四城四高四中心”发展战略，重点做好“稳定、发展、生态、强边”四件大事；紧盯“实施村主干国家通用语言培训2年攻坚行动和3年巩固提升”的目标任务，大力开展国家通用语言文字推广普及工作，不断提升村主干、村干部合格率，组织驻村工作队、乡村振兴专干等根据村“两委”、党员群众实际情况，在走村入户、政策宣讲、健康检查中以政策法规、日常用语为重点开展培训，办好理论课堂，全年开展各类培训40期585人次，选派村党组织书记和村干部、农牧民参加各级各类实践培训18人次，开展帮教活动22场次，帮教村组织班子、后备干部等共计500人次，在群众中激发群众学习藏语和汉语的热情，向群众发放各类藏语和汉语宣传品956份；扎实开展军地基层党组织“五共五固”结对共建活动，深入开展“五共五固”经验推广活动，岗莎村、雄巴村党总支部分别与3个军（警）党组织进行结对共建工作，签订共建协议，制订联建计划，全力推动新时代军民团结、维护边境稳定。通过连队政治指导员任村党组织“党建指导员”、村党组织书记任连队党支部“边境顾问”等方式，与联建单位共同开展军地文体比赛3场次，开展民族团结进步教育座谈会及相关活动7场次，共同参与疫情防控工作，参加人数达500人次。在重要节点，与联建单位、村治安巡逻员、驻村队员、村“两委”班子、乡村振兴专干在辖区内开展巡逻，排查安全隐患。组建护边巡边队伍、应急突击队和便民服务队等，开展应急处置演练2场次；充分发挥党员带头致富、带领致富作用，巴嘎乡岗莎村和雄巴村有经营致富能手7人、各类科技人才4人、各类医疗人才23人。开展党建促乡村振兴工作。巴嘎乡持续加强党组织领导，大力培养农牧业生产经营人才、科技人才等，充分发挥驻村工作队、第一书记、乡村振兴专干作用夯实人才振兴基础。通过集体经济为当地牧民、返乡青年及外来务工者搭建一个实现梦想的平台，打造有文化、懂技术、善经营、会管理的新村民。鼓励本村群众积极参加创业培训，优先安排在村集体经济组织的各岗位上，增强牧民自主创业的积极性；驻村工作队着眼稳定、发展、生态、强边四件大事，全面推进乡村振兴、巩固拓展脱贫攻坚成果同乡村振兴有效衔接，重点抓好思想引领感党恩、稳字当头保平安、加强团结夯基础、引领宗教促适应等工作共计300场次。完善党领导的乡村治理体系建设。群雁要靠头雁领，岗莎村、雄巴村以党总支部为核心，坚持自治、法治、德治相结合，深化村民自治实践，建设法治乡村和平安乡村，提升乡村德治水平，以党的领导统揽全局，以法治“定分止争”，以德治“春风化雨”，以自治消化矛盾，确保乡村社会充满活力，和谐有序；严格落实党委意识形态工作责任制，始终牢牢掌握意识形态工作领导权和主动权。2022年，共召开宣传思想、意识形态、精神文明等工作部署会议、推进会议、宣讲会议18场次，专题研究部署宣传思想和意识形态、精神文明等工作会议3场次，与全乡重点工作统筹推进会议研究部署宣传思想和意识形态、精神文明等工作会议7场次。支部集中学习19次，理论学习中心组学习8场次，党委会13次，学习重要会议讲话文件精神110余篇、撰写心得体会90余篇，交流研讨32人次。使用广播设备宣传160余次，受益人数达3200余人。各类宣讲活动80余场次，发放材料300余份，受益4500人次。

6月8日，县委常委、组织部部长王凯（前排右一）出席普兰县村（社区）干部国家通用语言文字培训班开班式并作讲话

【医疗卫生】 2022年，巴嘎乡卫生院落实家庭医生签约服务，已签约人数24人，开展上门送诊送药服务35人次；开展义诊活动3次；落实慢性病筛查服务，筛查慢性病24人，办理慢性病卡24人，慢病签约率90%。为1812名常住居民建立健康档案，建档率90%，全部录入电子系统，其中0—36个月儿童建档128人，孕产妇建档52人，高血压患者建档31人，2型糖尿病建档2人，重性精神病患者建档1人，巴嘎乡卫生院完成脊灰实种儿童52人，卡介苗实种儿童4人，乙肝疫苗实种24人，百白破疫苗实种50人，麻风实种4人，甲肝实种7人，A群实种25人，A+C实种10人，白破实种7人，对牧民群众普及健康知识4次。为居民开展健康体检，计划免疫覆盖率100%；地区人民医院下派2名医护人员到巴嘎乡卫生院开展医疗机构结对援助，提高基层医疗机构的服务能力。

【生态环保】 2022年，巴嘎乡开展学习、研究会8次，对辖区工地开展1次督导检查，要求做好施工扬尘防治、疫情防控、安全生产等措施。巴嘎乡人民政府、塔尔钦环卫有限公司与辖区商户居民签订“三包”责任书80余份，要求巴嘎乡人民政府做好监督、塔尔钦环卫有限公司做好管理、辖区商户居民做好门前“三包”工作。年内，巴嘎乡开展各项环境整治行动30余次，参与700余人次，维护环境干净、整洁。并严格遵循“村收集、乡转运、县处理”的原则，将生活垃圾转运至县垃圾填埋场处理，年底已转运653.4吨，做到卫生治理抓在日常、抓在经常。全乡有河（湖）13条，2022年，巴嘎乡乡级河湖长巡河湖82次，未发现入河（湖）排污口。疫情防控期间，对辖区进行2次清理，60余人次参与。建立临时垃圾焚烧点，对医疗垃圾和参照医疗垃圾处理的生活垃圾进行消毒、焚烧、填埋，处理垃圾324.85吨。

【社会民生】 2022年，巴嘎乡持续推进农牧民转移就业工作，截至年底，转移就业391人，已全部录入系统。对应届高校毕业生6人进行就业跟踪，5人均已就业。阿里地区红太阳职业技能培训学校在巴嘎乡举行2022年普兰县人社局举办的“中式烹调师”培训班，用45天时间组织巴嘎乡两村100人开展“中式烹调师”培训。

社会保障方面 2022年，巴嘎乡养老保险参保人数405人。顺利完成2022年度基本医疗保险缴纳工作，全乡1865人参保人数共1826人，医保参保率为97.9%。

社会救助方面 2022年，巴嘎乡防返贫监测集中排查入户507户1856人，总进度约100%，2户6人被纳入低收入监测范围。巴嘎乡有特困供养人员6人，其中1人分散供养，5人集中供养（1人在地区、4人在县上），有寿星老人13人、残疾人48人，均按规定享受相关政策资金。

【教育工作】 2021—2022学年，巴嘎乡教育工作人员劝返厌学学生4名；结合3名残疾学生实际情况，共送教上门3次6个课时，保证三类残疾儿童受教育率达到100%；巴嘎乡“三包”经费享受学生共312人（其中小学225人、幼儿园87人），全部按标准享受。巴嘎乡共有1所小学，2个幼儿园，小学教师17人，幼教6人（吉吾幼儿园2人，巴嘎乡幼儿园4人）。

【民族团结】 2022年，巴嘎乡党委、乡政府深入贯彻习近平总书记关于治边稳藏和统战民族宗教工作的重要论述，学习各类文件精神14余次，深入开展民族团结示范区创建活动，持续推进民族团结“九进”活动，不断增进各族群众“五个认同”，促进各民族交往交流交融，持续推进民族团结向纵深开展。截至年底，发放各类宣传资料、手册800余份，悬挂横幅15条，张贴宣传标语25条。按照“两个一律”“教育从严、生活从宽、管理依法、宜散不宜聚”的原则，严格执行辖区各寺庙和广大信教群众“五个有利于”“三个不增加”政策，严格审批大型宗教民俗活动，加强管理社会从事宗教服务人员，引导广大信教群众理性对待宗教，淡化宗教消极影响，树牢“国大于教、国法大于教规、公民大于教民”的观念。组织开展“国家意识、公民意识、法治意识”活动，组织宗教界代表人士座谈会1次，强化对统战和民族宗教工作的领导。组织辖区境内各民族代表、人大代表、党外人士、宗教人士开展谈变化、谈未来交流

4月22日，县委常委、纪委书记、监委主任包兴龙（左一）到普兰新普有限公司实地督导中央环保反馈问题整改情况

活动2场次，在广大群众中深入开展反分裂斗争教育、爱国主义教育、法治教育、民族团结进步教育20余场次，不断为广大干部群众增进“五个认同”注入动力，使各族干部群众铸牢中华民族共同体意识。搭建平台在辖区显眼及公开区域设立舆论举报箱12处，有效推动舆论引导和监管各项工作。全年解决网络舆论问题2起，开展扫黄打非排查工作10余次，坚决把无证经书及音像制品等严禁对外销售。以元旦、春节、藏历年、“三八”国际妇女节、雄巴村第三届玛旁雍错旅游节、赛马节、“3·28”西藏百万农奴解放纪念日等重大节日为契机，开展丰富多彩、具有民族特色的拔河比赛、抱沙袋、赛马、文艺演出25场次，进一步丰富群众的文化生活。

5月24日，普兰县乡村干部能力提升专题培训班学员参观吉让社区现代农业示范园

【安全生产】 2022年，巴嘎乡为提高干部群众的安全生产意识和安全隐患防范意识，组织传达学习和研究部署安全生产专题会议12次，以“5·12”全国防灾减灾宣传日，5月7—13日防灾减灾宣传周活动为契机，在全乡范围内掀起以“减轻灾害风险、守护美好家园”为主题的防灾减灾宣传活动。定期或不定期开展安全生产排查、维稳值班带班和各重要节点社会面排查巡逻，落实安全生产“三项制度”和“三个纳入”规定，严格执行安全生产责任制和消防安全责任制各项要求。及时与各责任单位和责任人、施工单位、签订安全生产责任书212份，进一步明确各自职责，层层落实安全生产目标责任，形成“党政一把手负总责，分管领导具体抓，责任主体和责任人抓落实”的齐抓共管、层层抓落实的工作机制。2022年，巴嘎乡定期或不定期开展安全生产排查，共开展安全生产检查200余次，发现各类隐患30处，现场整改30处，立行立改40处，生产、经营、租住村（居）民自建重大火灾风险排查225份，及时将风险隐患告知负责人，有效遏制各类安全事故的发生。

【特色产业】 2022年，巴嘎乡在县委、县政府、乡党委、乡政府的坚强领导和高度重视以及细心指导下，雄巴村一组积极发挥资源优势，大力发展牧区改革合作社、母牦牛养殖场、农牧民施工队、合作商店等产业，不断延伸产业链，促进产业效益不断提升，让更多群众参与产业、分享收益。

巴嘎乡组建雄巴村二组牦牛养殖场、温泉洗浴中心2个合作社，为牧民增收，雄巴村“两委”班子及驻村工作队对该组2个合作社在2021年来取得的成绩给予充分的肯定，并宣讲脱贫攻坚战略同乡村振兴战略有效衔接政策及产业分红各项知识，让广大群众知党恩、感党恩、报党恩，要明白“惠从何来、惠在何处”。

霍尔乡

【概况】 霍尔乡隶属西藏自治区阿里地区普兰县，位于阿里地区南部、普兰县东部，西连普兰县巴嘎乡、普兰镇，北接革吉县，东邻日喀则市仲巴县，南隔喜马拉雅山脉与尼泊尔接壤，为阿里南大门。乡人民政府驻帮仁村，乡驻地位于玛旁雍错东北部、巴穷曲东岸，海拔4620米。

2022年，霍尔乡编制共计53人，其中行政编制23人，事业编制30人（其中农牧综合服务中心编制10人，文化服务中心编制6人，卫生院编制10人，政务服务中心编制 4 人)。

【招商引资】 2022 年，霍尔乡招商引资项目 2 个，普兰县 20 兆瓦保障性光伏项目投资 1.35 亿元，2022 年 12 月建成投产；普兰县中囤加油站项目投资 390 万元，受疫情影响，完成工程量的 80%，预计于 2023 年 5 月建成使用。

【重点项目建设】 2022 年，霍尔乡抓好稳就业促增收和稳定消费工作，严格按照复工复产要求，逐步恢复投资 3200 万元的贡珠村乡村振兴整村推进建设项目，已完成 15%，已拨付 668.95 万元；投资 4300 万元，帮仁村乡村振兴整村推进建设项目，已完成 10%，已拨付 516 万元；投资 214 万元的霍尔乡贡珠四组多日水泥桥项目，已完工并投入使用；投资 159.9 万元的旅友驿站短板提升项目，已完工并投入使用；投资 44.5 万元的霍尔乡卫生院改造建设项目，已完工并投入使用；投资 300 万元的霍尔乡教职工宿舍建设项目，已完成 60%，拨付 90 万元。

【控辍保学】 2022 年，霍尔乡党委、政府高度重视控辍保学工作，认真执行上级的有关文件精神，始终坚持把“不让一个孩子失学”作为控辍保学工作的奋斗目标，紧紧围绕“五个 100%”（即中小学双语教育普及率 100%，小学数学课程开课率 100%，中学数理化生课程教学计划完成率 100%，中学理化生实验课程开出率 100%，职业技术学校国家目录规定课程开出率 100%）的目标要求，狠抓素质提升工程，加大控辍保学工作力度，确保适龄少年儿童完成义务教育，进一步推进霍尔乡素质教育的健康发展。霍尔乡小学有 23 名专任教师，各类后勤职工 13 名，教学班 10 个，学生 307 名，六年级应届毕业生 43 人。义务教育阶段适龄儿童入学率 100%。组织乡卫生院医护人员开展复学复课前校园环境检测以及校园教室、重点场所消毒消杀工作，确保学校绝对安全。按照复学复课要求，前前后后返校返岗教职工共计 17 人，严格落实相关医学隔离观察要求，切实铸牢疫情外防输入的铜墙铁壁。按照停学不停课要求，除偏远无信号牧业点学生外，对 140 名学生开展线上教学。

【生态环保】 2022 年，霍尔乡党委、乡政府针对贡珠村砂石厂污水直排色目藏布、砂石厂随处采挖、有检查的时候处于停业状态、怀疑霍尔乡贡珠村砂石料场手续是否齐全等问题，利用 3 天的时间将场地所有机械设备、临时活动板房全部拆除，所有余料已运出，并按要求堆放在临时用地，料场恢复平整状态，同时在贡珠村砂石料场原地 43 亩草场进行播撒披肩草种子共 300 千克，并进行全覆盖灌溉。对玛旁雍错核心区加达一带组织人员查看放牧情况，霍尔乡工作人员提醒并告知周边从事牧业的群众，不得在玛旁雍错核心区放牧，要一同保护好玛旁雍错及其周边生态环境，并督促该区域护林员严格履职尽责，杜绝核心区放牧问题再次发生。对贡珠村致富济贫专业合作社（预制场）对环境造成影响问题，由县政府副县长旺琼带队，阿里地区生态环境局普兰分局、县自然资源局及霍尔乡工作人员赴实地检查，经检查核实发现，不存在对环境造成影响问题。投资 280 万元，将乡辖区环境卫生及转运站委托札达县小史保洁有

12月31日，普兰县委副书记、县长顿珠（中）在霍尔乡检查指导今冬明春防抗灾工作

限公司管理，切实做到乡周围垃圾日收集，各牧业点、马攸木检查站、各山口执勤点、环湖等重点区域以定期不定期形式收集，真正做到“村收集、乡转运、县处理”，并在辖区主街道沿线及易地搬迁点、乡政府院内等定点放置垃圾箱，霍尔乡环境卫生得到明显改善，脏乱差得到整治。投资47万元开展马攸木M2沙金历史遗留矿山生态修复治理后续管理工作。规范卫生院医疗废物收贮台账登记，规范医疗废物分类，强化医务人员对医疗废物分类重要性的意识，严格把控医疗废物分类关，医疗废物定期转运。疫情防控期间，专门设立医疗废物回收箱，严格做到日清理并运送至高温焚烧处烧毁后消杀深埋。制定《霍尔乡环境整治“门前三包”制度》，与各单位、各商户、各牧户签订责任书，共签订50余份责任书，充分发挥乡落实专班组及乡环境卫生整治监督小组的监督作用，定期检查各单位及各商户落实环境整治情况。进一步提高群众生态保护意识，通过悬挂横幅、面对面宣讲、接受群众咨询、发放环保宣传手册等方式向过路群众、行人讲解环境保护法律法规、垃圾分类以及日常生活中环保常识，发放宣传标语60余份、围裙20余份、宣传倡议书80余份、宣传手册70余份、替塑环保袋120余个等。以“霍尔乡着力创建国家生态文明高地中争先锋活动”为主题，组织乡党员干部职工、个体商户、环卫工人、生态岗位人员等先后对玛旁雍错旅游景区、国道219沿线、马攸木、乡辖区及房前屋后的生活垃圾进行整治，共出动100余人次、1辆装载机、1辆货运车，同时对乡周围22座公共厕所定期进行打扫清理；对辖区水域、国道219沿线霍尔段、玛旁雍错、马藏布等重点河湖周边开展水生态环境整治专项行动，30余人次参与，动用机械3辆，清理垃圾约1.5吨。

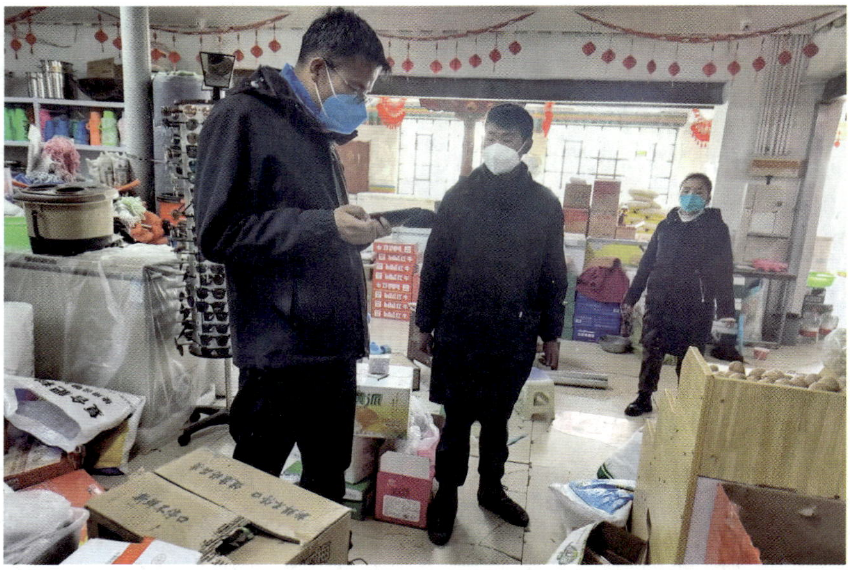
5月30日，霍尔乡党委书记赵海荣（左一）带队排查辖区超市食品安全隐患

【牧民增收】 2022年，霍尔乡旅游纪念产品专合组织销售干鱼、加工牛（羊）头、藏式毛毯、藏香等，创收25000余元。霍尔乡牦牛养殖专业合作社生产并销售牛肉、奶制品等，解决11人就业，其中脱贫户4人，创收40余万元。帮仁村温室大棚种植土豆、白菜、萝卜、青椒、西红柿等蔬菜水果10余种，创收4万元。2022年，霍尔乡开展专业技术培训2次，参与人数71人次，引导牧区富余劳动力向非牧业、重点工程和自主创业转入，靠技术、靠旅游拓宽牧民就业门路。新增4家牧民群众自发经营茶馆、旅馆、藏餐馆、商店，辖区自发经营突破20家，实现经济收入30余万元。落实草原生态保护补助、生态效益补助、森林补助等各类补贴补助资金1500余万元。协调投资1.35亿元的普兰县20兆瓦保障性光伏项目、投资390万元的普兰县中囤加油站项目、投资3200万元的贡珠村乡村振兴整村推进建设项目、投资4300万元的帮仁村乡村振兴整村推进建设项目、投资214万元的霍尔乡贡珠四组多日水泥桥项目、投资159.9万元的旅友驿站短板提升项目、投资44.5万元的霍尔乡卫生院改造建设项目、投资300万元的霍尔乡教职工宿舍建设项目、投资395万元的普兰县霍尔乡贡珠村牧业点转场道路维修项目的用工投劳，扩大牧民群众转移劳动力，增加现金收入，投入车辆机械、劳动力300余人次。全年转移就业330余人次，1名脱贫户高校毕业生就业

问题已解决。2022年，全乡牧民群众工资性收入895.4348万元，经营性收入891.282万元，财产性收入150.6392万元，转移性收入2646.4995万元。个人缴纳社保开支261676元（其中养老保险86900元、医疗保险174776元），牧民人均可支配收入19740元。

【巩固拓展脱贫攻坚成果同乡村振兴有效衔接】 2022年，霍尔乡党委、政府进一步巩固拓展脱贫攻坚成果同乡村振兴有效衔接，按照自治区、地、县三级部署要求，开展两轮集中大排查，切实掌握群众收入现状，分析收入结构，进一步提高精准化返贫监测工作水平。严格按照“农户自主申报、乡村初审、县级审批”的模式持续对重点返贫户、刚性支出较大的群众实施动态监测，及时掌握家庭人口、就业、收入等变化情况，着重对脱贫户不稳定、支出扩大、收入递减等情况进行分析，并及时实施扶持措施。2022年，霍尔乡脱贫户203户735人，防返贫监测对象16户60人（其中脱贫不稳定户13户44人、边缘易致贫户3户16人），2021年消除2户7人，2022年消除2户9人。有脱贫不稳定户、边缘易致贫户共12户54人（其中脱贫不稳定户7户32人、边缘易致贫3户16人、突发严重困难户2户6人）。

【安全生产】 2022年，霍尔乡党委、乡政府联合县应急管理局、消防等部门开展森林草原防火应急演练工作，向群众主要讲解一旦出现火灾时，要第一时间迅速组织力量开展自救工作、疏散并及时向上级汇报制度，掌握扑救火灾灭火器、背负式风水灭火器等灭火工具使用的操作流程。年内开展应急演练5场次；召开安全生产安排部署及推进会议3次；开展安全生产大检查、大排查、大整治行动10余次，集中宣传安全生产9次，全年无安全生产事故发生。

【抗灾防灾】 2022年，霍尔乡党委、乡政府高度重视防抗灾工作，成立防抗灾工作领导小组及应急处置救援队伍（乡政府、贡珠村、帮仁村三支队伍），制定防抗灾工作方案，完善防抗灾工作应急预案，细化救灾措施，做到防抗灾思想，组织、物资、资金，措施“五落实”，严格易灾区和易灾期的督查和报告制度。按照每户牧户储存7天口粮及燃料救灾物资储备标准对饲料、粮食、防寒衣物、燃料等各项抗灾物资进行储备。

【平安建设】 2022年，霍尔乡党委、政府认真贯彻落实自治区十项维稳措施和地委、行署及县委、县政府工作要求，统筹安排、周密部署，以寺庙、边境线、社会面、油库、学校等领域维稳工作为重点，全力做好重大节日等各节点的维稳工作，实现“四无”“三不出”“三稳定”的目标。截至年底，组织联防队、红袖标等开展巡逻40余次，各山口蹲点100余人次。

【疫情防控】 2022年，霍尔乡党委、政府为筑牢疫情防控安全防线，决战决胜疫情防控阻击战、歼灭战，严格落实自治区、地区、县委、县政府关于疫情防控的工作部署安排，抓好各项防控工作，确保人民群众生命健康安全和社会稳定。疫苗接种，为迅速在群众中建立免疫屏障，霍尔乡按照要求持续开展后续新冠疫苗接种工作。2022年8月，疫情突至后，霍尔乡第一时间召开专题会议研究部署疫情防控工作，及时传达

12月28日，霍尔乡党委委员、政府副乡长王云飞（左一）带队在加油站检查非法危险物品、汽油、高浓度酒精等易燃易爆物品，有无存在违法违规销售、储存、运输危险物品等情况

上级有关疫情防控工作要求，层层传导防疫压力，明确工作责任和工作任务。研究制定《霍尔乡新冠肺炎疫情防控应急预案》，成立指挥部，设立核酸采集组、重点管控组、物资保障组、消杀组、医疗垃圾处置组等专项工作组，合理划分网格片区，明确包村领导，指定隔离点、疫情卡点等，把防控工作细化到岗、落实到人、明确到点，为平稳、有序、高效推进疫情防控工作，坚决打赢这场疫情"动态清零"阻击战提供坚强的组织保证。霍尔乡党员干部、青年志愿者、联户长、牧民党员、人大代表、政协委员、县志愿者等107名防疫工作人员，第一时间积极投身疫情防控第一线，以夜以继日的"辛苦指数"换取全乡人民群众的"平安指数"。霍尔乡以县流调组提供的核酸阳性人员名单为依据，迅速采取行动，将阳性人员转移至县方舱医院进行隔离救治，并及时摸排、管控密接及次密接人员，并转移至隔离点进行医学隔离观察，第一时间阻断新冠肺炎病毒传播链，最大限度降低新冠肺炎病毒的扩散风险。物资保障。第一时间多方协调解决疫情防控所需物资，共计接收捐赠物资折合人民币12.19万元。霍尔乡属边境乡，疫情防控"外防输入"工作尤为重要，为切实构筑边境一线疫情防控铜墙铁壁，安排专人在辖区3个山口（藏拉、拉隆拉、拉孜拉）蹲点执勤，坚决把疫情"外防输入"关守好。

【《霍尔乡志》编纂】 2022年，霍尔乡根据普兰县方志办有关要求，结合霍尔乡实际，于2022年3月3日调整制定《中共霍尔乡委员会、霍尔乡人民政府关于《"乡志编纂"工作实施方案》《中共霍尔乡委员会、霍尔乡人民政府关于成立霍尔乡"乡志编纂"工作领导小组的决定》，2022年3月5日霍尔乡对"乡志编纂"工作作安排部署，第三方编辑人员根据《霍尔乡志》编纂大纲建立基本框架，先后从《普兰县志》《普兰县志（2001—2010）》《普兰年鉴（2016）》《普兰年鉴（2017）》《普兰年鉴（2019）》，"天上阿里""网信普兰""霍尔微发布"等公众号发布文章摘录等霍尔乡相关内容。截至年底，形成7万字的《霍尔乡志》基础稿。

3月28日，霍尔乡开展"3.28"西藏百万农奴解放纪念日抢答题活动

【巡察整改】 2021年9月16日至10月31日，地委第二巡察组对霍尔乡党委开展提级巡察。11月17日，巡察组客观、全面地向霍尔乡党委反馈巡察意见，指出乡党委"三个聚焦"方面存在的11个主要问题，提出8条整改意见建议，并明确整改要求。按照时限进度完成11个问题整改工作。

【党建工作】 2022年，霍尔乡党委、乡政府严格按照县委、县政府工作目标责任书和具体工作部署要求，认真抓好"藏西先锋、红色阿里""时代先锋、魅力普兰"及"党旗引领、霍尔先锋"党建品牌工作，从严落实党委主体责任和党委书记抓党建工作"第一责任人"责任人。2022年，召开乡党委会议13次、理论学习中心组集中学习12次；召开党史学习教育专题民主生活会1次、组织生活会1次、民主评议党员1次；开展主题党日活动及党员志愿服务活动50余次；机关党支部开展"三会一课"活动20次、党员领导干部上讲台活动6次；落实"村周二集中学习办公"40余次；开展村干部素质提升活动8次；开展"2+1"支部联建活动2次。196名党员

5月4日，霍尔乡开展体育竞赛拔河活动

“公开承诺”履职良好，两村党群综合办公楼作用发挥明显，所有党员活动室达到“六有三经常”及“十五有”标准。乡党委坚持把党建工作摆上重要议事日程，狠抓党的基层组织建设和党员队伍建设，并把发展党员工作作为党建的工作重心来抓，严格按照《中国共产党章程》和《中国共产党发展党员工作细则》的规定，共发展党员4名。贯彻落实自治区党委和西藏军区关于推广“五共五固”活动的决策部署，严格按照乡“五共五固”工作实施方案，认真组织，进一步统一思想，切实筑起组织保障，有效推动此项工作有序开展，全年开展活动30场次。

【党风廉政建设】 2022年，霍尔乡党委调整充实乡党风廉政建设工作领导小组，健全一把手负总责，分管领导各负其责，班子成员齐抓共管，纪委监督的领导体制和工作机制，明确责任，形成一级抓一级、层层抓落实的良好局面。在干部作风建设方面，乡党委态度明确、旗帜鲜明，乡纪委以身作则、率先垂范，推进作风建设常态化、长效化。开展“进一步改进作风狠抓落实”集中学习、活动等7次。严肃党风党纪，坚决查处违法违纪案件，加大查办案件力度，做到有案必查，遵循办案程序，切实解决群众身边的违纪问题，全年处理县纪委转办案件4件。注重廉政教育，增强党员干部廉洁自律意识。始终把对党员干部的思想教育作为反腐倡廉建设的根本措施来抓，开展形式多样、内容丰富的教育活动，进一步筑牢反腐倡廉的思想防线，切实提高工作效率，廉洁从政意识进一步显现。围绕“八个落实”“六讲六做”，对照“五个问题”，进一步改进作风狠抓落实工作，自查自纠，查找工作短板，强化责任担当抓好落实，干部职工干事创业、工作作风、文风会风等得到明显改善。

【宣传思想和意识形态方面】 2022年，霍尔乡党委、乡政府高度重视意识形态工作，认真贯彻落实党中央、区党委、地委、县委关于意识形态工作的决策部署和指示精神，牢牢把握正确的政治方向，严守政治纪律和政治规矩，严守组织纪律和宣传工作纪律，坚决维护党中央权威，在思想上政治上行动上同党中央保持高度一致。抓好乡党委理论学习中心组学习，学习主题鲜明，班子成员结合自身分管领域及工作职责充分交流研讨。截至年底，组织集中学习10次，撰写研讨材料30余份。认真落实党委意识形态工作责任制。按照《中共霍尔乡委员会2022年意识形态工作实施方案》，全力落实党委的主体责任、党委书记的第一责任、分管领导的直接责任、领导班子成员的“一岗双责”，确保重要工作亲自部署、重要问题亲自过问、重大事件亲自处置，不折不扣地把意识形态的工作责任落实到位。以中共二十大胜利召开和宣传宣讲中共二十大精神为主线，依托新时代文明实践所（站）、农牧民宣讲员等队伍力量，宣传宣讲30余场次，发放宣传手册500余份，受众群众2000余人次，进一步丰富人民群众精神文化生活。加大社会面宣传，营造浓厚的氛围，进一步使全乡人民精神振奋、昂扬向上、人心思进，利用节庆节点、牧民群众闲暇时间，组织开展各类实践活动5场次，参与1000余人次。

先进名录

普兰县受县级以上表彰的先进集体一览表

表 6

获奖单位	获奖名称	表彰时间	授予单位
普兰县人民法院	“为群众办实事示范法院”	2022 年	最高人民法院
普兰边境管理大队马攸桥边境检查站	“全国五四红旗团支部”	2022 年 5 月	共青团中央
《普兰年鉴(2020)》	第八届全国地方志优秀成果(年鉴类)县级综合年鉴三等奖	2022 年	中国地方志指导小组、中国地方志学会
西藏自治区普兰县人民检察院	2021 年度预算绩效管理工作考核情况的通报	2022 年	西藏自治区人民政府
普兰边境管理大队塔尔钦边境派出所	西藏青年五四奖章	2022 年 5 月	共青团西藏自治区委员会
普兰县公安局	集体二等功	2022 年 12 月	西藏自治区公安厅
普兰县公安局指挥中心	集体嘉奖	2022 年 12 月	西藏自治区公安厅
普兰县公安局普兰镇派出所	集体嘉奖	2022 年 12 月	西藏自治区公安厅
普兰县公安局警务保障室	成绩突出集体	2022 年 12 月	西藏自治区公安厅
普兰县公安局政工监察室	成绩突出集体	2022 年 12 月	西藏自治区公安厅
普兰县公安局办公室	成绩突出集体	2022 年 12 月	西藏自治区公安厅
普兰边境管理大队马攸桥边境检查站	集体三等功	2022 年 5 月	西藏出入境边防检查总站
普兰出入境边防检查站执勤三队	2021—2022 年度先进基层党组织	2022 年	中共西藏出入境边防检查总站委员会
普兰县文化和旅游局	大型综艺类节目《格桑花开——青稞飘香》第二季曲艺类三等奖	2022 年	西藏广播电视台
普兰县妇女联合会	阿里地区巾帼建功先进集体	2022 年 12 月	中共阿里地区委员会、阿里地区行政公署
普兰县公安局	集体三等功	2022 年 9 月	阿里地区公安处

续表 6

获奖单位	获奖名称	表彰时间	授予单位
普兰县公安局广场警务站	集体三等功	2022 年 9 月	阿里地区公安处
普兰县公安局机场警务室	集体嘉奖	2022 年 9 月	阿里地区公安处
普兰县公安局交警大队	集体嘉奖	2022 年 9 月	阿里地区公安处
普兰县公安局治安大队	集体嘉奖	2022 年 9 月	阿里地区公安处
普兰县移动分公司	最佳业务发展团体奖	2022 年	中国移动通信集团西藏有限公司阿里分公司
普兰县应急管理局	2021 年度乡(镇)综合目标管理责任制先进集体	2022 年	中共普兰县委员会、普兰县人民政府
国家税务总局普兰县税务局	2021 年度经济社会发展突出贡献奖	2022 年	中共普兰县委员会、普兰县人民政府

普兰县受县级以上表彰的先进个人一览表

表 7

姓名	性别	民族	工作单位	获奖名称	表彰时间	授予单位
边　巴	女	藏族	普兰县人民法院	全国维护妇女儿童权益先进个人称号	2022 年	中华全国妇女联合会
刘　红	男	汉族	普兰边境管理大队马攸桥边境检查站	全国公安机关“五四”成绩突出青年民警	2022 年	共青团中央
杨　聪	男	汉族	普兰边境管理大队科加边境派出所	全国公安机关爱民模范	2022 年	公安部
巴桑央宗	女	藏族	普兰县社会经济调查大队	第七次人口普查先进个人	2022 年	西藏自治区人民政府
杨　聪	男	汉族	普兰边境管理大队科加边境派出所	全区优秀团干部	2022 年	共青团西藏自治区委员会
尼玛洛旦	男	藏族	普兰县公安局	2022 年疫情防控工作中，授予二等功	2022 年 12 月	西藏自治区公安厅
扎西加参	男	藏族	普兰县公安局	在普兰“2·2”救援工作中表现突出，授予二等功	2022 年 5 月	西藏自治区公安厅
拉巴欧珠	男	藏族	普兰县公安局	在普兰“2·2”救援工作中表现突出，授予二等功	2022 年 5 月	西藏自治区公安厅
卓　玛	女	藏族	普兰县公安局	2022 年疫情防控工作中，授予三等功	2022 年 12 月	西藏自治区公安厅
洛桑晋美	男	藏族	普兰县公安局	2022 年疫情防控工作中，授予嘉奖	2022 年 12 月	西藏自治区公安厅
米　玛	男	藏族	普兰县公安局	2022 年疫情防控工作中，授予嘉奖	2022 年 12 月	西藏自治区公安厅
嘎玛多吉	男	藏族	普兰县公安局	2022 年疫情防控工作中，授予嘉奖	2022 年 12 月	西藏自治区公安厅
桑　布	男	藏族	普兰县公安局	2022 年疫情防控工作中，被评为成绩突出个人	2022 年 12 月	西藏自治区公安厅
普琼次仁	男	藏族	普兰县公安局	2022 年疫情防控工作中，被评为成绩突出个人	2022 年 12 月	西藏自治区公安厅
白玛旺扎	男	藏族	普兰县公安局	2022 年疫情防控工作中，被评为成绩突出个人	2022 年 12 月	西藏自治区公安厅
马　弛	男	汉族	普兰县公安局	2022 年疫情防控工作中，被评为成绩突出个人	2022 年 12 月	西藏自治区公安厅
西　洛	男	藏族	普兰县公安局	2022 年疫情防控工作中，被评为成绩突出个人	2022 年 12 月	西藏自治区公安厅
其美多吉	男	藏族	普兰县公安局	2022 年疫情防控工作中，被评为成绩突出个人	2022 年 12 月	西藏自治区公安厅
嘎码扎西	男	藏族	普兰县公安局	2022 年疫情防控工作中，被评为成绩突出个人	2022 年 12 月	西藏自治区公安厅
巴桑平措	男	藏族	普兰边境管理大队塔尔钦边境派出所	阿里“2.02”救援工作中成绩突出，授予个人二等功	2022 年	西藏自治区公安厅

续表 7

姓名	性别	民族	工作单位	获奖名称	表彰时间	授予单位
张皓宇	男	汉族	普兰边境管理大队霍尔边境派出所	二十大安保维稳个人三等功	2022 年	西藏出入境边防检查总站
李冬元	男	汉族	普兰边境管理大队科加边境派出所	二十大安保维稳个人三等功	2022 年	西藏出入境边防检查总站
冯光明	男	汉族	普兰出入境边防检查站	2022 年度优秀领导干部	2022 年	中共西藏出入境边防检查总站委员会
赵杭	男	汉族	普兰出入境边防检查站	2021—2022 年度优秀共产党员	2022 年	中共西藏出入境边防检查总站委员会
洪晓华	男	汉族	普兰出入境边防检查站	2021—2022 年度优秀共产党员	2022 年	中共西藏出入境边防检查总站委员会
罗生林	男	汉族	普兰出入境边防检查站	2021—2022 年度优秀党务工作者	2022 年	中共西藏出入境边防检查总站委员会
赵杭	男	汉族	普兰出入境边防检查站	中共二十大安保个人三等功	2022 年	中共西藏出入境边防检查总站委员会
青天海	男	汉族	普兰出入境边防检查站	2022 年度个人三等功	2022 年	中共西藏出入境边防检查总站委员会
旦增贡觉	男	藏族	普兰出入境边防检查站	2022 年度个人三等功	2022 年	中共西藏出入境边防检查总站委员会
索朗加参	男	藏族	普兰出入境边防检查站	2022 年度个人三等功	2022 年	中共西藏出入境边防检查总站委员会
朗加多吉	男	藏族	普兰出入境边防检查站	2022 年度个人三等功	2022 年	中共西藏出入境边防检查总站委员会
尼玛次仁	男	藏族	普兰县电视台	2022 年度新闻作品优秀奖	2022 年	中共阿里地委宣传部
次仁卓嘎	女	藏族	普兰县电视台	2022 年度新闻作品优秀奖	2022 年	中共阿里地委宣传部
普布次仁	男	藏族	普兰县电视台	2022 年度新媒体优秀奖	2022 年	中共阿里地委宣传部
旦珍	女	藏族	普兰县电视台	2022 年度新媒体优秀奖	2022 年	中共阿里地委宣传部
扎西旺堆	男	藏族	普兰县电视台	2022 年度新闻工作先进个人	2022 年	中共阿里地委宣传部
尼玛洛旦	男	藏族	普兰县公安局	在普兰“2·2”救援工作中表现突出，授予三等功	2022 年 3 月	阿里地区公安处
旦达	男	藏族	普兰县公安局	在普兰“2·2”救援工作中表现突出，授予三等功	2022 年 3 月	阿里地区公安处
桑布	男	藏族	普兰县公安局	在普兰“2·2”救援工作中表现突出，授予三等功	2022 年 3 月	阿里地区公安处
珠色	男	藏族	普兰县公安局	在普兰“2·2”救援工作中表现突出，授予三等功	2022 年 3 月	阿里地区公安处

续表 7

姓名	性别	民族	工作单位	获奖名称	表彰时间	授予单位
旦增西绕	男	藏族	普兰县公安局	在普兰“2·2”救援工作中表现突出,授予三等功	2022 年 3 月	阿里地区公安处
白玛贡桑	男	藏族	普兰县公安局	在普兰“2·2”救援工作中表现突出,授予三等功	2022 年 3 月	阿里地区公安处
格桑平措	男	藏族	普兰县公安局	在普兰“2·2”救援工作中表现突出,授予嘉奖	2022 年 3 月	阿里地区公安处
米玛次仁	男	藏族	普兰县公安局	在普兰“2·2”救援工作中表现突出,授予嘉奖	2022 年 3 月	阿里地区公安处
索朗达娃	男	藏族	普兰县公安局	在普兰“2·2”救援工作中表现突出,授予嘉奖	2022 年 3 月	阿里地区公安处
扎西达娃	男	藏族	普兰县公安局	在普兰“2·2”救援工作中表现突出,授予嘉奖	2022 年 3 月	阿里地区公安处
白玛旺扎	男	藏族	普兰县公安局	在普兰“2·2”救援工作中表现突出,授予嘉奖	2022 年 3 月	阿里地区公安处
其美多杰	男	藏族	普兰县公安局	在普兰“2·2”救援工作中表现突出,被评为优秀辅警	2022 年 3 月	阿里地区公安处
索郎普布	男	藏族	普兰县公安局	在普兰“2·2”救援工作中表现突出,被评为优秀辅警	2022 年 3 月	阿里地区公安处
西绕加措	男	藏族	普兰县公安局	在普兰“2·2”救援工作中表现突出,被评为优秀辅警	2022 年 3 月	阿里地区公安处
李绪成	男	藏族	普兰县公安局	2022 年疫情防控工作中,授予三等功	2022 年 9 月	阿里地区公安处
尼玛顿珠	男	藏族	普兰县公安局	2022 年疫情防控工作中,授予三等功	2022 年 9 月	阿里地区公安处
杨苗苗	女	汉族	普兰县公安局	2022 年疫情防控工作中,授予三等功	2022 年 9 月	阿里地区公安处
侯银河	男	汉族	普兰县公安局	2022 年疫情防控工作中,授予嘉奖	2022 年 9 月	阿里地区公安处
庞志伟	男	汉族	普兰县公安局	2022 年疫情防控工作中,授予嘉奖	2022 年 9 月	阿里地区公安处
旦真次珠	男	藏族	普兰县公安局	2022 年疫情防控工作中,授予嘉奖	2022 年 9 月	阿里地区公安处
尼玛桑珠	男	藏族	普兰县公安局	2022 年疫情防控工作中,授予嘉奖	2022 年 9 月	阿里地区公安处
索巴多吉	男	藏族	普兰县公安局	2022 年疫情防控工作中,授予嘉奖	2022 年 9 月	阿里地区公安处
薛楠楠	男	汉族	普兰县公安局	2022 年疫情防控工作中,授予嘉奖	2022 年 9 月	阿里地区公安处
赤列曲桑	男	藏族	普兰县公安局	2022 年疫情防控工作中,授予嘉奖	2022 年 9 月	阿里地区公安处

续表 7

姓名	性别	民族	工作单位	获奖名称	表彰时间	授予单位
樊有艳	女	汉族	普兰县公安局	2022 年疫情防控工作中，授予嘉奖	2022 年 9 月	阿里地区公安处
洛桑尼玛	男	藏族	普兰县公安局	2022 年疫情防控工作中，被评为优秀辅警	2022 年 9 月	阿里地区公安处
次仁顿珠	男	藏族	普兰县公安局	2022 年疫情防控工作中，被评为优秀辅警	2022 年 9 月	阿里地区公安处
洛桑多堆	男	藏族	普兰县公安局	2022 年疫情防控工作中，被评为优秀辅警	2022 年 9 月	阿里地区公安处
尼玛扎西	男	藏族	普兰县公安局	2022 年疫情防控工作中，被评为优秀辅警	2022 年 9 月	阿里地区公安处
索南曲珍	男	藏族	普兰县公安局	2022 年疫情防控工作中，被评为优秀辅警	2022 年 9 月	阿里地区公安处
次仁乔	男	藏族	普兰边境管理大队塔尔钦边境派出所	阿里“2·2”救援工作成绩突出个人三等功	2022 年	阿里地区公安处
米玛次仁	男	藏族	普兰边境管理大队塔尔钦边境派出所	阿里“2·2”救援工作成绩突出个人三等功	2022 年	阿里地区公安处
明久扎西	男	藏族	中国农业银行股份有限公司普兰县支行	新时代“最美逆行者”	2022 年	中共普兰县委员会、普兰县人民政府

附 录

2022 年普兰县党政群团及其工作部门机构和主要领导名录

⊙普兰县领导机关

中共普兰县委员会

书 记 李 平
副书记 顿 珠(藏族)
桑 珠(藏族,7月免)
琼 桑(藏族,7月任)
邢 磊(援藏,7月援藏期满)
魏雨农(援藏,7月援藏期满)
杜新成(援藏,9月任)
欧 罗(藏族)
龙小文(5月调)
张 伟(援藏,9月任)
向 斌(土家族,5月任)
常 委 包兴龙
王 凯
杨旺祥
达瓦顿珠(藏族)
吕智勇(援藏,7月援藏期满)
格 罗(藏族)
张 巍(援藏,9月任)

普兰县人民代表大会常务委员会

主 任 桑 珠(兼县委副书记,藏族,7月免)
琼 桑(兼县委副书记,藏族,7月任)
副主任 洛桑旦增(藏族)
普布扎西(藏族)
扎西多吉(藏族,7月兼任县总工会主席)
汪 涛

普兰县人民政府

县 长 顿 珠(兼县委副书记,藏族)
副县长 旺 琼(藏族)
拉 巴(藏族)
任 磊
陈贤刚
罗 梅(女)
黄 超
裴 彬(7月任)

政协普兰县委员会

主 席 杨国栋
副主席 洛桑巴(藏族)
白 珍(女,藏族,5月免)
果 吉(藏族)
高元昆
拉 玛(兼任镇党委书记,藏族,5月任)

⊙普兰县纪委监委、普兰口岸、检察院、法院

中共普兰县纪律检查委员会(普兰县监察委员会)

书记(主任)

包 兴 龙(兼县委常委)

副书记(副主任)

张 霞(女,7月调)

大多吉旺堆(藏族)

纪委常委

米 吉(兼监委委员,女,藏族)

普 珠(藏族)

监委委员

达 珍(女,藏族)

普兰县纪委监委监督检查室主任

旦增杰布(藏族)

普兰县纪委监委综合室主任

瞿 楠(7月任)

普兰县纪委监委审查调查室主任

王 建 峥(7月任)

普兰县纪委监委党风政风监督室主任

次仁桑珠(藏族,7月任)

县委巡察工作领导小组办公室主任

索朗曲珍(女,藏族)

副主任 拉 吉(女,藏族)

县委巡察工作领导小组办公室主任组长

格桑占堆(藏族)

普兰口岸管理委员会

副主任(副县级)

土旦格勒(藏族,7月免)

巴 次(7月任)

副主任(正科级)

王 建

次仁旺堆(藏族)

办公室主任

谢 海 燕(女)

副主任 杨 丹(女,12月任)

综合业务科科长

益西卓嘎(女,藏族)

副科长 高 峰

县人民检察院

检察长 次仁登巴(藏族)

副检察长

白玛群培(藏族)

杨 伟 光(5月任)

监察委员会专职委员

拉巴次仁(藏族)

检察综合部(政工科、司法警察大队)主任(科长、队长) 普布顿珠(藏族)

检察院申诉科科长

杨 伟 光(5月免)

检察院检察业务部主任

拉 宗(女,藏族)

检察院综合业务部主任

达娃顿珠(藏族)

县人民法院

院 长 彭 晓 勇

副院长 丹增赤列(藏族)

次仁平措(藏族,5月免)

仁增加参(藏族,5月免)

政治部主任

张 秀 仙(女,7月任)

法院立案庭(诉讼服务中心)庭长(主任)

边 巴(女,藏族)

审判管理办公室(综合办公室)主任

阿旺巴桑(藏族)

塔尔钦人民法庭庭长

米玛次仁(藏族)

⊙县委工作部门

中共普兰县委员会办公室

主 任 马 克 礼(回族)

副主任 王 侠

尼 珍(女,藏族)

益西拉姆(女,藏族)

机要局局长、保密委员会办公室主任、普兰县国家保密局局长、密码管理局局长

益西拉姆(兼县委办副主任,女,藏族)

档案局局长

尼　　珍（兼县委办副主任，女，藏族）

普兰县委组织部（普兰县委机构编制委员会办公室、公务员局、老干部局、县直机关工作委员会、干部人事档案室）

部　长　王　　凯（兼县委常委）

副部长　阿琼次仁

周 桂 宇

孙 耿 恒

仓　　琼（女，藏族，7月免）

余 得 霞（女，7月任）

何 滕 飞（7月任）

编办主任、公务员局局长

阿琼次仁（兼组织部副部长，藏族）

老干部局局长

仓　　琼（兼组织部副部长，女，藏族，7月免）

余 得 霞（兼组织部副部长，女，7月任）

县直机关工作委员会书记、两新工委书记

仁青旺加（藏族，7月免）

周 桂 宇（兼组织部副部长，7月任）

副书记　达　　瓦（藏族）

编办实名制管理中心副主任

扎西顿珠（藏族）

干部人事档案室副主任

次仁央宗（女，藏族）

普兰县委宣传部（新闻出版局、政府新闻办公室、广播电视局、互联网信息办公室）

部　长　杨 旺 祥（兼县委常委）

常务副部长

贾 亦 真

副部长　多吉扎堆（藏族）

李　　明（7月免）

普布仓决（女，藏族，7月任）

李 鹏 博（女，7月任）

新闻出版局局长、广播电视局局长

多吉扎堆（兼宣传部副部长，藏族）

互联网评论中心主任

多吉坚参（藏族）

普兰县融媒体中心（普兰县电视台）

台　长　普布次仁（藏族）

副台长　加　　措（藏族）

尼玛确巴（女，藏族，12月任）

普兰县委统战部（民族宗教事务局）

部　长　达瓦顿珠（兼县委常委，藏族）

常务副部长、工商业联合会主席

毕　　帅（4月任）

副部长　毕　　帅（4月免）

仁青旺加（藏族，7月任）

刘 年 东（7月任）

民族宗教事务局局长

毕　　帅（兼统战部副部长，4月免）

仁青旺加（兼统战部副部长，藏族，7月任）

副局长　永冲洛追（藏族）

中共普兰县委政法委员会

书　记　欧　　罗（兼县委副书记、公安局局长、国安办主任，藏族）

副书记（正科级）

康 达 卓（女，藏族）

副书记（副科级）

贺 栓 栓

县委国家安全委员会办公室（维护国家安全工作指挥部）

主　任　欧　　罗（兼县委副书记、政法委书记，公安局局长，藏族）

专职副主任

米玛落准（藏族）

副主任　李 光 辉

普兰县委员会党史研究和藏语文编译中心

主　任　边　　琼（藏族）

副主任　拉　　珍（女，藏族）

张 秀 仙（女，7月免）

普兰县委员会党校

校　长　邢　　磊（援藏，兼县委副书记，7月援藏期满）

常务副校长

邱　　科

副校长　刘　　恋（7月任）

⊙人大常委会工作机构

普兰县人民代表大会常务委员会办公室
主　　任　桑珠拉姆(女,藏族)
副 主 任　周 训 坤(12 月任)
人大常委会法制司法民族宗教委员会
主任委员　巴桑次仁(藏族)
人大常委会教育科学文化卫生委员会
主任委员　邱　　建(仡佬族)
人大常委会财经农牧城建环保委员会
主任委员　索朗曲培(藏族)

⊙政府工作部门

普兰县人民政府办公室
主　任　旦增西绕(藏族,12 月任)
副主任　旦增西绕(藏族,12 月免)
　　　　马 广 平
　　　　邱　　峰(12 月任)
县发展和改革委员会(经济和信息化局、粮食和物资储备局)
主　任　张 性 铎
副主任、经济和信息化局局长
　　　　曹　　赟
副主任、粮食和物资储备局局长
　　　　索朗格桑(藏族,4 月任)
县教育局(体育局)
局　长　边巴顿珠(藏族)
副局长　吾金次仁(藏族,12 月免)
　　　　孙 计 巧(女)
　　　　吴 习 伟(12 月任)
教研室主任
　　　　白玛桑珠(藏族)
县九年一贯制学校
学校党委书记
　　　　塔杰普琼(藏族)
学校校长
　　　　刘　　建(援藏,7 月援藏期满)
　　　　刘 龙 华(援藏,7 月任)
副校长　边　　旺(藏族)
　　　　晋美多吉(藏族)
　　　　旦增曲桑(藏族)
普兰县幼儿园
园　长　次仁普赤(女,藏族)
普兰县公安局
局长、督察长
　　　　欧　　罗(兼县委副书记、政法委书记、国安办主任,藏族)
政　委　尼玛洛旦(藏族)
副局长　巴桑单增(藏族)
　　　　王 军 军
　　　　刘　　燕(女)
办公室(政工监察室)主任
　　　　珠　　色(藏族)
副主任　侯 银 河
指挥中心主任
　　　　伍 贤 连
看守所所长
　　　　次仁扎西(藏族)
出入境管理大队长
　　　　拉巴欧珠(藏族)
刑事侦查大队队长
　　　　米玛次仁(藏族)
交警大队队长
　　　　扎西顿珠(藏族)
治安大队大队长
　　　　赤列曲桑(藏族)
警务保障室主任
　　　　米　　玛(藏族)
法制大队队长
　　　　旦　　达(藏族)
国内安全保卫大队队长
　　　　巴桑罗布(藏族)
普兰镇派出所所长
　　　　格桑平措(藏族)
教导员　何 佩 延
副所长　坚　　参(藏族)

迎宾路便民警务站教导员

米　　玛（藏族，3月任）

站　长　薛楠楠（4月任）

广场路便民警务站教导员

银泽杰

站　长　索朗次仁（藏族）

巴嘎乡派出所所长

达　　瓦（藏族）

教导员　刘金仓

副所长　达娃西洛（藏族）

巴嘎乡交警中队队长

次桑珠（藏族）

县民政局

局　长　詹仕祥（12月免）

旦增赤列（藏族，12月任）

副局长　格桑顿珠（藏族，1月调）

叶　　枫（12月任）

县救助居民家庭经济状况核对指导中心主任

旦增赤列（藏族，12月免）

吾金次仁（藏族，12月任）

副主任　索朗卓玛（女，藏族）

县特困人员集中供养服务中心主任

次仁央加（藏族）

副主任　曲　　珍（女，藏族）

县残疾人综合服务中心主任

次吉拉姆（女，藏族）

副主任　永　　珠（女，藏族）

县司法局

局　长　强巴卓嘎（女，藏族）

副局长　刘政彤

田　　野（12月任）

县财政局

局　长　索南卓嘎（女，藏族）

副局长　加央卓玛（女，藏族）

畅文博（12月任）

县国库集中支付中心主任

扎西多吉（藏族）

副主任　李永彬（12月任）

县审计局

局　长　何　　飞

副局长　格桑曲珍（女，藏族）

县人力资源与社会保障局

局　长　伟色多杰（藏族）

副局长　杨　　帅

县劳动就业局/劳动就业（大学生就业创业）服务中心主任

洛桑曲杰（藏族）

副主任　米玛普尺（女，藏族）

县新型农村社会养老保险管理中心主任

扎西群培（藏族）

副主任　巴桑拉姆（女，藏族）

县社会保险服务管理中心主任

邱海宾

副主任　巴　　桑（藏族）

县自然资源局（林业和草原局）

局　长　洛桑旦增（藏族）

副局长　央　　宗（女，藏族，12月免）

索朗卓玛（女，藏族）

李海容（女，12月任）

不动产登记中心主任

罗　　布（藏族）

副主任　普　　珍（女，藏族）

县住房和城乡建设局

局　长　张玉文

副局长　拉巴穷吉（女，藏族）

县交通运输局

局　长　任晓梅（女）

副局长　卓玛欧珠（女，藏族）

强巴列措（藏族）

县水利局

局　长　国　　杰（藏族，12月调）

副局长　洛桑罗布（藏族）

次仁顿珠（藏族）

县水旱灾害防御中心主任

巴桑次仁（藏族）

县农业农村局（科学技术局、乡村产业发展局）

局　长　桑吉卓玛（女，藏族）

副局长 单军生
普布扎西（藏族，12月任）

县农业技术推广站/县农牧业技术推广站（农业机械推广站）

站 长 强巴次仁（藏族）
副站长 林 多（藏族）
县动物疾病预防控制中心（农产品质量安全检测站）主任
尼玛次仁（藏族）
副主任 边巴次仁（藏族，12月任）

县商务局

局 长 潘东亮
副局长 边 巴（女，藏族）
供销合作社主任
白玛拉姆（女，藏族）
副主任 才旦卓玛（女，藏族）

县文化和旅游局（文物局）

局 长 韩 静（女）
副局长 益西旺堆（藏族）
刘霖德（12月任）
县文化旅游服务中心主任
边巴次仁（藏族）
副主任 次仁顿珠（藏族）
县文化综合执法大队/县文化市场综合行政执法队
队长 韩 静（女）
副队长 索朗仁增（藏族）
县冈底斯国际旅游核心区管理服务中心主任
吴世栋
副主任 旺 珍（女，藏族）

县卫生健康委员会（疾病预防控制中心、县级中心血库）

主 任 旦 增（藏族）
副主任 李 杰
县级中心血库主任
阿旺扎西（藏族）
县疾病预防控制中心主任
边 顿（藏族）

县人民医院

党委书记 裴瑞堂
院 长 孟 浩（组团式援藏）
副院长 傕成加措（藏族）
护理部主任
扎西顿珠（藏族，12月免）
医务科主任
格桑曲珍（女，藏族，12月免）
旦增曲宗（女，藏族，12月任）

县红十字会

副会长 曲尼拉姆（女，藏族）

县市场监督管理局

局 长 多吉次旦（藏族）
副局长 白玛卓嘎（女，藏族，12月免）
尼玛卓玛（女，藏族）
张升腾（12月任）

县退役军人事务局

局 长 袁红伟
副局长 旦增旺姆（女，藏族）
县退役军人服务中心主任
索那德吉（女，藏族）

县应急管理局

局 长 刚 珠（藏族）
副局长 普布德吉（女，藏族）
郭士英（女，12月任）
县自然灾害防治救援中心主任
吴进斌

县外事办公室（边界事务协调办公室）

主 任 巴 次（藏族，7月免）
副主任 格桑旦增（藏族）

县统计局（社会经济调查大队）

局 长 加 措（藏族）
副局长 郭士英（女，12月免）
张惠浩（12月任）
社会经济调查大队队长
边旦益西（藏族）
副队长 罗 娟（女，12月任）

县乡村振兴局

局 长 扎西顿珠（藏族）
副局长 黄明富
增 旦（女，藏族，任12月）

县医疗保障局

局　长　达瓦次仁（藏族）
副局长　拉巴仓决（女，藏族，12月免）
　　　　李 亚 玲（女，12月任）
县待遇服务中心主任
　　　　次仁白姆（女，藏族）
副主任　周 训 坤（12月免）

县信访局

局　长　琼　　拉（女，藏族）
副局长　王 所 兵

县行政审批和便民服务局

局　长　潘　　俊（女）
副局长　次 卓 玛（女，藏族）
县政务服务中心主任
　　　　次仁曲珍（女，藏族）
副主任　旦增曲珍（女，藏族，12月任）

县城市管理和综合执法局

局长、城市管理执法大队队长
　　　　乔仁增才让（藏族）
副局长　蔡 启 林

普兰县党政机关后勤服务中心

主　任　热　　旦（藏族，12月任）
副主任　热　　旦（藏族，12月免）

普兰县重点建设工程项目管理中心

主　任　江　　东
副主任　索朗仁青（藏族）
　　　　薛 亚 春（12月任）

普兰县建设工程质量监督站

站　长　罗布桑培（藏族）
副站长　白玛措姆（女，藏族，12月免）
　　　　尧　　杲（12月任）

普兰县科迦寺管理委员会

主　任　欧珠贵吉（藏族）
副主任　桑　　杰（藏族）
　　　　扎西塔决（藏族）

普兰县贤柏林寺片区管理委员会

主　任　扎西央宗（女，藏族）
副主任　贡觉仁增（藏族）
　　　　拉巴顿珠（藏族）

普兰县江扎寺片区管理委员会

主　任　益西拉杰（藏族）
副主任　益西旦增（藏族）
　　　　贡桑多吉（藏族）

⊙政协工作机构

普兰县政协委员会办公室

主　任　阿旺卓玛（女，藏族）
副主任　边巴格桑（藏族）

政协普兰县委员会农业农村经济社会法制委员会

主　任　次仁拉姆（女，藏族）

政协普兰县委员会教科卫体委员会

主　任　拉　　旦（藏族）

政协普兰县委员会民族宗教文化文史提案委员会

主　任　索　　朗（女，藏族）

⊙上级直属机关

国家税务总局普兰县税务局

局　长　多　　拉（藏族）
副局长　冯 进 召
纪检监察员
　　　　尼玛岗珠（藏族）

普兰海关

党委书记、关长（正处级）
　　　　次旦旺久（藏族，6月免）
　　　　王　　柯（12月任）
党委委员、副关长（副处级）
　　　　袁　　勇

普兰县气象局

局　长　李 积 强

普兰中波台

台　长　达娃次仁（藏族）
副台长　仁增尼玛（藏族）

阿里地区生态环境局普兰分局

局　长　边　　琼（藏族）
副局长　杜 海 萍（女，12月辞职）
　　　　李 德 政（彝族，1月任）

国网西藏电力有限公司普兰县供电公司

总经理 珠 次 仁（藏族）

副经理 白玛他也（藏族）

朗 塔（藏族）

主 任 卓嘎拉姆（女，藏族）

副主任 丹增拉姆（女，藏族）

中国邮政普兰县分公司

局 长 扎西顿珠（藏族）

副局长 白玛曲英（藏族）

中国电信集团公司普兰电信局

局 长 才 旺（藏族，1 月免）

边 旺（藏族，1 月任）

副局长 徐 磊

中国移动普兰县分公司

经 理 扎西多丁（藏族）

中国联通普兰县分公司

经 理 次仁康卓（女，藏族，1 月任）

中国农业银行普兰县支行

行 长 尼玛顿珠（藏族）

副行长 王 羽 翔

扎西顿珠（藏族）

⊙群团机关

普兰县总工会

主 席 边巴顿珠（藏族，7 月免）

扎西多吉（兼人民代表大会常务委员会副主任，藏族，7 月任）

副主席 白 珍（女，藏族）

共青团普兰县委员会

书 记 樊 吉 庆

副书记 田 野（7 月免）

央 宗（女，藏族，7 月任）

普兰县妇女联合会

主 席 次仁贡桑（女，藏族）

副主席 普布卓玛（女，藏族）

⊙乡镇

普兰镇

党委书记

拉 玛（兼政协主席，藏族）

党委副书记、镇长

舒 林

党委委员、人大主席、统战委员

尼玛顿珠（藏族，12 月免）

普 尺（女，藏族，12 月任）

党委副书记、组织委员

张 彦 风

党委委员、纪委书记、监察室主任

王 艺 学

党委委员、宣传委员

次旦央吉（女，藏族）

党委委员、政法委员

普 尺（女，藏族，12 月免）

扎 西（藏族，12 月任）

党委委员、副镇长

刘 宝

张 全 久（12 月任）

副镇长 次仁拉姆（女，藏族）

普兰镇党群综合办公室 / 普兰镇党政综合办公室（机构更名）主任

扎 西（女，藏族，12 月重新任职）

普兰镇经济发展和社会事务办公室 / 普兰镇经济发展办公室（机构更名）主任

卓 玛（女，藏族，12 月重新任职）

普兰镇社会治安和综合治理办公室 / 普兰镇平安建设办公室（普兰镇边境事务协调办公室）（机构更名）主任

仁 平（藏族，12 月重新任职）

普兰镇政务服务中心 / 普兰镇便民服务中心主任

桑旦卓玛（女，藏族，12 月重新任职）

普兰镇财务所 / 普兰镇民生保障办公室（机构更名）

所长 琼 拉（女，藏族，12 月重新任职）

普兰镇综合行政执法办公室主任

谭 鑫 惠（女，12 月任）

镇文化服务中心主任
　　拉巴普尺（女，藏族）
镇卫生院院长
　　索娜曲宗（女，藏族）
多油村小学校长
　　巴桑群培（藏族）
副校长　才旺罗布（藏族，8月调）

巴嘎乡

党委书记　陈 贤 刚（兼副县长）
党委副书记、乡长
　　益西措成（藏族，7月免）
　　次仁巴珠（藏族，7月任）
党委委员、人大主席、统战委员
　　普　　琼（藏族）
党委委员、纪委书记、乡监察室主任
　　普布多吉（藏族）
党委副书记、组织委员
　　次仁巴珠（藏族，5月免）
宣传委员　罗　　桑（藏族）
政法委员　王 兆 康
党委委员、副乡长
　　张 国 亮
　　杨 伟 东
副 乡 长　陈 国 普
　　旺　　姆（女，藏族）
普兰县巴嘎乡党政综合办公室主任
　　黄　　磊（12月任）
普兰县巴嘎乡经济发展办公室主任
　　何 家 洲（12月任）
巴嘎乡政务服务中心主任
　　米玛曲珍（女，藏族）
巴嘎乡文化服务中心主任
　　米　　普（女，藏族）
巴嘎乡农牧服务中心主任
　　仁　　增（藏族）
巴嘎乡卫生院院长
　　次仁德吉（女，藏族）
巴嘎乡小学校长
　　石确次仁（藏族）
副 校 长　巴　　旦（藏族）

霍尔乡

党委书记　赵 海 荣
党委副书记、乡长
　　尼玛顿珠（藏族）
党委副书记、组织委员
　　张　　杨
党委委员、纪委书记、乡监察室主任
　　普布扎西（藏族）
宣传委员　达娃扎西（藏族）
党委委员、人大主席、统战委员
　　赵 吉 全
党委委员、政法委员
　　次仁平措（藏族）
党委委员、副乡长
　　拉巴玉措（女，藏族）
　　王 云 飞
副 乡 长　白玛仁增（藏族）
　　平措扎西（藏族）
霍尔乡党群综合办公室/霍尔乡党政综合办公室（机构更名）
主　　任　旦增普志（女，藏族，12月重新任职）
霍尔乡政务服务中心/霍尔乡便民服务中心主任
　　坚　　参（藏族，12月重新任职）
霍尔乡文化服务中心主任
　　次　　旺（藏族）
霍尔乡卫生院（优生优育服务站）/霍尔乡卫生院院长
　　尼玛顿珠（藏族，12月重新任职）
霍尔乡小学校长
　　洛桑贡布（藏族）
副 校 长　达瓦扎西（藏族）

普兰县人民代表大会常务委员会工作报告

——在普兰县第十三届人民代表大会第四次会议上

普兰县人大常委会副主任　洛桑旦增

（2023年3月28日）

过去一年的主要工作

2022年，在县委的坚强领导下，县人大常委会始终坚持以习近平新时代中国特色社会主义思想为指导，深入学习贯彻习近平法治思想、习近平总书记关于坚持和完善人民代表大会制度的重要思想、关于西藏工作的重要指示和新时代党的治藏方略，深刻领悟“两个确立”的决定性意义，增强“四个意识”、坚定“四个自信”、做到“两个维护”，坚持党的领导，人民当家作主，依法治国有机统一，深入贯彻落实中共二十大会议精神、二十届一中全会精神和中央第七次西藏工作座谈会精神，全面贯彻落实中央、区党委、地委和县委人大工作会议精神，紧跟县委的重大决策部署，按照“四城四高四中心”发展战略，锚定“四件大事”“四个确保”，聚力“四个创建”“四个走在前列”，紧扣“四个机关”的定位要求，以坚定的政治担当、强烈的大局意识、务实的工作作风，依法履职，主动作为，圆满完成2022年各项工作任务，为普兰的长治久安、高质量发展和民主法治建设汇聚了人大力量、贡献了人大智慧、诠释了人大担当。

一、以政治建设为统领，始终坚定正确的政治方向

一年来，人大常委会始终把忠诚担当作为突显政治机关属性的首要政治任务，坚持把党的全面领导贯穿人大工作全过程各方面，永葆鲜明的政治本色，不断提高政治判断力、政治领悟力、政治执行力，坚决做政治机关的捍卫者。

一是坚决站稳正确政治立场。注重突出人大常委会政治机关定位，不折不扣贯彻执行党中央大政方针，严守政治纪律和政治规矩，胸怀“两个大局”，牢记“国之大者”，深刻领悟“两个确立”的决定性意义，增强“四个意识”、坚定“四个自信”、做到“两个维护”，始终在政治立场、政治方向、政治原则、政治道路上同以习近平同志为核心的党中央保持高度一致。2022年，召开常委会会议6场次，人大党组会议6场次、主任办公会议6场次。

二是坚持不懈强化理论武装。认真落实人大党组理论学习中心组学习等制度，深入学习贯彻习近平新时代中国特色社会主义思想，学深悟透习近平法治思想、习近平总书记关于坚持和完善人民代表大会制度的重要思想，及时跟进学习中共二十大会议精神、习近平总书记重要讲话重要指示批示精神、自治区第十次党代会精神，组织召开党组理论中心组会议15场次，党组成员开展领学9场次，交流发言16人次，用党的创新理论最新成果武装头脑、指导实践、推动工作，努力做到学思用贯通、知信行合一。

三是坚定不移贯彻决策部署。人大常委会党组坚持把党对人大工作的全面领导作为最高政治原则，自觉维护县委总揽全局、协调各方的领导地

位，严格落实重大事项请示报告制度，重大事项、重大活动安排、重要监督议题等，及时向县委请示报告各项工作8场次（其中，重要会议1场次，重要工作6场次，重大事项1场次）。县委高度重视、大力支持人大工作，召开县委人大工作会议1次，为做好新时代人大工作指明了方向、提供遵循，确保党的领导贯穿人大工作全过程各方面。

二、以全过程民主为目标，确保依法履职更加到位

县人大及其常委会是保证人民当家作主的国家权力机关。普兰县人大常委会始终坚持以人民为中心的发展思想，紧扣推进国家治理体系和治理能力现代化需求，发展更加广泛、更加充分、更加健全的全过程人民民主，努力做权力机关的维护者。

一是依法召开人民代表大会。按照宪法和法律规定，县人大常委会依法召开人民代表大会2场次。4月13日至15日，依法召开普兰县第十三届人民代表大会第二次会议，听取审议《普兰县人民政府工作报告》《普兰县人大常委会工作报告》《普兰县人民法院工作报告》《普兰县人民检察院工作报告》等六大报告，表决通过六大报告的决议。12月12日，依法召开普兰县第十三届人民代表大会第三次会议，选举产生了西藏自治区第十二届人民代表大会代表3名。

二是监督检查有序开展。2022年，常委会组织有关单位已对《突发公共卫生事件应急条例》《西藏自治区民族团结进步模范区创建条例》《中华人民共和国国家通用语言文字法》《西藏自治区人民代表大会常务委员会关于加强新时代检察机关公益诉讼工作的决定（草案）》等8项法律法规的贯彻落实情况及有关工作开展执法检查和专题调研8场次，形成执法检查报告和专题调研报告8篇。

三是立法联系点作用发挥明显。2022年，县人大常委会认真履行立法联系点职责，已对《西藏自治区药品管理条例》《西藏自治区边境管理条例〈修订草案二审征求意见稿〉》《西藏自治区消防条例〈修订草案二审征求意见稿〉》《乡村振兴促进条例〈草案征求意见稿〉》《西藏自治区机关警务辅助人员管理条例〈草案二审征求意见稿〉》《西藏自治区平安建设条例〈草案二审稿〉》等法规条例的修改开展意见征求，相关单位提出法律法规修改意见6条，部分修改意见自治区人大已经采纳，全县相关单位和人大代表的立法参与热情显著提升，立法工作更接地气，更符合实际。

四是依法做好人事任免工作。坚持党管干部与人大依法任命干部相统一，依法行使人事任免权，以法定程序落实组织意图，体现了全过程民主，确保人事任免工作质量。2022年，依法任免国家机关工作人员20人次，接受1人辞去县十三届人大常委会委员职务，接受2人辞去县十三届人大代表职务，补选县十三届人大代表1名。

三、以服务代表为宗旨，确保代表工作更加到位

人大及其常委会是始终同人民群众保持密切联系的代表机关。县人大常委会注重在尊重代表、依靠代表、服务代表上下功夫，努力做代表机关的服务者。

一是强化代表学习培训。为提升人大代表的业务知识和履职水平，4月13日，举办县级人大代表培训会1场次，培训代表85人次，主要从中央人大工作会议精神、普兰县民族团结进步模范县创建，“九进”责任清单相关内容，《西藏自治区人民代表大会代表建议批评和意见办理工作条例》三个方面进行培训讲解。5月26日至6月10日，选派12名人大干部和人大代表前往那曲市和昌都市开展学习考察活动，学习借鉴了那曲市和昌都市部分县（区）人大在人大监督、代表履职、文化旅游、产业发展、乡村振兴等方面的先进经验和做法，形成专题报告1篇，向县委进行汇报。

二是做好服务保障工作。县人大始终把服务保障好区内外人大学习考察组在我县学习交流作为提升自身履职能力和工作水平的重要平台，作为促进与其他市县人大代表加强学习交流的一次机遇。2022年，共接待江苏省、四川省区外人大工作组2批次，接待30余人次；接待那曲市、昌都市、林芝市、山南市、日喀则市等区内市县人大代表学习考察组8批次，接待120余人次。

四、以依法履职为根本，全面加强自身建设

人大及其常委会是全面担负宪法法律赋予的

各项职责的工作机关。县人大常委会用依法履职的实效，保证宪法法律在县域内得到遵守和执行，努力做工作机关的践行者。

*一是认真开展“六个一活动”。*为贯彻落实习近平书记关于民族工作的重要论述，坚持以铸牢中华民族共同体意识为主线，着力创建民族团结进步全国模范区，人大常委会制定开展铸牢中华民族共同体意识实践地“六个一”活动的工作方案，并于5月16日召开“六个一”活动工作动员部署会，安排部署了相关工作。2022年，开展民族团结进步法规政策宣传3场次、开展藏语和汉语学习活动3场次、开展“请你到我家来做客”联谊活动4场次。

*二是深入开展机关效能建设。*为提升县乡两级人大工作的质量和水平，从乡镇各抽调一名人大干事，在县人大办开展为期1个月的跟班学习，完成人大智慧平台信息收集，代表信息录入等工作，截至6月底，总投资42.681万元的人大智慧平台已建设完毕，完成十三届人大信息发表、法律法规公布、人大代表动态展示、代表意见办理等功能的设置，目前运行良好。

*三是制度机制更加健全完善。*为适应新时代人大工作要求，人大党组及时完善《中共普兰县人大常委会党组议事规则》《2022年普兰县人大党组理论中组学习制度》《财务管理制度》等制度，通过健全制度机制，党组议事规则更加规范有序、理论中心组学习更加科学合理、财务管理更加合法合规，尤其是在人大智慧平台建设工作中，做到资金使用先由主任办公会议研究后，提交党组会议研究决定，做到用制度管权、管事、管人，用实际行动践行“集体领导、民主集中、个别酝酿、会议决定”的原则，“三重一大”事项制度落实得更加到位。

*四是工作作风更加扎实务实。*人大党组高度重视改进作风狠抓落实工作，坚决把贯彻落实好区党委改进作为狠抓落实工作会议精神和区党委书记王君正、地委书记段海和县委书记李平的重要讲话精神作为人大政治机关的思想自觉、政治自觉和行动自觉，成立了人大常委会机关改进作风狠抓落实工作领导小组，研究制定工作方案，召开工作安排部署会议，做到第一时间传达、第一时间贯彻、第一时间落实，与上级党委保持高度一致，步调始终一致，为有效改进作风，狠抓落实夯实了组织和制度保障。2022年，已召开改进作风狠抓落实工作安排部署会议1场次，专题学习15场次，开展交流研讨4场次8人次，警示教育3场次，撰写学习体会6次，开展理论测试3场次；召开党风廉政建设和反腐败工作会议2场次、意识形态工作会议2场次、警示教育5场次、开展主题党日活动2场次、党组书记和支部书记上党课1场次、4名党建指导员在所联系党支部上党课4场次。机关党员干部的初心使命进一步树牢，干事创业的激情进一步激发，工作落实的效率和质量明显提升，作风明显好转。

*五是中共二十大精神贯彻及时。*人大常委会及人大党组始终把抓学习宣传贯彻作为当前和今后一个时间的头等大事和首要政治任务，召开安排部署会议，安排了贯彻落实工作，2022年，已召开学习会议9场次，撰写心得体会20余篇，交流发言20人次，开展宣讲4场次。

五、以服务中心为己任，牢固树立大局意识

按照“围绕中心，服务大局”的工作原则，根据地委和县委工作部署安排，普兰县人大常委会和党组成员主动参与到疫情防控、维稳蹲点、驻村蹲点、巡察、环境保护、河湖长制等各项工作，认真履行职责和义务。

*一是疫情防控方面。*截至6月前，已选派机关干部10人次在马攸桥、岗莎村、赤德村、霍尔乡等防控一线，开展疫情防控工作，平均每人蹲点20余天；人大常委会机关疫情防控工作严格按照有关要求严格落实，做到制度明确、措施具体、记录翔实。

8月，由于普兰县突发疫情，人大常委会机关党员干部面对疫情，11名党员干部主动应战，无所畏惧，深入抗疫一线，投身到疫情管控、综合协调、区域协查、隔离转运、核酸采样、物资保障、片区网格等岗位，截止到10月15日，11名党员干部在抗疫一线奋战，平均每人抗疫时间达51天左右。

人大常委会机关各县级领导在做好抗疫各项工作的同时，用率先垂范、敢于担当、主动作为的实际行动，感召着基层人大代表，全县人大代表主动参与到疫情防控的政策宣传、片区管控、卡点值守

等工作中，通过教育引导、宣传发动、示范带动，人民群众疫情期间严守疫情防控措施，为全县疫情防控工作取得全面胜利，贡献了人大力量、展现了人大作为。

*二是维稳蹲点方面。*截至目前，选派3名班子成员前往普兰镇、巴嘎乡、霍尔乡开展维稳蹲点，累计蹲点30余天，特别是中共二十大会议期间，2名领导认真落实包乡责任，蹲点14天；选派7名干部在各疫情卡点和加气站蹲点120余天。

*三是生态保护方面。*2022年，5名班子成员和2名四级调研员对所负责的7条河湖开展巡护活动23场次，认真履行巡护职责和社会责任。开展"环境保护——人大代表在行动"活动1场次，以清理国道沿线、景区周边、辖区街道、道路护边、居民生活区等垃圾为重点，以讲解宣传生态环境保护法规政策和发放宣传材料为举措，积极营造生态环境保护的浓厚氛围。各级人大代表300余人参加，发放宣传材料1000余份。

各位代表！

过去一年，县人大常委会取得的成绩，是县委坚强领导的结果，是人大地工委长期指导的结果，是全县人大代表、常委会组成人员和乡镇人大及工作人员担当作为的结果，是全县相关部门密切配合、通力协助的结果，是全县各族人民和社会各界支持关心人大工作的结果。在此，我代表县人大常委会表示崇高的敬意和衷心的感谢！

回顾过去的一年，我们也清醒认识到，常委会工作离新时代人大工作新要求还有差距和不足，主要是：监督的力度和实效需要进一步加大；服务代表的能力和水平还需要进一步提升；代表活动的内容和形式还需要进一步丰富；自身建设需要进一步加强。这些问题都将在今年的工作中切实改进和提高。

今后一年的重点工作安排

各位代表！

2023年是全面贯彻落实中共二十大会议精神的重要之年，县人大常委会将切实把思想和行动统一到二十大精神上来，统一到党中央的决策部署上来，统一到区党委、地委和县委的工作安排上来。县人大常委会工作的总体要求是：以习近平新时代中国特色社会主义思想为指导，深入贯彻中共二十大和二十届一中、二中全会精神，深入贯彻落实中央第七次西藏工作座谈会精神、深入学习贯彻落实习近平总书记系列重要讲话精神和习近平总书记关于加强和改进人大工作的重要指示精神，深刻领悟"两个确立"的决定性意义，增强"四个意识"、坚定"四个自信"、做到"两个维护"，不断提高政治判断力、政治领悟力、政治执行力，始终坚持党的领导、人民当家作主、依法治国的有机统一，紧紧围绕地委的"12114"工作思路和县委确定的"四城四高四中心"发展战略，以坚定的政治担当、强烈的大局意识、深厚的民族感情、务实的工作作风，依法行使监督权、决定权、任免权，为建设团结富裕文明和谐美丽的社会主义现代化普兰贡献人大智慧和力量。

一、坚持党的领导，凸显政治属性

牢记人大政治机关第一属性，始终不渝坚持党的领导，旗帜鲜明站稳人民立场，坚定不移履行宪法和法律赋予的各项职责，自觉做到"党有所指、我有所向，民有所呼、我有所应，法有所赋、我有所为"，确保坚持党的领导、人民当家作主和依法治国有机统一，紧跟县委重大决策部署，依法行使人大重大事项决定权，紧扣县委意图，依法行使人大人事任免权，切实体现政治担当。坚持重大事项向县委请示报告制度，切实把根本政治制度优势更好转化为助推普兰高质量发展的制度保障。

二、明确中心任务，确保方向正确

*一是深入学习宣传贯彻中共二十大精神。*旗帜鲜明讲政治，深入学习、准确把握、全面落实中共二十大精神，坚持不懈用习近平新时代中国特色社会主义思想武装头脑、指导实践、推动工作，坚定拥护"两个确立"、坚决做到"两个维护"。紧跟党中央重大决策部署，按照自治区第十次党代会和自治区党委十届三次全会的工作安排，全面贯彻落实中央、区党委、地委和县委人大工作会议精神，统筹谋划、专题部署、扎实推进人大监督、任免、代表、立法联系和自身建设等各方面工作。

二是深入推进法治普兰建设。牢固树立总体国家安全观，切实担负起保障宪法法律法规实施的重要职责，严格落实宪法宣誓制度，加大执法检查力度，加大规范性文件备案审查力度。坚持把全民普法和守法作为法治普兰建设的基础性工作，开展“八五”普法专项检查，以创新的举措、丰富的载体持续提升全民法治素质。

三是聚力在“四个创建”“四个走在前列”上下功夫。围绕中心、服务大局，全面贯彻落实中央、区党委、地委和县委人大工作会议各项安排部署，坚持以推进“四个创建”“四个走在前列”方面法律法规和具体落实为重点，围绕稳增长、稳就业、稳物价和优化营商环境等开展人大监督。开展乡村振兴促进条例执法检查和专题调研。

三、强化监督问责，增强履职实效

一是强化法律监督。坚定不移围绕中共二十大部署开展监督；重点对《西藏自治区民族团结进步模范区创建条例》《中华人民共和国生态环境保护法》《西藏自治区国家生态文明高地建设条例》和国有资产管理情况、预算执行情况、惠民政策落实情况、“八五”普法等开展情况开展监督检查和调研活动，确保法律法规政策执行更加到位，深入践行全过程人民民主，忠实履行宪法法律赋予的监督权。

二是强化工作监督。加强对人大任命的国家机关工作人员的履职监督，确保人大任命人员履职更加到位；围绕提升“一府一委两院”部门工作服务水平等开展监督，围绕事关民生和社会事业发展的重大事项开展监督，促进依法行政与公正司法在我县的全面有效实施。

三是健全问责机制。为实现正确监督、有效监督、依法监督，切实增强人大监督工作的针对性和实效性。县人大常委会在执法检查和工作调研后，形成专题报告，向县委汇报，并向相关部门反馈，对于被检查单位存在问题整改不及时、推诿扯皮的，将向县纪委监委提供问题线索，追究相关责任。

四、发挥代表作用，展示代表形象

一是加大履职培训力度。继续加大对常委会组成人员、乡镇人大主席和人大代表的培训力度，通过以会代训、专题座谈、参观考察、请进来与走出去等多种方式，有计划、有重点地选派机关干部和人大代表参加各类履职培训，不断提升履职能力和工作水平，实现由“全覆盖”向“精细化”转变，促进代表思想素质、履职意识、履职水平和引领发展能力的全面提升。

二是提升代表活动水平。继续坚持“三联系”制度，持续扩大代表参与常委会工作的深度和广度，保证人民群众表达代言渠道的畅通；发挥好人大代表之家和代表小组之家的作用，拓展代表知情渠道和履职平台，提高代表专题调研、集中视察、联系选民的组织水平，不断提高闭会期间活动质量，确保人大代表的参与权、监督权和话语权。

三是强化代表建议办理。始终把办理代表建议意见作为接受人民监督的重要内容，把提高代表建议的落实率和满意率作为衡量建议意见办理质量的标准，按照“内容高质量、办理高质量”的要求，进一步完善办理工作流程，听取和审议政府组成部门建议办理情况报告，把好时间关、责任关、意见反馈关，选择有代表性的建议进行重点督办、跟踪督办，确保代表建议件件有回音、事事有着落。

五、加强自身建设，提升履职能力

一是加强思想政治建设。把学习宣传贯彻中共二十大精神作为当前和今后一个时期的头等大事和首要政治任务，迅速掀起学习宣传贯彻热潮，切实把思想和行动统一到中共二十大精神上来，学习宣传贯彻要走在前列、做好表率、形成标杆，采取党组示范学、理论学习中心组专题学、领导干部和人大代表带头学、“三会一课”常态学、党员干部自主学、自媒体辅助学等方式开展学习，创新方式方法，通过全面系统学、联系实际学、深入思考学，准确理解把握中共二十大精神，提高学习实效，真正学出坚定信仰、学出坚贞忠诚、学出坚强党性、学出坚定信念、学出使命担当，保证党的理论、路线、方针、政策及决策部署得到全面贯彻落实，以新理念新思想新论断武装头脑、指导实践。

二是强化人大常委会机关建设。始终牢牢把握“四个机关”定位要求，以党建工作为统领，全面加强常委会、各专委会及机关党的建设，聚力“四个创建”“四个走在前列”，主动对标“八个必须”“八个抓落实”“六个表率”，改进作风、狠抓落实。严格落实全面从严治党的政治责任，落实好全面从严治党、意识形态和党风廉政建设的“两个责任”，严格执行中央八项规定等各项规定，切实营造人大常委会机关风清气正的良好政治生态，树立人大常委会机关的良好形象。加强和改进人大信息宣传工作，传递好人大声音，讲述好人大故事，宣传好奋进新征程人大的担当与作为。

三是强化人大业务指导。进一步加强对乡镇人大工作的指导，使乡镇人代会、主席团会议和乡镇人大工作充分发挥作用，推动乡镇人大工作高质量发展，代表履职尽责得到明显发挥，代表形象得到进一步彰显，切实增强乡镇人大工作的感召力、凝聚力、影响力，把中共二十大作出的新部署新要求转化为人大工作的具体举措，努力为人大机关奋进新征程营造良好氛围。

各位代表！

新时代赋予新使命，新征程呼唤新作为。让我们更加紧密团结在以习近平同志为核心的党中央周围，在普兰县委的坚强领导下，深入贯彻落实习近平新时代中国特色社会主义思想，牢记使命、守正创新，坚定信心、团结奋斗，忠诚履职、担当作为，踔厉奋发、勇毅前行，奋力谱写新时代人大工作高质量发展新篇章，为全面建设社会主义现代化新普兰作出新的更大贡献！

中国人民政治协商会议第九届普兰县委员会常务委员会工作报告

——在政协第九届普兰县委员会第三次会议上

普兰县政协党组书记、主席 杨国栋

（2023 年 3 月 27 日）

2022 年工作回顾

2022 年是中共二十大胜利召开之年，也是进入全面建设社会主义现代化国家、向第二个百年奋斗目标进军新征程的重要一年。一年来，在地区政协有力指导和普兰县委坚强领导下，在县人大和县政府的大力支持下，县政协坚持以习近平新时代中国特色社会主义思想为指导，以迎接、学习宣传贯彻中共二十大精神为主线，深入学习贯彻中共十九大、十九届历次全会和中共二十大精神，学习贯彻自治区第十次党代会和党中央、区党委、地委、县委重要会议、文件精神，学习贯彻习近平总书记关于加强和改进人民政协工作的重要思想、关于西藏工作的重要指示和新时代党的治藏方略，学习《中国共产党政治协商工作条例》，认真落实中央、区党委、地委和县委政协工作会议精神及县委的具体部署，深刻领悟“两个确立”的决定性意义，增强“四个意识”、坚定“四个自信”、做到“两个维护”，把加强思想政治引领、广泛凝聚共识作为中心环节，与县委、县政府同心同向同行，充分发挥专门协商机构作用，着力提升政协工作科学化、制度化、规范化水平和履职效能，认真做好思想引导、汇聚力量、议政建言、服务大局各项工作，履职尽责、奋力作为，为普兰县发展作出了积极贡献。

一、迅速兴起学习宣传贯彻中共二十大精神热潮

县政协把迎接中共二十大和学习宣传贯彻中共二十大精神作为全年工作主线，组织区、地、县政协委员及县政协机关干部 82 余人，通过电视、广播、网络等平台收听收看了开幕会现场直播，认真聆听了习近平总书记代表第十九届中央委员会向大会所作的报告，制定《政协普兰县委员会学习宣传中共二十大实施方案》，召开 1 次机关会议、1 次理论中心组会议、1 次党组会议、3 次专题学习会议，撰写心得体会 30 份，通过理论中心组会议、党组会议、机关会议、自学等方式，深刻领会中共二十大报告精神内涵，切实把学习宣传贯彻落实中共二十大报告精神与习近平总书记关于西藏工作的重要指示和新时代党的治藏方略结合起来，充分运用到日常工作当中去。同时加强向农牧区政协委员宣传的力度，以“送学上门”、领导入村宣讲、微信工作交流群分享应知应会等方式，把中共二十大精神传达到每一位委员，广泛凝聚共识，切实把全体机关干部和政协委员的思想和行动统一到中共二十大精神上来。

二、旗帜鲜明讲政治，始终坚持党的全面领导

县政协始终坚持旗帜鲜明讲政治，把党对人民政协工作的领导贯穿履职全过程，确保政协事业始终沿着正确方向前进，坚定不移贯彻落实习近平新时代中国特色社会主义思想，坚定不移贯彻落实习近平总书记关于加强和改进人民政协工作的重要思想，坚定不移贯彻落实习近平总书记关于全面从严治党、西藏工作的重要论述和新时代党的治藏方略，坚定不移地学习宣传贯彻中共二十

大精神，坚定不移地贯彻落实党中央的重大战略举措和区党委、地委、县委的重大决策部署，深刻领悟“两个确立”的决定性意义，增强“四个意识”、坚定“四个自信”、做到“两个维护”，任何时候任何情况下都坚决做到信赖核心、忠诚核心、维护核心，坚决维护党中央权威和集中统一领导，自觉向党中央看齐，切实做到有令必行、有禁必止。政协党组充分发挥把方向、管大局、保落实的领导作用，严格落实重大事项请示报告制度，定期研究全面从严治党、党风廉政建设和反腐败工作、意识形态工作，确保党的领导落实到政协工作全过程各方面，围绕区党委、地委、县委的部署要求，制定政协党组年度工作要点和协商计划，明确重点工作、责任分工和时间节点，推动履职工作提质增效。

三、强化理论武装，夯实共同思想政治基础

县政协始终把学习贯彻习近平新时代中国特色社会主义思想作为当前和今后一个时期的重大政治任务，结合政协实际，制定党组理论中心组年度学习计划，通过党组理论中心组集中学习会、党组会议、机关会议、常委会专项学习等形式及时跟进学习习近平总书记最新重要讲话和重要指示批示精神，深入学习领会中共二十大精神、十九届历次全会精神、中央第七次西藏工作座谈会精神、习近平总书记关于西藏工作的重要论述、在西藏视察时的重要讲话精神和新时代党的治藏方略，深刻领会习近平总书记关于加强和改进人民政协工作的重要思想，学习领会自治区第十次党代会精神和党中央、区党委、地委、县委重要会议、文件精神，时刻牢记习近平总书记的叮咛嘱托，把科学的理论转化为团结奋斗的共同思想政治基础，全年共组织召开机关会议26次、党组会议22次、理论学习中心组会议12次、中共二十大精神专题学习会议3次。

四、聚焦中心任务，协商议政建言资政

县政协紧紧围绕中央第七次西藏工作座谈会确定的目标任务，聚焦“四件大事”“四个确保”“四个创建”“四个走在前列”的战略部署和地委“12114”工作思路及县委“四城四高四中心”工作重点，研究制定“一计划三方案”，把维护县委的全面领导体现在政协工作的全过程各方面。一是聚焦重点议题协商建言。坚持建言资政有用、凝聚共识有效的原则，紧紧围绕协商议题找准坐标、选准方位、瞄准靶心，以“调研在前、协商在后，学习在前、协商在后”的工作步骤，组织召开主题为“推进藏传佛教中国化的主要任务和方法路径”的专题议政性常委会1次，召开“推动农牧民专业合作社规范发展、提质增效”“使用好现有医疗卫生人才，促进普兰医疗事业高质量发展”“推进野外文物保护工作”专题协商会议3次，及时形成专题协商报告呈县委、县政府主要领导阅示。二是聚焦高质量发展调研献计。锚定“四件大事”“四个确保”“四个创建”“四个走在前列”“四个争先”战略目标，围绕地委“12114”和县委“四城四高四中心”工作思路，坚持把调研工作与宣传党的路线方针政策相结合，边调研边宣传党的各项惠民利民政策，以认真负责的态度，深入实际、深入基层、深入群众，多视角、多方位、多层次全面了解实情，深入分析问题，提出可行建议，开展“提高环保意识，强化环保措施，创建生态文明高地”“加强非物质文化遗产传承人队伍建设”“医院人力资源管理中激励机制存在的问题及对策建议”“关于农牧区科技特派员和科技专干作用发挥情况的调研”“关于乡村人居环境的现状及改善的重点和难点的调研”“加强政协组织建设和运行，更好发挥基层政协作用”“我县教师队伍建设、专业结构设置是否合理情况方面”“加强党对民族工作全面领导、不断健全完善铸牢中华民族共同体意识工作体制机制的主要做法、存在不足”“巩固拓展脱贫攻坚成果同乡村振兴有效衔接的问题及思考”等专题调研活动9次。向县委、县政府呈送调研报告9篇，提出意见建议50多条，调研成果得到县委、县政府主要领导重视，并作出相关批示，许多意见建议在相关职能部门得到落实、转化。三是突出专项重点，强化民主监督。围绕“县城学校‘三包’‘营养改善’资金管理情况”“落实区地两级强边工作会议精神、推动边境地区经济高质量发展工作推进情况”“九届二次会议期间收到提案办理情况”专项监督议题，深入实际、深入基层、深入群众，通过听取情况介绍、实地察看、座

谈讨论等方式进行民主监督，真心实意给被监督单位提建议，实事求是反映问题，客观公正作出评价，切实达到发现问题、解决问题、促进工作的目的。2022年开展各类日常民主监督30余次，主要包括组织政协委员对县直各单位民主生活会、法院审判、物价制定、学校考试、垃圾处理等情况进行日常监督；政协委员应邀担任县职能部门和司法部门特邀监督人员，开展行政监督和司法监督；对政协提案和其他重要意见建议办理情况进行日常监督；对县委交办的其他监督事项进行日常监督。四是践行履职为民，凝聚共识汇集力量。通过社情民意信息、提案、建议等形式，助力党政部门及时掌握社会舆情，为保障改善民生提出有针对性的建议。有效发挥提案的载体作用，及时召开政协九届二次会议提案交办会，将52件提案进行手续交接，截至目前全部提案均已得到答复，促进了涉及广大群众切身利益的问题有效解决。发挥社情民意信息作为县委和政府体察民情的桥梁纽带作用，不断创新形式、丰富载体。年初以来，严格遵循“收集求广、选题求准、编报求快、效果求实”的原则，整理上报社情民意信息4条（1. 吉让居委会提出道路两旁树窝子浇水问题；2. 赤德村建筑垃圾的处理问题；3. 边境居民补助的问题；4. 疫情期间巴嘎乡消毒问题等），真实地反映了社会各界的愿望和呼声，使群众关注的热点问题、社会反映的焦点问题得到有效解决，积极回应了人民群众建设美丽普兰的关心关切。五是开展异地考察，交流联谊长见识。紧扣县委、县政府中心工作，紧贴人民群众普遍关心关注的热点难点问题，组织12名政协委员成立考察组赴拉萨、那曲市围绕推动脱贫攻坚与乡村振兴战略有效衔接和深化民族团结模范区创建工作、文物保护、生态环境保护、农牧民合作社发展管理模式、现代产业园区建设等方面开展为期10天的考察学习，通过实地参观、听取介绍、座谈交流、翻阅资料等方式汲取兄弟地市的成功经验和做法，持续提升建言资政实效和凝聚共识水平，切实担负起“落实下去、凝聚起来”的政治责任。一年来，同地区政协办、和区内外（市、县、区）政协交流联络30余次，有力地推动了普兰县政协与外界的交流与学习、增进友谊。

五、加强“两支队伍”建设，提高履职能力水平

县政协牢记“打铁还需自身硬”，突出知责于心、担责于身、履责于行，着力锻造业务更精通、工作更认真、效能更提升、团队更和谐、自律更严格的政协队伍。一是抓好政协机关建设。以改进作风狠抓落实工作为契机，政协机关全体干部聚焦“四查四问”、推动“八个落实”、推进“六讲六做”、对照“懒、庸、怕、慢、假”自查自纠重点任务，建立自查自纠台账，制定问题清单及整改措施，深入开展机关“三项”活动，召开“作风怎么看、工作怎么干”专题研讨会，认真撰写学习作风建设心得体会13篇，对机关工作、学习、考勤请假、公文收发批阅、会务、保密、财务管理七方面的工作制度进一步修改完善，提升政协机关工作效率和工作水平，提高政协机关工作制度化、规范化、程序化水平。二是加强委员队伍建设。按照“懂政协、会协商、善议政，守纪律、讲规矩、重品行”的要求，教育引导政协委员提高政治把握能力、调查研究能力、联系群众能力、合作共事能力，召开政协第九届普兰县委员会第二次会议委员培训会1次，开展给委员送学上门活动2次，修订了《主席联系常委、常委联系委员制度》《党内委员联系党外委员制度》，细化了《委员履职考核细则》，进一步加强对委员的服务管理，严格履职要求，建立履职档案，根据委员参加政协活动情况进行考核，不断激发委员履职积极性、主动性和创造性。三是提升机关干部能力水平。加强对机关干部的教育管理，认真组织政协机关干部参加县委、县纪委组织的学习讲座和廉政教育活动，选派1名科级干部参加自治区第二批中青年干部培训班，选派6名县级干部参加地委党校理论培训班，机关干部全员参加县委党校学习贯彻中共二十大精神专题培训班，进一步提升锤炼党性的政治自觉和履职尽责的方法能力。

六、聚力疫情防控，彰显政协担当聚人心

县政协坚持以习近平总书记关于打赢疫情防控阻击战的重要论述为指导，深入贯彻落实中央、自治区和地委、县委有关疫情防控工作的决策部署，引导机关党员干部和广大政协委员切实提高政

治站位、积极作为，正确认识、科学防范。积极组织政协机关党员干部、动员广大政协委员30余人，自觉投身疫情防控工作中，政协班子成员按照县委安排，全部下沉到乡镇、村（居），靠前指挥，亲自部署落实工作。政协机关党员干部下沉到全县各卡点值守，连续奋战2个多月。广大政协委员踊跃助力全县打赢疫情防控阻击战，累计捐款捐赠物资折合人民币3万余元。通过委员微信交流群发布《致全体政协委员的倡议书》引导全体政协委员开展准确、科学、正面信息宣传，起到了鼓舞人心、凝聚人心，汇集合力、传播正能量的积极作用。

各位委员，这些成绩的取得，是县委坚强领导的结果，是县人大、县政府和社会各界大力支持的结果，是政协各参加单位和全体委员齐心协力、共同奋斗的结果。在此，我代表政协常委会向大家表示诚挚的敬意和衷心的感谢！

同时，我们工作中还存在亟待加强和改进的方面：一是建言资政和凝聚共识双向发力成效还不够明显；二是工作创新还需加大力度；三是协商成果跟踪反馈和转化仍需加强等。我们将在今后的工作中认真研究并切实加以改进和解决。

2023年工作安排

各位委员，今年县政协工作的总体要求是：以习近平新时代中国特色社会主义思想为指导，深入学习贯彻中共二十大精神，持续落实好习近平总书记在西藏考察时的重要讲话精神，在普兰县委的坚强领导下，聚焦“四件大事”“四个确保”，聚力“四个创建”“四个走在前列”，落实地委“12114”工作思路和县委“四城四高四中心”战略，发挥专门协商机构作用，积极履行政治协商、民主监督、参政议政职能，为普兰长治久安和高质量发展贡献政协智慧力量！

一、突出思想政治引领，全面贯彻中共二十大精神

学习宣传贯彻中共二十大精神，是人民政协当前首要政治任务，也是一项带有根本性的长期政治任务。要对照“五个牢牢把握”的重要要求，学深悟透中共二十大提出的新思想新论断、作出的新部署新要求，深入学习贯彻习近平新时代中国特色社会主义思想，努力学出政治坚定、学出历史信仰、学出使命担当、学出能力水平，不断夯实坚定拥护“两个确立”、坚决做到“两个维护”的思想政治根基，进一步提高政治判断力、政治领悟力、政治执行力。要将学习贯彻中共二十大精神，与学习贯彻习近平总书记关于加强和改进人民政协工作的重要思想相结合，与学习贯彻习近平总书记在西藏考察时的重要讲话精神相结合，真正把学习成果转化为思想上的高度共识、体现为贯彻落实中的具体行动。要全面落实新时代党的建设总要求，以政治建设为统领，大力推进政协党的各项建设，切实以党的组织力、引领力提升政协的凝聚力、战斗力。

二、注重协商建言质效，全力助推普兰高质量发展

围绕以中国式现代化全面推进中华民族伟大复兴这一使命任务开展工作，是人民政协的应尽之责、履职之要，要聚焦中共二十大确定的重大战略、重大举措，围绕中央第七次西藏工作座谈会确定的目标任务，聚焦“四件大事”“四个确保”“四个创建”“四个走在前列”的战略部署和地委“12114”工作思路及县委“四城四高四中心”工作重点，把准政协贯彻落实的对接点、着力点、创新点，深入协商、高效议政，强化监督、推动落实，充分发挥“专”的优势、彰显“协”的特点、提高“商”的水平。紧扣推动普兰经济高质量发展、生态环境建设绿色发展、人民生活高品质发展等问题，深入调查研究，多提前瞻性、创造性、建设性的意见建议，为党政科学决策、有效施策提供参考。围绕群众关心的就业、教育、社保、医疗、住房、养老、安全等实际问题，积极反映民意、组织协商议事，助力实现人民对美好生活的向往。认真贯彻《中国共产党政治协商工作条例》，进一步完善协商形式、丰富协商内容、创新协商载体，加强人民政协专门协商机构制度化、规范化、程序化等功能建设，提高深度协商互动、意见充分表达、广泛凝聚共识水平。完善民主监督制度机制，开展以“发现问题、提出建议”为主要内容的民主监督活动，助推党委、政府重要决策部署落实

落地。

三、彰显团结民主主题，全链条做实凝聚共识工作

深入贯彻《中国共产党统一战线工作条例》，把党的主张转化为社会各界共识，要树立大统战工作思维，坚持大团结大联合，拓展联系联络的广度、增强融入融合的深度、提升聚智聚力的温度，团结动员各方面力量一起来想、一起来干，为普兰改革发展汇聚磅礴力量。要更好发挥工商联和基层政协委员在政协工作中的作用，对他们在政协发表意见、提出建议等作出机制性安排，健全联系非公有制经济人士、少数民族人士、宗教界人士等机制，畅通诉求表达渠道，提高团结联谊工作质量。要注重发挥界别作用，把握政协界别众多、阶层多样、诉求多元的特点，完善委员联系界别群众制度机制，深化专委会联系界别、界别联系委员、委员联系群众工作机制，把委员联系服务群众融入日常履职，持续抓好政协乡镇联络室平台建设，让委员"走下去"，有的放矢做好宣传政策、理顺情绪、增进团结的工作，更好地把党的主张转化为各界人士的共识和行动。坚持履职为民、协商为民，聚焦民生"关键小事"协商议事，把群众反映的"问题清单"变成政协的"履职清单"，努力以真情实意践行为民宗旨，以真绩实效增进民生福祉，让人民群众感到政协离自己很近、委员就在身边。

四、加强自身能力建设，为高质量履职提供保障

委员强，则政协强。要持续提升委员履职能力，把"国之大者"作为"责之重者"，提高政治把握能力、调查研究能力、联系群众能力、合作共事能力，开展委员培训、送学上门活动，完善委员履职考核体系，引导委员锤炼政治品格、练就过硬本领。广大政协委员要倍加珍视委员荣誉，强化一线意识，更好发挥在本职工作中的带头作用、在界别群众中的代表作用、在政协工作中的主体作用，以实际行动践行责任委员的使命担当，努力交出优异履职答卷。要全面提升专委会工作质量，充分发挥专委会基础性作用，强化联动履职，推动各专委会立足专门领域，专出特色、专出质量、专出水平，形成专项成果。要继续加强机关建设，全面提升机关党建工作水平，落实全面从严治党要求，深入推进党风廉政建设，深化作风建设，持续纠治"四风"着力营造崇尚求真务实、干事创业的良好氛围，锻造为民务实、躬身力行、清正廉洁的优良作风，打造高素质专业化干部队伍。

各位委员、同志们，踔厉奋发启新程，勇毅前行谱新篇。让我们更加紧密地团结在以习近平同志为核心的党中央周围，高举中国特色社会主义伟大旗帜，坚持以习近平新时代中国特色社会主义思想为指导，全面贯彻落实中共二十大精神，在中共普兰县委的坚强领导下，不忘初心、和衷共济，牢记使命、笃行不怠，为建设新时代普兰长治久安和高质量发展作出新的更大贡献。

以中共二十大精神为指引 坚定不移正风肃纪反腐为全面建设社会主义现代化新普兰提供坚强纪法保障

——在中国共产党普兰县第十届纪律检查委员会第三次全体(扩大)会议上的工作报告

县委常委、纪委书记、监委主任 包兴龙

(2023 年 3 月 9 日)

各位代表、同志们:

我代表中共普兰县第十届纪律检查委员会常委会向第三次全体会议作工作报告,请予审议。

这次全会的主要任务是:以习近平新时代中国特色社会主义思想为指导,全面贯彻落实中共二十大和二十届二中全会以及二十届中央纪委二次全会精神,认真贯彻落实自治区第十次党代会、区党委十届三次全会、自治区纪委十届三次全会以及地委党风廉政建设和反腐败工作会议精神,回顾 2022 年纪检监察工作,部署 2023 年工作任务。刚才,李平书记对做好全县党风廉政建设和反腐败工作提出明确要求,我们一定要认真学习领会,坚决抓好贯彻落实。

一、2022 年工作回顾

2022 年是"十四五"规划迈上新征程的发力之年,是中共二十大胜利召开的喜庆之年,也是我县全面从严治党取得新进展新成效的一年。面对"十四五"繁重的任务和突如其来的新冠肺炎疫情,县委旗帜鲜明、以上率下,坚决扛起管党治党政治责任,统筹推进疫情防控和经济社会发展,坚定不移推进党风廉政建设和反腐败斗争。在地区纪委监委和县委的坚强领导下,全县各级纪检监察机关增强"四个意识"、坚定"四个自信"、做到"两个维护"、捍卫"两个确立",坚持稳中求进、坚定稳妥、实事求是,在全面推动乡村振兴、抗击新冠肺炎疫情中忠诚履职尽责,坚定不移正风肃纪反腐,有力推动全县纪检监察工作高质量发展。

(一)坚持以政治监督为统领,捍卫"两个确立"、践行"两个维护"更加坚定有力。围绕学习贯彻落实中共二十大精神和习近平总书记系列重要讲话、指示批示以及中央、区、地、县系列重要会议精神下发学习提醒函 2 次,开展监督检查 5 次,发现并督促整改问题 65 个,其中转为问题线索 1 件,督促全县各单位形成学习情况清单 160 余份。收集审核全县各单位落实全面从严治党主体责任情况报告 41 份,进一步督促其压紧压实全面从严治党主体责任。督促有关部门完成中央第四生态环境保护督察组转办信访案件反馈的 9 项问题整改。聚焦疫情防控开展监督检查 136 次,累计发现并督促整改问题 210 个,对落实疫情防控措施不到位的干部给予党纪政务处分 3 人,谈话提醒 3 人,批评教育 1 人。严格审核并回复党风廉政意见 73 份 658 人次。开展政治家访 40 余家,引导党员干部筑牢拒腐防变"家庭防火墙"。

(二)坚持"三不腐"一体推进,不断巩固拓展反腐败斗争压倒性胜利。受理信访举报件 2 件,函询1件1人。受理问题线索49件，已结45件，其中立案审查调查11件11人，转结3件3人，给予党纪政务处分14人，移交相关职能部门处理5件5人，移交司法机关1人，批评教育5人，诫勉谈话2人，谈话提醒24人次，收缴违纪违法资金226万余元。精准运用监督执纪“四种形态”处理45人，其中第一形态处理31人，占比68.89%；第二种形态处理12人，占比26.67%；第三种形态处理1人，占比2.22%；第四种形态处理1人，占比2.22%。在全县范围内讲廉政党课2次320余人、集体廉政谈话1次47人、开展廉政警示教育布展活动1次400余人。督促4家案发单位建章立制2项。召开“以案促改”警示教育大会，对身处关键岗位的23人进行谈心谈话，对主动说明问题的7人进行谈话提醒，上缴违纪资金8万余元。对27名受处分人员开展回访教育工作。依托“普兰清风”微信公众号推送廉政寄语40余条。组织签订“廉内助”承诺书339份。督促全县观看警示教育片《零容忍》49场次，上廉政党课48场次。

（三）坚持以人民为中心的执纪理念，持续整治群众身边腐败和作风问题。建立健全一年两例会、一月一报告、行业部门移送问题线索、定期通报曝光等工作机制，推动过渡期专项监督落实落细。扎实开展乡村振兴专项监督9批次，发现并督促整改问题35个，其中转为问题线索1件，给予党纪处分1人。开展全县产业项目“四个一”专题调研，形成调研报告，督促整改1个项目投资，27个产业、文化、人才振兴不全面等问题。督促有关部门完成16个小康产业项目和14个扶贫产业项目确权和产权移交。对全县222座温室大棚整改跟进监督、全程监督，督促推动相关问题全部整改完毕。深化惠民惠农财政补贴资金“一卡通”专项整治成果，发现并督促整改问题3个，转为问题线索1件，谈话提醒1人。督促有关部门追回养老金23万余元、整改占用农村耕地项目3个，整改粮食购销领域问题35个。发现粮食购销领域问题线索1件，给予党纪政务处分3人。下发监察建议书3份，督促相关责任单位整改问题3个。以吉让社区作为“三资”提级监督试点村，开展“三资”提级监督试点工作，督促全面整改自查问题11个。定期召开扫黑除恶工作推进会和问题线索分析评估会，常态化开展扫黑除恶“打伞破网”工作。

（四）坚持纠“四风”树新风同步发力，持续推动作风建设向上向好。严肃查处违反中央八项规定及其实施细则精神问题3件3人，给予党纪政务处分3人。严肃查处值班带班脱岗漏岗问题2件2人，对有关单位主要负责人进行谈话提醒。紧盯“三大节日”等重要节点开展作风监督5轮次，发现并督促整改问题98个，发现和受理问题线索6件，谈话提醒4人、诫勉谈话1人，给予党纪政务处分3人。严肃查处党员干部和公职人员酒驾醉驾问题3起3人，给予党纪政务处分1人，移交主管单位处理2人。联合县委作风办开展改进作风狠抓落实工作监督检查48次，抽查单位50余家，督促整改问题16个，形成督查专报、通报18期，通报批评单位25家、干部职工13人，责令霍尔乡党委对文风不实问题诫勉谈话1人。开展长期借用公款不还问题专项整治，督促有关部门清退个人欠款8985万余元，约谈2人、谈话提醒2人、通报批评7人。督促县住建局清理违规占用周转房问题16个。清查全县干部职工无故“泡病号”、逾假不归和休假期满再续事病假等“躺平”行为，督促县委组织部对14名干部职工在休假期满再续事病假的问题进行整改。开展“私车公养”问题专项整治“回头看”工作，对2021年以来发现的私车公养97个问题整改情况进行“回头看”，追缴违规资金26445.7元。开展违规兴建楼堂馆所问题清查整治工作，发现并督促整改办公室面积超标问题1个。对“土政策”问题进行专题调研，发现并督促整改问题3个。围绕政府采购不规范、价格不合理和机关事业单位餐饮浪费、学生餐微腐败等问题开展专项治理，发现并督促整改“吃公函”“三公”“三包”经费管理使用方面问题52个。选取普兰镇、巴嘎乡为基层减负试点乡镇，每季度监测收文、开会、微信电话通知等情况，坚决防止文山会海反弹回潮。

（五）坚持问题导向深化政治巡察，充分发挥巡察利剑和联系群众纽带作用。全面贯彻巡视工作方针，精准落实政治巡察要求，加强对巡察工作的指导，主持修订完善 2022 年巡察工作计划，统筹推进十届县委巡察年度目标任务。坚持把推动解决问题作为出发点和落脚点，紧紧围绕“三个聚焦”开展 1 轮县级交叉巡察、1 轮常规巡察，对 9 家单位（党组织）进行政治体检，发现问题 196 个，其中立行立改问题 1 个，反馈并督促整改问题 195 个，移交问题线索 9 件，根据巡察移交问题谈话提醒 3 人。健全完善《普兰县纪检监察机关与组织部门关于加强巡视巡察整改日常监督实施办法》，会同组织部门开展对 9 家单位的巡察整改专项督查，进一步压紧压实巡察整改政治责任，确保巡察整改件件有着落、事事有回音。

（六）坚持先立后破的基本原则，持续推动纪检监察体制改革成果释放综合治理效能。认真落实上级纪委监委关于纪检监察内设机构改革部署要求，及时研究制定《普兰县纪委监委内设机构改革方案》《普兰县纪检监察机关工作规定（试行）》，不断优化内设机构设置、职能权限配置和人员编制配备，调整整合规范纪检监察工作流程，强化内部权力运行的监督制约，推动纪检监察工作规范化、制度化开展。动态更新全县 361 名科级领导干部廉政档案，健全完善廉政档案内容，实现“一人一档”，为科级干部精准“画像”，监督执纪工作更加精准有效。加强对乡镇纪委（监察室）的领导和指导，加快办案场所规范化建设、完善规范履职制度机制、选优配强干部队伍，派员下沉蹲点督导，对案件“零查处”、线索“零发现”的乡镇纪委（监察室）负责人进行谈话提醒，督促推动依规依纪依法履职尽责。认真落实反腐败组织协调工作，加强与公、检、法、审计等部门的日常协作，各成员单位相互移交问题线索 6 件，反腐败协调工作实现“有形”向“有效”覆盖转变。

（七）坚持打铁必须自身硬的要求，努力锻造忠诚干净担当的纪检监察铁军。坚持“第一议题”和“周一学政治、周五学业务”制度，紧紧围绕中共二十大精神、党的创新理论和纪检监察工作实务组织开展集中学习 50 余次，开展纪检监察全员培训 13 次，不断夯实政治理论素养和业务能力水平。组织开展“作风怎么看、工作怎么干”专题研讨和改进作风狠抓落实工作知识测试，不断在作风建设学习中深化认识、明确方向、凝聚共识，积极营造干事创业的浓厚氛围。坚持把教育培训和实践培养结合起来，积极选派 16 人到区内外跟班学习、跟案实训、挂职锻炼，分批抽调乡镇纪委干部到县纪委监委学习培训。围绕“四查四问”等规定动作，形成个人问题清单 80 余份、查摆问题 300 余条，逐条逐项制定整改措施并狠抓整改落实。重视纪检监察干部的培养和成长，先后对 6 名纪检监察干部进行提拔晋升，大力培养锻炼优秀年轻干部。严格执行“规则”“规定”，建立健全打听案情、过问案件、说情干预情况报告和登记备案等内控机制，坚持刀刃向内，强化内部监管，从制度上堵塞执纪违纪、执法违法的漏洞。

二、主要工作体会

2022 年以来，全县各级纪检监察机关坚持以习近平新时代中国特色社会主义思想为指导，在学思践悟中淬炼过硬本领，在改革创新中迸发生机活力、在履职担当中砥砺奋进作为，进一步深化对党风廉政建设和反腐败斗争的规律性认识。回顾一年拼搏奋斗，深深感到，在推进全面从严治党过程中，我们的工作思路越来越清晰、路径越来越明确、效果越来越明显，逐步探索出一条符合普兰实际的纪检监察工作路子。主要有以下体会：

——必须坚持政治监督不动摇，始终做到带头捍卫“两个确立”、践行“两个维护”。“两个确立”“两个维护”是党的最高政治原则和根本政治规矩，是纪检监察机关首要政治任务。一年来，我们在地区纪委监委和县委的正确领导下，始终坚持把准政治方向、强化政治担当、严明政治纪律，自觉用党的创新理论武装头脑、指导实践、推动工作。坚决做到党中央重大决策部署到哪里、政治监督就跟进到哪里，以忠诚履职的实际行动切实推动“两个维护”落实到具体事、具体行动当中，确保党中央政令畅通、令行禁止。

——必须坚持为民服务不停步，始终厚植党执政的政治基础和群众基础。人民立场是党的根本政治立场，维护人民利益是一切工作的出发点和落脚点。一年来，我们始终坚持群众路线，站稳人民立场，践行服务宗旨，坚决整治群众身边的腐败和作风问题，推动解决群众最关心、最直接、最现实的利益问题，让群众充分感受到执纪执法的硬度、惩恶扬善的力度、为民服务的暖度，以实际行动和过硬成果确保人民群众的获得感、幸福感、安全感更加充实、更有保障、更可持续。

——必须坚持稳中求进不偏移，始终推动新时代纪检监察工作高质量发展。稳中求进，是党中央治国理政的重要原则，也是做好纪检监察工作的科学方法。一年来，我们不断深化对稳中求进工作总基调的认识和理解，主动推进纪检监察工作理念、思路举措和方式方法创新，及时总结提炼有益做法和新鲜经验，在坚持中深化、在巩固中提高、在创新中发展，以党风廉政建设和反腐败斗争的新成效检验改革成果，激发纪检监察干部改革创新的积极性和主动性，不断推进新时代纪检监察工作高质量发展。

——必须坚持标本兼治不松劲，始终一体推进不敢腐、不能腐、不想腐战略目标。构建“三不腐”有效机制，是做好新时代纪检监察工作的鲜明特点和必然要求。一年来，我们准确把握治标与治本、重点与一般、严管与厚爱的关系，始终保持不敢腐的震慑，同步跟进不能腐的机制建设，不断加强不想腐的思想教育，以踏石留印的劲头、纠建并举的思路、标本兼治的举措，一体推进“三不”同频共振、同向发力，不断巩固发展反腐败斗争压倒性胜利，努力构建更加风清气正的普兰政治生态。

——必须坚持自身建设不懈怠，始终建设忠诚干净担当的纪检监察干部队伍。信任不能代替监督，执纪者必先守纪，律人者必先律己。一年来，我们一以贯之强化自身建设，在自我约束上严之又严，在行使权力上慎之又慎，确保党和人民赋予的权力不被滥用，惩恶扬善的利剑永不蒙尘。坚持刀刃向内，强化内部监管，对违纪违法的干部坚决查处、失职失责的干部严肃问责、不适合从事纪检监察工作的干部坚决调离，努力锻造新时代纪检监察政治铁军和纪律部队。

在肯定成绩的同时，我们也要清醒看到，当前全县党风廉政建设和反腐败斗争形势依然严峻复杂，全面从严治党依然任重道远。例如，个别基层党组织主要负责人履行全面从严治党主体责任意识不强，抓党风廉政建设思路不清、责任不实、措施不力，没有充分发挥领导核心作用；个别党组织班子成员没有牢固树立“守土有责”意识，缺乏较真碰硬精神，对分管领域的党员干部存在的问题，没有真正做到敢管敢治、严管严治、常管长治；作风问题树倒根存、顽固复杂，高压之下仍有少数人心存侥幸，不敬畏、不知止，“酒驾风”“赌博风”屡禁不止，严重败坏党风政风；对党员干部的日常教育、监督和管理还不到位，抓早抓小、动辄则咎工作仍需进一步强化；少数产业项目存在招投标、资金拨付等程序不规范和项目缺项、推进缓慢、运营不善等项目建设管理不到位的突出问题；少数具有资金审核发放、项目行政审批的关键岗位，内部监督制约机制缺失，一些管人、管钱、管物的制度规定还不够完善，违纪违法问题仍然易发；“三项监督”统筹联动、贯通协同、同向发力不够，未能充分发挥监督叠加效能；纪检监察干部的履责能力还不能完全适应新形势新任务的要求，等等。对这些问题，我们必须高度重视，认真研究解决。

三、2023 年主要任务

今年是全面贯彻落实中共二十大精神的开局之年，是“十四五”规划承上启下的关键之年，新形势新任务对党风廉政建设和反腐败斗争提出了新的更高要求，推动全面从严治党向标本兼治深化的任务繁重、意义重大、影响深远。今年工作的总体要求是：坚持以习近平新时代中国特色社会主义思想为指导，全面贯彻落实中共二十大精神，深入贯彻落实二十届中央纪委二次全会、自治区纪委十届三次全会、地委党风廉政建设和反腐败工作会议部署和县委工作要求，认真贯彻落实上级纪委监委既定的“八项重点”工作和“六项重点”任务，更加深刻领悟“两个确立”的决定性意义，更加自觉增强“四个意识”、坚定“四个自信”、做到“两个维护”，坚决贯彻落实全面从严治党战略部署，认真落实健全全面从严治党体系任务要求，发扬斗争精神，永远吹冲锋号，纵深推进党风廉政建设和反腐败斗争，不断推进新时代新征程纪检监察工作高质量发展，为普兰经济社会长足进步和高质量发展提供坚强纪法保障。

（一）坚持以中共二十大精神为指引，在强化政治监督上力求新作为。紧盯学习宣传贯彻落实中共二十大精神和习近平总书记系列重要讲话、指示批示精神特别是习近平总书记关于全面从严治党、治边稳藏等系列重要论述等跟进监督，坚决维护党中央权威和集中统一领导，坚决捍卫“两个确立”、做到“两个维护”。全力协助县委做好党风廉政和反腐败工作，充分发挥参谋助手作用，及时向县委提出工作建议；充分发挥监督推动作用，及时督促各级党组织扛紧压实主体责任，推动“两个责任”落实落细。严明政治纪律和政治规矩，聚焦“七个有之”问题，坚决查处对党不忠诚不老实、言行不一等问题，把隐藏在党员干部队伍中的“两面人”甄别出来、清除出去。认真落实“政治八查”工作要求，紧扣“四件大事”“四个创建”等重点任务，紧扣县委“四城四高四中心”发展战略，以具体化、精准化、常态化政治监督推动党中央重大决策部署和区党委、地委、县委工作要求一贯到底、有效落实。加强对“一把手”和领导班子贯彻党的路线方针政策、执行民主集中制、规范选人用人、重大事项请示报告、依规依纪依法履职等情况的监督，坚决防范和纠治超越职权或滥用职权行为。坚持把严明反分裂斗争纪律作为“两个维护”的重要体现，加强对反分裂斗争纪律执行情况的监督检查。加强对各级党委（党组）民主生活会的监督指导，坚决纠治党内政治生活不严肃、程序不合规、制度执行不严格等突出问题，切实增强党内政治生活的政治性、时代性、原则性、战斗性。

（二）坚持和完善党和国家监督体系，在加强制度建设上力求新成果。强化对同级党委及其班子成员遵规守纪、履行职责、权力运行、作风建设、廉洁自律等方面的监督，推动同级监督“形神兼备”。强化对下级党组织的监督，健全完善定期报告、述责述廉、约谈提醒等制度，进一步加强对党员领导干部的监督，督促落实“三重一大”事项集体决策、任职回避、定期轮岗、离任审计等制度，切实规范权力运行和正确行使。压减权力设租寻租空间，围绕权力运行各个环节，完善发现问题、纠正偏差、精准问责有效机制，督促推动各级党组织完善党务、政务、财务公开和其他领域办事用权公开机制，进一步推进源头治理和长效机制建设。以党内监督为主导，强化“三项监督”的统筹衔接，找准纪检监察监督与其他各类监督的衔接点，逐项探索建立与组织、司法、财会、统计、群众等监督贯通协调的机制办法，推动完善纪检监察专责监督体系、党内监督体系、各类监督贯通协调机制和基层监督体系，形成监督合力。

（三）坚持利剑高悬、震慑常在，在强化巡察监督上力求新提升。全面贯彻中央巡视工作方针，突出政治巡察定位，精准落实政治巡察要求，坚持把“两个维护”作为根本任务，紧盯权力、责任运行全链条，坚持把严的要求一贯到底，强化巡察工作领导，优化巡察工作流程，创新方式方法，紧扣“三个聚焦”，持续深入开展巡察工作。压紧压实各级党组织整改主体责任，强化纪检监察机关同组织部门巡视巡察整改日常监督责任，采取“回头看”、专项督查等形式，统筹抓好党中央、区党委巡视和地委、县委巡察各类监督检查反馈问题的整改落实，推动问题线索处置清零、反馈事项整改清零。牢固树立巡视巡察“一盘棋”思想，在监督任务、巡察对象、成果运用和队伍建设等方面严格对标对表上级主要经验做法，探索建立整改评估机制，推动形成监督、整改、治理有机贯通的完整链条。探索巡前一体谋划、巡中协同配合、巡后齐抓共管的途径和方式，加强与组织、政法、审计、财政、统计、群众等监督协作配合，推进巡察监督与其他各类监督特别是纪检监察监督有效对接、深度融合、形成合力。用好巡视巡察成果，优先办理、精准处置问题线索，推动各级各部门举一反三、完善制度、堵塞漏洞。完善巡察整改情况报告和责任追究制度，对拒不整改、虚假整改或整改不力的严肃追责问责。加强巡察数据系统应用，不断提升巡察工作信息化水平。

（四）坚持纠“四风”树新风并举，在作风建设常态长效上力求新进展。紧密联系普兰实际，锲而不舍落实中央八项规定及其实施细则精神，坚持以严的基调正风肃纪，紧盯“关键少数”和“四风”问题新动向、新表现，严肃整治损害党的形象、群众反映强烈的享乐主义、奢靡之风，坚决防止由风及腐、风腐一体。督促各级党组织持续开展查作风问初心、查责任问担当、查漏洞问短板、查落实问成效自查自纠工作，重点纠治形式主义、官僚主义，对工作中出现层层加码、麻痹松懈、任性用权、不担当不作为慢作为乱作为等突出问题科学精准靶向纠治；对给项目给资金不要、项目久拖不决、预算执行进度缓慢的，严肃追责问责。深入开展违规发放津补贴、超标使用办公用房等清理纠治工作。持续纠治违规吃喝、带彩打牌、网络赌博、收送名贵特产和礼品礼金等问题，深挖彻查作风问题背后的腐败行为和腐败案件中的作风问题，对顶风违纪、屡治屡犯、查而不改的加大问责和通报曝光力度。坚决整治群众身边不正之风和腐败问题，聚焦党中央惠民利民、安民富民各项政策落实，紧盯就业创业、教育医疗、养老社保、生态环保、安全生产、食品药品安全、执法司法等重点领域，严肃查处贪污挪用、虚报冒领、雁过拔毛、吃拿卡要、优亲厚友、工程建设和资金流转等关键环节的腐败和作风问题。强化乡村振兴专项监督，重点整治产业项目闲置、产业项目推进缓慢等突出问题，不断深化整治乡村振兴领域不正之风和腐败问题，切实维护群众切身利益。加强与政法机关的协调联动，常态化开展扫黑除恶"打伞破网"工作，不断增强群众获得感、幸福感、安全感。持续巩固深化"三资"提级监督试点工作成果，对发现的问题进行"回头看"，集中整治农村集体"三资"管理领域突出问题，严肃查处背后的责任、作风和腐败问题。督促落实规范领导干部配偶、子女及其配偶经商办企业行为规定，教育引导党员领导干部坚决反对特权思想和特权行为，自觉遵守党纪国法，带头廉洁修身治家，推动党风政风与社风民风实现良性互动。

（五）坚持把铁的纪律约束作为重要遵循，在党的纪律建设上力求新突破。坚持把纪律教育摆在突出位置，坚持党性党风党纪一起抓，督促各级党组织深入开展经常性党性教育、纪律教育，促进党员干部增强纪律意识，自觉把党章党纪党规刻印在心。重点突出纪律规矩执行，全面加强对全县各级党组织、党员干部参与党内政治生活、执行党的路线方针政策和党纪条规情况的监督检查，对执行制度不严格不到位、随意变通、恶意规避甚至把制度当摆设、无视纪律规矩等现象，强化纠治力度，切实让铁纪"带电"、让禁令生威。强化对党员干部特别是年轻干部"八小时以外"的监督，发现问题及时提醒纠正和处理，不断净化工作以外的生活圈、社交圈、朋友圈。通过召开警示教育大会、办好廉政警示教育展览、书记讲廉政党课等方式，用好用活廉政警示教育资源，不断深化同级同类警示教育。认真做好法规制度"废改立"清查工作，监督指导全县各级各部门深入排查、全面清理，切实维护法规制度的权威性，不断提升纪律建设成效。推进廉洁文化建设，加强思想道德和党纪国法教育，坚持警示震慑、纪法宣教、文化浸润同步发力，教育引导广大党员干部牢记人情里面有原则、交往之中有规矩、亲情里面有底线，自觉坚守不贪不腐的思想道德防线。

（六）坚持教育警醒震慑同向发力，在一体推进"三不腐"上力求新成效。坚持以零容忍态度反腐惩恶，坚持受贿行贿一起查，更加有力遏制增量，更加有效清除存量。重点聚焦政策支持力度大、投资密集、资源集中的领域和环节，紧盯"关键少数"和重点岗位，坚决查处基础设施建设、项目审批、公共资源交易等方面政治问题和经济问题交织的腐败问题，坚决查处领导干部结党营私、做小团伙代理人的问题，坚决查处领导干部配偶、子女及其配偶等亲属和身边工作人员利用影响力谋私贪腐问题，推动构建"亲""清"新型政商关系。突出重点领域，深化整治工程建设、国企金融、执法司法、财务管理、民生等领域的腐败，持续推进公共资源交易领域专项整治，加强对政府采购、工程招投标程序、工程领域设计缺项的规范，加强对不法代理机构的监管和查处。坚持正风肃纪反腐与深化改革、完善制度、促进治理贯通起来，注重办案与堵塞制度漏洞、强化监督监管结合，准确发现个案背后的深层次问题，推动改革和制度创新，不断完善监督体系，提升治理腐败效能。精准运用监督执纪"四种形态"，注重严管和厚爱结合、激励和约束并重，着重在用好第一种形态上下更大功夫，常咬耳朵，常扯袖子，让红脸出汗成为常态。严格执行党员权利保障条例，认真落实“三个区分开来”要求，严查诬告陷害行为，切实做好容错纠错、澄清正名工作，激发党员干部干事创业内生动力，不断增强问责的政治效果、纪法效果和社会效果。

（七）坚持稳步推进纪检监察体制改革，在提高治理效能上力求新跨越。认真贯彻区党委《关于进一步深化县级纪检监察体制改革的意见》精神，持续深化纪检监察体制改革，不断推动完善信息沟通、措施配合、成果共享的领导体制和工作机制，切实把合署办公的制度优势转化为治理效能。紧盯监督资源和力量整合，健全完善各类监督协调联动、同向发力机制，推动监督进一步融入部门治理、行业治理、基层治理之中，充分发挥监督治理综合效能。加强对乡镇纪委的领导和指导，结合实际建立乡镇纪检监察协作片区联动监督工作机制，统筹乡镇纪委力量开展监督，进一步织密织牢基层监督网。加强基层纪检监察工作规范化法治化建设，完善乡镇纪委（监察室）报告工作、主要负责人述职等制度，推动上下联动、发挥系统优势，不断提高全县纪检监察工作质效。健全完善反腐败协作机制，统筹运用谈话提醒、批评教育、责令检查、诫勉和组织调整、纪律处分、政务处分、移送司法等方式，更好地促进执纪审查与依法调查、执纪执法与刑事司法无缝对接，不断提升纪法贯通、法法衔接质效。综合运用监督成果，提高谈话函询质量，改进纪检监察建议工作，规范干部廉政档案的管理使用，严格审核把关廉政意见函回复关，全面推动政治生态持续好转。强化纪委监委监督的协助引导推动功能，以党内监督为主导，找准纪检监察监督与其他各类监督的衔接点，逐项探索建立与组织、司法、财会、统计、群众等监督贯通协调的机制办法，完善审计发现问题线索移送和成果运用制度，推动各类监督贯通融合、形成合力。

（八）坚持高素质、专业化标准，在加强队伍建设上力求新气象。坚持打铁必须自身硬的要求，坚持不懈用习近平新时代中国特色社会主义思想凝心铸魂，用好“深学习、实调研、抓落实”工作方法，强化能力建设，发扬斗争精神，努力适应新时代新阶段新要求，打造敢于善于斗争的纪检监察干部队伍。围绕纪检监察干部队伍教育整顿战略部署、工作要求、目标任务，以彻底自我革命精神扎实开展学习教育、检视整治、巩固提升三个阶段的教育整顿工作。继续坚持“周一学政治、周五学业务”制度，科学制定全员培训计划，采取跟班学习、跟案锻炼、授课指导等形式不断提升政治素质和专业能力。强化全县纪检监察工作“一盘棋”的工作理念，优化领导班子和干部队伍结构，大力培养锻炼优秀年轻干部。加强机关党建工作，压实党支部书记日常教育管理监督责任，增强基层党组织政治功能和组织功能，全面建强机关支部战斗堡垒。认真开展系统内改进作风狠抓落实工作，通过自查自纠、建章立制等方式，切实解决存在的一些内控机制不健全、工作部门不协调等问题。持续巩固深化系统内“限酒”“禁赌”成果，全方位加强对纪检监察干部的监督管理。严格执行“规则”“规定”，对执纪违纪者必查、执法违法者严惩，坚决防治“灯下黑”，努力锻造忠诚干净担当的政治铁军和纪律部队。

同志们，新起点推动新开局，新征程要有新作为。让我们紧密团结在以习近平同志为核心的党中央周围，牢记“三个务必”，勇担使命任务、忠实履职尽责、团结砥砺前行，奋力书写全面从严治党、党风廉政建设和反腐败斗争新篇章，为推进普兰经济社会长足进步和高质量发展作出新的更大贡献。

普兰县人民法院工作报告

——在普兰县第十三届人民代表大会第四次会议上

普兰县人民法院院长　彭晓勇

（2023 年 3 月 28 日）

各位代表：

现在，我代表普兰县人民法院向大会报告工作，请予审议，并请各位政协委员和列席人员提出意见。

2022 年普兰县人民法院在县委正确领导下、县人大及其常委会有力监督下，县政府、政协及社会各界大力支持下，坚持以习近平新时代中国特色社会主义思想为指导，深入学习贯彻中共二十大精神，聚焦“四个创建”“四个走在前列”“12114”工作思路和“四城四高四中心”发展战略，紧紧围绕县委中心工作，坚持服务大局、司法为民、公正司法，全力克服疫情带来的不利影响，高效统筹疫情防控工作大局和审判执行主责主业，以“努力让人民群众在每一个司法案件中感受到公平正义”为目标，忠实履行法定职责，圆满完成各项工作任务。2022 年度普兰县人民法院被最高人民法院命名为全国 100 家“为群众办实事示范法院”。

2022 年工作回顾

一、聚焦主责主业，充分发挥司法审判职能作用

2022 年，共受理各类案件 333 件，审（执）结 293 件，结案率 88%。

——刑事审判工作情况。2022 年，共受理刑事案件 7 件，审结 4 件，结案率 57.1%。在审理刑事案件时，严格遵循宽严相济、良法善治，严厉惩处严重危及人民群众人身财产安全的犯罪，加强对认罪认罚程序的适用，努力促进案件政治效果、法律效果与社会效果的统一。

——民商事审判工作情况。2022 年，共受理各类民商事案件 224 件（包括 3 件司法救助案件，1 件诉前财产保全案件），审结 186 件，结案率 83%。在民事案件的审理过程中切实维护老人、妇女、儿童、农民工等弱势群体合法权益，大力开展预防未成年人犯罪、妇女权益保护、劳动合同维权等普法宣传，努力促进社会关系和谐稳定。

——执行工作情况。2022 年，共受理执行案件 102 件，审结 99 件，执结率 97.1%。执行到位案款 456.93 万余元。我院在办理执行案件中，持续加大拒执惩处力度，布控 17 人，纳入失信被执行人名单 13 人，限制高消费 5 人，依法保障当事人胜诉权利。

——我院始终坚持“调解优先、调判结合”，把调解贯穿于立案、审判、执行的全过程，加强司法调解与人民调解的衔接，合力化解矛盾纠纷，完善多元纠纷解决机制。2022 年以来，共通过调解、撤诉方式审结各类民商事案件 142 件，调撤率为 79.8 %。

——开展司法救助，构筑民心工程。对追索劳务工资的群众，开设绿色通道，实行优先立案、优先裁判、优先执行，对困难群众减免诉讼费，全年共缓交诉讼费 15762.9 元，免交诉讼费 50 元，让所有人都能够打得起官司；同时认真落实司法救助，对经济确有困难 1 名当事人依法同意救助 2 万元。

二、聚焦司法体制改革，不断提升司法公信力

一是立案服务立体化。逐步完善立案登记制，

实现了登记立案不拖延、跨域立案全覆盖。运用“互联网+”思维，从现场服务发展为线上线下立体化体系，从单一立案指引拓展为全流程一站式服务。改革诉讼费缴纳方式，实现网上交费、手机微信交费，提升诉讼服务信息化和现代化水平。大力推进“云审判”“云调解”“云执行”“云送达”。2022年以来，跨区域立案4件，网上立案12件，互联网开庭54件，确保疫情期间审判执行“不打烊”，公平正义“不迟到”。

二是源头把控多元化。建立诉前分流机制，推进多元化解纠纷机制，把非诉讼纠纷解决机制挺在前面，突出矛盾事前化预防、立体化解决，前移诉调对接阵地，整合社会资源，依托“车载流动法庭”，与乡镇党委政府、调解组织等内外联动，将诉前矛盾努力化解在基层。2022年以来，排查矛盾纠纷共计13起。

三是继续深化司法公开。形成开放、动态、透明、便民的阳光司法机制，全面推进三大平台公开，有效增进了人民群众对法院工作的理解、信任和支持。2022年，我院共计公开裁判文书11份，庭审直播44次，进一步增强法院的司法公信力。

四是严格落实司法责任制。全面贯彻“让审判者裁判，由裁判者负责”的原则要求。员额法官对办案质量终身负责，明确独任法官、审判长、合议庭成员的审判职责和权限。全面强化院庭长办案制度。院领导带头办理重大、疑难、复杂案件。2022年，院领导承办各类案件202件，占案件总量的61%。

五是持续推进诉讼制度改革。推进以审判为中心的诉讼体制改革，全面贯彻证据裁判规则。一是实现民刑案件“繁简分流、快慢分道”。在立案环节充分运用速裁程序和简易程序化解矛盾纠纷，不断提升办案效率和质量，实现简案快审、繁案精审。2022年，适用简易程序案件68件。

六是完善人民陪审员制度。不断优化人民陪审员队伍，目前有人民陪审员25名，人民陪审员参与审判案件66件，普通程序人民陪审员参审率61.11%，很好地体现了司法民主。

三、聚焦班子建设，发挥表率作用

一是院领导班子坚持以身作则。坚持中心组理论学习，领导班子带头讲学习、讲政治、讲正气，坚持以上率下，充分发挥“关键少数”的示范带头作用，把学习中共二十大精神作为重中之重，先学一步、学深一层、学实一些，为广大党员做表率，持续加强领导班子思想政治建设，带头捍卫“两个确立”、增强“四个意识”、坚定“四个自信”、做到“两个维护”。2022年以来，党组理论中心学习组共学习12次。

二是坚持民主集中制，不断增进班子团结。建立健全党组议事规则，对重大决策、重要事项安排和大额资金使用，必须集体讨论决定；班子成员之间开展谈心并召开民主生活会，认真开展批评与自我批评，不断增强班子的凝聚力和战斗力。在干部人事工作中，班子凝心聚力，团结一致，严格按照组织程序推荐干部3名，进一步激励干警干事创业斗志。

三是深入群众，培养良好的工作作风。我院领导班子始终把司法为民作为推进各项工作开展的力量源泉，结合政法队伍教育整顿，在“我为群众办实事”中，党组成员带领干警深入群众家中开展法律宣传工作，征求群众对法院的意见建议，2022年我院共计为民办实事168起，投入资金16万余元。

四是带头端正党风，提高拒腐防变能力。班子成员坚持带头廉洁自律，党组书记带头为全院干警上廉政党课1次，年初召开反腐败工作会议，层层签订了党风廉政建设责任书，认真落实党风廉政建设主体责任和监督责任，自觉抵制各种不正之风和腐败现象。

四、聚焦司法队伍建设，提升干警综合素质

（一）深入学习中共二十大精神。中共二十大召开以来，本院始终坚持把学习宣传中共二十大精神，作为当前和今后一个时期首要政治任务，深刻领会中共二十大精神，深刻领悟“两个确立”的决定性意义，牢固树立“四个意识”、坚定“四个自信”、做到“两个维护”，开展集中学习中共二十大精神报告学习会11场次，干警撰写心得7批次，干警学习笔记均达7000余字。

（二）持续强化作风建设。深入开展改进作风狠抓落实活动，聚焦“四查四问”开展自查自纠，着

眼“八个落实”查找自身不足，对照“六查六做”“五个问题”进行查摆，不断改进司法作风，狠抓各项工作落实。目前我院开展集体学习31次，研讨交流4次，撰写心得体会3次。

（三）不断完善组织建设。充分发挥党支部战斗堡垒作用，不断强化党建指导员对党支部工作的指导，规范“三会一课”，健全支部委员会职责，党的基层组织建设得到进一步加强。2022年以来，党组书记讲党课2次，党支部集体学习56次。

（四）严格落实党风廉政建设责任制。抓好廉政预防制度建设，综合运用案件质量评查、审限管理、违法违纪动态预警等举措，筑牢反腐倡廉的“防火墙”和“隔离带”。建立健全规章制度，制定并完善公务接待、公车管理、公务出差、法官业绩考评各方面的规定，坚持用制度规范人，用规章约束人。2022年以来，开展廉政教育6场次，观看警示教育片4次，谈心谈话2次。

五、聚焦中心服务大局，全力维护社会稳定

一是认真履行上级和县委、县政府的各项维稳举措，以“稳定压倒一切”的态势把关于维稳的举措落到实处，不折不扣地执行关于维稳工作的各项部署要求，制定“六防”工作预案，同时喜迎中共二十大维稳工作领导小组并制定方案预案以及“7+1”维稳防控措施分工方案，以“管好自己的人、办好自己的事、守好自己的门”为工作原则，明确责任、分工负责，坚决落实好值班带班制度。2022年，累计值班1009人次，院内巡逻360人次，参与县域巡逻10次。

二是切实做好机场建设矛盾纠纷化解。由于普兰机场建设，时有纠纷发生，在县委统一领导下，由院长带队到机场建设工地，坚持做群众工作，现场处理矛盾纠纷3起，确保机场建设有序推进。

三是坚决贯彻县委、县政府安排，积极参与防疫情输入防控和加气站值守工作。院长在县国安办安排下到马悠桥疫情检查站驻点20日，选派干警6名到边境出口蹲点开展疫情防控工作，自我县出现新冠疫情以来，参与县域疫情防控10人，参与疫情防控人数占在岗干警总数的100%，在抓好疫情防控工作的同时，抓审判质效，疫情防控期间，奔赴一线疫情防控法官干警，充分应用“云法庭”在线调解案件2件，在线执行案件2件，线上推送一疫情防控工作开展信息2次，阿里地区新闻媒体采访播报我院法官干警参与疫情防控一线工作人员2人次。

四是严格落实“八五”普法责任制。2022年，我院始终按照“谁执法、谁普法”工作要求，组织干警进机关、进学校、进乡村、进社区、进寺庙开展《民法典》《未成年人保护法》《环境与资源保护法》《野生动物保护法》《反分裂国家法》以及预防养老诈骗、预防电信诈骗、预防集资诈骗等宣传活动，发放宣传资料5000余册，受教育群众达5000余人次。

过去一年，各位人大代表、政协委员和社会各界一直关心、监督、支持法院工作，积极建言献策，有力促进了司法公正，推动了法治建设，也帮助法院解决很多实际困难和问题。在此，我代表普兰县人民法院，向县委、县人大、县政府、县政协，向各位代表、委员以及社会各界关心和支持法院工作的人士，表示衷心的感谢和崇高的敬意！

成绩虽有，但不足仍在。一是干警思想观念有待进一步端正。二是审判质效指标有待优化。三是领导干部“一岗双责”落实仍存在差距。四是防范化解重大挑战能力仍显不足。对于这些存在的问题，我院将在县委的正确领导下、地区中院的有力指导下，采取有力措施加以解决，努力进一步加强以下方面的工作，争创党委放心、政府支持、社会理解、群众满意、公正廉洁的人民法院。

2023年工作计划

2023年，法院工作的指导思想和主要任务是：坚持以习近平新时代中国特色社会主义思想为指导，深入贯彻习近平法治思想，坚持党对法院工作的绝对领导，全面贯彻落实中共二十大、二十届一中全会精神，区党委十届三次全会、地委扩大会议精神，县委十届三次全会精神，全面贯彻落实中央、区党委、地委、县委政法工作会议精神和最高人民法院、区高院、地区中院工作会议要求，大力弘扬“老西藏”精神和人民司法优良传统，坚持司法为

民,树立为大局服务的理念,锻造为历史担当的队伍,实现法院各项工作再上新台阶,努力让人民群众在每一个司法案件中都感受到公平正义。

一是深化大局意识,发挥审判职能作用。牢记“国之大者”,紧紧围绕中共二十大作出的决策部署履职尽责,自觉在县委中心工作大局中谋划司法、推进司法,扎实推进法院司法审判执行工作。

二是牢固树立总体国家安全关,坚持“宽严相济”刑事政策,依法审理刑事案件。严厉打击抢劫等严重暴力犯罪和盗窃等侵财犯罪,提升公众安全感;严厉惩治非法集资、金融诈骗、养老诈骗等经济犯罪,切实保护老百姓的合法权益。

三是贯彻新发展理念,坚持以人民为中心的发展思想,依法妥善审理民商事案件。充分发挥法院在化解矛盾纠纷中的重要作用,依法处理在各领域发生的矛盾纠纷,切实为普兰县经济高质量发展提供强有力的司法保障。

四是加强强制措施的运用,努力解决执行难的问题。通过布控被执行人、曝光失信被执行人“黑名单”、限制高消费、限制置产及罚款、拘留、追究刑事责任等措施,加强对被执行人拒不履行裁判文书强制措施的运用。同时,充分发挥执行指挥中心及执行查控的职能,全面对被执行人身份、财产等信息进行网络查控,穷尽执行措施,提高执结率和实际到位率,最大限度实现胜诉当事人权益,确保在最短的时间基本解决执行难的问题。

五是严格落实司法责任,稳妥推进司法改革。始终坚持在县委领导和人大监督下开展司法改革,及时向县委、人大汇报司法改革进展情况,认真落实各项改革部署,准确把握司法改革方向、目标和基本原则,确保改革不变形、不走样。

六是持续开展“改进作风 狠抓落实”工作,不断提升法院司法公信力。巩固“改进作风 狠抓落实”工作取得的成果,着力于人民群众对司法工作的满意度,进一步加强对司法作风虚浮、工作作风不实的改进,努力打造一支有能力、敢担当、善作为的高素质法院队伍。

七是落实全面从严治党要求,深入推进党风廉政建设。切实落实党组主体责任,“第一责任人”责任和班子成员“一岗双责”,增强党风廉政责任意识,严明政治纪律、组织纪律、廉政纪律、群众纪律、工作纪律、生活纪律,充分运用典型案例开展警示教育,做到廉洁司法、警钟长鸣。

各位代表,在新形势下,依法治国开启了新征程,人民法院工作任重而道远。我们将在县委的正确领导下,县人大的有力监督下,县政府、县政协有力支持下,高举中国特色社会主义的伟大旗帜,深刻领悟“两个确立”的决定性意义,增强“四个意识”,坚定“四个自信”,做到“两个维护”,忠实履行宪法法律赋予的审判职责,以求真务实的工作作风和工作态度,锐意进取、真抓实干、厉行法治、竭诚为民,不断开创法院工作新局面!

有关名词解释

1. 互联网+:是互联网思维的进一步实践成果,推动经济形态不断地发生演变,从而带动社会经济实体的生命力,为改革、创新、发展提供广阔的网络平台。

2. “云审判”“云调解”“云执行”“云送达”:“云审判”是指通过互联网庭审云平台进行远程开庭的一种方式,当事人只需通过手机微信小程序登录平台后,输入各自的庭审码进入庭审程序,当事人足不出户就可实现网上远程参与庭审。“云调解”是指因特殊情况,双方当事人不便到法院参加诉讼,法院通过远程视频连线,引导当事人进入人民法院调解平台进行线上调解、确定调解方案、在线生成调解协议,直接推送到当事人手机端签字、确认的工作模式,具有成本低、效率高等优点。“云执行”是利用网络和高科技贯穿执行案件全过程的执行模式。“云送达”是指人民法院通过集约送达一体化平台向当事人送达诉讼材料。

3. 跨区域立案:是指当事人或诉讼代理人通过选择就近的人民法院诉讼服务中心向有管辖权的异地法院提交立案申请,人民法院为其提供相应的立案登记诉讼服务。

4. 网上立案:是指当事人或其委托代理人通过手机登录微信小程序“移动微法院”向受诉法院提交立案申请及相关证据材料。

5. 互联网开庭：是指利用互联网技术让法官和诉讼参与人在不同的空间通过音视频系统的链接实现开庭的需要。

6. 多元化解纠纷机制：就是通过建设功能完备、形式多样、运行规范的诉调对接平台，合理配置纠纷解决的社会资源，完善和解、调解、仲裁、公正、行政裁决、行政复议与诉讼有机衔接、相互协调的纠纷解决机制，畅通纠纷解决渠道，不断满足人民群众多元司法需求，让人民群众能够选择适当的方式解决纠纷。

7. 三大平台公开：是指依托现代信息技术，打造阳光司法工程，建设审判流程公开、裁判文书公开、执行信息公开，审判流程公开平台。

普兰县人民检察院工作报告

——在县第十三届人民代表大会第二次会议上

普兰县人民检察院检察长　次仁登巴

（2023 年 3 月 27 日 ）

各位代表：

现在我代表普兰县人民检察院向大会作报告，请予以审议，并请政协委员和列席会议的同志提出宝贵意见和建议。

2022 年的主要工作

2022 年，是党绝对领导下的人民检察事业极不寻常、极不平凡的一年。习近平总书记对检察工作作出一系列重要指示，党中央出台《中共中央关于加强新时代检察机关法律监督工作的意见》，中共二十大强调“加强检察机关法律监督工作”，赋予检察机关更重的政治责任，为加强新时代检察机关法律监督工作提供根本遵循。一年来，普兰县人民检察院在县委和检察阿里分院党组的坚强领导下，坚持以习近平新时代中国特色社会主义思想为指导，全面贯彻习近平法治思想、习近平总书记关于西藏工作的重要指示和新时代党的治藏方略，全面贯彻中共十九大、十九届历次全会和中共二十大精神，深入贯彻中央第七次西藏工作座谈会，自治区第九次、第十次党代会精神，聚焦“四件大事”，聚力“四个创建”，依法忠诚履职，以高度的政治自觉、法治自觉、检察自觉担当作为，各项检察工作实现高质量发展。

一、把牢正确政治方向，始终坚持党的绝对领导

及时汇报，坚持党的领导。一是认真落实《中国共产党政法工作条例》，严格执行请示报告制度，对重大事项和重大敏感案件，及时向县四大班子、阿里检察分院和县委政法委请示汇报 11 次；二是以加强党的政治建设为统领，召开党组理论中心组学习 12 次，召开党组会议 20 次，切实提高党员干部的政治理论水平；三是充分利用“两微一端”平台，传递检察工作动态共计 245 条，法律文书公开 2 份、案件程序性公开 2 条、公开听证 3 次，以公开促公正，自觉接受社会各界监督。

二、充分发挥职能作用，服务保障“四件大事”“四个创建”

充分履行检察职能打好普检战“役”。召开疫情防控部署会 2 次，学习会 5 次，常态化做好消毒工作 319 次。检察长在普兰县马攸木疫情防控执勤点蹲点 20 天，本院干警在境外输入疫情防控执勤点蹲点 5 人次共 80 天。8 月 6 日发生疫情以来，我院派出 9 名干警、2 辆警车、3 名合同工到县城及两乡，各疫情防控组参与防疫工作 707 人次。

坚决维护国家政治安全和社会稳定。始终坚持院内值班备勤工作，确保全院实现“四无”“三不出”，值班期间做到不脱岗、不离岗、有事报事、无事报平安；召开维稳工作安排部署会议 9 次，认真完成县国安办安排的县级带班、值班主任、坐班等维稳工作任务 21 人次；抽派干警、车辆巡逻拉练 5 人次，加汽站维稳值班 15 人次。结合院实际制定综治工作领导小组成员，组织召开安全生产专题会议 6 次。

持续推进扫黑除恶专项斗争。组织学习扫黑

除恶相关知识及《中华人民共和国反有组织法》2次，充分利用3月综治宣传活动，在我县辖区内宣传扫黑除恶专项斗争相关知识及打击整治养老诈骗宣传各1次，发放宣传材料共400余份，鼓励群众积极参与举报，线索排查1次。

加强边境检察。全面推开边境检察工作，我院完成10个边境村“12309”检察服务中心挂牌工作，按照机制方案，以台账促工作的形式，每月前往各抵边村一次，开展矛盾纠纷排查9次、线索查找9次、普法宣传7次，受众100余人；立足“边境检察”特点，积极和边防部队联络，为召开“军检联席会议”完成前期沟通工作；借助抵边村12309检察服务中心的平台，在排查和调处群众矛盾过程中，通过邀请辖区民警协助调节矛盾纠纷1次，做到为民一案一普法，现场释法说理，取得村民认可。

三、强化执法司法监督，助推更高水平的法治普兰建设

全面贯彻《中共中央关于加强新时代检察机关法律监督工作的意见》，坚持“在办案中监督、在监督中办案”，充分发挥检察职能，开展“四大检察”“十大业务”工作，共办理刑事、公益诉讼、民事检察、行政检察、刑事执行检察、立案监督、司法救助等案件共159件。

做优刑事检察。办理各类刑事案件14件19人，其中审查逮捕案件3件5人，审查起诉11件14人，提起公诉9件12人，不起诉2件2人。我院依托抵边村“12309”检察服务中心，把公开听证开到当事人所在村，把检务公开送到抵边村，通过“少捕慎诉”，达到邻里和睦、社会和谐的效果；对县看守所检查监督1次；到县司法局检查社区矫正人员档案、报到登记等情况2次；全过程监督县司法局举行的社区矫正对象入矫宣告仪式1次；对社区矫正人员外出请假情况监督登记3次。

民事行政检察工作。结合阿里两级检察机关开展的“民事检察与民同行 支持起诉与您同行”专项活动，我院干警走访及上级院的指导下，共办理了支持起诉案件7件7人，涉及农民工讨薪和未成年人抚养费资金140538元；办理了行政案件4件，向县人力资源局、旅游局、卫健委发出4份社会治理类检察建议，均在法定时限内回复并整改。

做好公益诉讼检察。本院根植保护生态文明和保障民生的理念，关注和保护人民日常最关心的安全问题，督促行政机关依法履职，在生态环境领域线索排查4次，立案审查1件，制发检察建议1份，被监督单位均在法定时限内回复并整改；占用林地排查线索30次，立案审查30件，制发检察建议1份，被监督单位均在法定时限内回复并整改；在公共安全领域（包括安全生产）排查线索4次，立案审查2件，制发检察建议1份，被监督单位在法定时效内回复；食品药品领域排查3次，立案审查2件，制发检察建议2份，被监督单位均在法定时限内回复并整改。

扎实开展未成年人检察。一是结合阿里两级检察机关开展的“民事检察与民同行 支持起诉与您同行”专项活动，走访霍尔乡了解是否存在生活困难的未成年人请求给付抚养费的情况1次，对拉某请求给付小孩抚养费一案，经我院支持起诉，法院判决后，为其解决抚养费。已支持起诉至法院；二是同时开展《携手落实“两法”共护祖国未来》为主题的检察开放日活动1场次，邀请了普兰县九年一贯制学校学生、教师代表、学生家长代表、人大代表、政协委员、教育、民政等相关职能单位51余人走进我院，近距离了解、感受未成年人检察工作。在“未成年人法治手绘画廊”活动中，对积极选送作品的10名同学，颁发了参与奖和鼓励奖，同时向参与活动的班集体及32名同学们送去了精心准备的学习用品，发放了“征求意见表”10份，听取了各位代表就未成年人检察工作的意见建议，向师生及各位代表发放了宣传资料100余份，同时组织参加活动的人员学习新修订的《未成年人保护法》《预防未成年人犯罪法》；三是通过利用门户网站、两微一端平台及“三官讲法”“法律八进”“法治进校园”等活动前往各学校以动画图像微视频、以案说法、互动问答方式宣传新修订的“两法”6场次，发放相关宣传材料400余份，受众师生达1100余人。

加强控告申诉检察。办理涉及案件困难的当事人国家司法救助案1件，发放司法救助金9900元。结合司法救助普法1次；开展下乡法宣暨调研

活动8场16人次；结合业务工作开展矛盾纠纷排查9次。

四、改进作风狠抓落实，推进检察工作高质量发展

坚持系统观念、法治思维、强基导向，着眼当前、谋划长远，补短板、强弱项、固底板、锻长板，不断夯实普兰检察事业高质量发展。

开展改进作风狠抓落实工作。按照区党委、地委、县委以及阿里检察分院关于开展改进作风狠抓落实工作的各项部署要求，我院党组根据工作实际明确工作时间、目标责任和职责要求，并成立工作专班负责日常工作。召开动员部署1次，召开推进会2次，组织学习5次，全院干警聚焦“四查四问”“五个问题”“八个落实”“六讲六做”清单进行检视；签订《廉政承诺书》《新时代政法干警“十个严禁”》《西藏自治区政法干警行为规范“十个一律”》承诺书各15份，《廉内助承诺书》6份；开展“作风怎么看、改进怎么办、工作怎么干”大讨论活动1次；开展机关“三项活动”各1次。

从开展改进作风狠抓落实工作以来，对本院文风、会风及日常工作落实情况进行督查，本着刀刃向内，自上而下，严格整肃的工作要求，对本院两起文风和工作作风问题在院内进行通报。

坚持全面从严管党治检。一是院党支部落实“三会一课”制度，召开2022年度组织生活会1次、党员大会2次、组织党员学习14次、为民办实事13件。二是督促全院干警认真完成每天“学习强国”学习任务，努力提升自身政治理论基础。三是拟定2022年元旦、春节、藏历新年（“三大节日”）节前慰问方案，开展离退党员慰问活动，发放每人价值1000元的慰问品。四是为提升党建工作质效，保障各项党建活动有序开展，将党建经费纳入年度预算，着力加强阵地建设。五是节前廉政谈话3次，组织学习典型案例6次。六是严格落实防止干预司法“三个规定”，每月按时填报重大事项报告向上级院报告领导过问案件情况2次，及时报送每月廉政报表，学习相关检务督察文件1次。七是针对检察官办案中案卡填录不规范，院检务督察提醒谈话2次。

提升检察队伍素能。突出抓好业务能力建设，组织开展检委会学习3次；利用每周二业务学习平台学习相关法律知识及实务案例的分析5次；突出实务实战使用导向，用实用好“检答网”、中检网；参加最高人民检察院和自治区检察院举办的网络培训128人次。

五、工作成效及亮点

（一）把公开听证会开到当事人“家门口”

为贯彻落实“少捕慎诉慎押”的司法理念，我院就塔某盗窃案件，在案件当事人所在的村民委员会举行公开听证会。霍尔乡贡珠村人大代表、政协委员、村委会成员、公安机关侦查人员以及案件当事人参与听证。此次公开听证会紧密依托12309检察服务中心，发挥抵边村检察工作室平台作用，充分保障了阳光检务在边境村庄的落实，让边境检察工作得到群众的监督，使得矛盾化解效果让群众满意，积极展现检察作为，实现了法律效果、政治效果和社会效果有机统一。

（二）落实行政公益诉讼诉前磋商机制

我院在依法履行公益诉讼职责中发现564国道（普兰县普兰镇科迦村岗孜大桥至国门路段）存在部分路段路面塌陷、路面波浪形以及落石等安全隐患问题。我院召集县交通运输局、武警交通部队三大队九中队两家单位，召开行政公益诉讼诉前磋商座谈会。各方对整改措施及整改时限达成共识。本次座谈会，我院结合2021年7月实施的《人民检察院公益诉讼办案规则》新规定，首次探索落实以诉前磋商机制办理行政公益诉讼案件，通过搭建与行政机关沟通的平台，建立磋商长效机制，以检察能动履职促进公益保护源头治理，真正实现检察公益诉讼与行政机关依法全面履职的良性互动、同频共振，促进双赢、多赢、共赢。

（三）贯彻落实最高检“八号检察建议”护航聚成安全生产

我院履行公益监督职能过程中发现尼泊尔外贸市场电线牵引混乱，导线上缠绕塑料袋等情况极易发生触电、火灾等重大安全事故。尼泊尔外贸市场作为本县最大的外贸交易市场，本地人员及游客较多，人员流量大，如发生安全事故，很可能造成重

大人员伤亡和公私财产损失。我院通过向应急管理局制发检察建议书，宣传“八号检察建议”方式督促其整改，应急管理局在限期内，组织相关责任单位对尼泊尔市场电路电线进行重新规划和走线，及时消除了安全隐患。

（四）“学生”出行，“未检”护航

我院未成年人检察办案组检察官在履行职责中发现，辖区内部分中小学、幼儿园周边未设置减速慢行警示标志、未设置减速带、减速带破损未及时修复及部分地段存在钉子裸露等问题，对学生上下学出行安全造成极大隐患。针对该问题，我院依法向监管部门制发检察建议 1 份。目前，普兰县公安局按照检察建议要求在辖区校园周边共计安装减速带 6 条、警示牌 6 个，切实保障学生上下学出行安全，助力从源头上封堵安全漏洞。

（五）响应“煤改电”号召、打造拴心留人环境

本院党组积极举措，响应“煤改电”号召，以“拴心留人暖心爱检”为出发点，对干警住房建设安装空气源供暖机组，并在入冬前投入使用，今年以来运行良好，为干警保障供暖的同时，减少了煤烟排放，取得良好效果。

（六）探索建立公益诉讼案件线索奖励办法

为加强对国家和社会公共利益的保护，促进行政机关依法行政、严格执法，引导、鼓励社会公众依法向检察机关举报公益诉讼案件线索，根据《人民检察院举报工作规定》等法律法规，结合工作实际，制定《普兰县人民检察院公益诉讼案件线索奖励办法》，并予以公告。

（七）解决大学生就业，助推高质量发展

按照最高人民法院、最高人民检察院、财政部、人力资源和社会保障部联合下发的《人民法院、人民检察院聘用制书记员管理制度改革方案（试行）》（法〔2017〕143 号）要求，我院多促并联合县人社，向社会面公开招录未就业高校毕业生，经过笔试、机试、面试等规定程序，成功招录七名普兰籍聘用制书记员，解决本院人员紧张问题的同时也为本县解决大学生就业提供 7 个工作岗位。

2023 年工作计划

2023 年是全面建设社会主义现代化国家开局起步的关键时期，新时代新征程赋予检察机关更重政治责任、法治责任、检察责任。

一是增强政治自觉，切实担负起新时代新征程赋予检察机关的更重政治责任。本院将以习近平新时代中国特色社会主义思想为指导，全面学习贯彻中共二十大精神，深入贯彻习近平法治思想、习近平总书记关于政法工作、西藏工作的重要指示和新时代党的治藏方略，深入贯彻二十届中央纪委二次全会、中央政法工作会议精神，深化落实《中共中央关于加强新时代检察机关法律监督工作的意见》，全面贯彻自治区第十次党代会、区党委十届三次全会精神，坚持人民至上，坚持把学习和宣传作为当前和今后一个时期重要政治任务来抓好，牢牢把握检察机关政治属性，把深化党的政治建设作为增强“四个意识”、坚定“四个自信”、做到“两个维护”的根本途径。树牢“制度的生命力在于执行”的理念，推动检察制度落实由“做了什么”“做了多少”向“做成了什么”“做出了什么效果”转变。

深入贯彻习近平法治思想和中共二十大对“加强检察机关法律监督工作”“完善公益诉讼制度”“强化对司法活动的制约监督”等重大部署，坚决落实党中央及区党委的决策部署，维护和捍卫党的领导，担负起法律监督职责使命。中共二十大描绘了以中国式现代化全面推进中华民族伟大复兴的宏伟蓝图，全体检察干警要以中共二十大精神为指引，以时不我待、只争朝夕的精神状态和工作热情，进一步解放思想、提升境界、真抓实干、顽强拼搏，为完成 2023 年全年检察工作目标任务而不懈奋斗，努力为普兰的长治久安提供一份坚强有力的法治保障。

二是增强法治自觉，聚焦聚力全面服务保障“四件大事”“四个创建”。增强忧患意识，坚持底线思维，着力防风险、保安全、护稳定、促发展。坚决维护国家政治安全和社会稳定，依法严厉打击各类严重刑事犯罪，坚持宽严相济，统筹适用少捕慎诉慎押刑事司法政策和认罪认罚从宽制度，推动建设

更高水平的平安普兰。坚持和发展新时代“枫桥经验”,以“我管”促“都管”,将监督办案效果转化为社会治理效能,以诉源治理促进社会治理。完整、准确、全面贯彻新发展理念,着力营造法治化营商环境,助力推进县委“四城四高四中心”发展战略。依法严厉打击危害边境安全和社会经济发展的违法犯罪,加强南门口岸司法保障。

三是增强检察自觉,贯彻落实《中共中央关于加强新时代检察机关法律监督工作的意见》,全面加强普兰检察工作自身现代化建设。弘扬伟大建党精神,践行“三个务必”,严格按照“六个表率”“八个必须”的要求,改进作风狠抓落实,把心思聚焦在想干事上、把胆识体现在敢监督上、把智慧凝聚在善监督上、把目标锚定在干成事上,一体推进法律监督理念、体系、机制和能力现代化。加强队伍建设、深化检察改革、狠抓办案质效,持续做优做强做实做好“四大检察”,努力在全区先创先争优。进一步增强全面从严管党治检的政治定力,把一体推进“三不腐”理念贯穿自身建设,以严的基调、严的措施、严的氛围压紧压实主体责任,以“零容忍”态度查处违纪违法的检察人员,着力打造忠诚干净担当的高原检察铁军。

各位代表,新时代新征程上,检察工作使命崇高、责任更重!惟其任重、更需担当,我们将更加紧密地团结在以习近平同志为核心的党中央周围,高举习近平新时代中国特色社会主义思想伟大旗帜,踔厉奋发、勇毅前行,忠诚履职、埋头苦干,以更加优异的成绩为全面建设社会主义现代化新普兰再立新功!

有关用语说明

1.“四大检察”:刑事检察、民事检察、行政检察、公益诉讼检察。

2.“十大业务”:普通刑事犯罪检察业务、重大刑事犯罪检察业务、职务犯罪检察业务、经济犯罪检察业务、刑事执行和司法工作人员职务犯罪检察业务、民事检察业务、行政检察业务、公益诉讼检察业务、未成年人检察业务、控告申诉检察业务。

3.检察建议:是人民检察院依法履行法律监督职责,参与社会治理,维护司法公正,促进依法行政,预防和减少违法犯罪,保护国家利益和社会公共利益,维护个人和组织合法权益,保障法律统一正确实施的重要方式。

4.诉前公益诉讼:是指检察机关在向人民法院提起民事、行政公益诉讼前,必须履行的前置性程序,主要包括案件线索来源、受理、调查取证、审查、督促告知程序、诉前检察建议等环节。

5.“12309”检察服务中心:全国检察机关统一对外的智能化检察为民综合服务网络平台,通过“12309”网站、“12309”检察服务热线、“12309”移动客户端和“12309”微信公众号等渠道,向社会提供更加便捷高效的“一站式”检察服务。

6.认罪认罚从宽制度:是指犯罪嫌疑人、被告人自愿如实供述自己的犯罪,对于指控犯罪事实没有异议,同意检察机关的量刑意见并签署具结书的案件,可以依法从宽处理。

7.刑事执行检察:是指检察机关依法对刑罚执行、刑事强制措施执行、强制医疗执行等刑事执行活动是否合法实行的法律监督。

普兰县人民政府关于2022年财政预算执行情况与2023年财政预算(草案)的报告

——在普兰县第十三届人民代表大会第四次会议上

普兰县财政局局长 索南卓嘎

(2023年3月27日)

各位代表:

受县人民政府的委托,我向大会报告《2022年全县财政预算执行情况与2023年全县财政预算(草案)报告》,请各位代表予以审议,并请各位政协委员和列席人员提出意见。

一、2022年财政预算执行情况

2022年,在县委、县政府的正确领导下,在县人大、政协的监督指导下,在上级主管部门的大力支持下,全县财政工作坚持以习近平新时代中国特色社会主义思想为指导,全面贯彻"以人民为中心"的发展思想,深入学习贯彻落实中共十九大、十九届历次全会精神,深入学习中共二十大精神及二十届一中全会精神、中央第七次西藏工作座谈会精神、习近平总书记在西藏考察期间的重要讲话精神和治边稳藏重要论述,贯彻落实自治区第十次党代会和区党委十届三次全会精神,聚焦地委经济工作会议"12114"工作思路和县委"四城四高四中心"战略,坚持稳中求进工作总基调,扎实做好"六稳"工作,全面落实"六保"任务,坚决落实"疫情要防住、经济要稳住、发展要安全"的要求,聚力"四个创建""四个走在前列",抓好稳经济一揽子政策措施和临时性举措落实,推动经济总体回稳向好,坚定不移推动高质量发展,为经济社会提供坚实有力的支撑,预算执行情况总体平稳有序。

(一)一般公共预算执行情况

一是一般公共预算收入情况。2022年全县一般公共预算收入总额16310万元,同比增长38.27%。其中,本级收入为6464万元,同比上年增长59.1%。上级转移支付收入123787万元,同比上年增长67.59%;一般性转移支付收入82182万元,同比上年增长14.8%;专项转移支付收入22438万元,同比上年增长1012%。上年结转10673万元。二是一般公共预算支出情况。支出总量89070万元,同比上年减少9.81%。主要支出项目完成情况为:一般公共服务支出27317万元、公共安全支出4741万元、教育事业支出9435万元、文化体育与传媒支出1608万元、社会保障和就业支出5229万元、卫生健康支出8526万元、节能环保支出293万元、城乡社区事务支出2261万元、农林水事业支出20593万元、住房保障支出1842万元、交通运输支出933万元、商业服务支出224万元、自然资源海洋气象支出611万元、粮油物资储备支出35万元、灾害防治及应急管理支出195万元、科学技术支出39万元、债券付息支出118万元、其他支出5000万元。三是收支运行的主要特点。财政收入上,一般公共预算本级收入整体上升,税收收入同比上年增长37.51%,非税收入同比上年增长88.1%。财政支出上,支出结构进一步优化,各项重点支出保障有力。2022年与人民群众生活密切相关的公共安全、教育事业、卫生健康、文化体育与传媒、社会保障和就业、城乡社区、农林水和住房保障等重点领域支出54234万元，占一般公共预算支出的比重达到62%。

（二）政府性基金预算执行情况

政府性基金预算收入10121万元，增长7%，其中：地方政府性基金收入9846万元，均为国有土地使用权出让收入；政府性基金上级补助收入275万元。上年结转3882万元。政府性基金支出1295万元（其他支出1295万元），政府性基金调出资金9346万元，当年收支结余3362万元。

二、落实县人大决议和财政重点工作情况

2022年，是中共二十大胜利召开之年，我们认真落实县第十三届人民代表大会第二次会议关于2022年财政预算草案的决议、审查报告，不断完善制度机制，强化政策落实和预算约束，全力以赴抓收入、强化调度促支出、优化结构保重点、加快改革提效能，充分发挥财政职能作用，扎实推动县高质量发展。

（一）聚焦财政收入，增加保障能力

一是强化收入征管。积极应对经济下行压力，严格落实留抵退税、减税降费政策，做好重点税源和重点税种监控，全面加强国有土地出让收入等收入的征收管理，深挖增收潜力，财政收入达到16310万元。二是积极争取上级资金。紧抓政策机遇，主动对接、加大力度争取上级转移支付资金，全年向上级争取转移支付资金123787万元，为全县经济和社会事业发展提供有力保障。

（二）聚焦服务供给，深化民生福祉

不折不扣落实过“紧日子”要求，兜牢“三保”底线，增进民生福祉。一是落实教育支出9435万元，主要用于教育经费保障、提高教师生活待遇和教育基础设施建设方面，促进教育均衡发展再上新台阶；二是卫生健康支出8526万元，坚持人民至上、生命至上，严格落实上级关于提高疫情防控人员待遇、保障疫情防控物资供应等政策措施，全力支持打赢疫情防控阻击战，确保不因资金问题而影响医疗救治和疫情防控，公共卫生体系建设有了新提升；三是社会保障和就业支出5229万元，坚持尽力而为，兜牢基本民生底线，努力让人民群众的获得感、幸福感、安全感有保障有成效，社会保障体系建设取得新进展；四是文化旅游体育与传媒支出1608万元，进一步优化配置财政支出结构，补齐文化支出短板，满足广大人民精神文化需求，丰富人民群众的文化生活，文化社会事业发展获得新成就；五是城乡社区支出2261万元，不断优化城乡居住环境，推动县域基础设施和公共服务设施改造升级，城乡基础设施建设得到夯实。

（三）聚焦财政难点，推进重点领域

一是乡村振兴战略有效实施。全面推进实施乡村振兴战略，支持巩固脱贫攻坚成果同乡村振兴有效衔接，统筹整合财政涉农资金18180.03万元，用于保障产业发展、农村基础设施建设、生态保护建设、人居环境整治等方面，有效巩固脱贫攻坚成果，进一步推动美丽普兰建设，人与自然和谐共生。二是生态环境明显改善。节能环保支出293万元，践行绿水青山就是金山银山理念，生态文明建设和环境保护进一步加强。三是防范化解债务风险。根据地委会议纪要（〔2022〕18号），偿还阿里地区六县县城市政基础设施建设项目贷款资金105.54万元，行署会议纪要（〔2021〕4号），偿还2017—2020年干部职工周转房及配套设施项目贷款资金73.22万元，债务付息118万元，多渠道筹集资金化解政府债务风险，财政债务风险得到有效管控。

（四）聚焦四件大事，助力“四个创建”

在保稳定方面，坚持把维护稳定作为第一位的工作任务，健全财政投入保障机制，支持更高水平平安普兰建设，加大反分裂斗争和维护稳定工作投入力度，落实维稳经费550万元，有效促进社会大局和谐稳定。在保发展方面，支持创建高原经济高质量发展先行区，全面落实组合式税费支持政策，统筹做好疫情防控和经济发展各项工作，2022年累计安排完成基建投资39638.79万元，基础设施建设持续改善，推动全县经济高质量发展。在保生态方面，支持创建国家生态文明高地，安排2022年重点生态功能转移支付资金5171万元，促进生态安全屏障不断筑牢，大地增绿、群众增收效果显著。在保强边方面，支持创建国家固边兴边富民行动示范区，加强财政资源统筹，加大对边境地区转移支付，

支持边境地区发展，改善边境民生，提高边境基本民生公共服务保障能力，安排边境地区转移支付资金 9336.96 万元，优先保障边民补助，推动边境村（居）发展，提高边民生产生活发展建设。

（五）聚焦改革创新，提升管理水平

一是加大绩效评价力度。2022 年，对县级所有预算资金通过“一体化”系统进行绩效目标申报和评价工作，加大绩效结果运用，通过绩效评价结果考量 2023 年预算资金的安排。二是推进预算管理一体化改革。开展财政预算管理一体化系统上线工作，建立对口联系机制，统一推进预算管理一体化业务规范建设、系统建设，系统实现预算编制、预算执行、会计核算，提升财政预算管理现代化水平，增强预算约束力。三是加强财政投资评审管理。2022 年度，县财政对全县“十三五”项目进行财政投资评审。同时，进一步持续推进财政投资评审建设，夯实管理基础、强化资金使用安全，发挥监管职能，实现村级财务规范化、制度化、标准化建设。四是加大财政监督力度。制定实施方案、细化工作措施，开展各类惠民惠农财政补贴政策及“一卡通”普及等宣讲工作，加大财政预算资金支出进度督促力度。同时，开展寺庙财税监管工作，实现我县重点寺庙全覆盖。

各位代表，2022 年总体来看，财政工作有序推进，但仍存在一些不足：一是刚性支出不断增加，新增可用财力十分有限，财政收支矛盾日益突出；二是预算执行刚性约束不强、执行进度缓慢，财政基础管理和预算管理还需进一步加强。对此，我们将高度重视、认真研究，切实采取针对性的有效措施，努力加以解决。

三、2023 年财政预算收支安排

（一）预算编制的指导思想

各位代表，我县 2023 年财政预算编制的指导思想是：以习近平新时代中国特色社会主义思想为指导，全面贯彻落实中共二十大和中央经济工作会议精神，深入贯彻落实中央第七次西藏工作座谈会精神、习近平总书记在西藏考察期间的重要讲话精神和治边稳藏重要论述，贯彻落实自治区第十次党代会精神、区党委十届三次全会精神以及区党委经济工作会议精神，聚焦地委“12114”工作思路、县委“四城四高四中心”发展战略，紧紧围绕县委、县政府整体部署，坚持稳字当头、以稳求进、以进固稳，完整、准确、全面贯彻新发展理念，服务和融入新发展格局，着力推进高质量发展，聚焦“四件大事”，聚力“四个创建”。继续实施积极的财政政策，坚持政府过“紧日子”，让群众过“稳日子”，着力保障和改善民生，加强政府债务管理，确保财政的可持续性，进一步深化财税体制改革，完善财政转移支付体系，推动经济实现质的有效提升和量的合理增长，着力推进普兰经济社会实现高质量发展，更好助力创建社会主义现代化新西藏。

（二）2023 年度我县财政收支形势分析

现阶段，疫情变化和外部环境存在诸多不确定性，国内经济恢复仍处在不稳定不平衡的大环境中，制约经济高质量发展的结构性、体制性矛盾仍然突出。近年本级财政大力盘活存量资金资源资产，产生较多的一次性收入，挖潜增收空间越来越小。收入增长的不确定性因素较多，各预算单位预算支出需求增加，各领域资金需求进一步加大，新增支出需求多，保障“三保”、债务还本付息、债务化解等刚性支出压力大。综合判断，2023 年财政收支形势依然严峻，预算收支安排平衡难度较大。

（三）一般公共预算收支安排

同比 2022 年初预算，2023 年全县一般公共预算收入为 130199 万元，增长 44.34%。其中：本级一般公共预算收入 5080 万元，增长 3.2%，本次安排 4623 万元；上级转移支付资金 59715.99 万元，下降 7.85%，调入预算稳定调节基金 61685.6 万元，上年结转 7471 万元。支出总量 90365 万元，增长 44.34%。安排本级预备费 500 万元。安排贷款资金化解和债务付息 807.85 万元，收支平衡。

（四）政府性基金收支预算安排

1. 政府性基金预算收入情况

全县政府性基金预算收入共计 2005.88 万元，同比年初增长 22.5%。县本级政府性基金预算收入共计 2000 万元，上级补助政府性基金预算收入 5.88 万元。上年结转 3362 万元。

2. 政府性基金预算支出安排

全县本级政府性基金预算支出安排 2005.88 万元，同比年初增长 22.5%。根据《政府性基金管理暂行办法》及我县实际情况用于国有土地收益、保障性住房建设、农田水利建设、教育资金、土地出让业务费、城乡社区建设等方面支出，上年结转 3362 万元均按原用途安排支出。

（五）国有资本经营预算

全县无国有企业上缴收入，暂未列支国有资本经营相关预算。

四、2023 年财政工作重点

一是确保收支预算各项任务完成。根据经济工作的总体安排，持续抓好财源建设，做好税收入库监管和非税收入征管，确保应收尽收。密切关注经济形势的发展变化、税收政策调整及重大突发性事件对财政收支的影响，积极消化减收因素，采取有效应对措施，确保圆满完成收入预算并力争实现超收。同时，狠抓支出管理，加强与各部门的沟通协调，加快重点项目执行进度，确保完成财政支出任务。

二是增强重点战略任务的财力保障。深入推进基础设施建设，加快补齐公共服务设施短板，支持全面实施乡村振兴战略，做好巩固脱贫攻坚成果与乡村振兴有效衔接，加强污染防治和生态建设，加大人居环境整治力度，促进人与自然和谐稳定。

三是着力保障和改善民生。加强基本民生保障，支持并解决好教育、养老、医疗、卫生等群众最关心、最直接、最现实的问题，办好人民满意的教育，提高卫生健康水平，完善社会保障体系，丰富群体文化生活，继续做好疫苗接种、疫情防控等资金保障工作。

四是兜牢兜实基层“三保”底线。坚决压减一般性支出，充分调度可用财力，强化财政资金保重点、补短板的鲜明导向，不断优化财政支出结构。同时，积极盘活存量资金，依法依规对结余一年、结转两年以上的资金进行收回，切实保障好基层“三保”工作。

五是加大财会监督力度。围绕财税政策落实、防范化解风险、提高资金绩效等开展监督检查，严肃财经纪律，加强会计监管，对发现违反有关财税法规的问题严肃追责问责，维护好良好的财经秩序，打造“阳光财政”。

六是抓紧抓实突出问题整改。明确整改责任主体，敢于较真碰硬，加强协调联动，形成整改合力，既抓好问题本身的整改，又从政策制度等层面深入分析，完善体制机制，并及时报送整改情况。

七是推进从严治党向纵深发展。紧紧围绕全面从严治党要求，将党建工作与业务工作同谋划、同研究、同部署，坚定不移推进党风廉政建设。加强领导班子思想政治建设和干部队伍建设，严格管理、严格要求，努力建设一支政治上可靠，作风上过硬，能力上突出的新时代奋发有为的财政干部队伍。

八是深化预算管理改革，实现财政高质量发展。把各项要求和规定落实落地落细，遵循预算编制“以收定支”“收支平衡”的基本原则，坚持“先预算后支出、无预算不支出”。全面推进预算管理一体化建设，规范预算管理，硬化预算约束，实现财政预算管理业务规范化和技术标准化。加强预算绩效评价工作，进一步拓展绩效评价范围，将绩效评价结果与预算安排相结合，确保提高财政资金使用效益。

各位代表，2023 年全县财政工作任务艰巨、责任重大，财政部门将更加紧密地团结在以习近平同志为核心的党中央周围，高举中国特色社会主义伟大旗帜，坚持以习近平新时代中国特色社会主义思想为指导，认真贯彻中共二十大精神，胸怀“两个大局”，牢记“国之大者”，坚定捍卫“两个确立”，坚决做到“两个维护”，聚焦“四件大事”，聚力“四个创建”，踔厉奋发、勇毅前行，积极落实县委、县政府的决策部署和十届县委三次全会工作任务，自觉接受人大的监督，认真听取政协的意见建议，扎实做好 2023 年财政工作，为我县经济社会高质量发展不懈奋斗。

普兰县2022年国民经济和社会发展计划执行情况与2023年国民经济和社会发展计划草案的报告

——在普兰县第十三届人民代表大会第四次会议上

普兰县发展和改革委员会　张性铎

（2023年3月28日）

各位代表：

受县人民政府委托，向大会报告普兰县2022年国民经济和社会发展计划执行情况与2023年国民经济和社会发展计划草案的报告，请予审议，并请各位政协委员和列席人员提出意见。

一、2022年国民经济和社会发展计划执行情况

2022年是党和国家历史上具有里程碑意义的一年，也是西藏发展进程中极不平凡的一年，我县经济发展经受了新冠疫情的严峻考验，艰难曲折、坎坷奋进。在县委、县政府的坚强领导下，全县上下以迎接、学习、贯彻中共二十大为主线，全面贯彻习近平总书记关于西藏工作的重要指示和新时代党的治藏方略，深入贯彻中央第七次西藏工作座谈会精神，深刻领悟“两个确立”的决定性意义，坚持“三个赋予一个有利于”，贯彻落实十届县委一次、二次全会精神，聚焦“四件大事”，聚力“四个创建”，坚持稳中求进总基调，高效统筹疫情防控和经济社会发展，统筹发展和安全，积极应对困难和挑战，把稳增长放在更加突出的位置，努力推进普兰长治久安和高质量发展。

2022年全县完成生产总值7.86亿元，同比增长8%；完成固定资产投资17.13亿元，同比增长26%；财政公共预算收入达到1.631亿元（含政府性基金收入9846万元），同比增长20.65%；社会消费品零售总额达1.08亿元，同比增长3%；城镇居民人均可支配收入达51166元，同比增长10%；农牧民人均可支配收入达17573元，同比增长13%。总体上看，经济增长保持良好态势，经济运行总体保持在合理区间。

（一）疫情防控取得重要成果。严格落实习近平总书记关于疫情防控的重要指示精神，坚持以人民为中心的发展思想，坚持人民至上、生命至上，果断决策、迅速部署，在发现疫情的第一时间向地区反馈情况，同时启动应急响应机制和应急预案，全县干部职工和广大人民群众响应号召，全身心投入疫情防控中，实现了“零死亡”和以最小代价战胜疫情的目标。

（二）落实稳经济政策持续发力。加大增值税留抵退税政策落实力度，办理增值税留抵退税6户，应退和已退税金额1336.39万元，完成度100%。加快地方政府专项债券发行使用，投资500万元的再生资源回收基地建设项目纳入专项债务，并申请了375万元专项债务资金。扩大实施社保费缓缴政策，缓缴个体工商户11家，缓缴企业1家。加大稳岗支持力度，已有2家企业申领“稳岗返还”补助。扩大减免房租范围，承租国有房屋的个体工商户44家，国有企业1家（经营项目9个），核算免除9个月租金共计428.91万元，将采取免除期外租金抵扣

等方式减免房租。

（三）重点项目有序推进。2022年，全县重点项目共计27个，计划完成投资19.87亿元，其中国家投资项目24个、招商引资项目3个。截至2022年底，已完成投资15.58亿元，完成率78.4%，其中完成国家投资项目13.78亿元，完成率88.5%：续建项目12个，总投资46.81亿元，2022年完成投资12.93亿元，完成率75.8%；新建项目共计8个，2022年完成投资0.85亿元，完成率40.87%。完成招商引资项目1.8亿元，完成率87%。

（四）特色产业持续发展。按照形成相对集中连片、设施配套、生态良好、抗灾能力强、与现代农业生产和经营方式相适应的目标，2022年度建设高标准基本农田2000亩，总投资1390.85万元。坚持立草为业、草业先行的思路，整合援藏资金，依托现代农业示范园改造提升，充分利用科技支撑，采取"公司+合作社+基地+农户"的模式，大力开展人工种草项目，在解决制约畜牧业发展的基础上实现群众增收。持续加大对外宣传力度，打造"极地山水 魅力普兰"品牌。加快推进绿色产业，投入1500万元用于冈仁波齐矿泉水厂改造升级，生产矿泉水20吨，实现产值100余万元。利用各类展销活动，推广西藏白糌粑、科迦豌豆糌粑、科迦藏香等50多种普兰特色产品，并通过网红宣传、抖音直播等方式进行销售，销售金额7万余元。

（五）发展活力不断释放。围绕政府职能转变，持续推进"放管服"改革，打造政务服务"一张网"简化流程、创新服务方式，对群众办事实行"一口受理""一站办理"，我县政务服务工作落到实处。以"互联网+政务服务"为引领，综合运用数据资源共享等方式，在线生成电子证照，提高电子证照使用率，为"一网一门一次"改革提供有力的保障，规范事项的申请主体、资格条件、申报材料清单、办理时限等要素内容，制作"一窗受理"规程、流程图并动态调整，使得审批流程得到优化，审批时限得到压缩，为企业群众办事提供清晰指引。截至2022年底，全县市场主体共有2003户，注册同比增长39.6%，其中企业248户，个体户1709户，农牧民专业合作社47户，办理食品经营许可588份，办理"三小一摊"证照112份。

（六）民生改善取得实效。完善农业转移人口和农村劳动力就业创业支持政策，举办技能培训3期，以工代赈培训1期，培训316人，全年实现农牧民转移就业887人，实现增收1079.22万元。对129名高校毕业生实施"一对一"就业帮扶措施，已就业86人；对12名高校毕业生落实就业创业补贴83.9万元。成功调解劳动纠纷62起，追回161名务工人员工资165.72万元，调解率达100%。加大低保等困难群众生活救助，对15名城乡低保、特困供养对象兑现一次性生活补贴1.8万元。按照临时救助给予帮扶的政策要求，共救助1152人次，解决基本生活物资共14.28万元。

（七）重要物资得到保障。健全完善粮食收益保障等政策。兑现种粮农民一次性补贴、藏青2000推广补贴、耕地地力保护补贴共计64.29万元。坚决打击农村乱占耕地建房行为，查处2起违法案件，坚决拆除违规建筑物；储备自治区储备粮400吨，地区应急储备粮40吨，县级应急储备粮33吨，并完成轮换任务。全面通过良种良法配套实施，田管统防联动配合，人财物械统筹协调，基础保障精准高效等措施，筹备种子200吨，生资60吨，修缮灌渠110千米，维修水塘2口，维护农机具980台（套），完成粮食播种面积8919.4亩，总产量2474.4吨；在全面实施减畜禁牧，草畜平衡，保护草原生态的政策下，稳定畜牧养殖规模和数量，牲畜存栏77972头（只、匹）。

（八）生态环境保持良好。不断推动城乡环境卫生整治提升，大力推动污染源头治理，严禁"三高""十五小"企业进驻，严格散乱污企业及集群排查整治等工作。积极配合完成生态环境系统关于打赢污染防治攻坚战和支持经济社会发展有关污染防治项目的前期调研工作，努力推动《2021年普兰县孔雀河岸滨生态修复与保护项目（一期）（二期）》《普兰县空气自动站建设项目》稳步实施。针对医疗卫生单位、城镇生活垃圾填埋场、城镇水源地、汽修厂、加油站等群众关心的突出重点行业、重点环境问题进行检查。2022年，出动执法人员231人次、执法车辆108车次，检查企业161家次。严格落实自治区、地区关于环境监测的要求，监测范围做到应纳尽纳，确保水质监测、土壤监测、大气监测全覆盖。据监测报告显示县域空气质量达到Ⅰ级标准限值，地表水、集中式饮用水水质达到Ⅱ类标准限值。

（九）强边固边深入推进。为更多的边民了解出入境管理法，县公安机关、出入境边防检查站、边境管理大队、边防连、海关、各边境派出所等单位向广大边民和基层群众大力宣传。按照科学设卡、合理布防、有效管控的基本思路，在边境一线科学设置执勤卡点，对通外山口进行设卡堵截，严查过往车辆和人员，有效防止偷渡闯关。对“强拉、丁嘎、柏林拉、5 号界桩、7 号界桩、9 号界桩斜尔瓦国门区、10 号界桩、拉则拉、藏拉”等易发生非法出入境的点位，加派人手、盯紧看牢。紧紧依靠和发动群众，发挥民兵、红袖标、“三员”队伍的作用，鼓励一线群众抵边放牧，鼓励群众对发现的外来可疑人员和车辆及时报告，广泛宣传农牧民群众举报涉稳信息奖励机制，构建群防群治体系。

（十）安全生产形势总体平稳。按照安全生产相关要求，开展安全隐患排查活动 87 次，共发现安全隐患 102 处，下令执法文书 17 份，立行立改 31 处，限期整改 52 处，并全部整改完成。对重点不放心企业实行派驻监管员制度，对我县辖区内 5 座加油站、2 座加气站派驻 7 名干部和 5 名民警作为安全监管员。

总体看，2022 年以来，在地委、行署的关心关怀下，在地区各族人民大力支援下，在县委、县政府坚强领导下，全县各级各部门全面贯彻落实区党委、地委、县委决策部署，认真贯彻落实“疫情要防住、经济要稳住、发展要安全”要求，高效统筹疫情防控和经济社会发展，贯彻落实自治区和地区关于稳经济一揽子政策措施和临时性措施，努力推动普兰长治久安和高质量发展。全县经济保持稳步提升，这是县委总揽全局、协调各方的结果，是县人大依法监督、指导帮助的结果，是县政协参政议政、关心支持的结果，是全县各族人民勠力同心、团结奋斗的结果。

二、2023 年经济社会发展形势

（一）当前面临的发展形势

2023 年是全面贯彻落实中共二十大精神的开局之年，是实施“十四五”规划承上启下的关键一年，我县经济社会发展既面临历史机遇也面临风险挑战，总体机遇大于挑战。

面临的机遇。从发展环境看，全区经济长期向好的发展趋势有利于促进我县经济平稳较快增长，特别是中共二十大胜利召开为全区发展注入强大动力，助推我县经济发展。从战略机遇看，习近平总书记关于西藏工作的重要指示已成为稳增长的重要支撑，新藏铁路项目前期工作加快推进，乡村振兴战略纵深推进，国家文旅部在政策、项目、资金上给予重大支持，为全县经济社会发展蓄势聚能。从内生动力看，服务和融入新发展格局将极大程度畅通国民经济循环，全面推进乡村振兴将加快释放农牧区市场潜力，营商环境优化将进一步激发市场活力，20 兆瓦保障性光伏项目的建成将实现资源优势转化为产业优势和经济发展优势，助力经济社会可持续发展。

面临的挑战。受疫情冲击，百年变局加速演变，外部环境更趋复杂严峻和不确定，我县面临“四城四高四中心”新的阶段性特征，反分裂斗争面临严峻考验，发展不平衡不充分问题仍然突出，生态文明高地建设责任重大，稳边、固边、兴边、强边仍需加强，群众还有不少急难愁盼问题亟待解决，战略性新兴产业占比偏低，民营经济活力和创造性有待进一步释放，开放型经济规模不大。这些问题需要采取有力措施切实加以解决。

（二）总体要求和发展目标

——2023 年经济社会发展和总体要求。坚持以习近平新时代中国特色社会主义思想为指导，全面贯彻落实中共二十大、中央经济工作会议和中央第七次西藏工作座谈会精神，深入贯彻落实习近平总书记关于西藏工作的重要指示和新时代党的治藏方略，贯彻落实区党委、地委、县委经济工作会议精神，深刻领悟“两个确立”的决定性意义，增强“四个意识”、坚定“四个自信”、做到“两个维护”，坚持“三个赋予一个有利于”，贯彻落实十届县委三次全会精神，全面落实县委决策部署，坚持稳中求进总基调，完整、准确、全面贯彻新发展理念，服务融入新发展格局，着力推动高质量发展，聚焦“四件大事”“四个确保”，聚力“四个创建”“四个走在前列”，落实地委“12114”工作思路和县委“四城四高四中心”发展战略，更好地统筹疫情防控和经济社会发展，更好地统筹发展和安全，全面深化改革开发，稳定经济社会发展预期，提振加快高质量发展信心，突出做好稳增长、稳就业、稳物价工作，全力盘活存量、引入增量、提高质量、做大总量，促进经济稳中向好、进中提质，实现质的有效提升和量的较快增长，保持社会大局稳定，为全面建设社会主义现代化新普兰打下坚实基础。

——2023 年经济社会发展的主要预期目标。全县生产总值完成 8.87 亿元，增长 8.1%；城乡居民人均可支配收入完成 51530 元，19857.49 元，分别同比增长 8%、13%；固定资产投资增长 26%；社会消费品零售总额 1.38 亿元，增长 10%；一般公共预算收入完成 5080 万元，同比增长 3.2%；居民消费价格指数控制在 4% 以内；城镇调查失业率和城镇登记失业率控制在 5% 和 3% 以内。上述指标把贯彻新时代党的治藏方略、新发展理念与贯彻中共二十大、中央经济工作会议、中央第七次西藏工作座谈会、十届县委三次全会、县委经济工作会议、“十四五”规划纲要结合起来，充分体现一张蓝图绘到底的信心决心，同时考虑我县经济发展形势，强调稳字当头、稳中求进，主动肩负起解决不平衡不充分问题的责任。

三、2023 年经济社会发展的主要任务和措施

发挥好党总揽全局、协调各方的领导核心作用，加强党对经济工作的全面领导，按照十届县委三次全会和县委经济工作会议安排部署，聚焦“四件大事”，聚力“四个创建”，落实地委“12114”工作思路和县委“四城四高四中心”发展战略，持续推进改进作风狠抓落实，紧盯年度目标任务，细化任务表、实化作战图，加强监督检查，重点做好以下工作。

（一）推进着力创建全国民族团结进步模范区中争先进工作取得新进展

推进民族团结进步事业。坚持以铸牢中华民族共同体意识为主线，全面贯彻《西藏自治区民族团结进步模范区创建条例》《西藏自治区民族团结进步模范区创建规划（2021—2025）》，深入实施着力创建民族团结进步模范区中争先进工作，争创全国民族团结进步示范县。

实施文化惠民工程。紧紧围绕举旗帜、聚民心、育新人、兴文化、展形象的使命任务，以社会主义核心价值观为引领，以满足人民文化需求和增强人民精神力量为着力点，创作优秀文艺作品、提供优秀文化产品和优质旅游产品。为建设社会主义文化强国、推动旅游业高质量发展，开展乡村旅游“一村一品一特色”整体提升打造，统筹开发保护红色革命文化遗迹、爱国主义教育基地—先遣连遗址，深度挖掘普兰县传统文化内涵，收集整理非遗文化提升推广，延伸普兰传统藏戏剧目保护的文学性和价值链，挖掘普兰独有的民族手工艺和象雄文明遗产，大力发展大众旅游、智慧旅游、绿色旅游、文明旅游，以文塑旅、以旅彰文，推动文化和旅游在更广范围、更深层次、更高水平上深度融合。

促进民族交往交流交融。巩固提升村级幼儿园、学校语言文字达标评估成果。根据《中华人民共和国国家通用语言文字法》，组织开展好第二十六届“推普”宣传周活动。巩固农牧民、村居两委和寺庙僧尼国家通用语言文字培训阶段性成果，提高学校教师普通话能力提升，进一步加强全县国家通用语言文字普及推广质量，铸牢中华民族共同体意识。

优化安全稳定环境。进一步推进落实安全生产责任制，突出抓好危险化学品、建筑工地、非煤矿山等的安全监管，重点检查企业自身安全生产责任落实情况，是否严格按照相关法律法规要求对企业开展隐患排查和整改工作，是否建立完善的安全生产体系制度和开展安全生产教育培训和应急演练工作，引导企业进一步加强安全生产主体责任意识，通过高标准、严要求、勤抽查、强执法的工作模式，推进企业在安全生产工作上主动作为，强化企业红线意识。进一步健全监测预警、信息共享机制，密切监视天气变化，及时掌握各行业领域安全运行情况，密切关注舆情动态，切实维护社会稳定。继

续加大冷链食品安全监管，确保阻隔冷冻冷链食品的传播风险。

（二）推动着力创建高原经济高质量发展先行区中争进位迈上新台阶

积极扩大有效投资。把稳经济作为稳增长的重中之重，抓住发展机遇，进一步加大向上汇报衔接力度，争取2023年落实更多中央、自治区投资；解放思想，简政放权，开拓思路，抓紧谋划一批投资规模大、市场前景好、带动能力强的重点项目，加快实施一批惠及面广、受益面大、社会效益显著的民生项目。积极做好我县“十四五”中期调规，通过政府投资和政策激励，有效带动全社会投资，确保固定资产投资增速达到26%左右。建立重点项目绿色保障通道，持续开展“三色旗”制度，加快推进项目建设，确保今年38个重点项目如期达到预定目标。

恢复和扩大消费。加大促进消费复苏回暖和稳定增长工作力度，指导督促民营企业、个体商户在做好疫情防控前提下，提升消费者消费能力。积极激活发展市场主体，进一步做好改善营商环境，推进“放管服”改革工作，强化“监管与服务”融合发展，加大市场公平公正竞争执法检查力度，努力为普兰经济持续健康发展保驾护航。推进县乡村三级综合性政务服务体系建设，加大开展各乡镇村居委“互联网+政务服务”业务培训。

大力发展特色产业。坚持优化一产、壮大二产、提升三产，进一步整合产业发展资金，加快产业结构优化升级。坚持稳粮、兴牧、强特色，确保全年农作物播种面积8919.4亩、产量3240吨。加快发展文化旅游产业，全面提升玛旁雍错、冈仁波齐景区旅游资源吸引力、市场影响力、旅游交通、游览、旅游安全、卫生、邮电服务、旅游购物、综合管理、资源和环境保护、游客满意度等方面内容，实现景观质量评分达90分以上，环境质量与服务质量评分达95分以上。加快发展清洁能源产业，大力发展壮大光伏能源产业。加快发展现代服务业，推进建设口岸建设附属设施冷库建设项目、区域性救灾物资储备库项目，完善仓储物流体系。完善口岸基础设施，建设完成普兰口岸入境货物综合查验场、普兰海关应急保障中心、普兰口岸检验检疫实验室及隔离中心等项目。

全面推进乡村振兴。加强完善拓展脱贫攻坚同乡村振兴班子人员，提高工作人员专业技术性，更好地做好脱贫攻坚与乡村振兴战略有效衔接。加快建设各村（社区）整村推进建设项目，发展乡村特色产业，拓宽农牧民致富渠道。持续抓好粮食生产，续建高标准农田2000亩。继续巩固和提升乡镇和建制村100%通硬化路的“双百”目标工作，继续加大对农村公路养护，确保群众出行安全；加快推进“四好农村路”创建工作。

推进民生均衡发展。持续推动“大众创业、万众创新”，落实创业扶持政策，举办“春风行动”主题招聘活动，营造浓厚就业创业氛围。巩固深化“全民参保登记计划”，分类施策开展扩面工作，努力扩大参保覆盖面。大力实施年轻干部培养工程，加强年轻干部跟踪服务管理。积极向上争取资金，加快对养老服务机构的提质改造，对有集中供养意愿的特困人员实现“应养尽养”，加快建设农村幸福院建设项目，确保有集中供养意愿的特困人员供养率达到100%。

（三）推动着力创建国家生态文明高地中争先锋取得新成绩

推进生态保护修复。结合国土空间规划编制，谋划生态修复规划编制，深入推进山水林田湖草沙一体化治理，构筑青藏高原生态安全屏障。加快推进玛旁雍错湿地保护与修复项目和能力提升两大项目，完成雅江中上游生态保护与恢复综合治理项目，完成孔雀河等重要江河湖泊生态修复与保护项目，完成孔雀河流域生态修复项目和孔雀河流域地质灾害治理项目，继续做好普兰县草原生态保护，积极推进草原生态修复治理。

实施环境综合治理。加强项目水土保持监督工作，足额收缴水土保持补偿费，对发现的未批先建的依法整治。建立健全环保宣传体系，组织专人到村居进行环保专题巡讲，将范围覆盖至汽修厂、砂石料场、水源地、景区等重点领域；定期公示环境质量监测信息，公布“12369”环境举报热线，接受群众监督。持续深入打好打赢污染防治攻坚战，提升生态环境质量，积极参与推进山水林田胡草沙冰系统治理的工作，争做“神圣国土守护者、幸福家园建设者”。

推动绿色低碳发展。加快构建以生态农牧、清洁能源、文化旅游为主的绿色产业体系，培育壮大我县绿色产业品牌，深入实施现代农业产业园提升改造建设项目和巩固提升建设项目、两乡高寒棚圈建设项目、龙源西藏马攸桥检查站分布式光储项目等项目；以文旅部定点帮扶为契机，充分利用互联网、融媒体、文交会、旅博会等载体，打响“极地山水朝圣普兰”品牌，多方面、多渠道、多角度，宣传普兰整体形象和大好局面，提升知名度和影响力，拓展客源市场。

完善生态制度体系。建立健全各级林长办事机构，建立以建制村为单位的森林资源管护机制，健全森林资源监管护林网格体系；探索林长制信息化建设，建立林长制信息服务平台。加强河湖长制工作，完成河湖岸线划定和规划编制，持续推进“清四乱”常态化规范化，督促各级河湖长履职，对乡镇河湖长制工作进行督导指导，确保各项工作圆满完成。

（四）推动着力创建国家固边兴边富民行动示范区中争标兵取得新突破

夯实边境地区人口基础。落实好大学生就业创业特殊优惠政策，实施抵边人才专项计划。鼓励在我县就业创业的流动人口落户，吸引更过人口向我县聚集。贯彻落实好护边员补助政策。

夯实边境地区设施基础。积极对接自治区旅发厅，协调文旅部启动规划专家库及组织专家团队赴普开展中长期文化旅游发展规划及10个村居乡村文化旅游规划编制，打造美丽普兰。建立居民健康档案，做好公共卫生服务各个项目；继续实施城乡教育基本公共服务的标准化管理，扩大政府购买教育公共服务范围，实现教育公共服务的多元化供给。

夯实边境地区发展基础。推进电网延伸要一线通外山口，因地制宜推进建设分布式能源项目，持续发展清洁能源。完善全县山洪治理、地质灾害治理、供水、发电等设施，加快推进立体化防控体系建设，有效提升边境管控智能化水平。

统计资料

普兰县 2022 年主要综合经济指标一览表

表 8

指标名称	单位	普兰县
综　合		
地区生产总值	万元	78645
第一产业	万元	6283
第二产业	万元	24619
工业	万元	2875
建筑业	万元	21744
第三产业	万元	47743
人均地区生产总值	元	64245
工　业		
1. 工业总产值	万元	152.8
2. 工业增加值	万元	2875
# 规模以上工业增加值	万元	
规模以下工业增加值	万元	2875
3. 主要产品产量		
发电量	万千瓦时	457.66
硼镁矿	吨	
自来水	千立方米	
糌粑	吨	15
藏香	吨	
包装饮用水	吨	1365

注：按照相关规定，地区生产总值、人均地区生产总值和工业增加值增速按可比价计算。

普兰县2022年农牧业情况一览表

表9

指标名称	单位	普兰县
农牧业		
1. 乡镇数	个	3
2. 村(居)民委员会	个	10
3. 乡村户数	户	3855
4. 乡村人口数	人	7686
5. 耕地面积	公顷	1024.18
6. 农作物播种面积	公顷	1046.538
#粮食播种面积	公顷	516.74
油菜籽播种面积	公顷	60.32
蔬菜播种面积	公顷	79.06
青饲料面积	公顷	390.42
7. 粮食总产量	吨	2474.4
#青稞产量	吨	2350.49
小麦产量	吨	
8. 油菜籽产量	吨	118.97
9. 蔬菜产量	吨	966.4
10. 年末牲畜存栏头数	头(只、匹)	77972
其中:(1)大牲畜	头(只、匹)	16537
# 牛	头	14731
马	匹	1806
(2)羊	只	61435
# 绵羊	只	34310
11. 适龄母畜数	头(只、匹)	22975
12. 幼畜成活数	头(只、匹)	25659
13. 成畜死亡数	头(只、匹)	1746
死亡率	%	2.2
14. 牲畜出栏数	头(只、匹)	39317
出栏率	%	50.4

续表 9

指标名称	单位	普兰县
15. 牧业产品产量		
肉类总产量	吨	746.79
奶类总产量	吨	750.23
羊毛产量	吨	25.37
山羊绒产量	吨	4
各类皮张产量	张	8434
16. 农村经济总收入	万元	15017.8
17. 农牧业总产值（现价）	万元	11925.96
18. 农畜产品综合商品率	%	

注：耕地面积为三调数据。

普兰县 2022 年交通、邮电情况一览表

表 10

指标名称	单位	普兰县
交　通		
1. 机动车保有量	辆	1199
2. 货运量	万吨	
# 公　路	万吨	
航　空	万吨	
3. 公路货运周转量	万吨千米	
4. 客运量	万人次	
# 公　路	万人次	
航　空	万人次	
5. 公路客运周转量	万人千米	
6. 公路通车总里程	千米	1493
7. 黑色路面里程	千米	647
邮　电		
1. 邮政业务总量	万元	162.31
2. 电信业务总量	万元	1340.89
3. 移动业务总量	万元	842
4. 联通业务总量	万元	58.5

普兰县2022年财政、金融情况一览表

表 11

指标名称	单位	普兰县
财 政		
# 一般公共预算收入	万元	6464
# 一般公共预算支出	万元	89070
金 融		
1. 金融机构存款	万元	71838
(1) 境内存款	万元	71827
住户存款	万元	42442
非金融企业存款	万元	5338
机关团体存款	万元	24048
财政性存款	万元	
非银行业金融机构存款	万元	
(2) 境外存款	万元	11
2. 金融机构贷款	万元	47084
(1) 境内贷款	万元	47084
住户贷款	万元	32140
# 消费贷款	万元	15568
经营贷款	万元	16571
非金融企业及机关团体贷款	万元	14945
非银行业金融机构贷款	万元	
(2) 境外贷款	万元	

普兰县2022年固定资产投资情况一览表

表12

指标名称	单位	普兰县
固定资产投资	万元	171329
其中：500—5000	万元	11251
5000及以上	万元	160078
#房地产（K门类）	万元	
其中：基本建设投资	万元	160259
设备购置	万元	9113
其他费用	万元	1957
1.按行业分类：		
农林牧渔业	万元	1742
采矿业	万元	407
制造业	万元	
电力、热力、燃气及水生产和供应业	万元	15101
批发和零售业	万元	
交通运输、仓储和邮政业	万元	116530
住宿和餐饮业	万元	
信息传输、软件和信息技术服务业	万元	
房地产	万元	
租赁和商务服务业	万元	
科学研究和技术服务业	万元	
水利、环境和公共设施管理业	万元	34624
居民服务、修理和其他服务业	万元	
教育	万元	280
卫生和社会工作	万元	368
文化、体育和娱乐业	万元	
公共管理和社会组织	万元	2277
2.民间投资	万元	4914
3.项目施工个数	个	32

普兰县2022年贸易、广电、文化情况一览表

表13

指标名称	单位	普兰县
商业、外贸		
1. 社会消费品零售总额	万元	10803.46
#批发零售贸易业	万元	9063.41
住宿餐饮业	万元	1740.05
#限额以上	万元	
限额以下	万元	10803.46
2. 外贸进出口总额	万元	
广 电		
电影站	个	1
乡镇电影放映队	个	4
广播电视台	座	1
调频转播台	座	1
广播电视单收站	座	70
广播中波站	座	1
文 化		
新华书店	个	1
文化馆(中心、站)	座	4
群众艺术馆	座	
艺术团	个	1

备注:1. 除地区之外,各县的新华书店均未正常运营。2.2022年边境外贸关闭,无数据。

普兰县2022年教育情况一览表

表14

指标名称	单位	普兰县
教 育		
1. 学校	所	17
# 幼儿园	所	12
小学	所	4
初中	所	1
高中	所	
职校	所	
2. 教职工人数	人	183
# 幼儿园	人	40
小学	人	97
初中	人	46
高中	人	
职校	人	
3. 在校学生数	人	1777
# 幼儿园	人	458
小学	人	1061
初中	人	258
高中	人	
职校	人	
4. 入学率		
# 幼儿园毛入学率	%	107.84
小学入学率	%	100
初中毛入学率	%	114.67
高中毛入学率	%	103.13

注：37所小学含5个教学点；2所高中在拉萨。

普兰县2022年人口、医疗情况一览表

表15

指标名称	单位	普兰县
人　口		
1. 总人口	人	12200
#男性	人	6324
女性	人	5876
#城镇人口	人	4514
农牧民人口	人	7686
2. 出生人口	人	90
出生率	‰	7.38
3. 死亡人口数	人	28
死亡率	‰	2.3
4. 人口自然增长率	‰	5.08
5. 总户数	户	2819
医疗卫生		
1. 卫生机构数	个	18
2. 医疗机构床位数	张	35
3. 医疗卫生人员数	人	109
4. 每千人拥有床位数	张	

注：总人口为常住人口数据。

普兰县2022年旅游、劳动、就业情况一览表

表16

指标名称	单位	普兰县
旅 游		
1. 接待旅客	人次	
其中：国内游客	人次	
国外游客	人次	
2. 营业收入	万元	
3. 创汇	万美元	
劳务输出		
1. 外出务工人员	人	1100
2. 外出务工收入	万元	1379
就 业		
1. 城镇新增就业人数	人	158
2. 城镇登记失业率	%	4

注：2022年阿里地区无国外游客，无创汇数据；劳务、就业数据为劳动就业局提供。

普兰县2022年收支情况一览表

表17

指标名称	单位	普兰县
人民生活		
城镇居民人均可支配收入	元	51166
其中：工资性收入	元	
经营性收入	元	
财产性收入	元	
转移性收入	元	
城镇居民人均生活消费支出	元	
农村居民人均可支配收入	元	17573
其中：工资性收入	元	
经营性收入	元	
财产性收入	元	
转移性收入	元	
农村居民人均生活消费支出	元	
恩格尔系数		
1. 城镇居民恩格尔系数	%	
2. 农村居民恩格尔系数	%	

普兰县2022年价格、市场情况一览表

表18

指标名称	单位	普兰县
价格指数		
居民消费价格总指数	%	
八大类：食品烟酒类	%	
衣着类	%	
居住类	%	
生活用品及服务类	%	
交通和通信类	%	
教育文化和娱乐类	%	
医疗保健类	%	
其他用品和服务类	%	
商品零售价格总指数	%	
市场主体		
市场主体总计	个	2019
注册资金	亿元	19.16
# 非公主体	个	1981
注册资金	亿元	17.46
# 私营企业	个	210
注册资金	亿元	12.72
个体工商户	个	1724
注册资金	亿元	3.62
农牧民专业合作社	个	47
注册资金	亿元	1.12

注：市场主体情况由市场监督管理局提供。

索 引

说明

一、本索引采用主题分析法编制。索引范围包括篇目、类目、部(门)目、条目等。
二、本索引按主题词首字汉语拼音音序(同音按音调)排列,若首字拼音相同则按第二字音序排列,以此类推。
三、索引款目后的数字表示内容所在的页码,数字后的拉丁字母(a、b、c)表示栏别(从左至右)。
四、篇目、类目、部(门)目用黑体字。

A

B

C

W

X

Y

Z